Grundrisse zum Alten Testament

6

Grundrisse zum Alten Testament

Das Alte Testament Deutsch · Ergänzungsreihe

Herausgegeben von Walter Beyerlin

Band 6

Theologie des Alten Testaments
in Grundzügen

Göttingen · Vandenhoeck & Ruprecht · 1978

Theologie des Alten Testaments in Grundzügen

von

Claus Westermann

Göttingen · Vandenhoeck & Ruprecht · 1978

Den Emeriti, den Kollegen
und den Studenten
der Heidelberger
Theologischen Fakultät

CIP-Kurztitelaufnahme der Deutschen Bibliothek

Westermann, Claus:
Theologie des Alten Testaments in Grundzügen / von Claus
Westermann. – Göttingen : Vandenhoeck & Ruprecht, 1978.
 (Grundrisse zum Alten Testament ; Bd. 6)
 ISBN 3-525-51661-4

© Vandenhoeck & Ruprecht, Göttingen 1978. – Printed in Germany.
Alle Rechte vorbehalten. Ohne ausdrückliche Genehmigung des Verlages
ist es nicht gestattet, das Buch oder Teile daraus auf foto- oder akusto-
mechanischem Wege zu vervielfältigen.
Gesamtherstellung: Hubert & Co., Göttingen.

Inhalt

Teil I Was sagt das Alte Testament von Gott?

Methodische Vorbemerkung 5

 I. Die Geschichte 8

  1. Was ist das für eine Geschichte, die das Alte Testament erzählt? – 2. Der Begriff der Heilsgeschichte.

 II. Wort Gottes im Alten Testament 11

  1. Zum Wirken Gottes gehört das Handeln und Reden. – 2. Gottes Reden ist vielgestaltig. – 3. Offenbarung im Alten Testament.

 III. Die Antwort des Menschen 21

  1. Die Antwort des Menschen im Reden. – 2. Die Antwort des Menschen in einem Tun.

 IV. Das Einssein Gottes als Ermöglichung des Zusammenhanges . . . 25

Teil II Der rettende Gott und die Geschichte

Einleitung 28

 I. Die Bedeutung des rettenden Wirkens Gottes im Alten Testament 29

  1. Die Erzählung von der Herausführung aus Ägypten. – 2. Die Erfahrung der Rettung am Anfang. – 3. Das Retten Gottes hat eine umfassende Bedeutung im Alten Testament. – 4. Die Erfahrung der Rettung. – 5. Rettung und Erwählung. – 6. Rettung und Bund.

 II. Der Vorgang der Rettung und die Geschichte 38

  1. Die Eigenart des Redens von Gott als dem Retter (Dtn. 26, 5–11). – 2. Aufbau des Buches Exodus. – 3. Die Sinai-Perikope Ex. 19–34. – 4. Ergebnis für das Geschichtsverständnis des Alten Testaments. – Abschluß.

 III. Die Elemente des Rettungsvorganges 46

  1. Die Rettung als Wunder. – 2. Das Kommen Gottes im Alten Testament. – 3. Das Heilswort und seine Geschichte im Alten Testament. – Exkurs: Das Gottesverhältnis des Einzelnen im Alten Testament. – Zum Abschluß. – 4. Die Geschichte des Mittlers. – Exkurs: *ruah*. – 5. Die Geschichte der Klage und des Gotteslobes.

Teil III Der segnende Gott und die Schöpfung

A. Der Schöpfer und die Schöpfung ... 72

I. Das Urgeschehen, Genesis 1–11 ... 74
1. Die Urgeschichte als Ganzheit. – 2. Schöpfung in der Religionsgeschichte und in der Bibel.

II. Die Erschaffung der Welt, die Welt als Gottes Schöpfung ... 77
1. Die Welt als Ganze im Aufblick zum Schöpfer. – 2. Gott schafft durch das Wort. – 3. Die Schöpfung der Pflanzen und der Tiere als ein Entstehen in Arten. – 4. Zur Schöpfung der Welt gehört das Urteil des Schöpfers. – 5. Das Ziel der Schöpfung.

III. Die Erschaffung des Menschen, der Mensch als Geschöpf ... 81
1. Das Menschsein als Ganzes. – 2. Der Mensch in seiner Begrenztheit. – 3. Der Mensch, zu Gottes Bild geschaffen. – 4. Arbeit und Kultur, die Weisheit. – Exkurs: Weisheit. – Abschließend zur Schöpfung: Schöpfung und Universalismus.

B. Der Segen ... 88

I. Stetiges und ereignishaftes Handeln Gottes, Segnen und Retten ... 88
1. Das Segnen ist ein vom Retten verschiedenes Handeln. – 2. Von dem stetigen Handeln Gottes neben dem ereignishaften.

II. Die Geschichte des Segens im Alten Testament ... 90
1. Der Segen in den Vätergeschichten. – 2. Die Verbindung des Segens mit der Geschichte. – 3. Der Segen im Deuteronomium. – 4. Der Segen in den Institutionen der seßhaften Zeit. – 5. Der Segen in der Zeit vom Exil an. – 6. Der Segen als Problem im Hiobbuch. – Zum Abschluß. – 7. Das weitere Wortfeld des Segens.

C. Schöpfung und Segen in der Religionsgeschichte und im Alten Testament ... 99

Teil IV Gottes Gericht und Gottes Erbarmen

A. Sünde und Strafe, die Gerichtsprophetie ... 102

I. Sünde und Gericht ... 102
1. Sünde im Alten und Neuen Testament. – 2. Sünde im Urgeschehen. – 3. Sünde in der Geschichte des Gottesvolkes. – 4. Sünde und Strafe im Leben des einzelnen Menschen. – 5. Sünde und Vergebung.

II. Die Gerichtsprophetie ... 109
1. Die Bedeutung der Prophetie für die Geschichte Israels. – 2. Die Gerichtsprophetie in ihren Abschnitten. – 3. Die Bedeutung der Prophetie für das Leben Israels. – 4. Die Geschichtsbezogenheit der Prophetie. – 5. Die Sprache der Propheten.

B. Gottes Erbarmen 120
  I. Gottes Erbarmen mit einzelnen Menschen 120
    1. Einleitung. – 2. Gottes Erbarmen mit einem einzelnen Menschen.

  II. Gottes Erbarmen mit seinem Volk, die Heilsprophetie 124
    1. Die Propheten, Boten des rettenden Gottes. – 2. Die Geschichte der Heilsprophetie.

C. Gottes Gericht und Gottes Erbarmen am Ende: die Apokalyptik . . 130
  I. Apokalyptik und Prophetie 130
  II. Die theologische Bedeutung der Apokalyptik 132

Teil V Die Antwort

A. Die Antwort im Reden 134
Einleitung 134
  I. Das Rufen zu Gott im Alten Testament 134
    1. Die Geschichte des Gebets im Alten Testament. – 2. Die Gattungen der Psalmen.

  II. Das Gotteslob 138
    1. Das Gotteslob im Kontext des Geschehens (der berichtende Lobpsalm). – Exkurs: Tod und Leben in den Psalmen. – 2. Das Gotteslob im kultischen Kontext (das beschreibende Gotteslob).

  III. Die Klage 147
    1. Bedeutung und Eigenart der Klage im Alten Testament. – 2. Der Aufbau der Klage und ihre drei Aspekte. – 3. Das Klagemotiv bei Deuterojesaja und Hiob. – 4. Klage und Sündenbekenntnis. – 5. Die Klage des Mittlers. – 6. Die Klage Gottes.

B. Die Antwort im Handeln 153
  I. Gebot und Gesetz im Alten Testament 154
    1. Gebot und Gesetz. – 2. Geschichte der Tradition von Gebot und Gesetz im Alten Testament. – 3. Das erste Gebot und das Bilderverbot.

  II. Der Gottesdienst 164
    1. Die Geschichte des Gottesdienstes im Alten Testament. – 2. Die Elemente des Gottesdienstes. a) Der heilige Ort. b) Die heilige Zeit. c) Der kasuelle Gottesdienst. d) Der Mittler des Heiligen. – 3. Das Handeln Gottes im Gottesdienst. – 4. Das Handeln und Reden des Menschen im Gottesdienst. a) Das Opfer. b) Die Feste. c) Das Reden des Menschen im Gottesdienst.

C. Die Antwort des Nachdenkens oder der Reflexion 180
  I. Andacht und theologische Reflexion 180
    1. Die Andacht. – 2. Die theologische Reflexion.
  II. Die theologische Geschichtsdeutung, die großen Geschichtswerke des Alten Testaments 183
    1. Die Welt des Jahwisten. – 2. Das deuteronomistische Geschichtswerk. – 3. Die Priesterschrift. – Abschluß.

Teil VI
Das Alte Testament und Christus
  I. Die Geschichtsbücher und Christus 192
    1. Drei gemeinsame Grundaussagen. – 2. Der Gegensatz zwischen Altem und Neuem Testament. – 3. Das segnende Wirken Gottes im Neuen Testament.
  II. Die prophetische Verkündigung und Christus 196
    1. Die Beziehung der Gerichtsprophetie zu Christus. – 2. Die Beziehung der Heilsprophetie zu Christus.
  III. Christus und die Antwort des Gottesvolkes 199
    1. Die Antwort des Redens in ihrer Beziehung zu Christus. – 2. Die Antwort des Handelns in ihrer Beziehung zu Christus.
  IV. Schluß: Zur Frage einer biblischen Theologie 203

Abkürzungsverzeichnis 206

Literaturverzeichnis 207

Register 215

Sachregister 215

Bibelstellenregister 217

Teil I

Was sagt das Alte Testament von Gott?

Methodische Vorbemerkung

Die Antwort auf diese Frage muß vom ganzen Alten Testament gegeben werden. Eine Theologie des Alten Testaments hat die Aufgabe, zusammenzufassen und zusammenzusehen, was das Alte Testament als ganzes, in allen seinen Teilen von Gott sagt. Die Aufgabe einer Theologie des Alten Testaments ist nicht richtig erkannt, wenn man einen Teil des Alten Testaments als den wichtigsten erklärt und ihn allen anderen vorordnet, oder wenn man dem Ganzen einen Begriff als bestimmend vorordnet, wie Bund oder Erwählung oder Heil, oder wenn man zuvor fragt, was die Mitte des Alten Testaments sei. Das Neue Testament hat eindeutig seine Mitte im Leiden, Sterben und Auferstehen Christi, auf das die Evangelien zugehen und von dem die Briefe herkommen. Mit dieser Struktur aber hat das Alte Testament keinerlei Ähnlichkeit. Es ist daher nicht möglich, die Frage nach der Mitte vom Neuen auf das Alte Testament zu übertragen [1].

Will man darstellen, was das Alte Testament als ganzes von Gott sagt, muß man von dem ausgehen, was es selbst sein will und was für jeden erkennbar ist: „Das Alte Testament erzählt eine Geschichte" (G. v. Rad). Damit ist für die Gestalt einer alttestamentlichen Theologie eine erste Entscheidung gefallen: Wenn das Alte Testament das, was es von Gott sagt, in einer Geschichte (Geschichte ist hier in dem weiteren Sinn von Geschehen verstanden) erzählt, kann eine Theologie des Alten Testaments nicht eine gedankliche, sie muß eine Geschehensstruktur haben.

Wie aber ist diese Geschehensstruktur näher zu bestimmen? Die Antwort auf diese Frage scheint nahe zu liegen. Die Aufgabe einer Theologie des Alten Testaments könnte einfach darin bestehen, die Geschichte, die das Alte Testament erzählt, abkürzend und zusammenfassend nachzuerzählen. So hat es G. v. Rad aufgefaßt: „Die legitimste Form theologischen Redens vom Alten Testament ist deshalb immer noch die Nacherzählung" ([4]1964, 126). Das wäre möglich, wenn das ganze Alte Testament in einer vom ersten bis zum letzten Kapitel fortlaufenden Geschichte bestünde. Das ist aber nicht der Fall.

Das Alte Testament ist uns in einer Dreigliederung überliefert, und es ist auch in dieser Dreigliederung entstanden: in der Thora, den Propheten und

---

[1] G. v. Rad, Theologie, I. [4]1962, 128; R. Smend, ThSt 101; G. F. Hasel, ZAW 86; W. Zimmerli, EvTh 35.

den Schriften, oder den Geschichtsbüchern, den Prophetenbüchern und den Lehrbüchern, deren Kern der Psalter bildet. Zur Bibel des Alten Testaments gehört nach dieser Konzeption der Tradenten außer der Geschichte, die erzählt wird, das in diese Geschichte hinein ergehende Gotteswort und die Antwort im Rufen zu Gott. Zwar enthält die in den Geschichtsbüchern von der Genesis bis zur Chronik erzählte Geschichte selbst schon Texte, in denen in diese Geschichte ein Gotteswort ergeht und Texte, die die Antwort des Lobes oder der Klage enthalten; aber der Aufbau des Alten Testaments in den drei Teilen gibt zu erkennen, daß die im Alten Testament erzählte Geschichte bestimmt ist von den in sie ergehenden Gottesworten und von der Antwort derer, an denen und mit denen diese Geschichte geschieht.

Es ist also der Kanon des Alten Testaments selbst, der uns die Struktur des im Alten Testament Geschehenden in seinen bestimmenden Elementen zeigt. Damit ist für eine Theologie des Alten Testaments ein objektiver Ausgangspunkt gewonnen, der von irgendwelchen Urteilen über das im Alten Testament Wichtigste oder von sonstigen theologischen Vorentscheidungen unabhängig ist. Wenn wir fragen, was das Alte Testament von Gott sagt, weist uns diese Dreigliederung den Weg[2].

Aber wie kann das, was das Alte Testament von Gott sagt, in seiner ganzen Verschiedenartigkeit und Vielgestaltigkeit zusammengesehen und zusammengefaßt, wie kann es auf große, das Ganze bestimmende Linien gebracht werden? Dies wurde in den früheren alttestamentlichen Theologien weitgehend auf die Weise versucht, daß man das im Alten Testament von Gott Gesagte auf umfassende Begriffe brachte wie Heil, Erwählung, Bund, Glaube, Kerygma, Offenbarung, Erlösung, Soteriologie, Eschatologie u.a. Mit diesen nominalen Begriffen entfernte man sich von der Sprache des AT, die überwiegend verbal ist; außerdem ging dabei die Vielgestaltigkeit des Redens von Gott im Alten Testament verloren[3].

Will man nach den das Ganze des Redens von Gott bestimmenden Linien fragen, ohne dabei die Vielgestaltigkeit dieses Redens außer acht zu lassen, wird man von verbalen Strukturen ausgehen müssen. Das erfordert ein erhebliches Umdenken. Die Geschichte, die im Alten Testament erzählt wird, ist dann nicht eine Heilsgeschichte im Sinn einer Reihe von Heilsveranstaltungen Gottes, sondern eine Geschichte zwischen Gott und Mensch, deren Kern die Erfahrung einer Rettung bildet, die aber nicht nur Rettungsgeschichte bleibt. In der Mitte des Pentateuch steht das Lobbekenntnis derer, die die Rettung erfuhren, in der Mitte des deuteronomistischen Geschichtswerkes (Jos. bis 2.Kön.) das Schuldbekenntnis derer, über die das Gericht erging. Der Pentateuch wiederum ist in sich gegliedert in Urgeschichte, Vätergeschichte,

---

[2] Auf die Bedeutung des Kanons für die AT-Theologie weist B.S.Childs, dazu G.W.Coats-B.O.Long.

[3] Die Geschichte der AT-Theologie kann zeigen, wie schwierig es ist, die Vielfalt des Redens von Gott im AT als ein Ganzes darzustellen. Einen Überblick gibt E.Würthwein, ThR NF 36,3 u.a.

Volksgeschichte; in dieser Gliederung erhält der Beginn der Volksgeschichte (Ex. bis Dtn.) einen Vorbau, der Gottes Wirken an der Welt und am Menschen und damit das segnende Wirken Gottes einschließt.

In den Prophetenbüchern ergibt sich das Gerüst der Darstellung nicht aus dem, was die einzelnen Propheten gesagt haben, sondern aus der Struktur des allen Gerichtspropheten gemeinsamen Gerichtswortes (dem das Schuldbekenntnis in der Mitte des deuteronomistischen Geschichtswerkes entspricht) und dessen Entsprechung im Heilswort. Von diesen Konstanten her sind dann die Variablen der einzelnen Ausprägungen der prophetischen Botschaft zu verstehen.

In den Psalmen wird die Konstante aus der den beiden Hauptgattungen, Lob- und Klagepsalmen, zugrunde liegenden Struktur gewonnen, von der her die Variablen der einzelnen Ausprägungen wie auch der Nebengattungen zu verstehen sind.

Die Weisheit hat in diesem Grundgefüge einer alttestamentlichen Theologie keinen Ort, weil sie ursprünglich und eigentlich nicht ein Geschehen zwischen Gott und Mensch zum Gegenstand hat; die Weisheit in ihrem Frühstadium ist überwiegend profan. In einem späteren Stadium entsteht eine theologische Weisheit, die dann aber jeweils von ihren theologischen Aussagen her zu verstehen ist (z.B. vom Gegensatz des Frommen und Gottlosen her). Der theologische Ort der Weisheit ist im Zusammenhang der Menschenschöpfung zu sehen, bei der dem Menschen von seinem Schöpfer die Fähigkeit verliehen wird, seine Welt zu verstehen, und sich in ihr zurechtzufinden[4].

Damit sind nur einige Hauptlinien angedeutet. Sie sollen zeigen, daß bei diesem Ausgangspunkt einer Theologie des Alten Testaments das Ganze dessen, was das Alte Testament von Gott sagt, ständig im Blick bleibt. Die Theologie des Alten Testaments bleibt so in allem bestimmt von der uns anvertrauten Gestalt einer Geschichte, zu der die in sie ergehenden Gottesworte und die Antwort der diese Geschichte Erfahrenden gehört.

Der Aufbau der alttestamentlichen Theologie erhält damit einen systematischen und einen geschichtlichen Aspekt. Der systematische Aspekt ergibt sich aus dem durch das ganze Alte Testament hindurch konstant bleibenden Reden von Gott. In erster Linie ist das Konstante in einem Wechselgeschehen zwischen Gott und Mensch (genauer zwischen Gott und seiner Schöpfung, seinem Volk, dem Menschen) gegeben, zu dem auf beiden Seiten Reden und Handeln gehört. Hinzu kommen noch eine Reihe anderer Konstanten durch das ganze Alte Testament hindurch; etwa daß von Anfang bis zum Ende zu Gottes Handeln Retten und Segnen gehören, oder daß auf seiten des Menschen das antwortende Reden seine Mitte in Klage und Lob hat, oder daß Gott von Anfang bis zum Ende *einer* ist.

Der geschichtliche Aspekt ergibt sich daraus, daß der Gott, von dem das Alte Testament redet, sich an die Geschichte seines Volkes gebunden hat, ein

---

[4] Siehe u. S. 85f.; vgl. C. Westermann, BK I/1, 436–467 zu Gen.4,17–26 und ThB 55, 149–161, ähnlich W. Zimmerli, Grundriß der AT-Theologie, 1972, 136–141.

Volk wie alle anderen, und darum dem geschichtlichen Wandel und der geschichtlichen Kontingenz unterworfen. Darin ist es begründet, daß die Elemente des Geschehens zwischen Gott und Mensch sich im Verlauf dieser Geschichte wandeln, so daß z.B. die Tatsache des Antwortens im Dienen konstant bleibt, der Gottesdienst aber im Verlauf dieser Geschichte Wandlungen unterworfen ist. Oder es zeigt sich darin, daß der rettende Gott immer auch der richtende Gott ist, daß sich aber Retten und Richten Gottes in einer Geschichte vollzieht, in der sich beides je für sich wie auch das Verhältnis von beidem zueinander wandelt. In diesem Zueinandergehören von Konstantem und Variablem im Reden von Gott ist auch begründet, daß die Geschichte Gottes mit seinem Volk als ganze in ihrer Fügung aus Konstanten und Variablen den Charakter unbedingter Einmaligkeit und Einzigartigkeit hat, daß aber die Elemente, aus denen das Ganze gefügt ist, eine Verbindung zwischen der Religion Israels und anderen Religionen darstellen können (s. u. S. 99—101).

I. Die Geschichte

Was ist das für eine Geschichte, die das Alte Testament erzählt? Sie ist darin von der Geschichte, wie sie die moderne Geschichtswissenschaft versteht, unterschieden, daß das hier Geschehende zwischen Gott und Mensch, zwischen dem Schöpfer und seiner Schöpfung geschieht. Der im 19. Jahrhundert geprägte Geschichtsbegriff kann dann für eine Theologie des Alten Testaments nicht allein maßgebend sein, weil er ein Wirken Gottes als Bestandteil der Geschichte von vornherein ausschließt. Im Alten Testament gehört zu allem Geschehenden das Wirken und Reden Gottes; Wirklichkeit ohne Wirken Gottes gibt es für den Menschen des Alten Testaments noch nicht. Das die Geschichte Bewegende geschieht zwischen Gott und Mensch; M. Buber spricht von dialogischem Geschehen[5]. Es ist in der Erschaffung des Menschen begründet; Gott hat den Menschen nach seinem Bild zu seiner Entsprechung geschaffen, damit etwas zwischen ihm und diesem Geschöpf geschehe.

Die Diskussion darüber, ob die Theologie des Alten Testaments die historisch nachweisbare Geschichte oder die Glaubensvorstellung Israels von dieser Geschichte zum Gegenstand haben solle, die zwischen G. v. Rad und F. Hesse begann[6], ging auf beiden Seiten von falschen Voraussetzungen aus; denn beide setzen den Unterschied von Wirklichkeit und Glaubenswirklichkeit voraus. Was das Alte Testament von der Wirklichkeit sagt, das sagt es von Gott; was es von Gott sagt, das sagt es von der Wirklichkeit.

Damit unterscheidet sich die im Alten Testament erzählte Geschichte von dem in der historischen Wissenschaft gebrauchten Geschichtsbegriff. Dieser ist an der politischen Geschichte oder Volksgeschichte orientiert, d. h. der Ge-

---

[5] M. Buber, 1923 und 1954, dazu H. H. Schrey, Erträge der Forschung 1.

[6] F. Hesse, KuD 4; ders., ZThK 57 und G. v. Rad, Einleitung zur 4. Auflage seiner AT-Theologie.

schichte der staatlich organisierten menschlichen Gemeinschaft. Maßgebend ist dabei die Dokumentierbarkeit geschichtlichen Geschehens; historisch verifizierbar ist, was in historischen Dokumenten nachgewiesen werden kann. Solche Dokumente entstanden erst im Zusammenhang mit staatlicher Organisation; die Geschichtsschreibung setzt die staatliche Organisation voraus[7]. Hierin liegt eine Grenze der historischen Wissenschaft: sie ist begrenzt auf Geschehendes, das dokumentiert ist. Diese Grenze zeigt sich vor allem bei der Erforschung der Frühgeschichte der Menschheit, mit der sich andere Wissenschaften beschäftigen, vor allem die Ethnologie, die es mit primitiven Völkern zu tun hat, wo sie im allgemeinen nicht mit historischen Quellen oder historischen Dokumenten arbeiten kann. Da sie sich mit Völkern, Stämmen und sonstigen Gruppen im vorhistorischen Stadium beschäftigt, muß sie mit anderen Gegebenheiten rechnen, die den Kriterien der historischen Wissenschaft nicht entsprechen. Um nur zwei Beispiele zu nennen: Der Geschichtsschreibung geht die Erzählung voraus; Erzählung aber stellt Geschehendes anders dar als Geschichtsschreibung, sie erzählt wirklich Geschehenes, aber nicht so, daß es als ‚historisch‘ bestimmt werden könnte. Der Zeitrechnung in Geschichtsdaten geht die Zeitrechnung in Genealogien voraus; hier gilt dasselbe.

Diese beiden Beispiele treffen auch für das Alte Testament zu: Es umgreift das vorhistorische und das historische Stadium einer Gruppe. Eine Folgerung daraus ist, daß man die Alternative historisch-unhistorisch auf einen Teil der Texte des Alten Testaments anwenden kann, aber nicht auf alle, z.B. nicht auf die Vätergeschichte. Eine andere Folgerung daraus ist, daß sich im Alten Testament eine strenge Sonderung des Historischen vom Religiösen nicht durchführen läßt.

Der wichtigste Unterschied aber liegt darin, daß das Wirken Gottes universal ist, daß es das Ganze des Geschehenden vom Anfang bis zum Ende umfaßt. Das ‚Historische‘ läßt sich aus diesem umfassenden Geschehen nicht einfach herauslösen.

Diese Geschichte vollzieht sich in drei Kreisen: In ihrer Mitte ist die Geschichte des Gottesvolkes, die der politischen, historisch darstellbaren Geschichte eines Volkes zwischen anderen Völkern entspricht; in einem weiteren Kreis ist sie die Geschichte der ‚family of man‘, der Generationen von Familien und ihrer einzelnen Glieder in ihrem persönlichen, durchaus unpolitischen Lebensbereich, wie sie in den Vätergeschichten dargestellt ist. Im weitesten Kreis ist sie die Geschichte der in Völker gegliederten Menschheit als ganzer auf der Erde als ganzer, wie sie Gegenstand des Urgeschehens am Anfang und der Apokalyptik am Ende ist. Das entspricht der Konzeption des Jahwisten, die sich in der Zusammenfügung der Urgeschichte (Gen. 1–11) mit der Vätergeschichte (Gen. 12–50) und mit der Volksgeschichte (vom Exodus bis zur Landnahme) zeigt. Sie tritt deutlich in der Einleitung zur Vätergeschichte zutage (Gen. 12,1–3), in der die Verheißung an Abraham nicht auf Israel, das Volk Gottes, begrenzt ist, sondern rückblickend auf die Völker in die sich die

---

[7] A. Alt, Josua, KlSchr. I, 176–192; M. Noth, RGG³ II, 1498–1501.

Menschheit verzweigt hat (Gen. 10), die Völker der Erde in der Segensverheißung umschließt: „in dir sollen sich segnen alle Geschlechter der Erde."

2. Aber auch der im 19. Jahrhundert geprägte und von dessen Geschichtsbegriff abhängige *Begriff der Heilsgeschichte* kann für eine Theologie des AT nicht oder doch nicht allein bestimmend sein[8]. Im Unterschied zu einem eng gefaßten Begriff der Heilsgeschichte redet das Alte Testament von einem Geschehen zwischen Mensch und Gott, das nicht auf die Geschichte der Rettungstaten beschränkt werden kann. Zwar beginnt die Geschichte des Volkes Israel mit einer Rettungstat Gottes, und das Bekenntnis zu Gott als dem Retter bleibt für sie bestimmend bis in das Neue Testament hinein; aber einmal steht dem Retten Gottes sein Richten gegenüber, und zu dem rettenden tritt das segnende Wirken Gottes, das den Rettungstaten Gottes nicht ein- oder untergeordnet werden kann. Das zeigt sich im Aufbau des Pentateuch daran, daß die Mitte (Exodus bis Numeri) von Gottes Retten, der Rahmen (Genesis und Deuteronomium) überwiegend vom Segnen Gottes bestimmt sind. Die enge heilsgeschichtliche Erklärung des Alten Testaments setzt voraus, daß das Wirken Gottes als Heilswirken im wesentlichen durchgehend das gleiche ist und auf die gleiche Größe des Gottesvolkes bezogen sei. Aber die Eigenart der im Alten Testament erzählten Geschichte liegt gerade darin, daß das Wirken Gottes nicht vom Anfang bis zum Ende das gleiche ist, und nicht immer auf die gleiche Größe Volk bezogen ist, sondern in einer universalen Konzeption alle wichtigen Gemeinschaftsformen der Menschheitsgeschichte umfaßt, in deren Mitte das Gottesvolk und seine Geschichte steht: die Familie, der Stamm, das Volk und die Kultgemeinde, und darüber hinaus die Menschheit als ganze. Alle Bereiche menschlichen Lebens haben an ihr teil, Wirtschaft, Kultur, Sitte, Sozialleben, Politik, die alle irgendwo zu dem gehören, was zwischen Gott und den Menschen geschieht, und das ist und muß verschieden sein in einer Familie, einem Stamm im Prozeß des Seßhaftwerdens, einer Dorfgemeinschaft mit Agrarwirtschaft und einem Königshof. Alles hat dabei seinen Sinn und seine Notwendigkeit: Was die Väter auf ihren Wanderungen und in ihren Familien von Gott und mit Gott erfuhren, die aus Ägypten Ausziehenden am Schilfmeer, in der Wüste und am Sinai, die Erfahrungen der einwandernden Stämme in ihren Kämpfen um das Wohnen im Lande. Es gehören dazu die neuen Erfahrungen der Berufung eines Führers, die Begegnung mit den Heiligtümern der Seßhaften, die Erfahrung des Segens Gottes in der neuen Form der Ackerbauwirtschaft mit ihren Jahresfesten, die Übernahme des Königtums mit neuen Verheißungen und neuen Gefahren bis hin zum Durchleiden des Zusammenbruchs, der von den Propheten längst angekündigt war, zu den Demütigungen des Exils und dem neuen Anfang als Kultgemeinde der Provinz eines Großreiches. Diese vielgestaltige Wirklichkeit, dargestellt in vielgestaltigen Sprachformen, wird vom Wirken Gottes umfaßt, sie wird von den Worten Gottes bewegt und aus ihr erhebt sich die Antwort.

---

[8] Die klassische Darstellung von K. v. Hofmann. In kurzer Form gibt einen guten Begriff F. Delitzsch, Gen. Komm. 277–284.

II. Wort Gottes im Alten Testament

1. *Zum Wirken Gottes* an seinem Volk, am Menschen, an der Welt *gehört das Handeln und das Reden;* so wird es in Ps. 33,4 zusammengefaßt:

„Denn das Wort Jahwes ist wahrhaftig
und all sein Tun ist verläßlich."

Der zweite Teil des Kanons, die Propheten, hat das von Gott ergehende Wort zu seinem eigentlichen Gegenstand, wobei die Worte der einzelnen Propheten im Zusammenhang des Geschichtsablaufs, in den hinein sie ergehen, dargestellt sind. Vom Wort Gottes aber handelt nicht allein dieser Teil des Kanons; vielmehr gehört das Wort Gottes in vielerlei Gestalt zu allem, was das Alte Testament von Gott sagt. Gottes Handeln und Gottes Reden machen miteinander das aus, was Gott für sein Volk bedeutet (Ps. 33,4). Daß gerade das prophetische Wort einen Teil des Kanons bildete, ist darin begründet, daß es am engsten mit der Geschichte verbunden ist, die im Alten Testament erzählt wird.

Was bedeutet im Alten Testament Wort Gottes? Es ist hier nicht primär von seinem Inhalt her verstanden, sondern als ein Vorgang, der sich vom Redenden zum Hörenden hin vollzieht. Dies Verständnis des Wortes zeigt sich besonders beim prophetischen Wort. Wird gesagt: „Das Wort Jahwes erging an Jeremia", so leitet dieser Satz einen Vorgang ein, der der Beauftragung eines Boten entspricht, und der weitergeht im Weitersagen dieses Wortes durch den Propheten und die Reaktion der Angeredeten darauf. Das Wort ist ein Vorgang in der Zeit zwischen zwei oder mehreren Personen. Zum Wort gehört, daß es beim Hörenden ankommt und bei ihm eine Reaktion auslöst[9]. So verstanden gehört das Wort Gottes, auf vielerlei Weise gesagt, zu der Geschichte, die im ersten Teil des Kanons erzählt wird.

Für das moderne Geschichtsverständnis gibt es das von Gott ergehende Wort nicht, weil es nicht historisch dokumentierbar ist. Der moderne Historiker muß an die Stelle des von Gott an den Propheten ergehenden Wortes das subjektive Bewußtsein des Propheten setzen, daß er ein Gotteswort vernommen zu haben meint. Damit aber verändert der Historiker das, was im Alten Testament ‚Wort' bedeutet. Er kann das im Alten Testament begegnende Phänomen des Wortes Gottes nur dadurch seinem Geschichtsverständnis angleichen, daß er es anders versteht als es der Text meint.

Aber auch in der modernen Theologie wird das ‚Wort Gottes' weitgehend anders verstanden als es im Alten Testament gemeint ist, nämlich von seinem Inhalt her: Wort Gottes ist danach das, was Gott gesagt hat, was als solches vorfindlich und dem objektiven Denken zugänglich wird. Das Gotteswort wird damit vom Wortvorgang abgelöst und verfügbar.

---

[9] Dieses Verständnis des Wortes zeigt sich besonders deutlich in den Proverbien bei den Sprüchen, die vom Wort handeln, wie z.B.: „Wie goldene Äpfel in silbernen Schalen ist ein Wort geredet zu rechter Zeit", außerdem Spr. 12,18; 15,23; 16,24; 24,26; 25,12 u. a.

2. *Gottes Reden* durch das Alte Testament hindurch *ist vielgestaltig;* jedes Gotteswort, was es auch sagt und wie immer es auch ergeht, hat eine Funktion in dem Geschehen zwischen Gott und Mensch, aus ihm gelöst wäre es nicht mehr Wort Gottes. Man kann die Fülle der Worte Gottes im Alten Testament einmal in der Weise gliedern, daß sie entweder im Geschehensfluß des Alltags oder in der Besonderung des Kultes ergehende Worte sind. Von dem Gotteswort, das mitten im Fluß des alltäglichen Geschehens an einen Menschen ergeht, unterscheidet sich das im Gottesdienst gesprochene und gehörte Gotteswort vor allem dadurch, daß die an dem besonderen Ort zu besonderer Zeit Zusammenkommenden in der Bereitschaft zusammenkommen, auf das Gotteswort zu hören, und wo heilige Zeit und heiliger Ort einen Raum der Stille bilden, die dieser Bereitschaft zum Hören entgegenkommt. Für das im alltäglichen Geschehen ergehende Gotteswort ist besonders bezeichnend das Wort des Boten Gottes, des *mal'ak jhwh,* der mit seiner Botschaft auf dem Acker, in der Wohnung oder auf dem Weg einem Menschen begegnet. Zu dieser Art des Gotteswortes aber gehört auch das prophetische Wort, das ohne Sicherung des heiligen Raumes unversehens und oft ungewollt an den Menschen herantritt.

Man kann das Gotteswort nach seinem Inhalt, entsprechend den beiden Hauptkomplexen Prophetie und Gesetz, als ankündigendes und weisendes Wort unterscheiden.

a) Das ankündigende Wort hat seine Mitte in der Prophetie, es ist aber nicht auf diese beschränkt, sondern bildet auch einen wesentlichen Bestandteil der Geschichtsbücher. Es ist zweiseitig, sofern es Heil oder Unheil ankündigt, als Verheißung und als Gerichtsankündigung. Beide gehören durch das ganze Alte Testament zueinander, wenn auch in sehr verschiedener Beziehung, von der Urgeschichte an über die Verheißungen an die Väter, beim Auszug aus Ägypten und bei der Landnahme, durch die Zeit im Lande, das Exil und die nachexilische Zeit bis in die Apokalyptik. Das ankündigende Wort als Verheißung und als Gerichtswort hat eine Fülle von Ausprägungen und kann auf sehr verschiedene Weise ergehen. Zusammengefaßt kann es nur dargestellt werden in einer Geschichte der Heilsworte und der Geschichte der Gerichtsworte durch das Alte Testament hindurch. Trifft es aber zu, daß die Ankündigung – ob des Heils oder des Unheils – nur in einer Geschichte zusammengefaßt werden kann, dann ist das Wort in der Funktion der Ankündigung notwendig mit der Geschichte des Volkes verbunden; es ist eines der bewegenden Elemente dieser Geschichte. Die Ankündigung leitet ja in jedem Fall einen Geschehensbogen ein: von dem Augenblick an, in dem die Ankündigung ergeht, bis hin zu dem Augenblick in dem das Angekündigte eintritt. An Abraham ergeht eine Verheißung: die Boten Gottes sagen zu ihm: „Übers Jahr um diese Zeit, da wird Sara einen Sohn haben." Die Boten ziehen weiter und der Alltag ist wie vorher. Aber es ist eine Spannung da, die die Familie nach vorn blicken läßt, und sie bleibt, bis das Kind geboren ist. Die Stunde der Geburt des Kindes aber ist zugleich eine Stunde der Erinnerung: Es ist eingetroffen, was sie gesagt haben! Und nur so kommt es zur Bewahrung und Weitergabe dessen, was geschah.

Ein anderes Beispiel. Jeremia kündigt zur Zeit eines politischen Aufschwunges an: Jerusalem wird vom babylonischen König eingenommen und zerstört werden. Diese Ankündigung wird bestritten und bekämpft. Jeremia wird zum Schweigen gebracht. Aber nachdem sie dann doch eingetreten ist, wird die Ankündigung wieder erweckt; so wird sie bewahrt und tradiert.

Beide Ankündigungen sind denkbar verschieden. Die eine kündigt Heil an, die andere Unheil. Die eine ergeht im familiären, die andere im politischen Bereich. Die eine wird angenommen, die andere verworfen. Dennoch haben beide etwas gemeinsam: sie schaffen Zusammenhänge. Beide bewirken, daß ein Zeitabschnitt durch ein Wort, das ergangen ist, zu einer Ganzheit wird: der zeitlichen Erstreckung vom Aussprechen bis zum Eintreffen der Ankündigung. So ist in Israel Geschichtsbewußtsein entstanden. So begann man in Israel, Zusammenhänge im Geschehenden zu sehen und zu erfahren. Dieses Sehen und Erfahren von Zusammenhängen war eine der Wurzeln der Tradition[10].

Man kann von hier hinübersehen zum Eingang des Lukasevangeliums. Es setzt in seinem Prolog ein mit Familiengeschichte, in den Motiven ganz nahe der Vätergeschichte: Es wird ein Kind verheißen – es wird ein Kind geboren. Aber das Kind ist der Retter, seine Geburt erfüllt die Verheißung eines Retters. Von der Verheißung des Kindes an Abraham an über die Ankündigung des Gerichts über Israel bis zur Verheißung eines Retters Israels in der exilischen und nachexilischen Zeit hat das Volk Gottes im Alten Testament Zeit im Zusammenhang zu verstehen gelernt. Der Eingang des Lukasevangeliums wird erst verständlich auf dem Hintergrund dieser Vorgeschichte: In das alltäglich Geschehende, alltäglich Ablaufende hinein ergeht ein Wort, das in seiner Erstreckung auf das Eintreffen des Angekündigten hin Zusammenhänge schafft und damit Geschichte begründet. Hinter der Verkündigung des Boten: „Euch ist heute der Retter geboren!" steht die Geschichte des Gottesvolkes mit seinem Weg von einer Verheißung bis zu deren Erfüllung. Es ist das Gotteswort in der Funktion der Ankündigung, das von den kleinsten Geschehensbögen im Bereich der Familie bis zu den weiten des Volkes und der Menschheit Geschichte zu einem Zusammenhang machte, und so auch die Geschichte des alten mit der des neuen Gottesvolkes zu verbinden vermochte.

Verheißung und Erfüllung[11]. Das Schlüsselwort der „heilsgeschichtlichen" Auslegung des Alten Testaments ist: Verheißung und Erfüllung; es ist so gemeint, daß das ganze Alte Testament auf den Begriff Verheißung, das ganze Neue Testament auf den Begriff Erfüllung zu bringen sei. Mit der Erfüllung des in den Heilsworten des Alten Testaments Angekündigten aber verhält es sich ganz verschieden. Durchaus nicht alle Worte sind so in Erfüllung gegangen; es gibt hier eine Fülle von Möglichkeiten von der klar und eindeutig

---

[10] Zur Tradition s. u. 182.
[11] C. Westermann, Hg., Probleme at.licher Hermeneutik: ThB 11, 1960, darin insbesondere R. Bultmann, Weissagung und Erfüllung, 28–53 und W. Zimmerli, Verheißung und Erfüllung, 69–101. Dazu A. H. J. Gunneweg, Hermeneutik, ATD, Erg.reihe 5, 1977.

erkennbaren Erfüllung über die nachträgliche Abänderung einer Verheißung bis zu eindeutiger Nichterfüllung.

Die Mehrzahl der Heilsworte im Alten Testament findet ihre Erfüllung in der Zeit, von der sie handeln, also innerhalb der Geschichte Israels. So z. B. die Landverheißung, die Verheißung eines Sieges, das Heilswort Jeremias zur Zeit der Belagerung Jerusalems und viele andere. Der Bogen, den ein solches Heilswort von seinem Ergehen bis zu seinem Eintreffen beschreibt, bleibt also innerhalb der Geschichte Jahwes mit Israel und reicht nicht darüber hinaus.

Eine Gruppe von Heilsworten, in denen es um die ganze Menschheit, bzw. die ganze Menschenwelt geht, kündigen etwas an, was bis zum heutigen Tag noch aussteht, wie z. B. daß der Tod nicht mehr sein wird. Aber auch ein Heilswort wie Jer. 31, 31–34 kündigt eine neue Gottesgemeinschaft an, für die es das gegenseitige Ermahnen und überhaupt die Tradition nicht mehr geben wird. Das ist bis heute nicht eingetreten. Auch bei der weitausgreifenden Segensverheißung von Gen. 12, 1–3 kann man fragen, ob sie schon verwirklicht ist. Das Alte Testament enthält also eine Gruppe von Verheißungen, deren Verwirklichung noch aussteht.

Zwischen diesen beiden gibt es eine nur sehr kleine Gruppe von Verheißungen, bei denen man sagen kann, daß sie auf Christus weisen oder daß sie in Christus erfüllt sind; aber bei diesen ist die Beziehung auf Christus oft nicht eindeutig und daher umstritten. Vom Neuen Testament her sieht das ganz anders aus. Im Neuen Testament sind überhaupt nur die Verheißungen relevant, die in Christus erfüllt sind, alle anderen interessieren nicht und kommen daher nicht vor. Nur deswegen können im Neuen Testament die Verheißungen des Alten Testaments insgesamt als in Christus erfüllt bezeichnet werden, 2. Kor. 1, 20:

„Denn so viele Verheißungen Gottes es gibt,
in ihm ist das Ja, daher auch durch ihn das Amen."

D. h. alle Verheißungen des Alten Testaments finden ihre Erfüllung in Christus. Aus der Sicht des Paulus ist dieser Satz verständlich; denn für ihn sind Verheißungen nur solche, die auf Christus weisen und in ihm erfüllt sind. Wie sollen wir aber aus unserer Sicht einen Satz wie 2. Kor. 1, 20 verstehen, wenn er nach unserem Verständnis der Heilsworte im Alten Testament so nicht zutrifft? Dieser Satz kann für uns einen Sinn behalten, in dem er auch von uns bejaht werden kann, wenn wir von unserem Verständnis der Heilsworte im Alten Testament her sie in all ihrer Verschiedenheit und Vielgestaltigkeit als Bestandteil einer Geschichte sehen und in dieser Geschichte eine Zielrichtung erkennen, die über das Alte Testament hinausweist. Dann bleibt zwar die Tatsache, daß eine große Zahl der Heilsworte im Alten Testament nicht auf Christus zielt, ebenso aber der Tatbestand, daß die Geschichte der Verheißungen im Alten Testament einsetzte mit der Verheißung einer Rettung; die aus ihr erwachsende Geschichte führte zu der Verheißung einer Rettung des Volkes Israel aufgrund der Vergebung Gottes (Deuterojesaja), und in diesem Zusammenhang wird von einem Einzelnen gesprochen, der stellvertretend für die Sünden des Volkes stirbt und durch den Tod hindurch von Gott in seinem Werk bestätigt wird (Jes. 52/53). Im Blick auf diese eine Linie können wir den Satz des Paulus bejahen. Wir müssen aber zugleich sagen, daß das nicht für jedes einzelne Heilswort im Alten Testament je für sich und je in seinem Zusammenhang zutrifft.

Dann müssen wir allerdings den vielen anderen Heilsworten im Alten Testament von der Erfüllung in Christus her ihre selbständige Bedeutung zurückgeben. So wie die Verheißungen insgesamt durch das Alte Testament hindurch eine Geschichte bilden, so leitet die Erfüllung in Christus eine Geschichte ein, die vom Kommen Christi bis zu seinem Wiederkommen reicht. Erfüllung kann dann nur in der ganzen Bewegtheit geschichtlichen Geschehens gesehen werden. Die Geschichte der vielen und vielfältigen Heilsworte im Alten Testament erhält dann die Funktion, der Erfüllung in Christus geschichtliche Perspektiven zu verleihen, die Erfüllung in Christus in die Vielgestaltigkeit menschlicher Existenz und deren Wandlungen hinein zu entfalten. Die Geschichte der Heilsworte, die zu Christus geführt hat, ist dann von der Mitte der Erfüllung her wieder auszuweiten in die Wandlungen der Gemeinschaft, in die neuen Aufgaben und Probleme gewandelter Zeiten hinein. Es ist dann zu fragen, in welcher Weise die drei Bereiche, in denen sich die Heilsworte im Alten Testament bewegt haben, für das Volk Gottes, für den einzelnen Menschen und für die Menschheit von der Mitte der Erfüllung her je besonders gemeint und je besonders betroffen sind. Diesen weiteren Sinn der Erfüllung in Christus zeigt die Erzählung Lk. 4,16–21. In dem abschließenden Satz: „Heute ist diese Schrift erfüllt vor euren Ohren" wird die Verheißung Jes. 61,1f. als im Wirken Jesu in seiner ganzen Fülle als erfüllt erklärt, in einer Erfüllungsgeschichte, die mit seinem Kommen angebrochen ist.

b) Das weisende Wort (Thora als Weisung verstanden). Es ist später zusammenfassend als Gesetz bezeichnet worden; aber die verschiedenen Bezeichnungen im Deuteronomium (Gebote, Satzungen und Rechte) zeigen noch, daß der Oberbegriff Gesetz verschiedene Formen und verschiedene Vorgänge umfaßt. Gebot (Verbot) und Gesetz sind grundlegend verschiedene Vorgänge. Das Gebot oder Verbot ist eingliedrig und hat die Form der direkten Anrede; das Gesetz ist zweigliedrig und verbindet den Tatbestand mit der Tatfolge. Das Gesetz setzt eine Institution voraus, die Strafgewalt oder Entscheidungsrecht hat; die Autorität des Gebotes ist die Autorität des Gebietenden. Dem Gebot steht die Mahnung (Warnung) nahe (vor allem in der deuteronomischen Paränese), die in der Form des Bedingungssatzes eine positive oder negative Folge in Aussicht stellt. Gebote und Gesetze haben ursprünglich einen verschiedenen Sitz im Leben und sind auf verschiedene Weise tradiert worden: in Gebotsreihen und Gesetzescorpora. Erst nachträglich sind sie zusammengekommen in den Gesetzessammlungen des Pentateuch, und damit erst entstand das Gebote und Gesetze zusammenfassende ‚Gesetz'. So zusammengefaßt sind sie der Theophanie am Sinai zugeordnet und insgesamt das von Gott seinem Volk gegebene Gesetz geworden.

Das weisende Wort Gottes ist aber im Alten Testament nicht auf die Gebotsreihen und Gesetzessammlungen beschränkt. Dazu gehören Aufträge, Weisungen und Aufforderungen durch das ganze Alte Testament hindurch im Fluß des alltäglichen Geschehens, angefangen von dem Verbot, von der Frucht des Baumes in der Mitte des Gartens zu essen bis hin zu den Aufträgen an einen Propheten und anderen gebietenden und weisenden Worten Gottes in allen Schriften des Alten Testaments. Diese Weisungen gehen an einen einzelnen Menschen in eine bestimmte Situation und sind auf diese Situation begrenzt, so wie die Weisung an Abraham: „Geh aus deines Vaters Haus ...!" Gen. 12,1, vgl. Gen. 46,2, ganz anders als das für alle und immer geltende Gebot wie z.B.: „Du sollst keine anderen Götter neben mir haben!" Das für alle und für die Dauer geltende Gebot konnte daher ein Bestandteil des Gottesdienstes werden.

Dieses weisende Wort ist nun ebenfalls im weitesten Zusammenhang zu sehen, nicht von einem theoretischen und abstrakten Gesetzesbegriff her, sondern seiner Funktion in der Wirklichkeit. Ein Mensch steht an einer Stelle seines Weges, wo er nicht weiter weiß, weil die vorhandenen Wegweiser versagen. In dieser Situation kann ihm nur eine vollmächtige Weisung helfen. In einer solchen Situation hörte Abraham die Weisung des Auszugs, der reiche Jüngling hörte die Weisung: „Verkaufe alles, was du hast!", ein anderer: „Nimm dein Bett und wandle!" Diese vollmächtige Weisung braucht der Mensch; es kann jeder in eine Lage kommen, in der ihm nur sie wirklich weiterhilft. Daß der Weg eines Menschen zu seinem Ziel führt, hängt in bestimmten Stunden davon ab, ob er eine klare, eindeutige Weisung hört. Weil eine solche Weisung lebensnotwendig ist, begegnet sie im Alten wie im Neuen Testament und kann in gar keiner Weise einem abstrakten Gesetzesbegriff untergeordnet werden. Wie das weisende Wort an Abraham die Vätergeschichte einleitet, so das weisende Wort an einen Propheten die Geschichte der Prophetie und genauso das weisende Wort Jesu: „Folge mir nach!" die Geschichte der Apostel. Durch diese weisenden, den Weg bestimmenden, eine Umkehr gebietenden, eine Zuwendung zu Notleidenden, eine Abwendung von unecht gewordenem Gottesdienst, einen Schritt in Neuland gebietenden Gotteswort handelt Gott in der Geschichte seines Volkes wie im Leben einzelner Menschen. Das weisende Wort ist eine notwendige Funktion des Gotteswortes.

c) Das kultische Gotteswort hat seinen Ort im Zusammenhang einer heiligen Handlung; es setzt die Versammlung der gottesdienstlichen Gemeinde und das Ergehen des Gotteswortes durch den Kultmittler, den Priester, voraus. Im stetigen Gottesdienst ist ein für ihn typisches Wort der Segen, bzw. das den Segen Gottes erteilende Priesterwort. Es hat im Unterschied zum prophetischen (futurisch) und zu Gebot und Gesetz (imperativisch) einen perfektisch-präsentischen Charakter. Gott segnet sein Volk, indem der Priester den Segen spricht und ihn damit auf das Volk legt. Den gleichen Charakter hat auch die auf die Klage im Gottesdienst erfolgende Erhörungs- oder Vergebungszusage (Heilsorakel); der Priester vermittelt die Gottesantwort in der perfektischen Form: Gott hat gehört. Dem gottesdienstlichen Segen kann ein gottesdienstlicher Fluch entsprechen, wie es die Fluchreihen im Deuteronomium zeigen. Die Proklamation der Gebote ist darin begründet, daß der Theophanie am Sinai die Gebote zugeordnet wurden. Dabei ist darauf zu achten, daß das einzelne Gebot und die Gebotsreihen verschiedene Funktionen haben. Das einzelne Gebot, in einer nur ihm entsprechenden Situation gehört (z.B.: „du sollst nicht töten!"), hat die Funktion der Weisung insofern es die Entscheidung eines Menschen in einer bestimmten Richtung beeinflußt oder lenkt. Die Reihe der Gebote dagegen, sofern sie im Gottesdienst Anrede an die ganze gottesdienstliche Gemeinde ist, hat die Funktion, das von Gott Gebotene (Perfekt) *im Ganzen* wachzuhalten und weiterzugeben. Dieser perfektische Charakter der Gebote als des von Gott Gebotenen hat es ermöglicht, daß in späterer Zeit die Proklamation der Gebote Gottes im Gottesdienst um die Verlesung des Gesetzes erweitert wurde.

Das im Gottesdienst ergehende Gotteswort hat seine Entsprechung in der gottesdienstlichen Antwort der Gemeinde, dem Amen, dem Gotteslob, dem Opferspruch und dem Bekenntnis. Im Gottesdienst kommt das an die Menschen gerichtete kultische Wort und die gottesdienstlich geprägte Antwort der Menschen zusammen.

Das im Gottesdienst ergehende ist zugleich das in ihm tradierte Gotteswort, wie sich das besonders klar bei den Geboten zeigt (s. o. 15 f.). Im Gottesdienst, geborgen und gesichert von der Besonderung der Zeit und des Raumes, wird es empfangen und weitergegeben von Generation zu Generation. Aber dieses kultisch tradierte, institutionell gesicherte und im heiligen Geschehen unverändert bewahrte Gotteswort müßte erstarren, wenn es nicht in lebendigem Wechselverhältnis zu dem draußen, im Fluß des alltäglichen Geschehens ergehenden und vernommenen Gotteswort stände. Nur beides miteinander ist Gotteswort, niemals das eine ohne das andere.

Diese drei Funktionen des Gotteswortes können die Fülle der Gottesworte im Alten Testament nur ungefähr und ungenau umgreifen: manche lassen sich keiner dieser Funktionen eindeutig zuweisen, manche verbinden mehrere von ihnen. Es gibt eine Fülle von Verbindungen zwischen diesen Funktionen; etwa bei den Väterverheißungen, wenn ein Gebot zum Aufbruch mit einer Verheißung verbunden wird (Gen. 12,1–3), wenn bei Deuterojesaja die prophetische Verheißung in gottesdienstliche Sprache gefaßt wird (Heilsorakel), wenn das Gebot zum gottesdienstlichen Wort wird. Aber solche Verbindungen ändern nichts daran, daß die drei Funktionen miteinander und nebeneinander durch die gesamte Geschichte hindurch bestehen bleiben. Die Verheißung kann nicht an die Stelle des Gebotes oder Gesetzes treten; das gottesdienstliche Wort kann nicht lebendig bleiben ohne das außerhalb des Gottesdienstes ergehende Gotteswort. Das Gebot wie das Gesetz kann nicht existieren ohne das zukunftsweisende Wort. Das ganze Alte Testament ist durchzogen von dem vielgestaltigen, mit der Geschichte verbundenen und zur Vielgestaltigkeit der Geschichte gehörenden Gotteswort. Es hat in jeder dieser drei Funktionen seine Geschichte: a) das ankündigende Wort in seiner Mitte in der Geschichte des prophetischen Wortes, im ganzen Alten Testament in der Geschichte der Verheißung und des Gerichtswortes; b) Gebot und Gesetz in der Geschichte der Formen der Gebote und Rechtssätze, dazu der Geschichte der Gebotsreihen und Gesetzsammlungen; c) das gottesdienstliche Wort in der Geschichte des Gottesdienstes.

Wenn von diesen drei Grundfunktionen des Gotteswortes nur das ankündigende Wort einen selbständigen Teil des Kanons gebildet hat, so ist damit nicht gesagt, daß die Prophetie die Mitte des Alten Testaments bilde; Mitte ist es nur für den einen der drei Bestandteile, für das Wort Gottes. Es ist ein Vorurteil, die Religion Israels als eine prophetische Religion zu bezeichnen, es ist ein Vorurteil, dem prophetischen Wort eine einseitige Vorrangstellung im Alten Testament zu geben. Nur in der Mitte zwischen dem weisenden und dem gottesdienstlichen Wort hat das ankündigende Wort seine Bedeutung darin, daß es von den Väterverheißungen an bis in die Apokalyptik in die Zukunft weisend den Weg Gottes mit seinem Volk, mit der Menschheit und mit der Schöpfung als Geschichte charakterisiert, die vom Anfang bis zum Ende von dem in sie hinein ergehenden Gotteswort bestimmt ist. Von den drei Grundfunktionen des Gotteswortes ist es darum auch die Ankündigung, die eindeutig das Alte Testament mit dem Neuen Testament verbindet. Die Heils- wie die Gerichtsankündigung weisen über das Alte Testament hinaus.

Ein wesentlicher Unterschied zwischen dem christlichen und dem jüdischen Verständnis des Alten Testaments ist darin begründet, daß für das jüdische Verständnis nicht das ankündigende, sondern das weisende Wort in der Gestalt des Gesetzes das wichtigste ist. Das Gesetz ist in diesem Verständnis das Gotteswort schlechthin. Es kann sich dabei darauf berufen, daß es in dem Gründungsereignis der Sinaioffenbarung verankert ist; es ist das am Anfang am Sinai offenbarte Gotteswort. Aber es ist zu fragen, wie sich die Sinaiperikope zu der ihr voraufgehenden Exodusperikope verhält, die von der Verheißung an ihrem Anfang bestimmt ist. Gegen das jüdische Verständnis spricht außerdem, daß nicht das Gesetz, sondern die Propheten einen eigenen Teil des Kanons gebildet haben; auch wenn der erste Teil des Kanons die Bezeichnung ‚Gesetz' erhielt, ist dies eine nachträgliche Deutung.

Entscheidend für das Verständnis des Wortes Gottes im Alten Testament ist aber, daß es in diesen drei verschiedenen Funktionen unlösbar mit der Geschichte Gottes mit seinem Volk verbunden ist. Es läßt sich nicht aus dieser Geschichte ablösen als das von Gott Gesagte. Ein abstrahiertes, objektiviertes Gotteswort kennt das Alte Testament nicht. Darum kann das Gotteswort im Alten Testament nicht zur Lehre werden. Darum darf aber auch keine dieser Funktionen von den anderen abgelöst verabsolutiert werden. Eine solche Verabsolutierung liegt nicht nur vor, wenn im jüdischen Verständnis das Gesetz zum beherrschenden Gotteswort wird, es liegt auch vor, wenn in der christlichen Theologie das Alte Testament als ganzes im Gegenüber zum Neuen Testament vom Gesetzesbegriff her verstanden wird. Sie liegt ebenfalls vor, wenn in der christlichen Kirche das Wort Gottes in der prophetischen Funktion einseitig als Verheißung vom Neuen Testament her verstanden wird. Jeglicher einseitigen Sicht des Wortes Gottes im Alten Testament ist der Tatbestand entgegenzuhalten, daß die drei herausgestellten Funktionen des Gotteswortes nur miteinander das zum Ausdruck bringen, was im Alten Testament Wort Gottes ist. Im Zusammenhang dieser drei Funktionen wird es im folgenden auch im einzelnen dargestellt werden.

3. *Offenbarung im Alten Testament.* Wie verhält sich zu den Worten und den Taten Gottes der Offenbarungsbegriff? Das Alte Testament kennt keinen allgemeinen, umfassenden Offenbarungsbegriff. In der christlichen Theologie ist der Offenbarungsbegriff überwiegend bestimmt von seinem Ergebnis her: Offenbarung ist das, was Gott offenbart hat, die Offenbarung ist das Offenbarte. Das Alte Testament kennt einen solchen objektivierten Offenbarungsbegriff nicht (das Hebräische kennt auch keine Vokabel dafür), es kennt Offenbarung nur als Vorgang, als etwas, was geschieht. Die Offenbarungsvorgänge aber sind verschiedener Art. Der wichtigste Unterschied besteht darin, daß dem Reden Gottes und dem Handeln Gottes verschiedene Vorgänge zugeordnet werden, die dann auch verschiedene Bezeichnungen haben. Der zu seinem Volk oder einem Einzelnen redende Gott offenbart sich anders als der an einem Einzelnen oder an seinem Volk handelnde Gott. Zum Handeln Gottes gehört die Epiphanie, zum Reden Gottes die Theophanie. Epiphanie und Theophanie sind verschiedene Vorgänge; sie werden sprachlich verschieden dargestellt, und man kann ihre je verschiedene Geschichte durch das Alte Testament hindurch verfolgen.

Der rettende Gott ist der kommende Gott; er erscheint, um seinem Volk zu helfen, Erscheinen ist hier gleichbedeutend mit Kommen. Es ist immer das Kommen in eine Notsituation. In der Frühzeit ist es dargestellt als ein den Kosmos erschütterndes Herbeikommen Gottes mit gewaltigen Naturerscheinungen; so bei der Rettung am Schilfmeer, in den Kämpfen der Richterzeit, z. B. am Anfang des Deboraliedes Ri. 5,4–5:

> „O Herr, als du auszogst von Seir, einherschrittest von Edoms Gefilde, erbebte die Erde, es troffen die Himmel, ja, die Wolken troffen von Wasser. (5) Die Berge wankten vor dem Herrn, vor dem Herrn, dem Gott Israels."

In den Klagen des Volkes wird dieses Erscheinen Gottes erfleht: „Der du über den Cheruben thronst, erscheine vor Ephraim, Benjamin und Manasse!" (Ps. 80,2.3). Oder ein solches Kommen wird angekündigt:

> „Gott kommt von Theman her, der Heilige vom Gebirge Paran ... Sein Glanz erscheint wie das Licht, Strahlen ihm zur Seite ... Er tritt auf und macht die Erde erbeben ... Du ziehst aus, deinem Volk zu Hilfe"

(Hab. 3,3–15). Später ist es der sein eigenes Volk strafende, richtende Gott, der in seiner Epiphanie zum Gericht kommt; und schließlich ist es der zum Weltgericht erscheinende, zum Weltgericht kommende Gott. Das Kommen Gottes zur Rettung gehört ebenfalls zu Gottes Handeln am Einzelnen. Es hat seinen Ort in den Bitten der Klagepsalmen. Diese Bitte ist zweiteilig; der Bitte um Gottes rettendes Eingreifen geht die Bitte um sein Kommen voraus (s. u. 149). Der rettende Gott ist der kommende Gott.

Die Theophanie dagegen leitet immer ein Reden Gottes ein. Das zeigt vor allem die Sinai-Theophanie, wie sie in der Sinaiperikope Ex. 19–34 dargestellt ist. Sie hat ihr Ziel in einem Reden. Sie unterscheidet sich außerdem von der Epiphanie dadurch, daß sie den heiligen Ort begründet (Gen. 28) oder sich am heiligen Ort ereignet (Jes. 6). Die Theophanie begründet die göttliche Gegenwart am Heiligtum. Sie begegnet in den Vätergeschichten (Gen. 28), von diesen zum Exodus überleitend in Ex. 3, der Gottesoffenbarung im feurigen Dornbusch und in der Mitte der Wüstenwanderung in der Gottesoffenbarung am Sinai Ex. 19; in abgewandelter Form auch in den Berufungsvisionen der Propheten.

Bei den Epiphanien und Theophanien kann man deshalb von Offenbarungen sprechen, weil in beiden Gott ‚erscheint', wenn auch in verschiedener Weise[11a]. Von beiden ist zu unterscheiden ein Reden Gottes zu einem Menschen, ohne daß dabei von einem Erscheinen irgendeiner Art gesprochen wird. So wie das Alte Testament von einem vielfältigen Handeln Gottes spricht, das nicht im Zusammenhang einer Offenbarung steht, so auch von einem vielfältigen Reden, ohne daß dieses als eine Offenbarung bezeichnet oder gekennzeichnet wäre. In den Vätergeschichten heißt es einfach: „Gott sprach zu Abraham." Es kann ein Wort Gottes durch einen Traum ergehen oder durch ein Gesicht (Vision), durch ein Zeichen oder durch einen Boten. Gott hat viele Möglichkeiten, zu einem Menschen zu reden. Dieses vielfältige Reden Gottes als Offenbarung zu bezeichnen, entspräche dem Alten Testament nicht. Ebensowenig entspricht es dem Alten Testament, Offenbarung einseitig als Offenbarung durch die Geschichte (W. Pannenberg) oder einseitig als Offenbarung durch das Wort (G. Fohrer) zu verstehen.

Einen allgemeinen, umfassenden Offenbarungsbegriff kann man daher auf das Alte Testament nicht anwenden. Von einem solchen allgemeinen Offenbarungsbegriff geht L. Köhler in seiner Theologie aus (1936; [4]1966), wenn er im 6. Teil „Die Offenbarung Gottes" behandelt (§ 34 Offenbarung im Alten Testament, Begriffliches; § 35 Gott offenbart sich in seinen Werken, § 36 in Gesichten, § 37 durch Menschen, § 38 im Gesetz, § 39 durch den Geist, § 40 durch Vergegenwärtigungen). Ähnlich, wenn auch mit kritischem Vorbehalt noch G. Fohrer in seiner Theologie (1972), Kap. 2 „Altes Testament und Offenbarung". Ein allgemeiner und umfassender Offenbarungsbegriff ist auch vorausgesetzt bei W. Pannenberg, Offenbarung als Geschichte (1961; [3]1965). Er bestimmt die Offenbarung als Selbstoffenbarung Gottes, woraus sich die Einzigkeit der Offenbarung ergibt (7–11). Dieser Gedanke der Selbstoffenbarung müsse dann biblisch gerechtfertigt werden (11). Von ihr unterscheidet er eine indirekte Selbstoffenbarung Gottes durch die Geschichte. Das ist ein typisches Beispiel für ein nominales Denken, das von allgemeinen Begriffen ausgeht, und durch begriffliche Differenzierungen den biblischen Tatbeständen nahekommen will. Wenn Pannenberg sagt (17): „Es kann also nur gelten, ... das Ganze des Geschehens als Offen-

---

[11a] Zu den Termini *nir'ah* und *niglah* vgl. die Artikel in THAT II.

barung Gottes zu verstehen", so stimme ich ihm darin zu, daß es in der Theologie um „das Ganze des Geschehens" geht; es entspricht aber dem Reden des Alten Testaments nicht, es unter den Oberbegriff „Offenbarung" zu fassen.

In dem von W. Pannenberg genannten Band gibt R. Rendtorff einen Überblick über „Die Offenbarungsvorstellungen des Alten Testaments" (21–41). Er stellt fest, daß „das Alte Testament keinen fest geprägten Begriff für Offenbarung besitzt" (22) und kommt zu dem Schluß: „Der Selbsterweis Jahwes in der Geschichte Israels und der Welt ist für Israel der Ausgangspunkt alles Glaubens und aller Theologie." Dieser abschließende Satz klingt an die These Pannenbergs an. Er folgert daraus: „Eine Theologie des Alten Testaments, die sich am alttestamentlichen Denken selbst orientiert, wird immer vom israelitischen Geschichtsverständnis und seinen geschichtlichen Wandlungen ausgehen müssen."

III. Die Antwort des Menschen

Es geht hier um einen für die Theologie des Alten Testaments besonders wichtigen Punkt[12]. Versteht man die Geschichte, die das Alte Testament erzählt, als ein Wechselgeschehen, dann wird die Antwort des Menschen zu einem der drei Hauptbestandteile des Alten Testaments und gehört zu allem, was im Alten Testament von Gott gesagt wird, von der Schöpfung an bis zur Apokalyptik. Bei allem, was Gott sagt und was Gott tut, ist zu fragen, wie der Mensch darauf reagiert, weil alles Handeln und alles Reden Gottes auf ein Reagieren des Menschen zielt.

Das hat gesamttheologische Konsequenzen. In der Tradition der abendländischen Theologie hat von Anfang an die Tendenz bestanden, die Antwort des Menschen im Reden und im Handeln gegenüber der Theologie im eigentlichen Sinn, der Dogmatik, abzusondern, und ihr damit eine oft gar nicht bewußte untergeordnete Bedeutung zu geben. Die Antwort des Menschen im Handeln, sofern es das Handeln im Alltag betrifft, wird in der „Ethik" behandelt; sofern es das Handeln im Gottesdienst betrifft, in der „Liturgik"; die Antwort des Menschen im Reden (Gebet) ebenfalls in der Ethik oder der Liturgik. Diese Absonderung in eigene Fächer hat zwangsläufig eine gewisse Eigengesetzlichkeit zur Folge, und es kann dann nicht mehr deutlich sein, daß die Antwort des Menschen zum Kern der Theologie gehört, bzw. daß nur die Bibel in ihrer Ganzheit sagen kann, was Gebet ist, was Gottesdienst, was der Gehorsam im Alltag. Hier kann vom Alten Testament her eine Wandlung eintreten, wenn die Antwort des Menschen als einer der drei Hauptteile des Alten Testaments gesehen wird[13].

---

[12] Daß die Antwort des Menschen zu dem gehört, was das AT von Gott sagt, ist auch in der Theologie G. v. Rads, Bd. I. Israel vor Jahwe (Die Antwort Israels) und W. Zimmerli IV, Das Leben vor Gott, § 16 Die Antwort des Gehorsams, § 17 Lobpreis und Hilfeschrei, berücksichtigt.

[13] Es ist bezeichnend, daß L. Köhler im Vorwort seiner Theologie des AT schreibt: „Nur ein Abschnitt, der über den Kult, wollte sich nirgendwohin recht schicken." In der Theologie v. Rads und W. Zimmerlis fehlt ein selbständiger Abschnitt über den

1. *Die Antwort des Menschen im Reden.* Wie zum Wirken Gottes seine Taten und seine Worte gehören, so zur Antwort des Menschen Wort und Handeln. Zum antwortenden Reden des Menschen gehört das unmittelbar reagierende Wort im Fluß des alltäglichen Geschehens, z.B. in einem Lobruf, einem Dankeswort, einem Gelübde, wie auch das besondere, zu Gott hin gerichtete Wort im Heiligtum in der geprägten Form des gottesdienstlichen Gebetes, wie es im Psalter tradiert wird[14]. Das Zusammengehören beider bekommt darin seinen Ausdruck, daß in den Psalmen die gleichen Elemente zu einem Ganzen gefügt sind, die in den Geschichtsbüchern je für sich eine unmittelbar reagierende Antwort aus dem Alltag heraus sind. Alle einzelnen Bestandteile des Klagepsalms, der Anruf Gottes, die Klage, die Bitte, das Gelübde, können als Bestandteile einer Erzählung begegnen, wie in dem Gelübde Jakobs Gen. 28,20–22 oder der Klage Simsons Ri. 15,18. Hier bilden die Elemente des Gebets einen notwendigen Bestandteil einer Geschichte. Diese Geschichte wäre unvollkommen ohne die Antwort des Menschen.

Dem Handeln Gottes in Heil und Gericht wie der entsprechenden zweiseitigen Ankündigung entsprechen im Psalter die beiden Hauptgruppen der Lob- und Klagepsalmen. G. v. Rad beschränkt die Antwort Israels in seiner Theologie auf den Lobpreis Israels; das entspricht einer einseitigen Auffassung von Heilsgeschichte. Klage und Lob (so in der Theologie W. Zimmerlis) antworten dem richtenden und dem rettenden Handeln Gottes. Die Erfahrung von Leid kommt zu Wort in der an Gott gerichteten Klage, die Erfahrung der Freude im Gotteslob. In Klage und Lob redet der Mensch zu Gott, der Mensch, den Gott zum Leben geschaffen, dessen Dasein er aber zugleich durch den Tod begrenzt hat. Klage und Lob sind polar zu verstehen; sie meinen das ganze Menschsein in diesen Polen. Das Gotteslob ist zu Gott hingewandte Lebensfreude; in der Klage spricht das sich zu Gott hinwendende Menschenleid. Die Elemente des Psalmengebets wurzeln in dem, was zwischen Gott und Mensch geschieht und sind Bestandteile dieser Geschichte.

Hier muß auf einen Unterschied zwischen dem uns geläufigen Verständnis von Gebet und dem Verständnis von Gebet im Alten Testament hingewiesen werden. Nach unserem Verständnis ist Gebet etwas, was der Mensch von sich aus tut. Man kann sich zum Beten entschließen, man kann dazu aufgefordert werden und auffordern. Dieses Verständnis von Gebet kommt dort auf, wo das gottesdienstliche Gebet das bestimmende ist, und es seine Verbindung mit spontanem Gebet verloren hat, wie es aus der alltäglichen Erfahrung ganz selbstverständlich erwächst. Im Alten Testament dagegen ist das gottesdienstliche Psalmengebet nur eine Zusammenfügung der Elemente des spontanen, aus der alltäglichen Erfahrung erwachsenden Rufens zu Gott in einer gottesdienstlich geprägten Form. Es lebt von den Elementen des spontanen Rufens zu Gott, aus denen es erwachsen ist. Mit den Gliedern der gottes-

---

Gottesdienst, bei G. Fohrer bekommt er wie bei L. Köhler als Menschenwerk eine negative Note.

[14] Das entspricht der gleichen Unterscheidung beim Gotteswort, s. o. 12.

dienstlichen Versammlung kommen die spontanen Rufe zu Gott aus dem Alltag im gottesdienstlichen Psalmengebet zusammen, und dieses geht mit ihnen wieder in den Alltag zurück.

Jeder Mensch reagiert auf die Eindrücke, die ihn von außen treffen. Er reagiert darauf in einem Handeln, Reden oder Reflektieren. Bei dem Reagieren in Worten gibt es unter der Fülle von Möglichkeiten auch die, daß unsere Reaktion auf etwas Bewegendes oder Erschütterndes unbewußt und ungewollt eine Anrede hervorbringt: „Gott sei Dank, daß Du da bist!"; „Ach, wie wunderbar!"; „O Gott, jetzt bringt er uns alle um!" usw. Dabei ist zu bedenken, daß unsere Sprache sehr viel mehr Anreden enthält als uns bewußt ist; denn die sogenannten Interjektionen wie O! Ach! u. a. leiten eigentlich Anreden ein und bewahren die Anredefunktion auch da, wo die Anrede selber fehlt. Hieran ist zu erkennen, daß es unter den Reaktionen des Menschen in einem Wort solche gibt, die eine Anrede erfordern. Zu dieser Art von Reaktion gehört ein Anruf, der unsere Wirklichkeit transzendiert, auch wenn wir dabei gar nicht an Gott denken. Sonst könnte die Sprache nicht Ausdrücke wie „Ach Gott!" in erstorbenem Zustand bewahren. Diese Art des Reagierens gehört zum Menschsein, und deshalb ist das Beten in seinem Kern etwas, was zum Menschsein gehört. Ein Menschsein ohne jede Spur von Gebet gibt es überhaupt nicht. Darum liegt so viel daran, daß das Gebet wieder als Reaktion verstanden wird, so wie es im Alten Testament der Fall ist und nicht als etwas, das der Mensch aus eigener Initiative unternimmt, etwas wie ein frommes Werk.

Darin ist es auch begründet, daß Klage und Lob nicht gleichzeitig sein können; beides hat seine Zeit wie Lachen und Weinen (Pred. 3). Darin hat das Rufen zu Gott an der Geschichtlichkeit teil, die alles zwischen Gott und Mensch Geschehende bestimmt. Klage und Lob sind wie Lachen und Weinen Schritte auf einem Weg. Der Aufbau der Psalmen bestätigt das: Im Klagepsalm blickt der Klagende voraus auf das Gotteslob im Lobgelübde; im Lobpsalm blickt der Gerettete zurück in die Tiefe, aus der er zu Gott rief. Tiefe und Höhe werden im Gebet ebensowenig eingeebnet, wie sie sich im Leben einebnen lassen.

Eine Eigenart der Psalmen besteht darin, daß in ihnen das Reden zu Gott in der Polarität von Loben und Klagen den ganzen Menschen im ganzen der Welt umgreift. Diese Polarität entspricht dem Menschsein in der Welt zwischen Geburt und Tod. Die Gliederung in Psalmen des Einzelnen und Psalmen des Volkes weist darauf, daß die Erfahrungen des persönlichen Lebens ebenso wie die Ereignisse des öffentlichen Lebens im Reden zu Gott ihren Ort haben. Die Entsprechung zwischen den kurzen Gebetsworten und den gottesdienstlich geprägten Psalmen schließt im Reden zu Gott den Alltag und das Fest, die Arbeit und das Feiern zusammen. Es begegnen in den Psalmen alle Schauplätze des täglichen Lebens: das Haus und der Weg, der Acker und die Werkstatt, das Krankenbett und die Kammer, die Lebensalter vom Kind bis zum Greis, und die Gemeinschaftsformen Mann und Frau, Eltern und Kinder, Brüder und Freunde.

Darüber hinaus bildet die Geschichte des Gottesvolkes einen wichtigen Bestandteil der Psalmen, von der Frühzeit an bis in die Gegenwart des jeweiligen

Psalms. Von den Stämmen ist die Rede, von den Königen und Fürsten, von Sieg und Niederlage, Gefangenschaft und Befreiung.

Und schließlich umgreift das Reden der Psalmen die ganze Schöpfung. Wenn im 148. Psalm alle Geschöpfe im Himmel und auf Erden zum Lobe Gottes gerufen werden, dann zeigt sich darin das gleiche Verständnis des Geschehenden, das wir in den Geschichtsbüchern fanden. Was zwischen Gott und seinem Volk geschieht und sich im Rufen zu Gott in Lob und Klage spiegelt, steht im Zusammenhang eines allumfassenden Geschehens zwischen dem Schöpfer und seiner ganzen Schöpfung.

2. *Die Antwort des Menschen in einem Tun.* Zum antwortenden Handeln des Menschen gehört ebenso das Ausführen dessen, was ihm im Alltag geboten wird wie das besondere, auf Gott gerichtete Tun im Heiligtum, insbesondere das Opfer.

Vom antwortenden Handeln des Menschen im Alltag wird in den Geschichtsbüchern gesprochen; daß Gott etwas gebietet und dies dann ausgeführt wird, ist in ihnen eine der beherrschenden Geschehensstrukturen. Innerhalb der Geschichtsbücher ist es der ganze Komplex der Gebote und Gesetze, der zusammenfaßt, was Gott geboten und was er festgesetzt hat. Im Alten Testament ist vorausgesetzt, daß ein Mensch, dem Gott etwas zu tun gebietet, dies tun kann und es normalerweise auch tut. Wenn Gott dem Abraham gebietet: „Ziehe aus ...", und dann berichtet wird: „Abraham ging ...", so hat Abraham damit dem Willen Gottes entsprochen. Auch ein heidnischer Seher, Bileam, kann, wenn Gott ihm gebietet, Israel zu segnen statt zu verfluchen, Gottes Willen tun. Die Gebote Gottes sind so, daß sie den menschlichen Möglichkeiten entsprechen: „Denn dieses Gesetz, das ich dir heute gebe, ist für dich nicht zu schwer und nicht zu ferne" (Dtn. 30,11). Nur so ist es möglich, durch die ganze Geschichte hindurch zwischen gehorsamem und ungehorsamem Tun zu unterscheiden und Zeiten des Gehorsams von Zeiten des Ungehorsams. Die Anklage und die Gerichtsbotschaft der Propheten wird erst da laut, wo der Ungehorsam so angestiegen ist, daß sie notwendig wird. Das Gottesverhältnis im Alten Testament setzt voraus, daß ein Mensch zu Gott Ja sagen, und diesem Ja entsprechend handeln kann.

Das Opfer: Das besonders auf Gott gerichtete Tun im Zusammenhang des heiligen Geschehens, das Opfer, hat im Alten Testament eine bewegte Geschichte, von der Urgeschichte an bis in die nachexilische Zeit wird von ihm berichtet, und ein großer Teil der Gesetze hat es mit dem Opferwesen und den dazugehörigen kultischen Einrichtungen zu tun. In der Urgeschichte ist das Opfer als notwendig zum Menschsein gehörend dargestellt, in Gen. 4 dem segnenden, in Gen. 8, 20–22 dem rettenden Handeln Gottes unmittelbar antwortend. Hier wie auch sonst im Alten Testament wird vorausgesetzt, daß das Opfer ein Phänomen der Religion insgesamt ist, nicht etwas nur dem Gottesverhältnis Israels Eigendes. Für das Opfer in Israel ist bestimmend geblieben, daß der Mensch nicht, wie in den babylonischen Schöpfungsmythen, dafür geschaffen ist, die Götter zu bedienen, sondern die Erde zu bebauen und zu bewahren. Dem entspricht es, daß im Alten Testament das Opfer niemals an die

Stelle des Befolgens des Gotteswillens im Alltag treten konnte. Das Alte Testament kennt ein Betonen des Gehorsams gegenüber dem Opfer: „Gehorsam ist besser denn Opfer" (1. Sam. 15,22), es kennt aber an keiner Stelle das Umgekehrte. So kann die Geschichte zwischen Gott und seinem Volk auch weitergehen, wenn das Opfer durch die Zerstörung des Tempels unmöglich geworden ist. Mit der zweiten Zerstörung des Tempels hat dann das Opfer in Gestalt des Tieropfers auch für die jüdische Religion bis zum heutigen Tage aufgehört. Das antwortende Reden im gottesdienstlichen Gebet dagegen hat eine bleibende Bedeutung, damit wird verständlich, daß es in den Psalmen einen Teil des Kanon bildet.

IV. Das Einssein Gottes als Ermöglichung des Zusammenhanges

Wir haben damit das, was das Alte Testament von Gott sagt, auf wenige große Linien gebracht. Was das Alte Testament von Gott sagt, ist eine Geschichte, die sich zwischen Gott und seiner Schöpfung, zwischen Gott und der Menschheit, zwischen Gott und seinem Volk entfaltet, von der Schöpfung bis zum Ende der Welt. Wie in allen Geschichten der Welt gibt es auf beiden Seiten Aktion und Reaktion, Wort und Antwort. Handeln Gottes und Worte Gottes, Wort und Handlung des Menschen als Antwort darauf sind die Elemente, die die konstante Grundstruktur dieser Geschichte bilden.

Aber was macht die unfaßlich vielgestaltige Fülle des Geschehenden zwischen Anfang und Ende zu einem Zusammenhang, zu einer zusammenhängenden Geschichte? Das ist das Einssein Gottes, das Israel bekennt: „Jahwe unser Gott, Jahwe ist einer" (Dtn. 6,4), „Ich bin der Herr dein Gott, du sollst keine anderen Götter neben mir haben" (Ex. 20,3). Weil der Schöpfer derselbe ist wie der Retter, weil der im universalen Horizont seine Schöpfung segnende Gott derselbe ist wie der sein Volk rettende und der sein Volk richtende Gott, weil der Gott, auf den ein einzelner Mensch sein Vertrauen setzt, derselbe ist wie der, „der den jungen Raben ihr Brot gibt" (Ps. 147,9), weil es nur einer ist, zu dem das Lob aufsteigt und nur einer, an den sich die Klage wendet, darum gibt es einen Zusammenhang in allem, was zwischen Gott und Mensch, zwischen Gott und seiner Schöpfung geschieht. Darum ist es eine wirkliche Geschichte, vom Anfang bis zum Ende.

Daß Gott einer ist, das ist somit für das Reden von Gott im Alten Testament von Anfang bis zum Ende bestimmend, das Einssein Gottes bedingt die Einheit und damit die Kontinuität der Geschichte zwischen Gott und seinem Volk. Daß Gott einer ist, ist aber im Verlauf der Geschichte des Gottesvolkes nicht immer in gleicher Weise gedacht und gesagt worden; das Einssein Gottes ist im Alten Testament kein zeitloser Lehrsatz. Man kann, erheblich vereinfachend, drei Stadien des Redens von Gottes Einssein unterscheiden. Das erste Stadium hat seinen klarsten Ausdruck im ersten Gebot erhalten (Ex. 20 und Dtn. 5):

> „Ich bin der Herr, dein Gott,
> der dich aus Ägypten, aus dem Knechthaus geführt hat.
> Du sollst keine anderen Götter neben mir haben."

Über die Existenz oder Nichtexistenz anderer Götter wird hier nicht reflektiert. Es wird von der Tatsache ausgegangen, daß andere Völker andere Götter verehren. In dem Gebot geht es allein darum, daß Israel nur einen Gott zu seinem Herrn hat, dem es vertrauen kann und dem es dient.

Das zweite Stadium erhielt seinen Ausdruck in dem Bekenntnis von Dtn. 6,4:

> „Jahwe, unser Gott, Jahwe ist einer."

In diesem Wort ist das Einssein Jahwes bewußt geworden und begrifflich zum Ausdruck gebracht. Dieses Bekenntnis zu dem einen Gott ist aus dem langen und schweren Ringen um die Eigenständigkeit des Jahweglaubens in einer polytheistischen Umwelt entstanden; ihm entspricht die Kultzentralisation in Jerusalem: *ein* Gottesdienst dem *einen* Gott.

Das dritte Stadium, das wir in der Prophetie Deuterojesajas antreffen, hat den Zusammenbruch und das Exil zum Hintergrund, in dem Israeliten im Bereich fremden Gottesdienstes an Jahwe, dem Gott Israels festhielten. In dieser Zeit der Ohnmacht hat das Einssein Gottes seinen stärksten Ausdruck im Bekenntnis seiner Einzigkeit erhalten (Jes. 43,10):

> „Vor mir war kein Gott gebildet
> und nach mir wird keiner sein.
> Ich, ich, Jahwe,
> und außer mir ist kein Heiland."

Einen so eindeutigen und grundsätzlichen Satz zur Einzigkeit Gottes hat vor Deuterojesaja kein Mensch gesprochen. Das Bekenntnis zu Jahwe als dem einen Gott hat hier die Konsequenz bekommen, daß allen anderen Göttern das Gottsein abgesprochen wird. Die Einzigkeit Jahwes wird von Deuterojesaja in der Erstreckung der Zeit und das heißt in der Geschichtsbezogenheit gesehen (Jes. 44,6):

> „Ich bin der Erste und ich bin der Letzte
> und außer mir ist kein Gott."

Für das Alte Testament ist der ‚Monotheismus' nicht im theoretischen Sinn als eine hohe, geistige Gottesauffassung wichtig, lebenswichtig aber ist für Israel, daß sein Gott als der Eine mit seinem Gottsein nicht anderen göttlichen Wesen, nicht anderen Göttern zugewandt ist, sondern allein seinem Volk und seiner Schöpfung. Weil es für Jahwe eine Göttergeschichte nicht gibt, ist er der Gott der Geschichte. Weil Gott einer ist, konnte es für Israel Mythen im Sinn von Göttergeschichte nicht geben; deswegen geht sein ganzes Gottsein auf in der Geschichte mit seinem Volk, mit den Menschen, mit der Schöpfung. Daß Gott einer ist, und daß er der Gott der Geschichte ist, sind zwei Seiten des gleichen Gottesverständnisses.

Das Bekenntnis zu Jahwe als dem einzigen Gott in voller Ausschließlichkeit („und außer mir ist kein Gott") hat noch eine weitere Auswirkung: Ist nur einer Gott, dann muß er es mit dem Ganzen zu tun haben. Es ist darum nur folgerichtig, wenn der Prophet Deuterojesaja einen Universalismus vertritt, wie er vorher so deutlich und so konsequent nicht zu finden ist. In seiner Verkündigung ist der Retter Israels der Schöpfer, und er erweckt den Geschlagenen gerade dadurch neues Vertrauen, daß er entgegen dem Schein des Versagens des Gottes Israels auf den Schöpfer und Herrn der Geschichte weist, von dem die Psalmen Israels singen (Jes. 40, 12–31):

> „Hast du es nicht gemerkt, hast du es nicht gehört?
> Ewiger Gott ist Jahwe, Schöpfer der Enden der Erde.
> Er wird nicht müde, er wird nicht matt,
> unerforschlich ist seine Einsicht.
> Er gibt dem Müden Kraft und Stärke genug dem Ohnmächtigen…"

Wenn der Prophet hier in einem Atemzug vom Schöpfer der Welt als dem Retter Israels, von dem Retter Israels als dem Schöpfer der Welt spricht, dann kommen darin diese beiden bis dahin getrennten Traditionslinien zusammen im Reden von dem *einen* Gott, der der Herr des *Ganzen* ist. Der Retter Israels ist der Herr der Weltgeschichte und der Schöpfer des Kosmos. Daß Gott einer ist, bedeutet, daß alles in seiner Hand ist.

Teil II

Der rettende Gott und die Geschichte

Einleitung

Vom rettenden Gott spricht das Alte wie das Neue Testament. Ein Beispiel ist die Heilung des Blindgeborenen, Johannes 9: „Und im Vorübergehen sah er einen Menschen, der von Geburt an blind war" (V. 1). Jesus sieht auf seinem Weg einen leidenden Menschen. Der Blick Jesu ist der Blick des Erbarmens mit dem Menschenleid. Mit diesem Blick des Erbarmens auf das Menschenleid beginnt hier die Erzählung gerade so wie am Anfang des Buches Exodus:

> „Ich habe das Elend meines Volkes in Ägypten wohl gesehen, und ihr Schreien über ihre Treiber habe ich gehört;
> ja ich kenne ihre Leiden"   (Ex. 3,7).

Auf den Eingang in Joh. 9 folgt ein Zwischenstück; die Jünger sehen den Blinden auch, und sie haben eine Frage: „Rabbi, wer hat gesündigt, dieser oder seine Eltern, daß er blind geboren ist?" (V. 2). Die Jünger also bringen die orthodoxe Vergeltungslehre vor: Das Leid muß seine Ursache in einer Sünde haben, die Frage ist nur, ob der Blinde schuld ist oder seine Eltern. Sie sehen mit einer ähnlichen Frage auf den Blinden, mit der die Freunde Hiobs auf den leidenden Hiob sehen. Es ist nicht der Blick des Erbarmens, sondern das Interesse an der theologischen Lehre. Jesus antwortet: „Weder dieser hat gesündigt noch seine Eltern, sondern die Werke Gottes sollen an ihm offenbar werden!" (V. 3). Jesus lehnt mit der Frage der Jünger sowohl die Vergeltungslehre der Freunde Hiobs wie auch die abstrakte Lehre von einer allgemeinen Sündhaftigkeit der Menschen ab: „Weder dieser hat gesündigt noch seine Eltern." Er stellt den Anblick eines leidenden Menschen in einen anderen Zusammenhang, in den Zusammenhang des Rettungshandelns Gottes, das seinem Erbarmen mit der leidenden Kreatur entspringt. Mit dem aus dem Erbarmen motivierten Rettungswirken Gottes hat die Geschichte Israels begonnen. Es gibt ein Erbarmen Gottes mit dem Leidenden, das nicht danach fragt, wer daran schuld ist. So erbarmt sich Jesus des blinden Mannes und heilt ihn. Die Heilung hat eine Nachgeschichte. Es entsteht ein Streit um diese Heilung. Eine Gruppe der strenggläubigen Pharisäer verlangt von dem Geheilten die Abwendung von dem, der ihn heilte: „Gib Gott die Ehre! Wir wissen, daß dieser Mensch ein Sünder ist!" (V. 24). Und der Geheilte antwortet: „Ob er ein Sünder ist, weiß ich nicht. Eins weiß ich: daß ich blind war und jetzt sehe" (V. 25). Diese Antwort des geheilten Blinden sagt, wie in der Bibel Rettung verstanden wird. Sie kann nur erfahren werden; es genügt nicht, daß es ihm nur gesagt wird. Sie kann aber nur erfahren werden als eine Notwende; die durch die Rettung herbeigeführte Wandlung muß als solche erfahrbar sein. Erfahren wird sie als eine Begegnung, als eine Begegnung mit dem Retter. Durch die Erfahrung der Rettung gehört der Gerettete mit dem Retter, der Geheilte mit dem, der ihn heilte, zusammen. Daran kann die Behauptung der Strenggläubigen, er sei ein Sünder, gar nichts ändern. So folgt am Ende des Kapitels die Zuwendung zu dem, der ihm geholfen hat: „Er aber sprach: ich glaube Herr! und warf sich vor ihm nieder" (V. 38).

I. Die Bedeutung des rettenden Wirkens Gottes im Alten Testament

1. *„Die Erzählung von der Herausführung aus Ägypten* bildet den Kristallisationskern der gesamten großen Pentateucherzählung" (M. Noth, 1948, 54). Das zeigt auch das „kleine geschichtliche Credo" (G. v. Rad, 1938), in dem das im Buch Exodus Berichtete in wenige Sätze zusammengefaßt ist, und daher in seinem Aufbau in großen Zügen dem Aufbau des Buches Exodus entspricht. Die Bedeutung dieser kurzen Zusammenfassung zeigt sich daran, daß es in der Einleitung des Dekalogs (Ex. 20), bei der Opferdarbringung (Dtn. 26) und bei der Tradierung der Taten Gottes von den Eltern zu den Kindern (Dtn. 6) in festgeprägter Fassung das sagt, was Gott an Israel getan hat. Aber auch an allen anderen Stellen, an denen die Geschichte Israels mit seinem Gott in kurzen Rückblicken zusammengefaßt ist, gehen diese von der Begegnung mit dem rettenden Gott aus. Begegnung ist eine personale Kategorie; sie bestimmt Gottes gesamte Geschichte mit Israel, sie eröffnet ein dialogisches Geschehen zwischen Gott und seinem Volk.

Die Begegnung geschah als Erfahrung einer Rettung. Das ist durch das ganze Alte Testament hindurch in einer solchen Breite und Dichte bezeugt, daß die Bedeutung evident ist. Es kann dem im Alten Testament nichts von annähernd gleicher Bedeutung an die Seite gestellt werden.

Mit der Rettung aus Ägypten beginnt im Buch Exodus die Volksgeschichte. Angekündigt wird sie schon in Gen. 50,24, wo Joseph sagt:

„Ich sterbe nun; Gott aber wird sich euer annehmen und euch aus diesem Land hinausführen in das Land, das er Abraham, Isaak und Jakob zugeschworen hat."

Dadurch wird die Vätergeschichte mit der Volksgeschichte verklammert. Mit ihr wird beim Übergang zur Seßhaftigkeit der Zusammenschluß der Stämme in der Jahweverehrung begründet (Jos. 24), auf sie bezieht sich am Ende der staatlichen Geschichte Deuterojesaja bei seiner Verheißung der Rettung aus dem babylonischen Exil.

Auf die Rettung aus Ägypten bezieht sich der Gottesdienst in Israel auf mancherlei Weise: Bei der Darbringung der Erstlinge (Dtn. 26), in der Historisierung der Feste, die durch die Hineinnahme der Begründung des Passafestes in den Exodusbericht (Kap. 12) verankert ist, und schließlich in den gottesdienstlichen Psalmen sowohl im Gotteslob (z. B. Ps. 136) wie in der Klage (z. B. Ps. 80; Jes. 63/64). In Gottes Rettungstat am Anfang der Geschichte Israels wird der Kern der Tradition gesehen, der Weitergabe an die kommenden Geschlechter (Dtn. 6; Ri. 6, 13). Die Gebote und Gesetze werden auf dieses Ereignis am Anfang gegründet, so vor allem der Prolog des Dekalogs Ex. 20; Dtn. 5 und die deuteronomische Paränese. Die Propheten beziehen sich auf dieses Ereignis insbesondere im Kontrastmotiv des geschichtlichen Rückblicks wie z. B. Am. 2; Jer. 2; Ez. 16; 20; 23.

Damit sind nur die wichtigsten Stellen genannt[1]. Die Belege für die bleibende Erinnerung an die Begegnung mit dem rettenden Gott am Anfang sind in allen Teilen des Alten Testaments (abgesehen von der Weisheit) enthalten; sie ziehen sich offenbar durch viele Bereiche des Lebens Israels. Aber sie sind nicht nur Erinnerung; sie haben eine sehr deutliche Funktion für die Gegenwart, wie das vor allem die Propheten- und die Psalmstellen zeigen (Jos. 2, 10; 24, 5–7; Ri. 6, 13; 1. Kön. 12, 28). Bis in die Spätzeit wird die Bedeutung dieses Ereignisses bewahrt: Judith 5, 9–11; Weish. 10, 17–20; im Neuen Testament Apg. 7.

2. *Die Erfahrung der Rettung am Anfang* bedeutet für Israel, daß Jahwe für Israel der Retter *bleibt*. Wie er der Retter am Anfang war, so wird von ihm weiterhin Rettung erwartet, erfleht und erfahren: Jahwe ist der rettende Gott. Das gilt sowohl für das Dasein und die Geschichte des Volkes wie für das Dasein und die Geschichte des einzelnen. Das wäre weiter zu entfalten in einer Geschichte der Verben des Rettens im Alten Testament[2]. Zu *nṣl* U. Bergmann (THAT II, 96–99): „Hintergrund für den Gebrauch von *nṣl* mit göttlichem Subjekt ist die Erfahrung und Erwartung Israels, daß Jahwe das Volk und den einzelnen in vielfältiger Weise aus Not befreit und sie rettet, wenn sie bedroht sind. Davon wird berichtet (Ex. 18, 4ff.; Ps. 18, 18; 34, 5; 56, 14), daran wird erinnert (Ri. 6. 9; 1. Sam. 10, 18; 2. Sam. 12, 7), das wird angekündigt (Ex. 3, 8; 6, 6; 1. Sam. 7, 3; Jer. 39, 17), darum fleht man zu Jahwe (Gen. 32, 12; Ps. 7, 2; 31, 16; u.s.w.), darauf verläßt man sich (2. Kön. 18f.)."

a) In den Geschichtsbüchern wird von weiteren Taten der Rettung und Befreiung berichtet. Der Rettung aus Ägypten folgen die vielen Erfahrungen der Rettung und Bewahrung auf dem Weg durch die Wüste, bei der Landnahme, in der Richterzeit und (seltener) in der Königszeit, vor allem zu deren Beginn: der König wird Israel gewährt zur Rettung aus der Philisternot. Dabei ist zu beachten, daß die Rettungstaten Gottes in den verschiedenen Abschnitten der Geschichte Israels sich mit den verschiedenen Situationen wandeln, daß

---

[1] Vgl. die Zusammenstellung bei M. Noth, 1948, 50–52.
[2] Insbesondere *nṣl* und *jšʿ*, beide hi. Vgl. hierzu die betreffenden Artikel in THAT I, 785–790 und II, 96–99.

also die Erfahrung der Rettung jeweils eine neue ist. Mit der bloßen Aussage, daß Gott der Retter Israels blieb, ist es nicht getan; was das in Wirklichkeit bedeutete, können nur die Berichte und Erzählungen sagen, die davon handeln.

So folgt auf die Rettung am Schilfmeer die Reihe der Wunder der Bewahrung auf dem Weg durch die Wüste. Nicht Feinde bedrohen Israel zunächst auf diesem Weg, sondern Hunger, Durst und Müdigkeit. Es geht um das nackte Überleben. Daß diese Erfahrungen immer neuer Bewährung sich Israel eingeprägt haben, bezeugt die besondere Gruppe der Murr-Geschichten, die in ihrem Kern schon deshalb höchstwahrscheinlich auf die wirklichen Erfahrungen während der Wüstenzeit zurückgehen, weil das hier gebrauchte Verb für ‚murren', *lun,* nur in diesen Erzählungen, später aber nie mehr vorkommt (Köhler-Baumgartner, Lexikon). Sie haben ihre Eigenart darin, daß das murrende Aufbegehren des Volkes auf dem Marsch durch die Wüste gegen Gott, bzw. den Mittler Moses in der Mehrzahl der Fälle von Gott nicht bestraft, sondern durch eine aus der jeweiligen Not rettende Tat beantwortet wird.

In diesen Erzählungen bewahrte Israel die Erfahrung, daß sein Gott nicht nur in der Bedrohung durch Feinde, sondern auch in den elementaren Nöten sich als der rettende Gott erwiesen hat. Seitdem wußte Israel zu unterscheiden zwischen dem „Brot des Segens", das im Kreislauf des Jahres wuchs, und an dem die Arbeit des Menschen beteiligt war, und dem „Brot der Rettung", das in der Not des Hungers als die bewahrende Gabe des rettenden Gottes empfangen wurde (z. B. 2. Kön. 6–7).

Ganz anders vollzog sich die Rettung beim und nach dem Übertritt in das Kulturland; hier ging es wieder um Rettung vor den Feinden, anders jedoch als bei der Rettung am Schilfmeer, weil Israel jetzt selbst um den Besitz des Landes kämpfen mußte. Für diese Kämpfe der vorstaatlichen Zeit sind die Befreiungstaten der charismatischen Führer bezeichnend (s. u. 63 f.). Daß Israel in diesen Kämpfen Gottes rettendes Tun erfuhr, war aber nur möglich, wenn und solange diese Kämpfe eindeutig Befreiung aus schwerer Not waren (wie z. B. Ri. 6–7). Der tiefgreifende Wandel in der Gottesbeziehung zur Zeit des Königtums prägte sich insbesondere darin aus, daß jetzt zu den Verteidigungskämpfen (zu ihnen gehörten noch die Philisterkämpfe Sauls und Davids) Eroberungskriege kamen, die nicht mehr als Rettungstaten Gottes erfahren werden konnten.

Daneben boten sich auch in der Königszeit Situationen genug, in denen das Wirken des rettenden Gottes erfahren wurde; das Weitergehen der Erfahrung des Rettens Gottes ist am deutlichsten in den Volksklagen, in denen von Gott Rettung aus einer gegenwärtigen Not erfleht wird unter ausdrücklichem Hinweis auf seine früheren Rettungstaten (wie in Ps. 80 und Jes. 63/64)[3]. Im babylonischen Exil verheißt Deuterojesaja die Befreiung aus der babylonischen Gefangenschaft als den neuen Exodus.

---

[3] C. Westermann, ThB 24, 306–335.

Auch dieses Reden von Gott als dem Retter in der Gegenwart und der Zukunft erstreckt sich über die Geschichtsbücher, die Propheten und die Psalmen.

b) Das Reden von Gott als dem Retter wird auf das persönliche Leben im privaten Bereich ausgeweitet. Der größte Teil der ‚Psalmen des Einzelnen' handelt vom rettenden Wirken Gottes: das Flehen aus der Not in den Klagen des Einzelnen, das Erzählen von erfahrener Rettung aus Todesnot in den berichtenden Lobpsalmen des Einzelnen, das Lob des rettenden Gottes, „der in die Tiefe sieht" (Ps. 113) in einer Gruppe der beschreibenden Lobpsalmen (Hymnen). Jedoch bezieht sich diese Erfahrung des rettenden Gottes im Leben des Einzelnen nicht auf die Rettungstaten Gottes in Israels Geschichte (fast die einzige Ausnahme ist Ps. 22), der Erfahrungsbereich des persönlichen Lebens ist ein anderer: Eine Entsprechung hierzu ist eher in den Vätergeschichten zu suchen, in denen vom rettenden Handeln Gottes im persönlichen Leben gesprochen wird: bei der Rettung des verdurstenden Kindes Gen. 21, der Gefährdung der Mutter im fremden Land Gen. 12,10–20, der Rettung des Bruders vor seinem Bruder Gen. 32, der Rettung des Jüngsten in Gen. 37 und 44.

c) Es kommt eine weitere Ausweitung hinzu. Für das Alte Testament ist das rettende Handeln Gottes nicht auf sein Volk und die einzelnen darin beschränkt. Es wird in der Urgeschichte und in der Apokalyptik auf die Menschheit und die Kreatur ausgeweitet. In der Fluterzählung Gen. 6–9 ist der seine Schöpfung vernichtende zugleich der rettende Gott, der in einem Rest die Menschheit und die Kreatur aus dem Untergang in der Flut bewahrt. In entsprechender Weise wird auch in der Apokalyptik von Vernichtung und Rettung gesprochen (Jes. 24–27). Damit ist gesagt, daß es für das rettende Tun Gottes keine Grenzen gibt; es begegnet im Volk Gottes, im Leben des Einzelnen, in der Menschheit.

3. Wenn das Alte Testament von Gottes Retten in den Bereichen der Volksgeschichte, des persönlichen Lebens und der Menschheit im Bereich des Kreatürlichen redet, so zeigt es damit, daß *das Retten Gottes eine umfassende Bedeutung hat*. Erfahrung von Rettung gehört zum Menschsein. Es ist damit etwas angesprochen, was jeder kennt, und was es durch die bisherige Menschheitsgeschichte hindurch immer und überall gegeben hat (darum ein profanes Wort).

Es ist in der Kreatürlichkeit des Menschen begründet. Der Mensch ist zum Leben (als *näfäš ḥājāh*) geschaffen; aber dieses Leben, zu dem er geschaffen ist, ist begrenzt. Aus dem Begrenztsein des Menschen, wie es in Gen. 2–3 dargestellt ist, ergibt sich, daß der Mensch, solange er lebt, gefährdet, angreifbar, verwundbar ist. Sofern er die Gefährdung überlebt, kennt er die Erfahrung von Rettung. Das gilt für den Einzelmenschen, für jede menschliche Gemeinschaft und für die Menschheit als ganze. Ein allen Gefährdungen entnommenes Menschsein gibt es nicht. Rettung gehört zum Menschsein.

4. Da die Gefährdungen und Bedrohungen des Menschen so verschieden und vielgestaltig sein können wie die menschliche Existenz überhaupt, so können auch der Vorgang wie *die Erfahrung der Rettung* äußerst verschieden

sein. Diese Verschiedenheit aber ändert nichts daran, daß Gott der Retter war, ist und sein wird. In der Aussage, daß Gott der Retter ist, stimmen darum auch das Alte und das Neue Testament überein. Zu seinem Gottsein gehört im Alten wie im Neuen Testament, daß er der Retter ist. In der Mitte des Neuen Testaments steht die Rettungstat Gottes in Christus; Christus wird als der *soter* verkündet und *soteria* ist ein zentraler Begriff im Neuen Testament. Es scheint zwar, als habe das, was im Buch Exodus Rettung heißt und das, was im Neuen Testament Rettung heißt, kaum etwas miteinander gemeinsam; aber zunächst einmal steht fest, daß Gott im Neuen wie im Alten Testament der Retter ist. Um dies festzustellen, bedarf es keiner besonderen Exegese, es ist durchaus unabhängig davon, wie man sonst das Verhältnis des Alten zum Neuen Testament versteht. Hierin liegt ein Faktum vor, das nicht bestritten werden kann: Im Alten wie im Neuen Testament hat der rettende Gott eine zentrale Bedeutung[4].

5. *Rettung und Erwählung.* Der Begriff der Erwählung hat lange Zeit eine wichtige Rolle in der Theologie des Alten Testaments gespielt. Er bezeichnete das Handeln Gottes an Israel insgesamt. So sprach man in umfassender Weise von den „Erwählungstraditionen Israels" (z.B. K.Galling) und meinte damit die Vätergeschichten, den Exodusbericht und noch weitere Texte. (Siehe THAT I, 1971, 275–300, dort weitere Literatur.)

Nun ist aber darauf hinzuweisen, daß in den so bezeichneten Texten das Verb *bḥr* (erwählen) nicht vorkommt. Wo das Alte Testament erzählt oder berichtet, was geschehen ist, da gebraucht es das Wort niemals. Das Wort hat im Alten Testament vielmehr eine nachträglich interpretierende Funktion. Es ist eine späte, aus weiter Entfernung zurückblickende *Deutung* dessen, was geschehen ist. Nicht das Erwählen Gottes hat Israel zu seinem Volk gemacht, sondern seine Rettungstat am Anfang. Dieses Handeln Gottes wurde in nachträglicher Reflexion so erklärt, daß Gott Israel erwählt hat. Der Gebrauch des Wortes im Alten Testament läßt das klar erkennen (ich verweise auf den Artikel von H. Wildberger in THAT I, 275–300: „Es besteht in der at.lichen Forschung beinahe ein Consensus darüber, daß von Erwählung Israels explizit nicht vor dem Dtn. gesprochen ist", 284). Ein voller Consensus besteht darin, daß der Erwählungsbegriff seine gültige Ausprägung im Dtn. bekommen hat. Der „locus classicus" ist Dtn. 7,6–8:

> „Dich hat Jahwe, dein Gott, aus allen Völkern,
> die auf Erden sind, für sich erwählt,
> daß du sein eigen seiest.
> Nicht weil ihr zahlreicher wäret als alle Völker…,

---

[4] Gerade dieser Tatbestand ist es, der durch die nominalen Begriffe verdunkelt worden ist. Spricht man vom Heil, dann ist der Unterschied evident: Heil, von dem das Alte Testament spricht, ist etwas anderes als Heil, von dem das Neue Testament spricht. Wenn man aber vom Retten Gottes spricht, dann ist evident, was beiden gemeinsam ist; denn das Alte Testament wie das Neue Testament sprechen vom Retten oder vom rettenden Handeln Gottes.

sondern weil Jahwe euch liebte
und weil er den Eid hielt, den er euren Vätern
geschworen, darum hat Jahwe euch mit starker Hand
herausgeführt und hat dich aus dem Sklavenhaus
befreit ..."

Diese Stelle zeigt in aller Deutlichkeit, daß der Begriff der Erwählung Interpretation ist. Die Rettung Israels aus Ägypten wird nachträglich so gedeutet, daß sie geschah, weil Jahwe Israel „aus allen Völkern, die auf der Erde sind" ausgewählt hat, um an ihm diese Rettungstat zu vollbringen. Diese Deutung steht in Dtn. 7 im Zusammenhang des Gebotes schärfster Sonderung von den Kanaanäern und ihrem Gottesdienst; in der Tat ist der Passus Dtn. 7,6–8 die Begründung für das Gebot der Sonderung 7,1–5, das dann in V. 9–11 paränetisch wieder aufgenommen wird. Aus diesem paränetischen Kontext, der für das Deuteronomium lebenswichtigen Einprägung des ersten Gebotes angesichts der Gefahr des Synkretismus ist der Begriff der Erwählung zu verstehen. Aus diesem Zusammenhang hat er seine Prägung bekommen. Das bedeutet aber auch, daß der Begriff der Erwählung mißverstanden ist, wenn aus ihm ein Anspruch abgeleitet wird. Das bringt implizit Dtn. 7,6–8 schon zum Ausdruck, schärfer noch Am. 3,2. Gerade dieser paränetische Zusammenhang, in dem Israel angesichts der Gefahr des Abfalls das erste Gebot vorgehalten wird, läßt es nicht ratsam erscheinen, den Begriff der Erwählung, der allein aus diesem Zusammenhang seinen Sinn erhält, zu verallgemeinern, und dann in einem abstrakten Sinn von den Erwählungstraditionen oder von einem Zustand des Erwähltseins, vom erwählten Volk zu sprechen. Bei solcher abstrahierenden Verallgemeinerung ist die Gefahr zu groß, daß aus dem Begriff der Erwählung ein Anspruch abgeleitet wird.

Einem solchen verallgemeinerten Gebrauch des Begriffes Erwählung steht auch entgegen, daß in der Formung der Traditionen von Gottes Rettungstat am Anfang das Verb „erwählen" niemals vorkommt, aber auch nicht in der langen Traditionskette der Worte, die an die Rettungstat am Anfang erinnern (s. o.). Es ist dann auch kein Zufall, daß die vorexilischen Propheten den Begriff des Erwählens Gottes so gut wie ganz meiden[5]. Man kann dann nicht sagen, daß der Begriff Erwählung eine für das ganze Alte Testament bestimmende Bedeutung hat; wenn man ihn gebraucht, muß man sich über seine begrenzte Bedeutung klar sein.

6. *Rettung und Bund.* Es ist für die bisherige Theologie des Alten Testaments bezeichnend, daß sie den nominalen Begriffen eine höhere Bedeutung gab als den Verben. Das trifft insbesondere für den Begriff „Bund" zu. Man hat in einer sogenannten „Bundestheologie" diesem Begriff eine das ganze

---

[5] Amos 3,2: „Euch allein habe ich erkannt (*jada'ti*) aus allen Geschlechtern der Erde, darum suche ich an euch heim alle eure Sünde." Das *jada'ti* sollte nicht mit „erwählt" übersetzt werden (dagegen hatte sich schon L. Köhler gewandt), das „erkannt" ist im Sinn des Erkennens in der Begegnung zu verstehen.

Alte Testament bestimmende Bedeutung zu geben versucht⁶. Hierin kommt eine Voreingenommenheit zum Ausdruck, die dem Tatbestand im Alten Testament nicht gerecht wird. Zunächst ist allgemein dazu zu sagen, daß das Reden von Gott im Alten Testament primär verbal, nicht nominal ist. Was von Gott gesagt wird, ist durchweg ein Geschehen zwischen Gott und Mensch, niemals ist es primär ein Zustand. Sofern „Bund" als ein Status, als ein zwischen Gott und Mensch bestehendes stetiges Verhältnis verstanden wird, kann ein solcher Begriff im Alten Testament keine begründende Funktion haben, sondern nur nachträgliche Bezeichnungen eines Ergebnisses dessen sein, was zwischen Gott und seinem Volk geschehen ist. Abgesehen davon sind gegen die bestimmende Bedeutung des Bundesbegriffes für die alttestamentliche Theologie drei Einwände zu erheben:

1. Die grundlegende Bedeutung des Bundes für die alttestamentliche Theologie wird ganz allgemein damit begründet, daß nach Ex. 19ff. Gott mit Israel am Sinai einen Bund geschlossen habe. Diese Behauptung ist problematisch. Wie jetzt allgemein anerkannt ist, kann die Sinai-Perikope Ex. 19–24; 32–34 (ohne P) nicht als eine geschlossene, fortlaufende Texteinheit angesehen werden. Der eigentliche Bericht von der Theophanie am Sinai umfaßt nur Kap. 19, die P-Parallele dazu ist Ex. 24,15b–18. Dieser Bericht spricht nicht von einem Bundschluß; 19,3b–8, wo in V.5 der Satz begegnet: „und meinen Bund haltet", ist ein späterer Zusatz in deuteronomischer Sprache. Ein von diesem Bericht Ex. 19 unabhängiger Text ist Ex. 24,3–8, der ausdrücklich von einem Bundschluß spricht; er wird weitergeführt in Kap. 34. In diesem Text wiederum kommt der Sinai nicht vor. Es ist ein späterer Text, der nachträglich dem Bericht von der Sinaitheophanie zugefügt wurde (so mit anderen L. Perlitt, 190–203). Dieser Text bringt das spätere Verständnis eines Bundesverhältnisses zwischen Jahwe und Israel zu einem typischen Ausdruck, kann aber für einen Bundesschluß am Sinai nicht in Anspruch genommen werden.

2. Der zweite Einwand ergibt sich aus der Bedeutung des Wortes *berit* (Bund) im Alten Testament und dessen Geschichte⁷. In der ausgedehnten Diskussion um das Verständnis dieses hebräischen Wortes ist darin volle Übereinstimmung erreicht, daß es ursprünglich nicht einen Zustand, sondern einen Akt bedeutet. Das Wort in seinem gesamten Bestand als „Bund" zu übersetzen,

---

⁶ Das geschah insbesondere in der alttestamentlichen Theologie von W. Eichrodt, die einen sehr weitgehenden Einfluß ausübte. Zu einem neuen Aufleben der „Bundestheologie" kam es durch die archäologische Entdeckung der hethitischen Vertragsformulare, die als religionsgeschichtlicher Hintergrund für das Reden vom Bund zwischen Gott und Volk im AT angesehen wurden. Die Fülle der Literatur hierzu ist gesichtet worden von D. J. McCarthy (s. Lit.). Den Einfluß auf die AT-Theologie zeigt u. a. die Dissertation von D. G. Spriggs, 1974.

⁷ Zur Bedeutung des Wortes *berit* vgl. A. Jepsen, Festschr. W. Rudolph, der das Wort mit „feierliche Zusage, Versprechen, Verpflichtung" wiedergibt, und eine Reihe von Arbeiten von E. Kutsch, zusammengefaßt in THAT I, 339–352, der es als „Verpflichtung" bestimmt. Hier weitere Literatur.

ist dann als ein lexikalischer Fehler erwiesen; vielmehr ist mit *berit* in seinem gesamten früheren Gebrauch der Akt gemeint, daß jemand eine feierliche, bindende Versicherung abgibt; eine solche Versicherung kann einem Schwur (oder Eid) nahekommen (N. Lohfink, SBS 28) oder auch, wenn Gott das Subjekt ist, einer Verheißung. Diese Bedeutung wird durch den Ritus einer feierlichen Versicherung oder Selbstverpflichtung deutlich, *karat berit* (gewöhnlich übersetzt: einen Bund schließen), die den Sinn einer bedingten Selbstverfluchung hat: das Hindurchgehen durch die Stücke getöteter Tiere, wie in Gen. 15 und Jer. 34[8]. Die Wendung *karat berit* bedeutet dann nicht „einen Bund schließen", sondern „eine verpflichtende Zusage geben". Die Verbindung zu der Bedeutung „Bund" ist leicht so zu erklären, daß bei einem Vertrag oder Bundschluß von einer oder von beiden Seiten verpflichtende Erklärungen oder Zusagen abgegeben wurden. Seine theologische Bedeutung erhielt der Begriff erst in der deuteronomischen Zeit (so mit L. Perlitt aaO.), und es ist sehr unsicher, ob vorher überhaupt in Israel von einer *berit* (im Sinn von Bund) zwischen Gott und seinem Volk gesprochen wurde. Auf jeden Fall aber bedeutet *berit* ursprünglich den Akt einer verpflichtenden Zusicherung, und es ist deshalb nicht möglich, aufgrund des vom Sinaiereignis berichtenden Textes zu sagen, Jahwe habe am Sinai mit Israel einen Bund geschlossen. Dies ist vielmehr eine Deutung des Sinai-Ereignisses aus viel späterer Zeit, der spätdeuteronomischen (Dtn. 5, 2):

„Jahwe, unser Gott, hat am Horeb einen Bund mit uns geschlossen…"

Was auf diese Einleitung folgt, ist nicht der Akt eines Bundschlusses, sondern der Dekalog; *berit* ist hier im Sinn des Gesetzes verstanden, wie es in der deuteronomischen Sprache direkt zu einer Bezeichnung des Gesetzes wird. Von dieser späten ist eine frühe deuteronomische Schicht zu unterscheiden, in der *berit* im Sinn der Verheißung gebraucht wird (Dtn. 7, 9):

„So sollst du erkennen, daß Jahwe dein Gott ist, der getreue Gott, der den Bund hält und die Huld bewahrt."

Es ist die *berit* gemeint, die Jahwe den Vätern zugeschworen hat: „Die theologische Eigenart von Dtn. 7 besteht darin, den ‚Bund' gerade nicht vom Gesetz, sondern von den Verheißungen leben zu lassen" (L. Perlitt, aaO. 63).

Der Vergleich dieser beiden Stellen zeigt, daß das Wort *berit* einer späteren Zeit dazu dient, die Ereignisse am Anfang der Geschichte Israels zu deuten. Der Wandel im Sprachgebrauch spiegelt sich deutlich in zwei Kapiteln der Genesis, die beide von einer *berit* Gottes mit Abraham sprechen. In Gen. 15, 7–21 hat das Wort nicht die Bedeutung „Bund", sondern bedeutet eine feierliche Zusage, einem Eid oder Schwur entsprechend; inhaltlich ist es eine Verheißung. Es steht der Bedeutung von *berit* in Dtn. 7, 9 ganz nahe, gehört wahrscheinlich auch etwa der gleichen Zeit an. In Gen. 17 dagegen, das der Priester-

---

[8] Hierzu L. Perlitt, 55–77 und C. Westermann, BK I/2 zu Gen. 15 (i. V.), an beiden Stellen weitere Literatur.

schrift angehört, hat *berit* die Bedeutung Bund; hier ist es eine zweiseitige, beide Teile verpflichtende Abmachung, die den bleibenden Status des Bundes begründet. Wie sich die *berit* in Gen. 17 auf das Gebot der Beschneidung bezieht, so in Dtn. 5,2 auf den Dekalog, an beiden Stellen schließt jetzt *berit* Gebot und Gesetz ein. Diese beiden Stellen aber gehören erst der exilischen Zeit an.

Der somit in Israel erst spät entstandene und spät für die wechselseitige Beziehung Jahwes zu Israel gebrauchte Begriff eines Bundes zwischen Gott und seinem Volk ist ein nachträgliches Interpretament, das die Gottesbeziehung als eine wechselseitige auf einen statischen Begriff bringen will.

3. Davon zu unterscheiden ist die sogenannte „Bundesformel"[9], fälschlich so genannt, weil sie ursprünglich mit dem Wort *berit* oder der Vorstellung des Bundes gar nichts zu tun hat. Ein Beispiel ist Jer. 7,13 (vgl. 11,4):

> „Höret auf meine Stimme,
> so will ich euer Gott sein
> und ihr sollt mein Volk sein."

Eine besonders betonte und erweiterte Ausprägung erfährt sie in Dtn. 26, 16–19 am Ende des Teiles Kap. 12–26 mit den Geboten und Gesetzen, und vor dem Schluß Kap. 28–29 mit Fluch und Segen. In der Mitte die Worte:

> „Du hast Jahwe heute sagen lassen, daß er dein Gott sei, Jahwe aber hat dich heute sagen lassen, daß du sein Eigentumsvolk sein wollest."

In diesem hervorgehobenen Schlußabschnitt sind die beiden Hauptbestandteile des Deuteronomiums zusammengefaßt: das, was die Rede des Mose von Gottes Wirken an Israel in der Vergangenheit bis zu diesem Tag gesagt hat und von seinem Wirken in der Zukunft in den Verheißungen; darin hat Jahwe durch den Mund des Mose gesagt: „daß er dein Gott sei." Das andere sind die „Gebote, Satzungen und Rechte", in denen Israel, sofern es sie annimmt, erklärt, daß es sein Eigentumsvolk sein will.

Mit einem Bundesritus oder einer sonstigen gottesdienstlichen Begehung hat diese sogenannte „Bundesformel" an keiner Stelle etwas zu tun. Sie begegnet überwiegend in Gottesreden und bringt die Wechselseitigkeit des Geschehens zwischen Gott und seinem Volk auf eine Formel. Ihre Absicht ist: „daß sie das Gottesverhältnis stabilisiert" (L. Perlitt, aaO. 114). Sie stabilisiert es aber in der Weise, daß es auf keinen Begriff (auch nicht den Bundesbegriff) und auf keinen Ritus festlegt, sondern dieses wechselseitige Verhältnis in der Fülle seiner Möglichkeiten offen läßt. Das „dialogische Geschehen" (M. Buber, 1954) zwischen Gott und seinem Volk kommt in dieser Formel zu seinem klarsten und kürzesten Ausdruck.

---

[9] R. Smend, ThSt 68; R. Kraetzschmar, L. Perlitt, 102–115, Dtn. 26,16–19 und die Bundesformel, hier weitere Literatur.

II. Der Vorgang der Rettung und die Geschichte

1. *Die Eigenart des Redens von Gott als dem Retter* und von der Rettung Gottes besteht darin, daß die Rettung als ein Ereignis verstanden wird, das erzählt oder berichtet wird, ein Ereignis mit einer Vor- und Nachgeschichte. Das Wort ‚Heilsgeschichte' als Zusammenfassung der Rettungstaten Gottes bereitet Schwierigkeiten, weil das Wort ‚Heil' ein Zustandsbegriff ist, dem lateinischen salus und dem hebräischen šalōm entsprechend. Das Alte Testament meint nicht einen Zustand des Heils, wenn es von Gottes Rettungstaten spricht, sondern einen Vorgang, der deshalb auch im Deutschen besser verbal wiederzugeben ist. Das Retten Gottes wird im Alten Testament dargestellt als ein ‚Herausreißen' (das Verb $nṣl$) aus tödlicher Gefahr; das Ergebnis dieses Herausreißens aus der Macht des Todes ist nicht ein Heilszustand, sondern das durch die Rettung wiedergeschenkte normale Leben. Neu ist an diesem Leben nur, daß zu ihm nun die Erfahrung der Rettung und die Verbundenheit mit dem Retter gehört.

Der Vorgang der Rettung vollzieht sich in einer bestimmten Geschehensfolge. Rettung kann sich auf sehr verschiedene Art vollziehen und sehr verschieden dargestellt werden; aber immer ist darin ein Grundgerüst zu erkennen, das gleich bleibt: Not – Rufen aus der Not – Erhörung – Rettung – Antwort der Geretteten. Zwei dieser fünf Glieder sind allem Reden von Rettung, auch dem profanen, gemeinsam: die Not und die Wende der Not (Rettung). Die anderen drei Glieder bringen zu dem bloßen Geschehen ein Wort hinzu, auf der Seite des Menschen das Rufen aus der Not, und die Antwort des Geretteten; auf der Seite Gottes das Wort des Retters, das als Erhörung des Rufens aus der Not dem rettenden Eingreifen vorausgeht. Durch diese drei Glieder wird aus der Rettung ein dialogisches Geschehen. Durch sie wird das Erfahren der Rettung aus einer Not zu einer Begegnung mit dem rettenden Gott, mit der Israels Geschichte begann.

Diese Geschehensfolge oder Geschehensstruktur zeigt sich im „geschichtlichen Credo" in Dtn. 26,5–11:

Vorgeschichte	V. 5: Ein dem Untergang naher Aramäer war mein Vater
Not	V. 6: Aber die Ägypter bedrückten uns ...
Rufen aus der Not	V. 7a: Da schrieen wir zu Jahwe
Erhörung	V. 7b: Und Jahwe erhörte uns und sah unser Elend
Rettung	V. 8: Und Jahwe führte uns heraus aus Ägypten
	V. 9: und brachte uns an diesen Ort und gab uns das Land
Antwort der Geretteten	V. 10: Und nun bringe ich ...
	V. 11: ... anbeten und fröhlich sein

In diesem Credo sind nicht einzelne Heilstaten Gottes aufgezählt (so stellt es G. v. Rad dar[9a]), sondern es ist ein zusammenhängender Vorgang dargestellt, dessen einzelne Glieder zu diesem Ganzen gehören. Der Text Dtn. 26,5–11[10] besteht nicht in einer Zusammenfügung von Themen, sondern beschreibt einen Vorgang in seinen einzelnen Gliedern. Die Traditionskraft dieses Credo ist nicht darin begründet, daß es einzelne Ereignisse addierend aneinander fügt, sondern in der Einschmelzung der so vielen und verschiedenartigen Ereignisse von Ägypten bis Kanaan in einen einzigen in sich geschlossenen Geschehensbogen, der von der Not zur Rettung führt.

2. Die gleiche Struktur, wenn auch erheblich erweitert, liegt dem *Aufbau des Buches Exodus* zugrunde. Es ist notwendig, ihn in den Hauptlinien zu skizzieren (fortgeführt bis Numeri):

Kap. 1–11: Die Not
    1: Bedrückung in Ägypten
    2–6: Die Verheißung und der Mittler
    7–11: Mose und Pharao, die Plagen
12–14: Die Rettung
    12–13: Passa und Aufbruch
    13–14: Weg durch die Wüste; Verfolgung und Bewahrung
    15: Das Lob der Geretteten (Geschichtspsalm)
16–18: Bewahrung auf dem Weg durch die Wüste
    (fortgesetzt in Num. 10–36)
19–34: Die Sinaiperikope
    19: Theophanie (par. 24,15–18 P)
    20: Dekalog   21–23: Bundesbuch
    24: Der Bund
    32–34: Bruch und Gericht
25–31; 35–40; Lev. 1–27; Num. 1–10: Das Priester-Gesetz (P)
    25–31: Anweisungen zur Herstellung des Heiligtums
    35–40: Ausführung der Anweisungen von 25–31

Dieser Aufbau des Buches Exodus (bis Numeri) bildet die Grundlage für den das rettende Handeln Gottes darstellenden Teil. Die Elemente dieses Aufbaues sind aber nicht auf das Buch Exodus beschränkt, sondern gehen weiter durch das ganze Alte Testament, wo immer in ihm vom rettenden Handeln Gottes geredet wird.

G. v. Rad (ThB 8, 10 f.) sieht im Hexateuch „ein Endstadium, etwas Letztes … Dieser barocke Ausbau des Grundgedankens … ist kein erster Wurf, ist … etwas Letztes, das seine Vorstadien gehabt haben muß … Stabil ist das ge-

---

[9a] „Es rekapituliert die Hauptdaten der Heilsgeschichte von der Väterzeit … bis zur Landnahme", AT-Theol. I, 127. Ich könnte auch nicht mit M. Noth sagen, daß hier die großen Themen der Pentateuchüberlieferung zusammengefaßt seien (1948, 48–49).

[10] Zu diesem Text s. G. v. Rad, 1938 = ThB 8 und L. Rost, 1965.

schichtliche Credo als solches ... variabel aber ist die Ausführung". Dieser Ansatz v. Rads ist weiterzuführen. Die Entsprechung zwischen Credo und Hexateuch ist auf Teile des Hexateuch beschränkt, nämlich Exodus bis Numeri, ohne P, während Genesis und Deuteronomium zum größten Teil keinerlei Entsprechungen im Credo haben. Nach den eindeutigen Entsprechungen ist zunächst zu fragen, danach nach Erweiterungen, die dem Credo entsprechen und solchen, die ihm nicht entsprechen.

a) Zunächst die eindeutigen Entsprechungen: Die in Dtn. 26,5 angedeutete Vorgeschichte hat ihre Entsprechung in Ex. 1,1: „die nach Ägypten kamen" (vgl. Gen. 50,24). Die Bedrückung in Ägypten (26,6) ist in Ex. 1,6–22 ausführlich berichtet. Das Rufen aus der Not (26,7a) ist in Ex. 3,7.9 vorausgesetzt. Die Erhörung (26,7b) ist in der Verheißung der Herausführung Ex. 3,7–8 enthalten. Die Herausführung selbst (26,8.9) umfaßt den Bericht von Ex. 11 bis zum Ende des Buches Numeri. Die Antwort der Geretteten (26, 10.11) ist der Lobpsalm in Ex. 15.

b) Bei den Erweiterungen sind solche, die sich aus der Struktur des Rettungsgeschehens ergeben, von anderen zu unterscheiden, die in gar keiner Weise zu ihm gehören.

Eine Erweiterung enthält schon das Credo: Die Rettung ist auf zwei Akte verteilt, das Herausführen und das Hineinführen (26,8.9). Diese Erweiterung wird im Buch Exodus entfaltet: Die Rettung vollzieht sich in der Weise, daß die Geretteten den mit der Rettung angekündigten Raum der Freiheit erst auf einem langen Weg erreichen. Diese Erweiterung reicht über das Buch Exodus hinaus und bildet einen erheblichen Teil des Pentateuch: der Bericht vom Hineinführen in das verheißene Land auf dem Weg durch die Wüste in Ex. 16–18 und Num. 10–32.

In diesem langen Weg ist die zweite Erweiterung begründet: Die Erhörung des Rufens aus der Not, die in der zweiteiligen Verheißung zu Wort kommt, verheißt zusammen mit der Rettung die Führung auf diesem weiten Weg. Verheißung und Weg aber erfordern den Mittler: Er verkündet die Verheißung und führt auf dem Weg.

Eine dritte Erweiterung ist die Erzählung vom Mittler (Mose), der die Verheißung übermittelt, und der das Volk in der Wüste führt, Ex. 2–6. Bei dieser Geschichte ist die Ähnlichkeit mit den Geschichten der Propheten zu beachten; sie beginnt wie diese mit einer Berufung und hat noch andere Entsprechungen.

Eine vierte Erweiterung liegt darin, daß die Herausführung in zwei Akten erzählt wird: der Befreiung aus der lange andauernden Not der Bedrückung (die Wunder und Plagen in Ägypten Ex. 7–11, und der Auszug im Zusammenhang der letzten Plage Ex. 12) und der Rettung aus einer tödlichen Bedrohung, dem Schilfmeerwunder (Ex. 14). Hier sind die beiden durch das ganze Alte und Neue Testament sich ziehenden Möglichkeiten von Rettung miteinander verbunden: Die Rettung (oder Befreiung) aus einem andauernden Notzustand, und die Rettung aus einer akuten Bedrohung. (Zu diesem Unterschied U. Bergmann, Diss. 1968, dazu THAT, Artikel *nṣl*.)

Eine fünfte Erweiterung ist die Einsetzung des Passa vor dem Auszug in Ex. 12–13 [11]. Durch diese Erweiterung wird die Errettung aus Ägypten mit dem Gottesdienst Israels verbunden und im Gottesdienst Israels verankert. In den älteren Quellen (J.E) geschieht das in der Weise der Erzählung: In Ex. 12,21–39 wird der Aufbruch aus Ägypten mit der letzten Plage verbunden; die Erstgeburt der Ägypter wird geschlagen, die Israeliten aber werden verschont (der Blutritus Ex. 21–28), diese Verschonung begründet das Passafest (Ex. 25–27). Nachträglich wird noch angefügt das Fest der ungesäuerten Brote (Ex. 13,3–10), begründet in der Aufbruchssituation; die Forderung der Erstgeburt für Jahwe (Ex. 13,11–16), begründet in der Verschonung der Israeliten, als die Erstgeburt der Ägypter getötet wurde. Bei P tritt an die Stelle der Erzählung die kultische Bestimmung für das Passafest, 12,1–20 mit dem Nachtrag 12,43–51 und der Forderung der Erstgeburt 13,1–2. Aber auch das Passa-Gesetz der Priesterschrift (P) enthält einen Hinweis auf die Geschichte, aus der es entstand:

Ex. 12,11: „Und so sollt ihr es essen: die Hüften gegürtet, Schuhe an den Füßen, den Stab in der Hand; in ängstlicher Hast sollt ihr es essen. Ein Fest für Jahwe ist es!"

Diese Erweiterung in 12–13 hat für die Theologie des Alten Testaments eine dreifache Bedeutung. Einmal zeigt sie, daß die rettende Tat Gottes am Anfang für das Gottesverhältnis Israels insgesamt bestimmend ist und für alle Zeiten bleibt; denn die Begehung des Passa-Festes wird dieses Ereignis von Jahr zu Jahr vergegenwärtigen: „Ihr sollt es essen als die da hinweweilen ...!", und die Darbringung der Erstgeburt, als Primitialopfer einstmals das wichtigste Opfer, wird jedesmal an die Rettungstat Gottes am Anfang erinnern. Opfer und Feste, die beiden Hauptelemente des stetigen Kultes, werden in der Rettungstat Gottes am Anfang begründet.

Zweitens zeigt diese Erweiterung die enge Verbindung von Gottesdienst und Geschichte, die für das Alte Testament so bezeichnend ist. Der Gottesdienst des seßhaften Volkes hat einen kreisenden Charakter, der dem Segenswirken Gottes entspricht. Durch die enge Verbindung des Gottesdienstes mit der Geschichte behielt der Gottesdienst in Israel die Offenheit für die Geschichte und damit auch für die Zukunft.

Drittens für das Verhältnis von Ex. 12–13 zu Ex. 19–34. Eigentlich haben die die Feste und die Opfer regelnden Bestimmungen bei P ihren Ort erst in der Sinai-Perikope, sie werden der Theophanie am Sinai zugeordnet. Wenn einige von ihnen schon hier im Zusammenhang des Auszugs begegnen, und zwar bei J, E und bei P, dann zeigt diese Tatsache an, daß wichtige Bestandteile des Gottesdienstes Israels in der Geschichte, und zwar in der grundlegenden Rettungstat Gottes an Israel am Anfang gründen, nicht erst in der Theophanie am Sinai. Diese begründet den seßhaften Kult, der das Heiligtum an einem festen Ort voraussetzt; Israels Gottesdienst aber ist nicht denkbar

---

[11] L. Rost, ZDPV 66 = 1965, 101–112.

ohne Vergegenwärtigung des Geschichtsabschnittes, der dem Seßhaftwerden vorausging, der Zeit der wandernden Gruppe.

Die Erweiterung *Ex. 32–34* gehört nicht zu den die Rettungsgeschichte entfaltenden Erweiterungen, sie führt einen Schritt darüber hinaus. Ex. 32–34, die Erzählung vom goldenen Kalb, handelt vom Bruch und der Erneuerung des in Kap. 24 geschlossenen Bundes. Diese Erweiterung ist dadurch bedingt, daß die Antwort der Geretteten in Wort (Ex. 15) und Tat (Ex. 12–13) ausbleibt. Es wird vom ersten Abfall des Volkes von dem Gott, dem es sein Leben verdankt, berichtet. Dieser Teil Ex. 32–34 ist aus einer späteren Sicht konzipiert; viele Ausleger sehen darin eine Spiegelung der Ereignisse um den Abfall des Nordreiches und den Stierkult in Bethel und Dan (1. Kön. 12–14). Die Tradenten des Pentateuch wollten mit dieser Erweiterung zeigen, daß die Geschichte Israels mit seinem Gott von Anfang an die Möglichkeit des Ungehorsams und des Abfalls bot, und damit in die Gottesbeziehung das neue Element von Schuld und Strafe kam. In die durch die Rettung bedingte Geschichte des Zusammengehörens tritt der durch den Abfall bedingte Bruch. So verstanden bildet Ex. 32–34 das Bindeglied zwischen dem Pentateuch und zwei anderen Komplexen des Alten Testaments, die von Schuld und Strafe handeln, dem deuteronomistischen Geschichtswerk und der Gerichtsprophetie. In der Einleitung wurde gesagt: dem Pentateuch liegt ein Lobbekenntnis, dem deuteronomistischen Geschichtswerk ein Sündenbekenntnis zugrunde. Ex. 32–34 zeigt, warum es von dem einen zum anderen kommen mußte; es ist ein Bindeglied zwischen beiden. Die bewußte Verbindung zeigt sich von der anderen Seite her in der deuteronomistischen Einleitung des Richterbuches, in der das rettende Wirken Gottes auf den immer wiederkehrenden Abfall des Volkes stößt. Dabei zeigt sich die Abwandlung, die das Credo durch das Motiv von Schuld und Strafe erfährt:

> „Die Israeliten taten, was Jahwe mißfiel,
> sie vergaßen Jahwe, ihren Gott und dienten den Baalen.
> Da entbrannte der Zorn Jahwes gegen Israel,
> und er verkaufte sie in die Gewalt des ...
> Da schrieen die Israeliten zu Jahwe,
> und Jahwe ließ den Israeliten einen Retter erstehen,
> der sie errettete aus der Hand ...
> Da hatte das Land 40 Jahre Ruhe"   (Ri. 3, 7–11)

Auch die Gerichtsprophetie klingt in Ex. 32–34 schon deutlich an. Der Mittler, der seinem Volk die Verheißung der Rettung brachte, wird zum Künder des Gerichts; sowohl die Gestalt des Gerichtspropheten wie auch die prophetische Gerichtsankündigung sind hier schon vorausgenommen, ebenso aber auch schon die Möglichkeit, daß der Prophet zum Intercessor für sein Volk werden kann. Gott der Retter wird Gott der Richter.

3. *Die Sinai-Perikope Ex. 19–34* fällt ganz aus der bisher gezeigten Geschehensstruktur heraus. Während Ex. 32–34 in einer direkten Beziehung zum Rettungswirken Gottes steht (der Retter wird zum Richter), hat das Geschehen

am Sinai gar nichts damit zu tun. Es fehlt daher im Credo, und G. v. Rad hat mit Recht daraus geschlossen, daß es in ihm um eine gesonderte, ursprünglich selbständige Tradition geht. In der Theophanie am Sinai empfängt Israel die Grundelemente des Gottesdienstes als des heiligen Geschehens (s. u. 104–171). Zwar ist die Theophanie ein Ereignis auf dem Weg, die Gottesdienstform aber, die hier begründet wird, ist die des seßhaften Gottesdienstes, wie das deutlich P (Priesterschrift) in Ex. 24; 25–40 zeigt. Dieser Theophanie wurden die Gebote und Gesetze zugeordnet; auch die Gesetze gehören zur seßhaften Daseinsform.

Zur Sinai-Perikope gehören auch die Texte von einem Bundschluß zwischen Jahwe und Israel in Kap. 24. Der Bundschluß gehört dann nicht zu der die Volksgeschichte begründenden Rettung am Anfang, er gehört vielmehr dem Teil an, der von der Rettungsgeschichte zum seßhaften Leben im Land überleitet.

So stellt die Sinai-Perikope Ex. 19–34 eine Klammer dar zwischen der Rettung am Anfang und dem Gottesdienst im verheißenen Land. Zu den Elementen des Rettungsgeschehens und dessen Erweiterungen gehört die Sinai-Perikope nicht.

Die Elemente, die die Geschichte von der Herausführung aus Ägypten bis zur Hineinführung in das Land Kanaan bilden, konstituieren nicht nur diesen Zeitabschnitt am Anfang der Geschichte Israels, sie reichen über ihn hinaus und bestimmen einen großen Teil der Texte des Alten Testaments. Die Rettungstaten Gottes gehen weiter, Gott bleibt für Israel der rettende Gott. In ihnen hat Israel Gottes Wunder erfahren; der Begriff des Wunders hat in ihnen seinen eigentlichen Ort. Wunder der Rettung vollziehen sich im Leben des Volkes wie des Einzelnen. Wird die Rettung vorher angekündigt, so entsteht der Spannungsbogen von Verheißung und Erfüllung, der durch das ganze Alte Testament weitergeht und im Neuen Testament aufgenommen wird. Wo aber dem Retter die Antwort verweigert wird, tritt die Gerichtsankündigung auf. So sind Gerichts- und Heilsankündigung der Prophetie schon in der Exodus-Geschichte angelegt. Mit der Ankündigung durch Mose tritt auch die Geschichte des Mittlers hinzu.

Da aber das im Buch Exodus Geschehende sich zwischen Gott und Mensch abspielt, gehören die Reaktionen der Menschen hinzu. Die Begegnung beginnt mit dem Rufen aus der Not, und dem Retter antwortet das Lob der Geretteten. Von Lob und Klage sind die Hauptgattungen des Psalters bestimmt, sie begleiten aber auch außerhalb des Psalters die Geschichte Gottes mit seinem Volk. So sind die drei Hauptteile des Alten Testaments von den Elementen bestimmt, die sich schon in der Geschichte des Exodus finden. Die Geschichte dieser Elemente kann durch das Alte Testament hindurch verfolgt werden. Vorher aber ist zu fragen, was sich bisher für das Geschichtsverständnis des Alten Testaments ergeben hat.

4. *Ergebnis für das Geschichtsverständnis des Alten Testaments*. Wäre das ganze Alte Testament in der Weise vom Rettungshandeln Gottes bestimmt, daß sich vom Auszug aus Ägypten an eine Rettungstat Gottes an die andere

reihte, dann könnte man im strengen Sinn des Wortes von einer Rettungs- oder Heilsgeschichte reden. Der Aufbau des Buches Exodus aber hat gezeigt, daß Gottes Geschichte mit Israel nicht nur eine Rettungsgeschichte bleibt. Der Vorgang der Rettung bildet das Gerüst, zu diesem Gerüst aber treten Erweiterungen.

Diesen Erweiterungen entspricht der auf das Buch Exodus folgende Fortgang der sich zwischen Gott und seinem Volk vollziehenden Geschichte.

a) Am engsten mit der Struktur des Rettungsvorganges verbunden ist die Erweiterung der Verheißung der Rettung: „Ich will euch herausführen ..." mit der Verheißung des Segens: „Ich will euch in ein Land führen, das von Milch und Honig fließt." Mit der Verheißung der Rettung ist die Verheißung des Landes und das heißt zugleich des seßhaften Lebens verbunden. Man kann das Buch Deuteronomium als eine Entfaltung dieser Segensverheißung sehen. Daß im Deuteronomium der zentrale theologische Begriff der des Segens ist, ist also nicht zufällig. Mit dem Überschreiten des Jordan beginnt ein Abschnitt der Geschichte Israels, der nicht mehr nur und nicht mehr in erster Linie von den Rettungstaten Gottes bestimmt ist, einfach aus dem Grunde, weil in ihm zunächst einmal die Not gewendet ist, auch wenn dann neue und andere Nöte kommen. Zum Wirken des rettenden Gottes tritt das Wirken des segnenden Gottes; das ist ein Hauptthema des Deuteronomiums.

Die Rettungstaten Gottes hören damit nicht auf, aber es tritt eine Veränderung bei ihnen ein. Mit dem Übergang in das verheißene Land vollziehen sich Gottes rettende Taten nicht mehr direkt, so wie am Schilfmeer und in der Wüste, vielmehr mit den Waffen und durch die Waffen Israels. Das zeigt sich im Buch Josua und im Buch der Richter in verschiedener Weise. In den im ersten Teil des Buches Josua (Kap. 1–11) geschilderten Kämpfen geht es um das beim Auszug verheißene Land. Das heißt in den hier erfahrenen Rettungstaten Gottes geht es nicht mehr nur um das nackte Leben, das bloße Überleben, sondern damit zugleich um die neuen Wohnsitze. Dieses Neue findet seinen literarischen Ausdruck in der Art der Erzählungen, die von diesen Taten Gottes berichten: Es sind einzelne ätiologische Erzählungen [12], die in ihrem ätiologischen Charakter zu diesem Land gehören und jeweils etwas von diesem Land sagen.

Im Buch Richter [13] zeigt sich das Neue in anderer Weise: Daß der Gott Israels jetzt in den Bedrohungen durch Feinde im verheißenen Land der Retter Israels bleibt, vollzieht sich in der Berufung und Beauftragung von „Rettern"; die Retter sind Mittler der Rettungstaten Gottes, die sich in Verteidigungskämpfen vollziehen. Beide Komplexe aber, die Erzählungen von Gottes Rettungstaten im Josua- und im Richterbuch haben gemeinsam, daß von Gottes Rettungstaten jetzt anders gesprochen wird als im Buch Exodus, der nun beginnenden neuen Lebensform des Volkes entsprechend.

Neben die Rettungstaten Gottes aber tritt jetzt sein stetiges Wirken, der Segensverheißung entsprechend. Wenn wir sagten, daß das Deuteronomium

---

[12] A. Alt, Josua, 1936. [13] W. Richter, BBB 21.

diese Segensverheißung entfaltet, dann müßte in der auf die Kämpfe um das Land folgenden Epoche der Geschichtsdarstellung dieses stetige Wirken Gottes einen deutlichen, ja einen bestimmenden Ausdruck bekommen. Das ist auch der Fall. Die auf Josua und Richter folgenden Geschichtsbücher sind von den beiden großen Institutionen bestimmt, die das seßhafte Leben Israels im Lande beherrschen: dem Königtum und dem Kult.

Sehr deutlich bilden Gestalt und Königtum Sauls den Übergang von den ‚Rettern' des Richterbuches zur Statik des Königtums, die in der Nathanverheißung 2. Sam. 7 ihre theologische Begründung erhält. Mit Salomons Königtum tritt dann die andere statische Größe hinzu, die die gesamte Königszeit bestimmte: der Tempel in Jerusalem (1. Kön. 6–8). Im Tempelkult wird zur Institution, was in der zweiten Erweiterung, der Sinai-Perikope, begründet wurde. Wie das Königtum Sauls den Übergang von den Richtern zu den Königen bildet, so die Geschichte von der Lade, die David nach Jerusalem bringt, den Übergang in der Geschichte des Gottesdienstes: das Wanderheiligtum der frühen Zeit, das Heiligtum von der Wüstenwanderung her, erhält seinen Ort im Heiligtum der Königsstadt [14].

In dieser zweiten Erweiterung, der Sinai-Perikope, wird nicht nur der seßhafte Kult begründet; ihr wird das Gesetz zugeordnet, die Ordnung für das seßhafte Leben (so das Bundesbuch Ex. 21–23). Und in ihr wird der Bund zwischen Volk und Gott verankert (Ex. 24), der das Ereignis der Rettung in einen Zustand überführt, das nun stetig bestehende Bundesverhältnis, womit der Schluß des Josuabuches, der Bundesschluß bei Sichem Jos. 24 zu vergleichen ist. Der statische Charakter der Sinai-Perikope bekommt jedoch seinen stärksten Ausdruck in dem großen priesterlichen Gesetz, das den stetigen Gottesdienst am Heiligtum regelt; die Stiftshütte ist Modell des Tempels.

Die dritte Erweiterung, Ex. 32–34, die die Möglichkeit des Abfalls und der Gerichtsankündigung vorausnimmt, entspricht der späteren Fassung, die die Darstellung der Geschichte der Königszeit im deuteronomistischen Geschichtswerk als einer Geschichte des Abfalls erhalten hat. Der Geschichtsabschnitt des seßhaften Lebens Israels im verheißenen Land ist uns nicht überliefert als die Geschichte der Auswirkung des Segens durch die beiden großen statischen Institutionen des Königtums und des Kultes, sondern mehr betont ist die Gefährdung Israels von Beginn des seßhaften Lebens an durch den Ungehorsam der Könige und des Volkes, der die Ankündigung des Gerichtes bedingte. Auch beim Wohnen im sicheren Land und in sicheren Städten, gesichert auch durch den stetigen Ertrag des Landes, ist Israel wiederum gefährdet. Nur daß es jetzt die Gefährdung von innen ist, durch die Abwendung von Jahwe. Angesichts dieser Gefährdung setzt die Gerichtsankündigung der Propheten ein. Es ist dieser Zusammenhang, den die Bezeichnung der Geschichtsbücher als „Vordere Propheten" zum Ausdruck bringt. Damit erst wird die Funktion der Erweiterung Ex. 32–34 in der im Buch Exodus dargestellten Geschichte der Rettung als ein Bindeglied zwischen dieser und der Geschichte des Abfalls im

---

[14] L. Rost, BWANT 42, G. v. Rad, NKZ 31.

Königtum deutlich. Die Ankündigung des Gerichtes Jahwes über sein eigenes Volk will – auch wenn das paradox klingt – im weiteren Zusammenhang der Geschichte seiner Rettungstaten gesehen werden. Jahwe will in ihr die tödliche Gefährdung seines Volkes abwenden. Die prophetische Gerichtsankündigung, die mit der Zeit der Staatlichkeit einsetzt, setzt die Geschichte fort, die als Rettungshandeln Gottes an seinem Volk begonnen hatte, nun aber auf dem Hintergrund der durch die Seßhaftigkeit und die Macht des Staates bedingten äußeren Sicherheit.

Abschließend kann man sagen, daß die großen Linien der Geschichte, die sich zwischen Jahwe und seinem Volk abgespielt hat, im Buch Exodus vorgezeichnet sind. Im Kern erweist sie sich als die Geschichte, die aus der Erfahrung einer Rettung hervorgegangen ist. Die Elemente dieses Rettungsgeschehens lassen sich in ihrer jeweiligen Geschichte durch das ganze Alte Testament hindurch verfolgen (s. den folgenden Teil). Israel ist Jahwe als seinem Retter begegnet, und Jahwe bleibt der Retter Israels.

In den Erweiterungen treten schon im Buch Exodus die theologischen Motive hinzu, die die weitere, nach dem Exodus und der Wüstenwanderung beginnende Geschichte bestimmen. Das ist einmal die Linie des stetigen oder Segenswirkens Gottes, die thematisch im Deuteronomium entfaltet wird und ihre bestimmende Gestalt in den beiden statischen Institutionen erhält, die die Königszeit beherrschen. Die andere Linie ist die des Abfalls und Gerichts, die sowohl die späte Darstellung der Geschichte der seßhaften Zeit im deuteronomistischen Geschichtswerk, wie auch auf andere Weise die Geschichte der Prophetie bestimmt.

Es läßt sich so in dem, was die Geschichtsbücher des Alten Testaments von der Geschichte zwischen Gott und seinem Volk Israel sagen, ein dreifacher Zusammenhang erkennen, an dem jedes der Geschichtsbücher seinen Anteil hat, dessen Kern aber die Geschichte der Rettung am Anfang im Buch Exodus ist. Die drei Erweiterungen des Exodusbuches zeigen, daß auf den von der Rettung bestimmten ein vom Segen bestimmter Geschichtsabschnitt folgt, der sich mit der Zeit der Seßhaftigkeit deckt. In diesem entsteht eine neue Gefährdung Israels durch den Abfall von Jahwe, den neuen Spannungsbogen von der Gerichtsankündigung bis zum Eintreffen des Gerichts bedingend. Damit kommen die beiden großen Komplexe des Redens von Gott hinzu (die im III. und IV. Teil dargestellt werden), der eine vom stetigen Wirken Gottes handelnd, der andere von Gottes Gericht und Gottes Erbarmen. Bei dieser Herausarbeitung der großen Linien sind die biblischen Bücher in ihrer Aufeinanderfolge im Kanon die Grundlage gewesen; von ihrer Fügung in Geschichtswerke und deren theologischer Bedeutung ist später zu handeln.

III. Die Elemente des Rettungsvorganges

1. *Die Rettung als Wunder.* Wunder kann man nicht konstatieren. Die Rettung am Anfang und die die Geschichte durchziehenden Rettungstaten

Gottes erfuhr Israel als Wunder. Was das Alte wie das Neue Testament unter Wundern versteht, wird aus diesem Zusammenhang am deutlichsten. Ps. 77, 12–16 kann das zeigen:

> „Ich will gedenken der Werke Jahwes,
>   ja gedenken deiner Wunder von Uranfang an.
> Will nachsinnen über all dein Tun,
>   will reden von deinen mächtigen Taten.
> O Gott, dein Weg ist heilig!
>   Wo ist ein Gott, groß wie der Herr?
> Du allein bist der Gott, der Wunder tut,
>   du hast deine Macht an den Völkern erwiesen.
> Du hast dein Volk mit starkem Arm erlöst,
>   die Kinder Jakobs und Josephs ..."

Diese Verse leiten das Schilfmeerwunder ein, dargestellt in der Weise der Epiphanie. Es ist ein später Psalm; aber noch in später Zeit bietet sich dieses Ereignis an als das Wunder schlechthin, es zeigt den Gott, der Wunder tut. In V. 12 stehen Wunder und Werke in synonymem Parallelismus: von Gottes Werken reden heißt von Gottes Wundern reden. Der dann folgende Satz V. 14 ist ein Ausdruck des Staunens, des staunenden Stillwerdens vor dem Tun des heiligen, majestätischen Gottes. Größe und Majestät Gottes sind hier keineswegs statische Begriffe; sie begegnen vielmehr im Erfahren des Wunders: „Gott, im Heiligen ist dein Weg!" In seinen Werken erweist sich Gott als der Heilige, als der Majestätische. Der Psalm zeigt, daß ein Wesensmerkmal des Erfahrens von Wundern das Staunen ist. Staunen hat notwendig ein Moment des Nicht-Begreifens in sich. Das erklärte Wunder ist kein Wunder mehr. Das Staunen ist deshalb bei Kindern häufiger und natürlicher als bei Erwachsenen. Dieses kindliche Element im Staunen ist vom Erfahren eines Wunders unablösbar. Gerade dieses Moment aber erweist, daß ein Wunder niemals bloß von den Phänomenen her erfaßbar ist, die man dabei konstatieren kann. Wunder kann man nicht konstatieren. Auch das deutsche ‚Wunder' bedeutet eigentlich Verwunderung (wie im Ausdruck: „Es nimmt mich wunder"). Sofern sie das Wunder vom Konstatierbaren her erfassen wollte als ein Abweichen von den Naturgesetzen, ist die gesamte abendländische Theologie in ihrem Reden vom Wunder einen von der Bibel abweichenden Weg gegangen.

Das Wunder selbst wird in Ps. 77, 15–16 in den einfachen Satz gefaßt: „du hast dein Volk mit starkem Arm erlöst." Dieser Satz kommt vom geschichtlichen Credo her, in dem das Wort ‚Wunder' nicht steht. Wird dafür, wie in Ps. 77, das Wort Wunder gebraucht, so wird damit nicht etwa das Ereignis am Schilfmeer in die Kategorie ‚Wunder' eingeordnet, vielmehr wird mit dem Wort ein bestimmter Aspekt an dem Geschehen hervorgehoben: daß es von Gott herkommt. Genauso wird das Wort Wunder in Ps. 118, 23 beschrieben: „Von Jahwe ist das gewirkt; es ist ein Wunder in unseren Augen." Der Satz ist auch hier ein Ausdruck des Staunens im Zusammenhang des Gotteslobes wie in Ps. 77. Später wird gezeigt werden, wie das Staunen ein Wesenselement des Gotteslobes ist.

Nehmen wir nun die prosaische, berichtende Darstellung des gleichen Ereignisses in Ex. 14 hinzu, so zeigt sich hier ein Unterschied im Reden von Gottes Wundern, der in der Traditionsgeschichte begründet ist. Die mehrschichtige Darstellung in Ex. 14 zeigt in ihrer ältesten Form keine mirakelhaften Züge; diese kommen erst in den späteren Darstellungen hinzu. Das ist in der Darstellung der Taten Jesu im Neuen Testament genauso. Es ist ein Unterschied, ob die unmittelbar Betroffenen von einem Wunder reden, das sie erfuhren oder die Späteren, für die es ein überliefertes Ereignis ist. In der unmittelbaren Wiedergabe bestand das Wunder darin, daß Gott im Augenblick höchster Not eine Wendung herbeiführte, mit der die Bedrohten nicht rechnen konnten. Ohne ihr staunendes Betroffensein war das, was sie erfuhren, kein Wunder. Das Wunder ist ein Geschehen zwischen Gott und Mensch, das seine Wirklichkeit allein in diesem Gegenüber hat, und für das es deshalb von außerhalb angebrachte Kriterien, ein Messen an vorhandenen Normen nicht geben kann. Das aus dem Abstand objektiv gesehene ist kein eigentliches Wunder mehr.

Noch einen weiteren Zug des Redens von Wundern zeigt Ps. 77. Das eigentliche Wunder ist Gottes Helfen in höchster Not; aber das als Epiphanie geschilderte Herankommen Gottes geht unter wunderbaren Begleitumständen vor sich: der Erschütterung des Kosmos, des Meeres, der Erde und mächtigen Gewittern. Sie erweisen die Majestät des Kommenden, und eben darin sind sie wunderbar. Es zeigt sich, daß die an und in der Schöpfung geschehenden Wunder dem eigentlichen Wunder bei- und untergeordnet sind. Auf diesem Hintergrund bekommt das Nebeneinander von ‚Naturwunder‘ und ‚Heilungswunder‘ (d.h. Wunder des rettenden Eingreifens) in den synoptischen Evangelien seinen Sinn. Sie sind dann nicht zwei Arten von Wundern nebeneinander, sondern man muß die Wunder des Helfens den Wundern als Machterweis eindeutig vorordnen.

Eine spätere Ausweitung des Wunderbegriffes liegt an den Stellen vor, die das Handeln des Schöpfers als ein Wundertun verstehen, wie Ps. 139,14:

> „Ich preise dich, weil du Wunder tust,
> denn du hast mein Inneres geschaffen,
> hast mich bereitet im Leib meiner Mutter.
> Du tust Wunder, wunderbar sind deine Taten"

(Text unsicher. Vgl. auch Jes. 28,29.)

Diese Ausweitung der Bedeutung liegt ganz in der Linie des ursprünglichen Wunderverständnisses; auch hier wird von Wundern Gottes im Zusammenhang des Gotteslobes geredet. Wenn diese Ausweitung auf das Schöpfungshandeln möglich war, ist damit bestätigt, daß im Alten Testament Wunder nicht als Durchbrechen der Naturgesetze zu verstehen ist, sondern allein aus dem Gegenüber des handelnden Gottes und des von diesem Handeln überwältigten Menschen. Wenn wir im Begegnen eines überwältigend Schönen ein Wunder zu erfahren meinen, dann liegt das in der Linie dieser Ausweitung des Wunderbegriffes.

Von den Wundern sind die Zeichen zu unterscheiden, die ein Wort als von Gott kommend ausweisen sollen (z. B. Jes. 7). Sie haben eine andere Funktion und gehören in einen anderen Zusammenhang. Erst sekundär konnten „Zeichen und Wunder" gleichgesetzt werden [15].

2. *Das Kommen Gottes im Alten Testament.* Der rettende ist der kommende Gott. Das sagt schon der Exodusbericht: „Ich komme herab ihn zu retten" (*wa'ered lehaṣilo* 3, 8), und von hier zieht sich eine Linie des Redens vom Kommen Gottes durch das ganze Alte und Neue Testament bis in die Apk. (1, 7): „Siehe, ich komme bald!", „siehe, er kommt!" Der Ankündigung entspricht rückblickend das Loblied Ex. 15, 21.:

> „Singet Jahwe, denn hoch hat er sich erhoben,
> Roß und Wagen hat er ins Meer gestürzt!"

So kurz dieses Lied ist, das Handeln Gottes ist in zwei Akten berichtet: zu Gottes rettendem Eingreifen gehört eine Bewegung, die diesem voraufgeht. Ähnlich in den Ladesprüchen Num. 10, 35 f. Dieser Ruf „Stehe auf, Jahwe!" oder „Komm herbei!" geht dann in einem breiten Strom in das Rufen zu Gott aus einer Not ein in den Klagen des Volkes und des Einzelnen. Von den ältesten Zeugnissen an bis in die Spätzeit gehört zum rettenden Eingreifen Gottes eine solche Bewegung des Aufstehens oder Kommens.

Während in Ex. 15, 21 und an den meisten anderen Stellen das Kommen Gottes nur in einem einfachen Verb ausgesagt wird, hat es in einer begrenzten Zeit, der Zeit der Landnahme, eine besondere Sprachform gebildet, die Epiphanie, d. h. eine Schilderung des Kommens (= Erscheinens) Gottes unter gewaltigen Naturerscheinungen [16]. Die Stellen: Ri. 5, 4–5; Ps. 18, 8–16; Hab. 3, 3–15; Ps. 68, 8 f. 34; 77, 17–20; 97, 2–5; 114; 29; Mi. 1, 3–4; Nah. 1, 3 b–6. Ein Beispiel Ri. 5, 4–5:

> „Jahwe, als du herauskamst von Seir,
> einherkamst von Edoms Gefild,
> da bebte die Erde, Berge wankten,
> es troffen die Himmel ... die Wolken von Wasser,
> vor Jahwes Antlitz, des Gottes Israels.
> (Es folgt das Eingreifen Gottes in den Kampf.)

Die Epiphanie ist in drei Teile gegliedert: das Kommen Gottes – kosmische Erschütterungen, die es begleiten – Gottes Eingreifen für oder gegen. Es ist wahrscheinlich, daß außerisraelitische Parallelen eingewirkt haben (s. Literatur Anm. 16); aber die Epiphanien im Alten Testament lassen keine Spur eines mythischen Verständnisses erkennen. Die Dramatik dieses Kommens ist nicht

---

[15] Zu den Vokabeln R. Albertz, Artikel *pl'* in THAT I, 413–420; zum Ganzen G. Quell, Festschr. W. Rudolph, in beiden weitere Literatur.
[16] Hierzu J. Jeremias, WMANT 10, C. Westermann, [4]1968, 69–76.

die einer Göttergeschichte, sondern es ist die Dramatik des Geschehens zwischen Gott und seinem Volk in der Stunde schwerer Bedrohung. Das zeigt sich besonders dort, wo die Epiphanie im Klagepsalm als Erweiterung der Bitte um Gottes Kommen begegnet, so Ps. 80,2 und Jes. 64,1:

> „Ach daß du den Himmel zerrissest und führest herab,
> daß vor dir die Berge erbebten,
> gleichwie Feuer Reisig entzündet,
> wie Feuer Wasser ins Wallen bringt ...
> indem du Furchtbares tätest, was wir nicht erhofften!"

Die Epiphanie als Bestandteil der Bitte reicht bis in das Adventslied: O Heiland, reiß die Himmel auf ...!" Dieses Motiv der Epiphanie liegt dem Epiphaniasfest der frühen Christenheit zugrunde, in dem das Erscheinen des Gottessohnes gefeiert wird. Auch hier ist es das Erscheinen des Retters, auch hier ist der rettende der kommende Gott.

In allen Epiphanieschilderungen ist das Primäre das Kommen Gottes, das Sekundäre das Wie dieses Kommens; die Vorstellungen vom Wie dieses Kommens haben sich sehr gewandelt. Zu Ri. 5,4f. (ähnlich Dtn. 33,2) vgl. Ps. 18, 10f. (vom Himmel); Ps. 77,20f. (durch Meer); 50,2f. (vom Zion her). Das Reden vom Kommen Gottes in einer Epiphanie muß eine lange, verzweigte Geschichte durchgemacht haben, von der uns nur Bruchstücke erhalten sind. Konstant aber bleibt das Herankommen Gottes als solches, ein Kommen zur Hilfe. Relativ konstant ist auch die Begleiterscheinung der Erschütterung des Kosmos bei seinem Kommen. Es ist der früheste Zusammenhang im Alten Testament, in dem das Geschichtshandeln Gottes mit einem Handeln an der Schöpfung (oder Natur) in Verbindung gebracht wird. Die Mächtigkeit oder Majestät Gottes begegnet zuerst beim kommenden, später erst beim seienden (thronenden) Gott. In solchen Aussagen bereitet sich das Schöpferlob vor.

Vom erwarteten Kommen Gottes in der Zukunft wird in vielen Zusammenhängen vom Exil ab gesprochen, insbesondere bei Deuterojesaja, wo es ein Hauptmotiv ist, vom Prolog (40,9) an durch seine ganze Verkündigung hindurch. Ebenso bei nachexilischen Propheten, wie Sach. 9,9: „Siehe dein König kommt zu dir, gerecht und ein Helfer ist er!" und in Psalmen von Jahwes Königsherrschaft, Ps. 96,12f: „Es jubelt das Feld ..., denn er kommt, er kommt, die Erde zu richten."

In der Mitte zwischen diesen beiden Stellengruppen in der Frühzeit (Gott kommt, Epiphanie) und in der Spätzeit (Gottes Kommen wird erwartet) steht die große Stellengruppe der prophetischen Gerichtsankündigung, in der das Kommen Gottes ein Kommen zum Gericht über Israel ist (z.B. Jes. 2,12. 19). Wie der rettende Gott, ist auch der richtende Gott der Kommende.

Gottes Kommen und ‚Eschatologie': Der rettende Gott ist der kommende Gott, d.h. wo das Alte Testament vom rettenden Wirken Gottes spricht, ist dieses als ein Ereignis, das auf den Menschen von außerhalb zukommt, dargestellt. Das Kommen gehört deswegen notwendig zum Retten hinzu, weil die vorausgehende Not als Fernesein Gottes erfahren wird („warum bist du ferne?"). Die Wende der Not wird erfahren im Nahekommen Gottes, in seinem Hereinkommen in die Notsituation, und das ist die Zukunft Gottes. Zukunft ist in der Bibel nicht primär *das* auf mich Zukommende, sondern *der* auf mich Zukommende; Zukunft ist identisch mit dem kommenden Gott. Deswegen ist die Anwendung des Begriffes „Eschatologie" auf das Kommen Gottes in der Bibel problematisch; denn Eschatologie meint *das* Zukünftige, die „Lehre von den letzten Dingen". Sofern Eschatologie *das* Zukünftige meint, das als Lehre festlegbar ist, wird darin die Zukunft Gottes verfügbar. Das entspricht dem biblischen Reden vom Kommen Gottes nicht.

Im Alten Testament ist die Zukunft im Kommen Gottes beschlossen. Es werden zwar eine Fülle von Aussagen über das Kommende gemacht, aber das Kommen Gottes ist mehr als alle aussagbare Zukünftigkeit, Gott läßt sich in ihr nicht festlegen. Gott ist in seinem Kommen aller aussagbaren Zukünftigkeit voraus, er bleibt der Kommende. Im Kommen Gottes ist alle Zukunft beschlossen, die Zukunft des einzelnen Menschen, die Zukunft des Volkes Gottes, die Zukunft der Menschheit und der Welt. Das einzig absolut Sichere, was wir von der Zukunft sagen können, ist, daß wir Gott entgegengehen und daß uns Gott entgegenkommt. So wie das der letzte Satz des Neuen Testaments sagt: „Siehe, ich komme bald."

3. *Das Heilswort und seine Geschichte im Alten Testament.* In der Auszugsgeschichte wird den unter der Last der Zwangsarbeit seufzenden Israeliten die Rettung angekündigt. Rettung kann unversehens, sie kann aber auch auf einem langen Weg erfolgen; dann beginnt die Geschichte der Rettung mit der in die Not ergehenden Ankündigung. Deswegen ist das Heilswort ein Bestandteil des Rettungsgeschehens, im Alten wie im Neuen Testament, das in den Evangelien mit der Botschaft von der Rettung einsetzt. Dementsprechend hat das Heilswort eine für die ganze Bibel bestimmende Bedeutung und eine vielgestaltige Geschichte [17].

Für das Reden von Gott im ganzen Alten Testament ist ein Wesenszug, daß er in eine Not, in Furcht, Angst und Verzweiflung, Schmerzen, Erniedrigung und Hoffnungslosigkeit hinein ein die Not wendendes Wort, ein Heilswort spricht. Aber die Heilsworte in den verschiedenen Perioden und verschiedenen Lebensbereichen sind derart unterschiedlich, daß ein zusammenfassender Begriff wie Heilswort oder Verheißung nur der Zusammenschau dienen kann, darüber hinaus aber wenig besagt.

Zunächst können drei Hauptformen des Heilswortes im Alten Testament unterschieden werden: die Heilszusage, die Heilsankündigung und die Heilsschilderung [18]. Die Heilszusage oder Erhörungszusage ist perfektisch, sie sagt, daß etwas geschehen ist, daß die Wende der Not sich vollzogen hat (wie in Ex. 3,7f.; Jes. 40,1ff.). Die Heilsankündigung ist futurisch, sie kündigt an, daß etwas geschehen wird (in Ex. 3,7f. ist sie mit der Heilszusage verbunden). Die Heilsschilderung ist futurisch-präsentisch, sie schildert einen Heilszustand

---

[17] S. Hermann, BWANT 5,5; W. Zimmerli, ThB 11.
[18] Vgl. hierzu C. Westermann, ThB 55, 230–249.

in der Zukunft, malt aus, wie es einmal sein wird (z. B. Jes. 11, 1–10). Diese drei Hauptformen des Heilswortes weisen auf drei ganz verschiedene Vorgänge. Die Heils- oder Erhörungszusage ist Antwort auf die Klage; sie erfolgt immer durch einen Mittler: Bei den Klagen des Volkes gewöhnlich durch einen Propheten (Ex. 3; Jes. 40), bei den Klagen des Einzelnen im Gottesdienst durch den Priester (das „priesterliche Heilsorakel"). Die Heilsankündigung ist die für die Prophetie typische Form des Heilswortes (Beispiel Jer. 32, 14 f.), insbesondere für die Heilspropheten (1. Kön. 22, 11; Jer. 28, 2–4). Sie entspricht formal der prophetischen Gerichtsankündigung, nur daß sie keiner Begründung bedarf. Die Form der Heilsankündigung ist aber nicht auf die Prophetie beschränkt, sie begegnet auch sonst, z. B. in den Väterverheißungen. Die Heilsschilderung geht auf das Sehertum zurück, auf die Zukunftsschau des Sehers (z. B. Num. 24, 5–7 a) und auf Segenssprüche (wie Gen. 49, 11–12), die vielleicht mit den Sehersprüchen in Zusammenhang stehen. Die Heilsschilderung hat sich mit der Prophetie verbunden (z. B. Jes. 2, 1–4; 11, 1–10), erfährt aber ihre reichste Ausprägung in der Apokalyptik: der Apokalyptiker ist Seher.

Zu der Unterscheidung nach den Hauptformen tritt die nach Adressaten. Wie beim rettenden Handeln Gottes kann das Heilswort an Israel oder an Einzelne ergehen, es kann aber auch für die Welt und die Menschheit bestimmt sein. Unter Beachtung beider Aspekte kann dann nach der Geschichte der Heilsworte durch das Alte Testament gefragt werden.

a) Verheißung an das Volk. Die Geschichte der Rettung am Anfang begann mit einem Heilswort, das diese Geschichte in Bewegung setzte. Sie überspannt den gesamten Geschehensverlauf vom Auszug bis zur Landnahme, mit der sie zu ihrer Erfüllung kam. Damit aber verliert sie ihre Bedeutung nicht. Das Land, in dem die Israeliten nun leben, bleibt das verheißene Land[19], zu dem die Israeliten ein anderes Verhältnis haben als andere Völker zu dem ihnen angestammten Land. Das zeigt sich am Weiterleben der Landverheißung nach der Ansiedlung im Lande, besonders im Deuteronomium. In den neuen Gefährdungen des Bleibens im Lande wird die alte Verheißung an die Väter wieder erweckt. Dabei wird die zur Verheißung der Befreiung aus Ägypten gehörende Verheißung mit der schon den Vorvätern Abraham, Isaak und Jakob gegebenen Landverheißung verbunden. Deren Erfüllung wird in der Landnahme der Israeliten gesehen, wie das Gen. 50, 24 zeigt:

> „Dann sprach Joseph zu seinen Brüdern:
> ich sterbe nun; Gott aber wird sich euer annehmen
> und euch aus diesem Land hinausführen
> in das Land, das er Abraham, Isaak und Jakob
> zugeschworen hat."

Durch die Landverheißung wird die Vätergeschichte eng mit der Volksgeschichte verbunden; die Vorfügung der Vätergeschichte Gen. 12–50 vor die

---

[19] G. v. Rad, ThB 8, 87–100.

mit dem Exodus beginnende Volksgeschichte wurde durch dieses Bindeglied ermöglicht. Auch die Segensverheißung (z. B. Gen. 12, 1–3) und die Mehrungsverheißung (z. B. Gen. 13, 14–16) hat ihr Ziel nicht in der Vätergeschichte selbst, sondern erst in der Geschichte des Volkes Israel. Die in der Nachkommenverheißung in Aussicht gestellte Fülle („wie der Sand des Meeres", „wie die Sterne des Himmels") kann sich nur auf die Größe des Volkes Israel beziehen.

Diese erst im Volk Israel zur Erfüllung kommenden Verheißungen aber knüpfen an viel ältere Verheißungen an und führen die weiter, die auf die Väterzeit selbst zurückgeführt werden können, weil sie ihre Erfüllung in dieser fanden: Es ist die Sohnesverheißung (Gen. 15; 16; 18), die Verheißung des Mitseins auf dem Weg (Gen. 26, 3; 26, 24; 28, 15) und die Verheißung neuen Lebensraumes, bzw. neuer Weidegebiete (in Gen. 12, 1–3 enthalten). Sie sind aus der Lebensweise der Väter verständlich und in den alten Erzählungen fest verankert. Hier umspannt die Verheißung nur einen sehr kleinen Spannungsbogen, den Erzählungen aus der Väterzeit entsprechend[20].

Nun enthalten aber die Väterverheißungen zu den bisher dargestellten noch eine, in der der Bogen zwischen Verheißung und Erfüllung noch viel weiter gespannt ist. Die Erfüllung reicht hier bis in die Weite der Völkerwelt (Gen. 12, 3):

> „Ich will segnen, die dich segnen
> und verfluchen, die dir fluchen,
> und in dir sollen sich segnen alle Geschlechter
> der Erde."

Dieser Satz im Prolog des Jahwisten zur Vätergeschichte ist nur von seinem Ort im Übergang von der Urgeschichte zur Vätergeschichte zu verstehen[21]. Wie die Vorfügung der Vätergeschichte vor die Volksgeschichte ihre theologische Artikulation in der den Vätern gegebenen Land- und Mehrungsverheißung erhält, so die Vorfügung der Urgeschichte vor beide in der Verheißung von Gen. 12, 1–3, die auf die Vielheit der Völker übergreift, wie sie vorher die Völkertafel Gen. 10 darstellte. Mit dieser Verheißung ist die Geschichte Gottes mit seinem Volk Israel von vornherein in den weiteren Horizont der Geschichte Gottes mit der gesamten Menschheit gestellt. Sie wird in der Geschichte des Gottesvolkes immer wieder einmal anklingen, bis sie am Ende der Volksgeschichte in den Gottesknechtliedern wieder eine beherrschende Bedeutung bekommt, die dann bis in die Apokalyptik reicht.

So haben sich aus den Verheißungen des Anfangs (Auszugsverheißung und Väterverheißung) schon die drei Bereiche herausgestellt, auf die die Verheißungen durch das ganze Alte Testament hindurch bezogen sind: das Volk Israel im Bereich seiner Geschichte, der einzelne im persönlichen Bereich seiner Familie, die von Gott geschaffene und von Gott zu ihrem Ziel gelangende Menschheit in der von ihm geschaffenen Welt.

---

[20] Zur näheren Begründung C. Westermann, 1976.
[21] G. v. Rad, ATD z. St. und H. W. Wolff, ThB 22.

Der Verheißung am Anfang entspricht die Verheißung am Ende der Volksgeschichte. In einer deutlichen, oft angesprochenen Entsprechung zu der Verheißung der Befreiung Israels aus der ägyptischen Knechtschaft steht die Verheißung Israels aus der babylonischen Gefangenschaft. Sie ergeht in eine ähnliche Situation; damals an die Zwangsarbeiter in Ägypten, jetzt an die Deportierten in Babylon. Hier wie dort ist es Verheißung der Rettung und der Heimkehr, kann sie angenommen oder abgewiesen werden, ergeht sie durch einen Mittler. Der Prophet Deuterojesaja sieht die von ihm angekündigte Befreiung in Entsprechung zu der aus Ägypten (Jes. 43, 14–21). Er stellt die neue Befreiung und Heimkehr der alten gegenüber, so daß die alte vor der neuen verblaßt (43, 18–19). Aber hierin liegt nicht der wesentliche Unterschied. Das Neue ist die Verbindung der Verheißung der Rettung mit der Zusage der Vergebung (40, 1–3; 43, 22–28). Die Errettung aus Ägypten war auf nichts anderes gegründet als das Erbarmen Gottes mit den Leidenden („ich habe euer Elend gesehen"); zwischen dieser Rettung am Anfang aber und der Rettung aus dem babylonischen Exil liegt der Berg von Schuld, der sich in der Geschichte des Gottesvolkes angehäuft hatte (43, 22–28); die Verheißung der Rettung setzt jetzt die Zusage der Vergebung voraus, mit der die Botschaft Deuterojesajas einsetzt: „Ruft ihr zu, daß abgezahlt ihre Schuld!" (40, 2).

Dieser Unterschied ist für das Reden von Gott im Alten Testament von großer Bedeutung: Rettung aus Erbarmen mit dem Leidenden und Rettung verbunden mit der Vergebung des Schuldiggewordenen hat *beides* seinen Sinn und seine Notwendigkeit in der Geschichte Gottes mit seinem Volk. Abgesehen von diesem wesentlichen Unterschied ist die Entsprechung sehr weitgehend. Nur an diesen beiden Stellen begegnet die unbedingte, perfektische Zusage der Errettung (vgl. Ex. 3, 7–8 mit Jes. 43, 1–3) verbunden mit der futurischen Ankündigung, die beidemal eine Ankündigung der Rückkehr ist. Beidemal tritt dann auch noch ein Element der Heilsschilderung hinzu, in Ex. 3 das gute Land, das von Milch und Honig fließt, bei Deuterojesaja die Schilderung des neuen Aufblühens in 54–55.

Die Geschichte der Heilsworte zwischen diesen beiden Fixpunkten am Anfang und am Ende, die äußerst verzweigt ist, braucht nur skizziert zu werden. Die Verheißung der Rettung am Anfang setzt sich unmittelbar fort während der Zeit des Seßhaftwerdens in der Zusage des Sieges in den Verteidigungskämpfen der einwandernden Gruppen in den „Kriegen Jahwes"[22]. In einer bedrängten Lage wird Jahwe befragt, und die Antwort an den von Jahwe erwählten Führer ist die Übergabeformel: „Siehe, ich habe den König von Ai... in deine Hand gegeben" (Jos. 8, 1; die Stellen bei G. v. Rad, 1951, 7f.). Diese Verheißung des Sieges ist auf die frühe vorstaatliche Zeit begrenzt.

Wie mit dem Beginn der Seßhaftigkeit das stetige Handeln Gottes für Israel Bedeutung bekommt, so tritt zur Verheißung der Rettung jetzt die Segensverheißung; in ihr verbindet sich der Segen mit der Geschichte. Die Segensverheißung wird im Zusammenhang des Segenshandelns Gottes entfaltet.

---

[22] G. v. Rad, 1951 und R. Smend, FRLANT 84.

Vom Beginn des Königtums an tritt an die Stelle der Heilsankündigung für Israel in steigendem Maße die Gerichtsankündigung; aber innerhalb der von der Gerichtsankündigung bestimmten Epoche hat die Heilsverheißung nie ganz aufgehört, bis sie während des Exils wieder beherrschend wurde. Zur Geschichte der Heilsprophetie s. u. 125–130.

b) Die Verheißung an den Mittler. Die Verheißung an den Mittler steht in der Mitte zwischen der an das Volk und der an einen einzelnen Menschen. Sie ergeht zwar an eine einzelne Personen, sie bezieht sich aber auf das Amt, das diese Person am Volksganzen hat. Dabei sind zwei voneinander sehr verschiedene Linien zu unterscheiden.

In der einen Linie ergeht die Verheißung an einen Ohnmächtigen, dem die Last seines Amtes zu schwer wird. Sie ist daher meist die Antwort auf eine Klage des Mittlers. Wir finden sie bei Mose (einen Nachhall bei Josua), bei Elia, Jeremia und bei dem Gottesknecht. Mose wird die Last des Volkes zu schwer, Elia wünscht sich in seiner Verzweiflung den Tod; am vollsten ausgeprägt ist die Klage des Mittlers bei Jeremia und beim Gottesknecht. Die da hinein ergehende Verheißung ist meist äußerst verhalten: Es wird dem Mittler nur das Durchhalten, nicht aber Sieg und Erfolg zugesagt. Erst im letzten Gottesknechtlied erhält dieser das Ja Gottes zu seinem Werk über den Tod hinaus (Jes. 53,10–12).

In der anderen Linie ergeht die Verheißung an einen Mächtigen, den König. Die sogenannte Nathan-Verheißung 2.Sam. 7 ist aber ihrer Form und ihrem Inhalt nach ein so anderes Wort als die Worte der vorigen Gruppe, daß ein gemeinsamer Begriff ‚Verheißung' fast nicht mehr möglich ist. Das Wort Nathans, das David das Bleiben seines Hauses, das Bestehen seiner Dynastie zusagt, ist Bestätigung des Bestehenden. Es dient der Stabilisierung und Legitimierung des Königtums Davids und ist von einer Königstheologie bestimmt, die der Frühzeit Israels vollkommen fremd ist. Sie bedeutet einen Wendepunkt in der Geschichte der Verheißungen. Hier zum ersten Male band sich das verheißende Gotteswort an eine politische Institution und verhieß ihr das Bleiben, die Dauer. Eine ähnliche göttliche Bestätigung einer menschlichen Institution hat es vorher und nachher nicht gegeben. Und gerade diese Verheißung – jedenfalls dem geschichtlichen Tatbestand nach – ist zerbrochen. Es war eine der schwersten Krisen des Glaubens Israels, als mit dem babylonischen Exil die Daviddynastie gestürzt wurde. Der 89.Ps., in dem die Nathan-Verheißung fast Wort für Wort aufgenommen wird, zeigt die tiefe Erschütterung, die das scheinbare Zerbrechen dieser Verheißung auslöste.

Aus diesem Zusammenbruch sind die sogenannten „messianischen Weissagungen" zu erklären. Sie setzen den Zusammenbruch des Königtums und zugleich die Frage nach dem Zerbrechen der Nathan-Verheißung voraus.

Die Verheißungen an den Mittler durch das Alte Testament hindurch enden in zwei Spitzen: die Verheißung an den König, gewandelt zur Verheißung eines Königs der Heilszeit, und die Verheißung an den ohnmächtigen Mittler des Wortes, zum Ziel kommend in der Verheißung an den leidenden Gottesknecht durch seinen Tod hindurch. In den Evangelien des Neuen Testaments ist Jesus in der Fluchtlinie beider Verheißungen für den Mittler gesehen: Er wird der Messias genannt im Sinn des Königs eines kommenden Friedensreiches. Mehr entspricht dem Bericht der Evangelien die andere Linie der Verheißung an den ohnmächtigen Mittler des Wortes, dessen Leiden Vergebung bewirkt.

c) Heilsworte an Einzelne.

Exkurs: Das Gottesverhältnis des Einzelnen im Alten Testament. In der Geschichte des Heilswortes stoßen wir auf den Tatbestand, daß seine Adresse etwa gleichgewichtig auf das Volk und den Einzelnen verteilt ist. Hier zeigt es sich, daß das Wirken Gottes im Alten Testament keineswegs allein auf das Gottesvolk, allein auf Israel konzentriert ist, daß es sich vielmehr in gleicher Intensität auf den einzelnen Menschen richtet. Und zwar nicht nur auf den einzelnen Menschen, sofern und soweit er Glied des Gottesvolkes ist, sondern einfach als Menschen. Das zeigt sich bei der Menschenschöpfung, im Hiobbuch, in der Weisheit; es zeigt sich insbesondere in den Psalmen, in denen Leid und Freude nicht nur des Gottesvolkes, sondern auch des einzelnen Menschen in seinem persönlichen Leben zu Wort kommen. Das Gottesverhältnis des einzelnen Menschen hat im Alten Testament einen gewichtigen Ort neben dem Gottesverhältnis Israels. Beides ist nicht einfach identisch, und es wäre eine unzulässige Verkürzung dessen, was das Alte Testament von Gott sagt, wenn man es nicht beachtet. Ein kurzer Durchblick mag das erläutern: Das Urgeschehen (Gen. 1–11) handelt vom Menschen *vor* der Sonderung der Menschheit in Völker und Religionen; der Mensch in seinen Möglichkeiten und in seinen Grenzen ist Gottes Geschöpf und steht seinem Schöpfer gegenüber. In der Vätergeschichte (Gen. 12–50) erhält der einzelne Mensch in der Gemeinschaftsform der Familie eine für alles spätere, auch für die Geschichte des Gottesvolkes grundlegende Bedeutung. Immer wieder zeigt es sich in der Volksgeschichte, daß das persönliche Gottesverhältnis des einzelnen Menschen im familiären Lebenskreis ein notwendiges Element der Geschichte des Gottesvolkes bleibt. Man braucht nur an die Familiengeschichte Davids zu denken oder an die Klagen Jeremias. Am Gottesdienst Israels hat die Gottesbeziehung des Einzelnen in seinem persönlichen Lebensbereich ebenso Anteil wie das Gottesvolk mit seiner Geschichte, das zeigt vor allem die hohe Bedeutung der Psalmen des Einzelnen im Psalter. Im Exil hat die Familie und der Einzelne wieder eine für die Religion Israels tragende Bedeutung bekommen, die sie für die Diaspora immer behielt. Das Hiobbuch ist ein Zeugnis dafür, daß das Schicksal eines einzelnen Menschen, eines Leidenden im Gegenüber zu seinem Gott, dem Gottesvolk etwas Entscheidendes zu sagen hat, auch wenn dieser Leidende kein Israelit ist. Schließlich ist an den starken humanen Zug zu denken, der das ganze Alte Testament durchzieht: in den humanen Geboten des Deuteronomiums, in der Weisheit und in dem universalistischen Zug in vielen Völkersprüchen. Für das, was das Alte Testament von Gott sagt, ist es wesentlich, daß neben der Geschichte Gottes mit seinem Volk der einzelne Mensch und sein persönlicher, familiärer Lebenskreis eine Würdigung erfährt, die ihn als Gottes Gegenüber in seinem einfachen Menschsein versteht[23].

So wie die Klage des Einzelnen in Israel neben der Klage des Volkes ihren Platz hat, so ist das Heilswort an den Einzelnen neben dem an das Volk niemals verstummt. Auch in der Zeit, die von der Gerichtsankündigung der gro-

---

[23] R. Albertz, 1978.

ßen Propheten bestimmt war, haben Männer und Frauen in Israel Zuspruch in ihre Fragen und Nöte empfangen, in dem die Verbindung mit dem bewahrenden, dem rettenden Gott immer erhalten blieb.

Eine eigene Bedeutung der Vorfügung der Vätergeschichte vor die Volksgeschichte liegt darin, daß es hier der einzelne Mensch in seinem persönlichen Lebenskreis, seiner Familie und seinem Haus ist, an den alle Verheißungen Gottes ergehen, und zwar in ganz persönliche Nöte: Kinderlosigkeit, Gefahr für Leib und Leben, Bedrohung durch Mächtige, Zerbrechen des Friedens in einer Familie. Dies ist für die ganze weitere Geschichte bestimmend geblieben: Das Wirken des Gottes Israels schließt das persönliche Leben des Einzelnen ein, seine Verheißungen reichen bis in die Häuser, die Stätten der Arbeit, die Tage und Nächte jedes Einzelnen.

Hier liegt eine wesentliche Funktion des Gottesdienstes in Israel. Während die Verheißungen an das Volk allermeist im Geschichtsverlauf durch Führer oder Propheten ergehen, geschieht die Vermittlung der Heilsworte an den Einzelnen überwiegend in gottesdienstlichen Institutionen. Den beiden Grundweisen des Gotteshandelns, dem Retten und dem Segnen entsprechend, konnte die Verheißung der Rettung wie des Segens an den Einzelnen im gottesdienstlichen Wort ergehen. Wenn er in einer bestimmten Not oder Gefährdung zum Heiligtum kam und dort sein „Herz ausschüttete", konnte ihm auf seine Klage die Erhörung zugesprochen werden. Dieses „priesterliche Heilsorakel" (J. Begrich, ZAW 52) ist uns zwar als solches nicht überliefert; aber es läßt sich aus vielen Klagepsalmen erschließen, in denen die Klage in die Gewißheit der Erhörung oder sogar schon in das Lob des rettenden Gottes übergeht (Ps. 6; 22; 28). Einmal ist es auch in einem Psalm erwähnt, Klgl. 3,57:

„Du warst ganz nahe, als ich dich anrief;
du hast gesprochen: Fürchte dich nicht!"

Daß der Ruf „Fürchte dich nicht!" konstitutiv für das Heilsorakel an den Einzelnen war, wird in der Verkündigung Deuterojesajas vielfach bestätigt, der es für seine Heilsbotschaft oft verwendet. Er ist für das Gottesverhältnis des einzelnen Menschen in Israel besonders bezeichnend: Diesen Ruf in einer Stunde der Not oder der Verzweiflung zu hören, erwartete er von seinem Gott. Bedenkt man, daß die Klage des Einzelnen die im Psalter häufigste Gattung ist und zu diesem Erfahrungsbereich auch Vertrauens- und Lobpsalm des Einzelnen gehören, kann man nicht mehr sagen, daß im Alten Testament alles auf dem Verhältnis Gottes zu seinem Volk stehe. Das an den einzelnen gerichtete Heilswort hat im Alten Testament einen sehr gewichtigen Ort, und damit die persönliche Gottesbeziehung des einzelnen Menschen.

Während es bei der Antwort auf eine Klage im Heilsorakel immer um eine Notsituation irgendeiner Art geht, kennt das Alte Testament daneben die an den Einzelnen gerichtete Segensverheißung, deren Situation das stetige, alltägliche Leben ist. In den Vätergeschichten ist es die Segensverheißung und die Verheißung des Mitseins: „Siehe, ich bin mit dir und will dich behüten allenthalben, wo du hinziehst!" (Gen. 28, 15)[24]. In Ps. 91 und 121 ist eine gottesdienstliche Begehung angedeutet, in der einem Einzelnen, der vorher ein Bekenntnis der Zuversicht spricht, eine Segenszusage gegeben wird. In Hiob 5, 18–26, der ersten Rede des Eliphas, spiegelt sich diese Segenszusage, abgewandelt auch in Spr. 3, 23–26. Obwohl das nur eine geringe Bezeugung ist, lassen diese Texte darauf schließen, daß es im Gottesdienst Israels neben dem der Gemeinde erteilten Segen (Num. 6, 24–26) bei besonderen Gelegenheiten die Erteilung des Segens an Einzelne gab.

In der Spätzeit Israels trat hierbei eine Wandlung ein. Die Segenszusage an den Einzelnen wurde vorher ebenso wie die Erhörungszusage ohne jede Bedingung erteilt. Wie nun im Deuteronomium die bedingte Verheißung für das Volk an die Stelle der unbedingten trat, so geschieht das in der nachexilischen Zeit auch mit der Verheißung für den Einzelnen. Sie erhält eine Bedingung zur Voraussetzung: die Verheißung gilt nur noch dem Frommen. Dies ist programmatisch im ersten Psalm gesagt, der Einleitung des Psalmbuches in nachexilischer Zeit. Dem Frommen wird Segen verheißen, der Frevler dagegen ist „wie die Spreu, die der Wind zerstreut". Die Gottesbeziehung ist jetzt nur noch in diesem Gegensatz denkbar: Dem Gottesfürchtigen wird aller Segen und alles Gute verheißen, Ps. 112, 1–9, „der Gottlose sieht es und ... knirscht mit den Zähnen" (V. 10). Daß diese Alternative zu einfach war, zeigen Ps. 73 und das Hiobbuch.

d) Verheißung für die Menschheit und die Schöpfung. Eine Verheißung im eigentlichen Sinn kann man Gen. 8, 20–22 nicht nennen; aber es ist eine Zusage des Bestehenbleibens der Welt der Menschen. Diese Zusage nach dem Ende der Flut gibt der Menschheit als ganzer die Gewähr, daß keine Katastrophe mehr die Welt der Menschen vernichten wird, „solange die Erde besteht":

„Solange die Erde steht, soll nicht mehr aufhören
Saat und Ernte   Frost und Hitze
Sommer und Winter   Tag und Nacht."

Diese Zusage am Ende der Urgeschichte bedarf keiner Fortsetzung und bedarf keiner Wiederholung; diese Zusage gilt ein- für allemal. Sie setzt voraus, daß der Gott, von dem die Bibel redet, unsere Erde, den Weltraum in seinen Händen hält. Die Erde besteht nicht ewig; aber niemand kann ihr ein Ende setzen als allein ihr Schöpfer[25].

Im Übergang von der Urgeschichte zur Vätergeschichte hat der Jahwist in Gen. 12, 1–3 eine Segensverheißung angedeutet, die weit über Israel hinaus auf „alle Sippen der Erde" geht. Wie ist das gemeint? Zunächst muß beachtet werden, daß bei allen Verheißungen über Israel hinaus der Adressat nicht direkt angeredet ist. Das kann nur heißen: Die Angeredeten sind auch hier zunächst die Israeliten, und diese Verheißungen über Israel hinaus sollen zu-

---

[24] H. D. Preuß, ZAW 80; D. Vetter, AzTh 1, 45.
[25] BK I/1 606–614 zu Gen. 8, 20–22.

nächst etwas für die Israeliten bedeuten. In Gen. 12, 1–3 ist das klar; in diesen Worten spricht der Jahwist zu Israel, dem Israel seiner Tage. Er sagt ihnen, daß die Nachkommen Abrahams einmal in der Zukunft etwas bedeuten sollen für die anderen Völker. Worin dieser Segen besteht, wie er sich vollziehen wird, das kann hier noch ganz offen bleiben. Das Besondere, das Gott seinem Volk schenkt, soll einmal seine Auswirkung auf die anderen haben. Dasselbe, was J in Gen. 12, 1–3 sagen will, hat P in der Szene am Ende der Vätergeschichte angedeutet, in der Joseph dem Pharao seinen Vater vorstellt und Jakob den Pharao segnet (Gen. 47, 7–10). Die Szene strahlt eine eigentümliche Feierlichkeit aus durch den Kontrast zwischen dem mächtigen, gewaltigen Pharao in der Pracht seines Hofstaates und dem alten Mann, einem armen Wanderhirten, der nichts ist und nichts hat, und der dennoch in dieser Szene der Schenkende ist: Er ist es, der den Pharao segnet. Diese Szene hat für P am Ende der Vätergeschichte, vor dem Eingang zur Volksgeschichte eine zeichenhafte Bedeutung.

Zu diesen beiden Stellen nun eine ganz andere aus der Spätzeit, ein Heilswort für die Völker, Jes. 19,18–25, in dem für die Heilszeit eine Straße von Ägypten nach Assyrien angekündigt wird und Israel zwischen den alten Feinden „der Dritte im Bunde" sein soll und darüber hinaus „ein Segen inmitten der Erde". Hier wird Israel verheißen, daß es einmal ein Geschenk sein wird für die anderen Völker, mit denen es dann nicht mehr im Kampf lebt, und daß von ihm ein Segensstrom auf die anderen ausgehe. An allen drei Stellen ist dieser von Israel ausgehende Segen an keine Bedingungen geknüpft. Es ist der freie, bedingungslose Segen Gottes, der aus dem, was Gott an seinem Volk tut, überfließt zu den anderen.

Davon zu unterscheiden ist die Endverheißung in der Apokalyptik. In ihr richtet sich die Verheißung auf das Ganze der Menschheit und das Ganze der Welt. Das kann auf sehr verschiedene Weise geschehen, aber das Typische ist ein apokylptisches Drama, in dem beides, das Gerichtshandeln und das Heilshandeln Gottes zu seinem endgültigen Abschluß kommt. In einem Weltgericht werden alle gegengöttlichen Mächte vernichtet, und nach diesem Weltgericht kommt ein Heilszustand, der nun nicht mehr bedroht, nicht mehr wandelbar, end-gültig ist. Ein neuer Himmel und eine neue Erde werden geschaffen, das Leid und der Tod werden nicht mehr sein. Auch diese apokalyptische ist eine Segensverheißung; das, was aus dem apokalyptischen Drama erwächst, wird als ein Dauerzustand in der Sprache des Segens beschrieben; er ist nicht mehr wandelbar, die Geschichte hat aufgehört.

Zum Abschluß. Rückblickend auf die Geschichte der Heilsworte im Alten Testament zunächst ein Überblick.

a) Die Verheißung ist uns zunächst als ein Bestandteil des Rettungsvorganges begegnet: in eine Not hinein ergeht ein Wort Gottes, das die Rettung verheißt. Durch dieses verheißende Wort entsteht eine Spannung, ein gespanntes Ausgerichtetsein auf das Eintreten der Verheißung; damit entsteht ein Zusammenhang. Dieser Zusammenhang aber bleibt nicht einlinig, d.h. es geht nicht in der Weise weiter, daß, wenn die erste Verheißung erfüllt ist, die zweite ergeht und dann so weiter. Vielmehr leitet die erste Verheißung eine Geschichte ein, die an der Vielgestaltigkeit aller Geschichte teilhat. Die geschichtlichen Wandlungen bedingen eine Wandlung der Heilsworte, wie es die drei Grundformen des Heilswortes gezeigt haben. Inhaltlich ist die wichtigste Wandlung, daß zur Verheißung der Rettung die des Segens tritt. Dann aber tritt aufgrund des Versagens der Antwort neben und z.T. an die Stelle des Heilswortes das Gerichtswort, das dann seine eigene Geschichte hat.

In ihrer Vielfalt und Vielgestaltigkeit ist die Geschichte des Heilswortes ein Wesensmerkmal der Theologie des Alten Testaments. Es kommt dadurch in die Geschichte, die sich zwischen Gott und den Menschen abspielt, eine starke Bewegtheit, ein starkes Gefälle, die Dramatik wirklicher Geschichte. So wie die Väter unterwegs waren, ohne ihr Ziel zu kennen, aber geführt und vorwärts gewiesen von dem verheißenden Wort, so blieb das Volk Gottes, ohne seine Zukunft zu kennen, vertrauend auf dieses Wort auf dem Weg.

b) Glaube als Antwort auf das Heilswort[26]. Wie reagieren die Menschen im Alten Testament auf ein Heilswort? Das Heilswort eröffnet eine Zukunft, der, an den es sich wendet, kann sich danach richten oder nicht. Die normale Reaktion ist, daß man einen Schritt in die durch das Heilswort eröffnete Zukunft tut:

Gen. 12,4: ... und Abraham ging ...
Ex. 3: Der Aufbruch aus Ägypten in die Freiheit
Ri. 6–8: Der Aufbruch in den Kampf zur Befreiung.

Dieser erste Schritt impliziert, daß das Heilswort geglaubt wurde; aber in den meisten Fällen wird das in den Texten nicht ausgesprochen. Erst in reflektierender Rückschau, aus dem Abstand heraus, wird ausgesprochen, daß die Israeliten dem an sie ergangenen Heilswort glaubten:

Ex. 4,31: ... und das Volk glaubte ...
Ps. 106,12: da glaubten sie an seine Worte und sangen sein Lob.

Genauso bei dem an Abraham ergangenen Heilswort:

Gen. 15,6: Abraham glaubte,
und das rechnete er ihm als Gerechtigkeit an.

Erst im reflektierenden Rückblick verliert das Glauben seine Selbstverständlichkeit, nun wird es bemerkt, daß der, an den das Heilswort erging, es glaubte. Etwa bei der an Abraham ergehenden Verheißung weiß der spätere Tradent, daß Sara bei der Sohnesverheißung an die alten Leute gelacht habe, also sie nicht glaubte. Angesichts dieser anderen Möglichkeit wird hervorgehoben, daß Abraham glaubte.

Sehr viel gewichtiger tritt das bei dem Propheten Jesaja hervor. Es wird erzählt, daß Jesaja dem König Ahas mit einem Heilswort gegenübertrat, und der König glaubt dem Wort *nicht* (Jes. 7). Dieses Nichtglauben des Königs

---

[26] H. Wildberger. Artikel 'mn in THAT I, 177–209, dort weitere Literatur.

hat eingreifende Bedeutung: Der Gesalbte Jahwes glaubt das Wort Jahwes nicht! Deswegen bekommt das Wort ‚glauben' in der Verkündigung Jesajas eine besondere Bedeutung. Von da aus wird verständlich, daß das Verb 'āman hi. in den frühen Schichten des Alten Testaments überwiegend negiert begegnet; das Glauben fällt dort auf und wird dort erwähnt, wo einer nicht glaubt. Das Glauben kommt da zur Sprache, wo es seine Selbstverständlichkeit verliert. In den allermeisten Fällen ist es das Normale und Natürliche, es braucht deshalb nicht erwähnt zu werden. In allen diesen Fällen ist es in der Antwort des Sagens oder Tuns impliziert. Deshalb ist das Wort ‚glauben' (ein Substantiv ‚der Glaube' gibt es nicht) im Alten Testament relativ selten und begegnet nur da, wo es etwas Besonderes ist.

Das Wort ‚glauben' wird im Alten Testament nur in solchen Zusammenhängen gebraucht, in denen es eine klare Alternative bezeichnet, wo also die Möglichkeit des Nichtglaubens vorliegt (wie bei Ahas). Diese Möglichkeit ist bei einem Heilswort immer gegeben („die Botschaft hört ich wohl, allein mir fehlt der Glaube"). Wo eine solche Alternative nicht möglich ist, wird das Wort ‚glauben' nicht gebraucht. Das ist z.B. der Fall beim Schöpferwirken Gottes. Dafür, daß Gott die Welt oder den Menschen geschaffen hat, gibt es für das alte Israel keine Alternative. Eine andere Erklärung der Entstehung von Welt und Mensch gibt es noch nicht. Daher wird im Alten Testament vom Glauben an den Schöpfer oder Glauben an das Geschaffensein niemals geredet. Es gibt keinen Schöpfungsglauben. Das Verhältnis des Menschen zu seinem Schöpfer wird anders bezeichnet. Das hat zur Folge: Das Wort ‚glauben' ist im Alten Testament nicht, wie im Neuen Testament, eine allgemeine und umfassende Bezeichnung des Gottesverhältnisses oder der Gottesbeziehung. Es gibt im Alten Testament nicht die allgemeine Bezeichnung ‚an Gott glauben' oder ‚Gottesglaube' o.ä. Nur an wenigen Stellen – wie z.B. bei Jesaja – wird das Wort ‚glauben' absolut gebraucht, sonst immer in bestimmten Relationen, bezogen auf bestimmte Situationen: jemand glaubt in einer bestimmten Lage einem anderen oder er glaubt ihm nicht. Das Gottesverhältnis als solches und als ganzes kann es im Alten Testament im allgemeinen nicht bezeichnen, mit Ausnahme von wenigen Stellen; sonst ist es immer eine von vielen Möglichkeiten des Gottesverhältnisses. Es bleibt situationsbezogen und wird kein statischer, einen Zustand bezeichnender Begriff. Wenn es in der alttestamentlichen Wissenschaft üblich geworden ist, allgemein und umgreifend vom ‚Glauben Israels', vom ‚Glauben der Propheten', vom ‚Schöpfungsglauben' zu sprechen, so muß man sich darüber klar sein, daß hier der neutestamentliche Glaubensbegriff auf das Alte Testament übertragen wurde. (K. Koch, Šaddaj. Zum Verhältnis zwischen israelitischer Monolatrie und nord-westsemitischem Polytheismus: VT 26, 1976, 299–332, 301: „Das im AT gemeinhin als ‚Glauben' übersetzte Lexem *hä'ämin* wird nie auf die Unterschiedenheit der israelitischen von anderen Religionen bezogen, wird nirgends zum Mittel, den einen Gott von den vielen abzuheben, sondern bleibt auf Verheißungen und profetische Zukunftsworte bezogen (Gen. XV 6; Jes VII 9").

Wo aber eine Situation eintritt, in der das Heilswort (und damit auch die Reaktion auf das Heilswort) eine bestimmende Bedeutung erhält, da erhält auch das Glauben eine umfassende Bedeutung. Das ist der Fall in der Botschaft Deuterojesajas. Sie ist im Prolog (40, 1–11) und im Epilog (55) gerahmt von einer Hervorhebung des Wortes Gottes: „das Wort unseres Gottes bleibt in Ewigkeit" (40, 8) und dem Gleichnis von Regen und Schnee dafür, daß das Wort Gottes Frucht bringt (55, 10–11):

>„so auch mein Wort, das aus meinem Munde kommt:
>es kehrt nicht leer zu mir zurück,
>sondern wirkt, was ich beschlossen
>und führt durch, wozu ich es gesandt."

Das Wort, das hier gemeint ist, ist die Heilsbotschaft des Propheten Deuterojesaja. Auch wenn die Vokabel ‚glauben' hier nicht betont vorkommt, steht die hier angekündigte Zukunft doch darauf, daß der Botschaft geglaubt wird. Das Wort ‚glauben' begegnet betont im letzten Gottesknechtlied, am Anfang von Jes. 53:

>„Wer hat dem geglaubt, was uns verkündet ward?"

Bei Deuterojesaja und in den Gottesknechtliedern besonders läßt sich in Gebrauch und Bedeutung des Wortes ‚glauben' der Weg vom Alten zum Neuen Testament erkennen.

4. *Die Geschichte des Mittlers*. Die Botschaft der Errettung kommt zu den Bedrängten aus Menschenmund, aus dem Mund eines von ihnen. Es ist vermitteltes Wort. Aber auch die Führung durch die Wüste vollzieht sich durch einen Menschen, vollzieht sich vermittelt. Zur Ankündigung wie zum Vollzug der Rettung gehört der Mittler.

Gottes Reden wie Gottes Handeln kann seinem Volk durch einen Menschen vermittelt werden. Der Mittler ist keine zeitlose Gestalt; das Wirken des Mittlers kann nur in einer Geschichte dargestellt werden. Die Geschichte des Mittlers ist ein wesentlicher Bestandteil der Geschichte Jahwes mit seinem Volk Israel.

a) Die Vätergeschichte kennt den Mittler noch nicht; was zwischen Gott und Menschen gesagt und getan wird, geschieht direkt. Mit der Volksgeschichte beginnt die Geschichte des Mittlers, und zwar so, daß Mose, der Mittler am Anfang, ein Mittler des Redens und Handelns Gottes ist. In der Mitte, der Zeit der Seßhaftigkeit, treten der Mittler des Wortes und der Mittler der Tat auseinander. Am Ende, andeutend nur, kommen in der Gestalt des Gottesknechtes die beiden Linien wieder zusammen.

Zu der Epoche der wandernden Gruppe gehört Mose als der Führer dieser Gruppe und darin Mittler des Handelns Gottes („ich will euch hinausführen …") und als der Mittler des Gotteswortes beim Aufbruch und auf dem Weg. Eine Aufgabe wie die des Mose hat es dann in der Geschichte Israels niemals wieder gegeben[27]. Die Geschichtlichkeit des Mose ist in dieser Aufgabe begründet; das Exodusgeschehen insgesamt ist ohne einen Sprecher Gottes, der zugleich Führer der Gruppe ist, nicht denkbar[28]. Mose ist der für die Befreiung aus Ägypten, den Weg durch die Wüste und die Führung zum verheißenen Land notwendige Mittler, darin ist seine Geschichtlichkeit begründet. Mose war nicht, wie man früher sagte, ein Religionsstifter oder ein Religionsgründer. So etwas wie Religionsstiftung oder -gründung gibt es erst in den Spätstadien der Religionsgeschichte[29]. In der Frühzeit werden Religionen nicht gegründet oder gestiftet. Es gibt auch nicht den Anfang einer Religion im strikten Sinn, jeder Anfang ist ein Übergang, weil es Gemeinschaften ohne Religion nicht gibt, und zwar ein Übergang verbunden mit einer sozialen oder politischen Wandlung.

Daß es sich bei dem Beginn mit dem Auszug aus Ägypten um einen nur relativen Anfang handelt, der eigentlich ein Übergang ist, das zeigen die Texte am Anfang des Buches Exodus erstaunlich deutlich. In Kap. 3 und 6 wird die Verbindung zur Religion der Väter aufgezeigt mit dem Übergang beim Gottesnamen, die in den verschiedenen Schichten verschieden erklärt wird. Gerade diese dreifach verschiedene Erklärung weist auf einen wirklichen Vorgang. Der alte Gott erhält den neuen Namen Jahwe, darum muß er hier erklärt werden (Ex. 3,14: „Ich bin, der ich bin"). Der neue Name erwächst aus der neuen Erfahrung, aus dem Ereignis der Begegnung mit dem rettenden Gott. Der neue Name verleiht dem mit ihm einsetzenden Geschehen Kontinuität[30].

Zu der Einzigartigkeit der Aufgabe des Mose als Mittler des Exodusgeschehens gehört, daß er niemals Führer im Kampf wird, daß er kein Krieger, daß er machtlos ist. Machtlos ist er aber auch als Führer der von ihm geführten Gruppe dieser gegenüber: er verfügt über keinerlei disziplinarische oder exekutive Mittel. Darum muß er in seinem Amt leiden. So begegnet bei dem Mittler am Anfang die Klage des Mittlers, die dann am Ende der Geschichte des Mittleramtes gehäuft wiederkehrt.

b) Mit dem Seßhaftwerden differenziert sich das Mittleramt. Die Mittler des Redens und die des Handelns Gottes treten auseinander. Mittler des rettenden Handelns Gottes sind in der vorstaatlichen Zeit die charismatischen Führer; Gott befreit sein Volk durch einen Mittler der Tat, wie es das Richterbuch darstellt. Das Retten Gottes vollzieht sich dabei anders als vorher: der Retter wird von Gott berufen und führt die Befreiung mit Waffengewalt durch. So ist es in der Abwandlung des alten Credo im Eingang des Richterbuches dargestellt (s. o. 44). G. v. Rad hat die Aufmerksamkeit auf die eigenartige Form dieser Kämpfe gelenkt in der Arbeit: Der heilige Krieg im alten Israel (und s. R. Smend, FRLANT 84). Um Kriege im strengen Sinn handelt es sich

---

[27] Die Gestalt des Josua ist als die des Nachfolgers Moses geformt worden; aber das ist eine Gestaltung aus späterer Sicht.
[28] Vgl. die unterschiedliche Beurteilung der Geschichtlichkeit Moses in der Geschichte Israels von M. Noth und S. Herrmann; dazu R. Smend 1959.
[29] K. Koch, KuD 8.   [30] W. Zimmerli, ThB 19, 11–40.

dabei nicht; es sind immer nur einzelne Kämpfe, lokal und zeitlich begrenzt, niemals ist es ein kontinuierlicher Kriegszug. Ihre Eigenart liegt darin, daß die israelitischen Stämme in ihrem Kampf um das Überleben in einer akuten Bedrängnis Gott um Rettung anflehten und, wenn die Befreiung gelang, sie als rettende Tat Gottes erfuhren. Darum wurde das Kampfgeschehen in seinem Verlauf in engste Verbindung mit Jahwe gebracht. Wenn in der Bedrängnis ein junger Mann bereit war, den Kampf aufzunehmen, wurde er als von Gott dazu beauftragt angesehen, und er selbst verstand sich als im Auftrag des sein Volk rettenden Gottes handelnd. Darum wurde Gott befragt in kritischen Lagen, und das Heilswort wurde als Antwort empfangen: die Übergabeformel: „Siehe, ich habe den Feind in deine Hand gegeben." Darum wird in den Siegesliedern Gott als der Befreier gelobt (wie Ri. 5). Das Verstehen und Darstellen dieser Kämpfe als Rettungstaten Gottes aber war nur möglich, weil ihr Ziel allein die Befreiung aus der akuten Notsituation war, niemals aber das Gewinnen von Macht. Eben dies gilt auch für den Führer in diesen Kämpfen; er gewinnt aus diesen Kämpfen keine Macht für sich, sondern ist nach diesen Kämpfen wieder das, was er vorher war. Deshalb waren diese sogenannten Jahwekriege auf die kurze vorstaatliche Zeit Israels beschränkt, in der die Stämme ausschließlich Verteidigungskämpfe führten.

Exkurs: *ruaḥ* – In diesen Befreiungskämpfen der Frühzeit Israels wurzelt der Begriff *ruaḥ jhwh*[31]. Der ‚Geist Jahwes' ergreift den von Gott erwählten Retter und befähigt ihn zu der befreienden Tat: Ri. 3,10; 6,33f.; 11,29; 14,19; 15,14; 1. Sam. 11,6. Zugrunde liegt der Verbalbegriff: „heftig durch die Nase ausatmen"; *ruaḥ* kann Atem oder Wind bedeuten, dabei ist aber der heftig ausgestoßene Atem gemeint; gemeinsam ist die in der heftig bewegten Luft begegnende Kraft. Daß der Grundbegriff im Alten und im Neuen Testament der gleiche ist, zeigt Joh. 3,8. Vom Geist Gottes wird im Sinn der Grundbedeutung im Zusammenhang des charismatischen Führertums gesprochen, aber auch in der frühen ekstatischen Prophetie: die *ruaḥ jhwh* ergreift einen Menschen, so daß er in prophetische Verzückung gerät (1. Sam. 10). In der Schriftprophetie fehlt der Begriff ‚Geist Gottes' fast ganz; das ist negativ in der Abweisung der ekstatischen Prophetie, positiv in der Konzentration auf das prophetische Wort begründet. Die Propheten sind Boten des Gotteswortes. Der zweite Schwerpunkt des Gebrauchs liegt in der Verheißung des Geistes Gottes für die Heilszeit. Einmal wird der erwartete Retter Israels als Träger des Geistes Gottes verstanden (Jes. 42,1; 61,11 und Jes. 11,2), dann wird das Gottesvolk der Zukunft zum Träger des Geistes: Jes. 44,3b; 32,15; Ez. 37; 36,26f.; Joel 2,28; 3,1; Jes. 59,21; 63,11. Der tiefste Einschnitt in der Bedeutungsgeschichte liegt darin, daß aus der *ruaḥ jhwh* ein statischer Begriff wird (Jes. 11,1; Joel 3,1). Dadurch wird der Begriff so ausgeweitet, daß in der Spätzeit einfach alles Wirken Gottes ein Wirken durch den Geist wird, auch das der Propheten (Neh. 9,30; Sach. 7,12; 2. Chr. 15,1; 24,20). Es ist dieser statische Geistbegriff, der dann im Neuen Testament beherrschend wird, obwohl in dem wichtigen Zusammenhang der Pfingsterzählung Apg. 2 ‚Geist Gottes' in seinem ursprünglichen Sinn als Befähigung zu einem besonderen, einmaligen Tun gebraucht wird.

---

[31] R. Albertz - C. Westermann, Artikel *ruaḥ* (Geist), THAT II, 726–753, dort weitere Literatur.

c) Die Könige als Mittler des Gotteshandelns in Israel (der theologische Aspekt des Königtums). Als Nachfolger der charismatischen Führer (in der Gestalt Sauls vollzieht sich der Übergang) konnte der König in Israel nur als Mittler der Rettung Bedeutung bekommen für die Beziehung Israels zu seinem Gott; und so wird seine Entstehung tatsächlich geschildert. Durch die Philister war Israel in seiner Existenz bedroht, die charismatischen Führer waren dieser Bedrohung nicht mehr gewachsen, deswegen wandte sich das Volk an Samuel um einen König. Der König also sollte Mittler der Rettung sein. Das Königtum aber, das als Institution international und interreligiös war[32], hatte in sich eine eigene religiöse Struktur, die mit der israelitischen Auffassung des Königs in Konflikt geraten mußte. Damit, daß die die Existenz des Volkes bedrohenden Feinde geschlagen waren, trat die Retterfunktion des Königs notwendig zurück. Das Königtum mußte nach der Festigung der Macht des Königs wie überall zu einer statischen Einrichtung werden (im Gegensatz zu den charismatischen Führern), und der König wurde zum Mittler des stetigen Handelns Gottes; der König wird Segensmittler. Der statische Charakter des Königtums wird ausdrücklich theologisch begründet in der Nathanverheißung 2. Sam. 7, in der dem König und seinem Hause das Bleiben verheißen wird (2. Sam. 7, 16):

"Dein Haus und dein Königtum
sollen immerdar vor mir Bestand haben;
dein Thron soll in Ewigkeit feststehen."

Damit war die Gefahr gegeben, daß a) der König nicht mehr nur Mittler blieb, sondern selber göttlich wurde, also die Gefahr des Gottkönigtums. Der Gefahr des Gottkönigtums ist das israelitische Königtum nicht erlegen, wohl aber erhielt der König so wie überall auch in Israel sakrale Funktionen. b) Größer war die Gefahr, daß der König als Mittler des Segens die alten strengen Traditionen des Exodus-Credo verließ und sich vom Königtum seiner Umwelt beeinflussen ließ, so daß durch das Handeln des Königs und das Königsritual fremde Elemente in den Jahweglauben eindrangen. In dieser Gefahr ist es begründet, daß die Geschichte des Königtums von Anfang bis zu Ende kritisch begleitet wird.
Sieht man auf die Königsbücher als eine Ganzheit, so fällt auf, daß das ganze Gewicht auf dem Königtum Davids liegt. Man könnte sagen, die Königsbücher sprechen vom Königtum als einer gescheiterten Möglichkeit für Israel unter Saul, von der einzig unter David wirklich gelungenen Möglichkeit, die unter Salomo gerade noch in der Schwebe bleibt und dann nach der Reichsteilung zu einer Geschichte des Scheiterns wird. Dem entspricht es, daß im deuteronomistischen Geschichtswerk die Darstellung der Geschichte des Königtums weithin unter einem kritischen Aspekt steht. David erhält eine positive Beurteilung einmal, weil er wirklich Mittler der Rettung war, dann aber auch, weil er die Lade nach Jerusalem brachte und damit die Traditionen des alten Israel mit dem neuen Staat verband. Nach Salomo erhält die Mehr-

---

[32] C. Westermann, ThB 55, 291–308.

zahl der Könige eine negative Beurteilung, wobei das Kriterium das erste Gebot ist, die Sünde der Könige ist „die Sünde Jerobeams", die Abgötterei. Der weithin kritischen Beurteilung des Königtums entspricht es, daß in der Darstellung des deuteronomistischen Geschichtswerkes die Geschichte des Königtums von Anfang an von der kritischen Instanz der Prophetie begleitet wird. Dabei ist vor den Schriftpropheten der wichtigste Adressat des Prophetenwortes der König, von Amos an wird die Ankündigung des Gerichts an den König und an das ganze Volk gerichtet. Um die theologische Bedeutung des Königtums in Israels Geschichte beurteilen zu können, ist dessen Darstellung sowohl bei den Propheten wie auch im deuteronomistischen Geschichtswerk hinzunehmen. Hier gehören die Könige in den Zusammenhang der Geschichte des Abfalls von Jahwe zu anderen Göttern; das wird durch die gesamte Geschichte des Königtums zwar durchaus nicht gleichmäßig, aber immer an bestimmten Punkten konstatiert. Dies aber wird nur verständlich, wenn man dabei voraussetzt, daß im sakralen Königtum der König das Volk repräsentiert, für das Wohl seines Volkes verantwortlich ist und deshalb auch das Unheil des ganzen Volkes verschulden konnte. Hier urteilt das deuteronomistische Geschichtswerk, daß die Könige Israels der im Deuteronomium festgesetzten Forderung des Gehorsams als Bedingung des Segens nicht entsprochen haben, sondern die Antwort des Gehorsams schuldig blieben.

Wegen dieser durchgehend kritischen Sicht des Königtums bei den Propheten und im deuteronomistischen Geschichtswerk ist anzunehmen, daß unter anderen Aspekten das Königtum und seine Geschichte positiver gesehen werden könnte, als es hier geschehen ist. Entgegen der deuteronomistischen Beurteilung zeigt sich denn auch im Alten Testament selbst eine mindestens partiell positive Sicht in anderen Zusammenhängen: In den Königspsalmen (Ps. 2; 18; 20; 21; 45; 72; 89; 101; 110; 132) wird das Königtum voll bejaht; besonders die Fürbitte für den König zeigt, daß der König für den Gottesdienst Israels eine wesentliche Bedeutung hatte. Diese positive Bedeutung tritt besonders eindrücklich heraus in der Klage über das Ende der Dynastie in Ps. 89 und Klgl. 4. Diese tiefe Erschütterung war nur möglich, wenn der König auch als Mittler zwischen dem Volk und Gott viel bedeutet hatte. Am deutlichsten zeigt sich aber die positive Bedeutung des Königtums in dieser Mittlerrolle darin, daß das Hinfallen der Nathanverheißung für das Haus Davids nicht hingenommen wurde, sondern in eine in die Zukunft gerichtete Erwartung umgewandelt wurde in den Verheißungen eines Königs der Heilszeit.

Es ist nun zu beachten, daß in diesen drei Zusammenhängen der König wesentlich als Segensmittler gemeint ist, wie das insbesonders der 72. Psalm zeigt. Als Mittler des Segenswirkens Gottes hat das Königtum in Israel eine durchaus positive Bedeutung gehabt.

d) Die Priester als Mittler des Redens Gottes. Sie sind Mittler des Handelns Gottes nur insofern, als sie den Segen verwalten und erteilen; im priesterlichen Segen segnet Gott sein Volk (Num. 6, 24–26). Sie sind Mittler des Wortes Gottes im Zusammenhang des Gottesdienstes; es ist das institutionell gebundene, mit den gottesdienstlichen Handlungen verbundene Gotteswort, dessen

Mittler die Priester sind. Diese beiden Begrenzungen vorausgesetzt muß nun aber gesagt werden, daß der Priester als Mittler zwischen Gott und Mensch in Israel eine sehr viel größere Bedeutung hat als es auf den ersten Blick aus dem Alten Testament zu erkennen ist.

Das Amt des Priesters ist ein stetiges Amt, mit der seßhaften Lebensform verbunden; er gehört zum Heiligtum und seinem Rhythmus der Feste durch das Jahr hindurch. Vom Beginn des Königtums an ist das Priestertum fest mit dem Königtum verbunden, die Priester sind königliche Beamte und in ihrem Dienst dem König untergeordnet. Der stetige Charakter dieses Amtes kommt auch darin zum Ausdruck, daß das Priestertum erblich ist wie das dynastische Königtum, der Sohn folgt dem Vater im priesterlichen Dienst. In diesem stetigen Charakter des Priesteramtes ist es auch begründet, daß die Priester in der Geschichte Israels, anders als die Propheten, nur selten einmal eine Rolle gespielt haben, meist aber in den geschichtlichen Bewegungen überhaupt nicht hervortraten. Deswegen kann ihre wirkliche Bedeutung allein aus den Geschichtsbüchern nicht erkannt werden. Es kommt hinzu, daß in der prophetischen Anklage die Priester nicht selten als mitschuldig am Abfall Israels von seinem Gott bezeichnet werden. Das darf aber nicht zu falschen Verallgemeinerungen führen. Mit dem stetigen Gottesdienst war der stetige Dienst der Priester durch die gesamte Geschichte Israels hindurch ein nicht wegzudenkender Bestandteil dessen, was zwischen Gott und Mensch in Israel geschah. Als die, die das Volk zu segnen beauftragt waren, bildeten sie einen Wesensbestandteil des Gottesdienstes, der in der Mitte des Lebens der Gemeinschaft stand. Als die Mittler des gottesdienstlichen Wortes waren sie die wichtigsten Träger der Tradition, die das Gotteswort über die Jahrhunderte bewahrte und jeder Generation neu vergegenwärtigte. Zu den einzelnen Funktionen der Priester s. u. 174 f.

e) Die Propheten als Mittler des Wortes. Die Propheten sind Mittler allein des Gotteswortes, sie sind weder in irgendeinem Sinn Führer (wie Mose und Josua), noch sind sie Inhaber oder Verwalter einer Macht (wie die Könige), noch Mittler des Segens Gottes innerhalb einer Institution (wie die Priester). Da Mose aber auch Mittler des Wortes war, schließt das Wirken der Propheten teilweise an das des Mose an. Wie dieser sind sie Mittler des Heilswortes wie des Gerichtswortes, und sie haben zunächst wie Mose eine positive und führende Aufgabe am Volk Israel. In der Frühzeit wirkt eine Prophetin Debora mit den charismatischen Führern zusammen. Zu Beginn des Königtums hatten die Propheten am Hof einen den König und das Königtum fördernde Aufgabe (Nathan, Gad), auch wenn sie, wo es nötig war, dem König das Gericht ankündigten. Heilspropheten hat es bis zum Exil und dann wieder nach dem Exil gegeben; auch die Gerichtspropheten haben in bestimmten Situationen Heilsworte gesprochen. Die Propheten der Exilszeit haben genau wie Mose am Anfang dem Volk die Rettung aus dem Exil verkündigt.

Daß dann die Gerichtsprophetie eine beherrschende Bedeutung bekam, ist in der Geschichte Israels begründet: sie entspricht der mit dem Königtum eintretenden Gefährdung des Gottesverhältnisses und stellt sich ihr entgegen.

Deswegen steht die Gerichtsprophetie im weiteren Zusammenhang des rettenden Handelns Gottes: Israel ist in seiner Existenz gefährdet durch seinen Abfall. Das ist schon in der bedingten Heils- und Unheilsankündigung des Deuteronomiums angelegt. So gesehen hat die Gerichtsprophetie die Aufgabe, das über Israel hängende Gottesgericht dadurch noch aufzuhalten, daß sie Anklage gegen Israel erhebt und damit das kommende Gericht in das Bewußtsein des Volkes erhebt. Im Gegensatz zum Gottesgericht der Sintflut, das unangekündigt wie ein erbarmungsloses Schicksal über die Menschen hereinbricht, wird der Untergang Israels eine lange Zeit vorher angekündigt, so daß das Volk bewußt und mit der Warnung im Ohr auf den Zusammenbruch zugeht. So gesehen erhält die Geschichte der Gerichtsprophetie als ganze eine positive Bedeutung für die Geschichte Israels mit seinem Gott. Der Gott Israels, der selbst das Gericht über sein Volk ankündigte, blieb *jenseits* dieses Gerichtes. Man konnte nach dem Eintritt der Katastrophe nicht sagen, daß in ihr der Gott dieses Volkes mit untergegangen, daß mit seinem Gesalbten auch der Gott gescheitert, daß mit der Vernichtung des Kultortes auch das Anrufen dieses Gottes zu Ende sei. Indem Jahwe durch die Propheten das Gericht ankündigte und er darin bekanntgab, daß er sein eigenes Volk vernichten werde, blieb er der durch diese Katastrophe hindurch und über sie hinaus Handelnde. Das erweist die im Exil weitergehende Geschichte der Prophetie. Eben dies ist ein entscheidendes Argument in der Verkündigung Deuterojesajas, der an die Gerichtsprophetie anknüpft: Gott hat sich darin als verläßlich erwiesen, daß das von ihm angekündigte Gericht eintrat; verläßlich ist dann auch das jetzt neu ergehende Wort, die Verheißung der Rückkehr. Auf andere Weise zeigt sich die positive Bedeutung der Gerichtsprophetie im deuteronomistischen Geschichtswerk, in dem die Geschichte des israelitischen Königtums dadurch einen umgreifenden Sinn erhält, daß im Hinweis auf die prophetische Gerichtsverkündigung das Scheitern des israelitischen und des judäischen Königtums als sinnvoll und notwendig erklärt werden kann.

Die Epochen der Prophetie. Für das Verständnis der Prophetie ist es wesentlich, daß sie in Israel eine deutlich begrenzte Zeit hat. Prophetie ist nicht etwas, was es immer geben müßte. Der Geschichtsabschnitt der Prophetie deckt sich im wesentlichen mit dem Geschichtsabschnitt des Königtums. Von der Seite des Königtums her war das schon erklärt worden: Die Propheten sind die das Königtum begleitende kritische Instanz. Von der Seite der Prophetie her bedeutet es, daß sie für eine bestimmte geschichtliche Konstellation notwendig wurde und ihre Funktion mit dieser beendet war. Daraus folgt, daß es dann nicht möglich ist, den Glauben Israels als prophetischen Glauben, die Religion Israels als prophetische Religion zu bezeichnen[33]. Die Bedeutung der Gerichtsprophetie liegt darin, daß sie auf einen von der Rettung bestimmten Geschichtsabschnitt folgte und diesen indirekt fortsetzt.

Für das Neue Testament und die christliche Kirche ergibt sich daraus, daß die Frage, ob es in der christlichen Kirche Prophetie geben muß oder nicht geben kann, falsch gestellt ist. Würde man aus der Prophetie eine stetige Insti-

---

[33] So mit vielen anderen M. Buber, 1950.

tution machen, wäre sie damit mißverstanden. Die Frage ist vielmehr so zu stellen, ob und wie gewisse Elemente der alttestamentlichen Prophetie in bestimmten Situationen und in begrenzten Zeitabschnitten eine Bedeutung gewinnen können.

Die Vorgeschichte: In der Prophetie sind Ströme aus verschiedenen religionsgeschichtlich bekannten und verbreiteten Erscheinungen zusammengekommen, dem Ekstatikertum, dem Sehertum und der Gestalt des Gottesmannes. Aus allen dreien sind Elemente in die Prophetie eingegangen. Elemente des Ekstatikertums sind in der Frühzeit bei Elia und Elisa, in der Spätzeit bei Ezechiel bemerkbar. Sonst fehlen sie so gut wie ganz in der Prophetie, und der frühe Versuch, die Prophetie aus dem Ekstatikertum zu erklären (H. Gunkel, 1917; G. Hölscher), sind so gut wie aufgegeben worden. Aus dem Sehertum sind als ein wesentliches Element die Visionen in die Prophetie eingegangen, und die entfaltende Schilderung in der Gerichts- wie in der Heilsankündigung. Das Sehertum kommt wieder voll zum Durchbruch in der Apokalyptik. Der Apokalyptiker ist Seher, er kündigt nicht mehr Ereignisse an, sondern schaut die Zukunft. Gottesmann und Prophet können in der Frühzeit fast zusammenfallen, wie bei Elisa; ein Zug des Gottesmannes, daß er über das wirkende Wort verfügt, bleibt durch die Geschichte der Prophetie hindurch unterschwellig bestehen [34].

Die Hauptphase der Prophetie hat zwei Abschnitte. Im ersten wird das Wirken und Reden der Propheten in den Geschichtsbüchern überliefert, im zweiten wird die prophetische Tradition verselbständigt, es entstehen Sammlungen von Prophetenworten und Prophetenbücher. Im ersten Abschnitt wird die Anklage und die Gerichtsankündigung nur gegen Einzelne, meist den König erhoben, und der Bogen vom Ergehen der Ankündigung bis zu ihrem Eintreffen ist gering. Im zweiten Abschnitt weitet sich die Gerichtsankündigung auf das ganze Volk aus, und der Bogen von der Ankündigung bis zu ihrem Eintreffen umgreift mehrere Generationen. Für diese Hauptphase der Prophetie ist bezeichnend, daß kein einziger der Propheten mit seiner Botschaft Erfolg hat und dennoch ein Prophet auf den anderen folgt, bis die allen gemeinsame Ankündigung des Untergangs eintrifft.

Die Nachgeschichte: Den Abschluß der Hauptphase der Prophetie bildet die Prophetie des Exils, sofern sie auf das Ende des Staates, des Königtums, des Kultes des vorexilischen Israel bezogen bleibt. Dazu gehören Ezechiel, Deuterojesaja und viele namenlose Propheten der Exilszeit. Alle Prophetie, die danach folgt, gehört zur Nachgeschichte, die eigentlich nur ein Nachklang der vorexilischen und exilischen Prophetie ist. Sie setzt die vorangehende Prophetie voraus und baut auf ihr auf; diese ist zur Tradition geworden. Beherrschend ist die Heilsprophetie in allerlei Mischformen. Das Ende der Prophetie zeigt sich in zwei Übergängen: in die Apokalyptik beim Propheten Sacharja und in die Lehrdisputation beim Propheten Maleachi.

---

[34] Zur Vorgeschichte der Prophetie C. Westermann, Artikel „Propheten" BHHW III 1966, 1496–1512, dort weitere Literatur.

d) Der Mittler am Ende: der Gottesknecht. Die Texte:

Jes. 42, 1–4: Der König, der ein Knecht ist (Designation)
    49, 1–6: Berufung des Knechtes
               Das scheinbar vergebliche Wirken des Knechtes an Israel
               Dazu im Gegensatz: zum Licht der Völker bestimmt
    50, 4–9: Der das Wort Empfangende und Weitergebende wird zum Leidenden. Sein Vertrauensbekenntnis
    52–53: Der sterbende und erhöhte Knecht und seine Gemeinde[35].

Die Texte müssen zunächst im Zusammenhang der Verkündigung Deuterojesajas gesehen werden. Deuterojesaja verkündigt die Rettung seines Volkes aus dem Exil aufgrund der Vergebung. Damit aber wird die Rettung zu etwas anderem. Dtj. kann nicht verkündigen, daß Israel wieder wird, was es vorher war; Israel kann zwar wieder in sein Land zurück, aber das zurückkehrende Israel ist machtlos, die politische Herrschaft über sein Land erhält es nicht mehr. Zwar kann auch Dtj. künftigen Segen verheißen (Jes. 54–55), politische Größe und Macht aber nicht mehr. In die Frage nach der Zukunft, die damit offen bleibt, ergehen die Lieder vom Gottesknecht. Sie müssen auch im weiteren Zusammenhang der vorexilischen Gerichtsprophetie gesehen werden. Daß der Knecht ein Wortmittler ist, sagt der dritte Text Jes. 50, 4–9, und daß das Wirken der Gerichtspropheten scheinbar vergeblich war, sagt 49, 1–6. Hier ist angedeutet, daß der Gottesknecht verstanden ist als der, der das Wirken der vorexilischen Gerichtspropheten weiterführt, bzw. zu Ende führt. Dabei aber wird der Auftrag auf die Völker ausgedehnt. Das Neue beim Gottesknecht gegenüber den Gerichtspropheten ist das stellvertretende Leiden, das aber schon vorbereitet ist beim letzten der vorexilischen Propheten, in den Klagen Jeremias.

Schließlich müssen diese Texte in den noch weiteren Zusammenhang der Geschichte Gottes mit Israel gestellt werden. Dieser weitere Zusammenhang liegt von der Verkündigung Deuterojesajas her nahe, wenn er die Befreiung aus der babylonischen Gefangenschaft als den neuen Exodus beschreibt. Damit tritt die Entsprechung des Mittlers am Ende zu dem am Anfang ganz von selbst heraus. Mose und der Gottesknecht sind die beiden Eckpfeiler in der Geschichte des Mittlers. Mit dem Unterschied allerdings, daß der Gottesknecht nicht in gleicher Weise eine geschichtliche Gestalt ist wie am Anfang Mose. Er steht in keinem erkennbaren historischen Kontext, bleibt anonym, und sein Wirken ist verhüllend dargestellt. Gemeinsam ist beiden, daß sie von Gott zu einer Aufgabe an Israel bestimmt sind und daß sie in dieser Aufgabe beide als 'ebed, Gottes-Knecht bezeichnet werden können. Beide sind sie Mittler neben denen es andere Mittler nicht gibt. Bei beiden umfaßt das Mittleramt mehr als das Reden: Mose ist als Führer zugleich Mittler eines Handelns Gottes, beim Gottesknecht tritt an die Stelle des Handelns das Leiden. Beide sind Mittler ohne Macht und müssen in ihrem Amt leiden; beim Gottesknecht ist

---

[35] Zu diesem Text C. Westermann, ATD zu den Stellen; S. Mowinckel, 1959, 187–260; G. v. Rad, AT-Theol. II, 260–270.

anders, daß sein Leiden stellvertretend ist für die Sünden des ganzen Volkes, und daß es nicht mit dem Tode endet; sein Werk soll über Israel hinausreichen: Gott hat ihn zum Licht der Völker bestimmt (Jes. 49,6).

In diesem weiten Zusammenhang der Geschichte Israels erhält die auffällige Entsprechung zwischem dem Mittler am Anfang und dem Mittler am Ende ihren Sinn. Das Mittleramt des Mose leitete die Geschichte eines Volkes ein, das wie andere Völker war; das Führen in das verheißene Land führte zur Seßhaftigkeit, zum Staat, zum Königtum. Mose selbst aber blieb draußen (Dtn. 32,48–52), er war ein Führer ohne Macht. Diese Geschichte kommt zum Ziel wiederum in einem Knecht ohne Macht, einem Mittler, mit dem die Geschichte Israels als einer Macht unter anderen Mächten zu Ende ist. Das Ziel liegt nicht in der Linie des Staates und des Königtums, es liegt in der Linie der Gerichtspropheten und ihrer Ohnmacht. In der Mittlergestalt des Knechtes ist das Ende der Mittler der Tat beschlossen, statt dessen erhält das Leiden die positive Bedeutung des Leidens für andere. Damit zugleich aber wird die Aufgabe des Mittlers über Israel hinaus auf die Völker ausgeweitet. In diesen beiden Zügen: daß das Leiden jetzt die positive Möglichkeit der Stellvertretung erhält, und daß der Mittler zwischen Gott und Israel jetzt „Licht der Völker" wird, ragt die Mittlergestalt des Gottesknechtes über das Alte Testament hinaus, und die Übereinstimmung in den Grundzügen mit dem Bericht der Evangelien vom stellvertretenden Leiden, Sterben und Auferstehen Jesu ist nicht zu verkennen.

Der Aufbau des vierten Gottesknechtliedes Jes. 52/53 hat die gleiche Grundstruktur wie in den Evangelien des Neuen Testaments der Bericht vom Leiden, Sterben und Auferstehen Jesu. Das in ihm dargestellte Geschehen spielt sich wie in der dreigliedrigen Struktur der Klage und wie im Aufbau des Hiobbuches zwischen dreien ab: zwischen Gott, dem Leidenden und den anderen. Das Gotteswort rahmt den Bericht (Jes. 52,12; 53,11b.12). Der Leidende wird zum Mittler (intercessor) und sein Schicksal wird gewandelt. Dieser Vorgang wandelt die Feinde, die in der Irre gingen, zu Freunden, aus den den Knecht Verachtenden und Verurteilenden wird die neue Gemeinde. Das alles geschieht vor dem Forum der Menschheit (Jes. 52,14.15; 53,11b.12): „er trug die Sünden der Vielen."

5. *Die Geschichte der Klage und des Gotteslobes.* Zu den Elementen des Rettungsvorganges gehört auf seiten der Menschen die Klage und das Gotteslob. In der Darstellung des Exodusbuches bilden diese beiden den Rahmen. Die Geschehensfolge wird dadurch ausgelöst, daß die Israeliten in Ägypten zu Gott schreien, und sie mündet ein in das Lob der Geretteten im Mirjamlied, Ex. 15. Beides, Klage und Lob, gehört zu dem, was hier geschieht. Klage und Lob werden später ausführlich behandelt, hier ist nur darauf hinzuweisen, daß beide die Geschichte des Gottesvolkes und das Leben des Einzelnen vom Anfang bis zum Ende begleiten, und zwar auf einem erkennbaren Weg. Das frühe Stadium ist bestimmt von kurzen Rufen zu Gott; das zweite Stadium ist das der Psalmen, das dritte das der langen Prosagebete. In den sich wandelnden Formen bleiben die Elemente Lob und Klage konstant.

Teil III

Der segnende Gott und die Schöpfung

A. *Der Schöpfer und die Schöpfung* [1]

Von Gott reden heißt vom Ganzen reden. Wo immer ein Mensch zu Gott ruft, da meint er den, der das Ganze in Händen hält; wo immer ein Mensch Gott lobt, lobt er den, der jenseits der Begrenztheit menschlicher Existenz und menschlichen Denkens das Ganze übersieht und den Sinn des Ganzen weiß. Darum redet die Bibel von Gott dem Schöpfer der Welt und des Menschengeschlechts.

Wenn wir vom Schöpfer oder von der Schöpfung reden, kommen wir bewußt oder unbewußt vom ersten Artikel des Apostolicums her: „Ich glaube an Gott ..., Schöpfer Himmels und der Erde." Mit demselben „Ich glaube ..." beginnt der zweite und der dritte Glaubensartikel. Dabei ist vorausgesetzt, daß die Beziehung eines Menschen zu Gott als Schöpfer die gleiche ist wie die zu Gott als Retter. Die fast unausweichliche Folge ist, daß Glaube an den Schöpfer entsprechend dem Glauben an Christus als den Retter alternativ verstanden wird: Glauben wir, daß die Welt und der Mensch am Anfang von Gott erschaffen worden sind, oder sind wir mit den wissenschaftlich denkenden Menschen unserer Zeit davon überzeugt, daß die Welt im Zusammenhang astronomischer Vorgänge entstanden ist und der Mensch im Zusammenhang der allmählichen Entstehung organischen Lebens?

Nun wird aber im Alten Testament selbst *nicht* vom Glauben an den Schöpfer oder vom Schöpfungsglauben geredet (s. o. 61). Eine solche Alternative ist ursprünglich dem Reden vom Schöpfer und von der Schöpfung fremd. Für das gesamte Reden von der Schöpfung in der Urgeschichte, in den Psalmen, bei Deuterojesaja, im Hiobbuch gibt es eine solche oder eine ähnliche Alternative nicht. Ein Widerspruch zwischen einer Welterklärung aus dem Gottesglauben und einer wissenschaftlichen Welterklärung hat in der Bibel selbst keine Grundlage. Daß Gott die Welt geschaffen hat und daß Gott den Menschen geschaffen hat, steht nicht im Widerspruch zu der naturwissenschaftlichen Erklärung der Entstehung von Welt und Mensch. Dieser Widerspruch als solcher ist ein verhängnisvolles Mißverständnis des biblischen

---

[1] C. Westermann BK I/1, Gen. 1–11, dort Literatur zu Gen. 1–11 im ganzen und zu den einzelnen Teilen; eine Forschungsübersicht in „Erträge der Forschung" 7 und ThB 55, 96–114.

Redens vom Schöpfer. Dieses kann seinem Wesen nach nicht mit dem wissenschaftlichen Erklären der Entstehung von Welt und Mensch in Konkurrenz treten.

Das Reden vom Schöpfer und von der Schöpfung im Alten Testament selbst steht in zwei großen Zusammenhängen. Wenn wir die ersten Blätter der Bibel aufschlagen, fragen wir zunächst: Was für einen Sinn haben sie im ganzen der Bibel? Der vorangehende Teil (II) hat uns gezeigt: Israel ist seinem Gott als Retter begegnet. Dies war eine Erfahrung, die bezeugt und weitergegeben werden konnte. Wir sahen, welche Bedeutung sie für die gesamte Tradition Israels bekam. Die Erfahrung ging dann weiter: Gott *blieb* Israels Retter; und dabei breitete sich die Erfahrung aus, Gott wurde der Retter in allen Lebensbereichen; Retter aber konnte nur der in allem Wirkende sein. Weil Gott einer ist, muß der Retter auch der Schöpfer sein. Daraus folgt, daß im Alten Testament die durch die Rettungstat Gottes begründete Geschichte bis zum Anfang alles Geschehenden ausgeweitet wird. Der Retter Israels ist der Schöpfer, der Schöpfer ist der Retter Israels. Was in der Schöpfung begann, mündet in die Geschichte Israels ein.

Dieser Zusammenhang zeigt sich darin, daß in Israel das Gotteslob das Wirken des rettenden Gottes und das Wirken des Schöpfers verbindet. Die eigentlich spezifische Art des Redens vom Schöpfer ist das Gotteslob, wie das die vielen Psalmen zeigen, in denen der Schöpfer gelobt wird, dazu die Aufnahme des Lobes des Schöpfers im Hiobbuch (z. B. Hiob 9; 38–41) und in der Verkündigung Deuterojesajas (z. B. Jes. 40, 12–31).

Der andere große Zusammenhang ergibt sich daraus, daß von der Schöpfung und vom Schöpfer schon Jahrtausende vor Israel und im weiten Umkreis in den Völkern der Welt geredet wurde und geredet wird. Kein einziges der Motive der Schöpfungserzählung des Alten Testaments ist absolut neu; sie alle haben ihre näheren oder weiteren Parallelen[1a]. Auf die Frage, wie die Welt entstanden ist, kann nicht umfassend und nicht in einem Satz geantwortet werden. Eins aber läßt sich mit Sicherheit sagen: Die Frage nach dem Entstehen von Welt und Mensch ist ursprünglich keine Frage des Intellekts (diese ist später hinzugekommen), es ist die Frage des gefährdeten, bedrohten verwundbaren Menschen. Als solche ist sie die Frage nach dem Sinn. Wenn in einer Gruppe von Menschen davon erzählt wird, wie ein Gott den Menschen gemacht hat, dann wird damit zum Ausdruck gebracht, daß hinter dem Menschen eine Absicht und damit ein Sinn steht. So wird ohne weiteres verständlich, daß Weltschöpfung und Menschenschöpfung je selbständig sind. Die Frage nach dem Sinn des Menschenlebens ist eine andere als die Frage nach dem Sinn der Welt oder nach dem Sinn des Seienden. Es wird damit auch verständlich, daß die Traditionen von der Menschenschöpfung, aufs Ganze der Schöpfungserzählung gesehen, älter sind als die Traditionen von der

---

[1a] W. Beyerlin, Hg., ATD Erg.reihe 1, Religionsgesch. Textbuch zum AT, bes. S. 31–38 u. 100–109.

Weltschöpfung. Denn der gefährdete und bedrohte Mensch fragt zunächst nach dem Sinn seines eigenen Menschseins [2].

Im Reden von der Schöpfung sind die Begriffe vom Ganzen, dem Ganzen der Menschheit und dem Ganzen der Welt, allererst entstanden. In allen Sprachen der Welt ist das das Genus bezeichnende Wort ‚Mensch' ebenso wie das Wort ‚Welt' ein spätes Wort. In vielen Sprachen ist die Bezeichnung Mensch noch identisch mit dem Volksnamen, in anderen ist sie von ‚Mann' abgeleitet; in allen Sprachen der Welt ist das Wort ‚Welt' die allmähliche Ausweitung eines kleineren Bereiches. Weder ‚der Mensch' noch ‚die Welt' gehören dem Erfahrungsbereich des primitiven Menschen an; sie konnten nicht anders als von ihrem Ursprung her konzipiert werden, und dieser Ursprung konnte nicht anders verstanden werden als Schöpfung durch einen Schöpfer.

Dieser zweite große Zusammenhang deutet an, daß das Reden von der Schöpfung in der Bibel in seinen Wurzeln weit hinauf in die Menschheitsgeschichte reicht. Mit ihm ist der Kirche etwas anvertraut, was weit über das Alte und Neue Testament hinaus zu den ältesten religiösen Gütern und zugleich Kulturgütern der Menschheit gehört, von der Kirche selber lange vernachlässigt und verkannt, heute aber wieder als etwas für die Zukunft der Menschheit Notwendiges geahnt.

I. Das Urgeschehen, Genesis 1–11

Der erste Satz der Bibel sagt, daß sie vom Ganzen des Seienden reden will. Wenn sie vom Schöpfer spricht, dann spricht sie vom Ganzen. Die Schöpfungsgeschichte am Anfang der Bibel weist auf den Horizont, in dem sich abspielt, was sie von Gott sagen will. Es ist die ganze Welt (Gen. 1), es ist die ganze Menschheit (Gen. 2), mit der es der Gott der Bibel zu tun hat. Wenn sowohl der Jahwist wie der Verfasser der Priesterschrift ihr Werk, das auf die Geschichte Israels (J) bzw. auf den Gottesdienst Israels (P) zielt, mit der Schöpfung und dem Urgeschehen einleiten, dann wollen sie damit sagen, daß der Gott Israels die Grenzen seines Wirkens nicht an den Grenzen dieses Volkes hat, sondern daß er der Herr der Weltgeschichte und der Herr des Kosmos ist. Alles, was zwischen Israel und seinem Gott geschieht, alles, was zwischen einem einzelnen Menschen und Gott geschieht, steht in diesem weiten Zusammenhang.

1. *Die Urgeschichte als Ganzheit.* Von diesem weiten Zusammenhang sprechen die ersten elf Kapitel der Bibel. Sie bilden einen Zusammenhang, der nur als solcher verstanden werden kann; jeder einzelne Text in Gen. 1–11 hat seinen Kontext in diesem Ganzen [3]. Nun ist das zwar niemals ausdrücklich bestritten worden; indem aber in der Tradition der christlichen Kirche den ersten

---

[2] R. Albertz, Weltschöpfung und Menschenschöpfung, 1974.
[3] Das ist näher ausgeführt in ThB 55, 96–114. Die Parallelen ATD, Erg.reihe 1, bes. S. 110–121.

drei Kapiteln, die nach kirchlicher Lehre von der Schöpfung und vom Fall handeln, eine überragende Bedeutung gegeben wurde, den dann folgenden Kapiteln 4–11 aber eine nur geringe oder gar keine, hat der Zusammenhang von Gen. 1–11 als solcher seine Bedeutung verloren. Damit aber wurde das, was die Bibel von der Schöpfung sagt, eingreifend verändert.

Von dem Aufbau von Gen. 1–11 her ist nach diesen Veränderungen zu fragen. Gen. 1–11 enthält erzählende und aufzählende Texte. Die Erzählungen sind einmal die von der Schöpfung und der Flut (Gen. 1–2 und 6–9), J und P gemeinsam. Es kommt eine Reihe von Erzählungen von Schuld und Strafe hinzu, die nur J hat (Gen. 3; 4,2–16; 6,1–4; 9,20–27; 11,1–9). Die aufzählenden Texte sind die Genealogien in Gen. 4; 5; 10 und 11. Werden die aufzählenden Texte, die Genealogien, nicht berücksichtigt, so kann nicht gesehen werden, daß die Segnung des Menschen in Gen. 1,28: „Seid fruchtbar und mehret euch", in den Genealogien dargestellt wird: In der Geschlechterfolge wirkt sich der Segen aus; bei P in Kap. 5 in die Tiefe der Zeit, in Kap. 10 in die Weite des Raumes. Damit handelt ein großer Teil der Texte von Gen. 1–11 von der Auswirkung des Segens.

Schöpfung und Flut gehören zueinander und korrespondieren einander. Die Fluterzählung sagt, daß die Schöpfung durch Katastrophen bedroht ist, und eine Katastrophe auch im Willen Gottes begründet sein kann. Was das Geschaffensein der Menschen in ihrer Welt für die jeweilige Gegenwart bedeutet, sagt erst der Schluß der Flutgeschichte. Dem in seiner Welt bedrohten und gefährdeten Geschöpf wird gesagt, daß Gott seine Schöpfung bis in die Gegenwart, ja, „solange die Erde steht" in seinen Händen hält. Gott sagt ihr das Bestehen durch alle Katastrophen hindurch zu. Die Art der Erhaltung der Welt aber ist der Segen; Gott erhält seine Welt in den Rhythmen des Segens, Sommer und Winter, Saat und Ernte, Frost und Hitze, Tag und Nacht. Im Segen reicht das Wirken des Schöpfers in die Gegenwart.

Durch die Trennungslinie zwischen dem 3. und dem 4. Kapitel ist die Absicht des Verfassers grundlegend verkannt worden. Indem Kap. 3 als Sündenfall, d.h. als Fall in das Sündersein, das 4. Kapitel aber nur noch als Steigerung der Sünde verstanden wurde, wurde verkannt, daß der Verfasser bewußt und in genauer Entsprechung die beiden Kapitel in Parallele konzipiert hat. In dieser Parallele hat er das Vergehen gegen Gott und das Vergehen gegen den Menschenbruder einander zugeordnet. Nur beides zusammen zeigt den Menschen, wie er ist, mit seiner Möglichkeit, sich gegen Gott und gegen seinen Bruder zu versündigen. Im Brudermord ist der Schöpfer genauso getroffen wie im direkten Ungehorsam, daher entspricht das Reagieren Gottes hier und dort einander Punkt für Punkt.

Die vierte Veränderung tritt damit ein, daß das Erschaffensein des Menschen in Gen. 2 auf V. 7 begrenzt wird und damit verdeckt wird, daß das ganze 2. Kap. von der Menschenschöpfung handelt; Gottes Geschöpf ist der Mensch in und mit allem, wovon das 2. Kap. spricht.

2. *Schöpfung in der Religionsgeschichte und in der Bibel.* Wenn auch das, was die Bibel von der Schöpfung sagt, sich in wesentlichen Punkten von dem

unterscheidet, was in den Israel umgebenden Religionen von der Schöpfung gesagt wurde, so ist doch die Tatsache, daß der Gott Israels als der Schöpfer der Welt und des Menschen verehrt wurde, etwas die Religion Israels mit sehr vielen anderen Religionen Verbindendes. Daß die Welt geschaffen und der Mensch Geschöpf ist, diese Überzeugung findet sich in der ganzen Menschheit, durch viele Jahrtausende hindurch. Im Reden von einem Schöpfer und von Schöpfungsvorgängen findet sich nun über die ganze Erde hin erstaunlich viel Übereinstimmendes und erstaunlich viel Ähnliches. Es gibt in der ganzen, unerschöpflichen Fülle von Schöpfungsvorstellungen nur vier ganz klar ausgeprägte Typen von Schöpfung[4]:

    I. Die Schöpfung durch ein Machen oder Wirken
    II. Die Schöpfung durch (Zeugung und) Geburt
    III. Die Schöpfung durch einen Kampf
    IV. Die Schöpfung durch ein Wort.

Die Schöpfung durch ein Machen gehört dem primitiven Vorstellungsbereich an und findet sich in primitiven Schöpfungserzählungen auf der ganzen Erde; sie ist in die Bibel aufgenommen in der Darstellung der Menschenschöpfung in Gen. 2, insbesondere V. 7. Die II. und III. Vorstellung gehören dem mythischen Denken an. Sie finden sich im mythisch-polytheistischen Bereich; denn beide setzen eine Mehrheit von Göttern oder göttlichen Wesen voraus und die beiden typisch mythischen Motive vom Kampf und der Liebe der Götter. Diese beiden Darstellungsweisen der Schöpfung sind in der Umwelt Israels beherrschend. Erschaffung durch Kampf ist in klassischer Weise dargestellt in dem babylonischen Epos Enuma elisch, Erschaffung durch Götterzeugung bzw. Göttergeburt insbesondere in Ägypten. Beides begegnet auch im Alten Testament. Die Erschaffung der Welt durch Kampf klingt in einigen Psalmen an, z.B. Jes. 51,9–10: „Bist du es nicht, der Rahab zerhieb, den Drachen durchbohrte?" Die Erschaffung der Welt durch eine Reihe von Geburten klingt in Gen. 1 entfernt nach in der Bezeichnung der Schöpfung als *toledot* = Zeugungen und in dem sprachlichen Charakter von Gen. 1, der an den Stil der Genealogien anklingt. Der IV. Typ, der spezifisch theologische, hat einen stark abstrahierenden Charakter und leitet schon über zu der wissenschaftlichen Erklärung der Entstehung der Welt. Die Eigenart des Redens von der Schöpfung in der Bibel besteht nun aber darin, daß nicht etwa die späteste, abstrakte Vorstellung von der Erschaffung durch das Wort die älteren, konkreteren Vorstellungen auslöscht, sondern daß diese ihr Recht und ihre Bedeutung behalten. In Gen. 1 zeigt sich das daran, daß es aus der Kombination einer älteren und einer jüngeren Schicht erwachsen ist, dem sogenannten Wortbericht und Tatbericht. Der Verfasser der Priesterschrift nimmt die älteren Vorstellungen, wie z.B. der Schöpfung durch Scheidung, auf und fügt sie seiner Vorstellung von der Erschaffung durch das Wort ein. Damit gibt er zu erkennen, daß es eine absolut richtige Vorstellung von der Schöpfung über-

---

[4] BK I/1, Einleitung 26–65.

haupt nicht gibt; die Schöpfungsvorstellungen müssen sich wandeln, aber daraus folgt nicht, daß die ältere falsch, die jüngere richtig sei. Damit ist die wissenschaftliche Erklärung der Weltentstehung in einem wissenschaftlichen Zeitalter von vornherein als berechtigt anerkannt, sofern sie sich nicht selbst verabsolutiert. Die Schöpfungsvorstellungen sind ihrem Wesen nach wandelbar, sie können nicht verabsolutiert werden.

II. Die Erschaffung der Welt, die Welt als Gottes Schöpfung

Im Reden von der Erschaffung der Welt hat die Menschheit die Welt als Ganzheit zu erfassen gelernt. Die Welt als ganze war den Sinnen nicht wahrnehmbar; ein einzelner Mensch konnte immer nur einen winzigen Ausschnitt wahrnehmen; das Ganze der Welt konnte nur von seinem Ursprung her begriffen werden. *Alle* spätere Philosophie, wenn sie vom Ganzen sprach, etwa im Begriff des Seins oder des Seienden, kommt vom Schöpfungsbegriff her und bleibt, ohne es zu wissen, von ihm abhängig, wie sich das bei den Vorsokratikern noch deutlich zeigt. Alle Naturwissenschaften, wenn sie vom Begriff der Natur ausgehen oder dem der Materie, kommen vom Schöpfungsbegriff her und bleiben von ihm abhängig. Die ersten Generationen der Naturforscher, die die Bahn brachen, wie Galilei und Newton, haben es noch gewußt. Etwa die Weltanschauung des Materialismus ist nur möglich geworden, weil von vielen Hunderten von Generationen vor den Materialisten der Begriff der Weltschöpfung geprägt wurde. Ohne ihn wäre der Begriff der Materie niemals geprägt worden, ebensowenig wie der Begriff der Natur.

1. *Die Welt als Ganze im Aufblick zum Schöpfer* zu begreifen, ist auch die Absicht des ersten Kapitels der Bibel[5]. Die Gliederung dieses Kapitels erschließt sich nur, wenn man vom Ganzen ausgeht. Es gliedert sich in die Erschaffung der Grundkategorien der Zeit (Gen. 1,3–5), des Raumes (Gen. 1, 6–10), die Erschaffung der Vegetation (Gen. 1,11–13) und der Gestirne (Gen. 1,14–19), der Tiere (1,20–25), des Menschen (1,26–31) und dem Ziel des Ganzen in Gen. 2,1–4. Zu jedem einzelnen der Motive in Gen. 1 gibt es eine Fülle von Parallelen; das Einzigartige liegt in der Einordnung in ein Gefüge von sieben Tagen, durch das die Weltschöpfung ein Gefälle vom ersten zum siebten Tag erhält. In der Voranstellung der Erschaffung des Lichtes hat der Verfasser die zeitliche der räumlichen Kategorie vorgeordnet, so daß die Weltschöpfung ein in die Zeit sich erstreckendes Geschehen wurde, ein Präludium der Weltgeschichte. Durch das Schema der aufeinanderfolgenden Schöpfungstage hat er das Werden unserer Welt in aufeinanderfolgenden Epochen angedeutet, in der Ruhe des siebten Tages das Zugehen der Weltgeschichte auf ein Ziel, das die Werke der Schöpfung transzendiert.

---

[5] Die Begründung des Folgenden gebe ich in meinem Kommentar BK I/1, dort weitere Literatur.

2. *Gott schafft durch das Wort*, er schafft, indem er spricht. Diese Schöpfung durch das Wort ist nicht in ihrem eigentlichen Sinn erfaßt, wenn man sie als eine Vergeistigung älterer, massiverer Schöpfungsvorstellungen versteht. Es ist richtig, daß sie eine spätere, stärker reflektierte Schöpfungsvorstellung ist als etwa die durch ein Machen mit den Händen; aber das Wort des Schöpfers ist nicht als ein geistiger Vorgang gemeint, sondern mit dem Aussprechen des Wortes geschieht etwas. So ist denn das Wort des Schöpfers nicht nur Wort im allgemeinen Sinn, sondern ein spezifisches Wort, ein Befehl. Jedes der Schöpfungswerke ist in die Bestandteile des Befehls gegliedert: Der Befehl ist eingeleitet: „Gott sprach", es folgen der Befehl „es werde" und seine Ausführung „es ward so". Außerdem gehört die Beurteilung des Ausgeführten dazu: „Gott sah, daß es gut war" und die zeitliche Einordnung „es ward Abend ... ein Tag". Die immer gleiche Folge dieser, eine Ganzheit bildenden Sätze gibt dem Kapitel seinen eigenartigen Charakter, der in seiner Monotonie den Genealogien (Gen. 5 und 10) nahe kommt. Das hat seinen Sinn: Der Verfasser bringt damit zum Ausdruck, daß die Erschaffung durch das Wort an die Stelle der Erschaffung durch Geburtenfolge tritt[6]. Durch die ganze Priesterschrift zieht sich die Auffassung, daß alles Geschehende durch Gottes gebietendes Wort entsteht: Am Anfang der Befreiung gebietet Gott dem Mose, dem Pharao gegenüber zu treten; bei der Offenbarung am Sinai gebietet Gott den Bau der Stiftshütte; am Ende der Wüstenwanderung gebietet Gott das Überschreiten des Jordan und das Betreten des verheißenen Landes. So beabsichtigt der Verfasser der Priesterschrift durch die Darstellung der Schöpfung in einer Reihe von Schöpfungsbefehlen eine bewußte Verbindung zwischen Schöpfung und Geschichte.

Unterschieden sind die Schöpfungsbefehle von denen in der Geschichte dadurch, daß sie keinen persönlichen Adressaten haben. Dennoch finden sie Gehorsam: Auf für Menschen unbegreifliche Weise gebietet der Schöpfer dem Nichtseienden, daß es sei. Und die anerkennende Antwort ist verborgen im Urteil Gottes, daß es gut sei; dann aber wird das Geschaffene dem Schöpfer im Lob antworten (Ps. 148).

3. Wenn der Verfasser *die Schöpfung der Pflanzen und der Tiere als ein Entstehen in Arten* darstellt, so fußt er darin nicht auf älteren Schöpfungstraditionen, sondern auf Priesterwissen, aus priesterlichen Kreisen und Traditionen erwachsen, in dem die Pflanzen wie die Tiere als in Arten gegliederte Ganzheiten gesehen wurden. Diese Erkenntnis liegt auf dem Wege zu wissenschaftlicher Erklärung des Entstehens der Pflanzen und Tiere in Arten. Hier ist besonders deutlich zu sehen, daß für den Verfasser dieses Kapitels die ehrfürchtige Bejahung des Schöpfers und wissenschaftliche Erklärungen des Entstehens von Weltelementen einander nicht ausschlossen. Dasselbe zeigt sich bei seiner Darstellung der Erschaffung der Gestirne auf andere Weise. Die Gestirne sind für ihn bloße Geschöpfe; sie verlieren vollkommen ihre Göttlichkeit, die ihnen in der Umwelt Israels zukommt. Durch diese Entgötterung

---

[6] BK I/1 52–57; K. Koch, ZThK 62.

werden Sonne, Mond und Sterne zu Weltbestandteilen, die menschlichem Forschen zugänglich sind.

4. *Zur Schöpfung der Welt gehört das Urteil des Schöpfers,* das sich refrainartig durch die Schöpfungsgeschichte zieht: „Gott sah, daß es gut war", und am Ende: „und siehe, es war sehr gut." Es ist ein Gutsein in den Augen Gottes, das an den Werken nicht ohne weiteres ablesbar ist. In den Augen der Menschen ist vieles an diesen Werken nicht gut, vieles ist unbegreiflich, vieles grauenhaft. Aber mit diesem Satz, daß die Schöpfung in den Augen Gottes gut war, ist dem Menschen das Urteil über das Ganze abgenommen. Ein Geschöpf kann das Ganze nicht übersehen und darum auch nicht beurteilen. Aber gerade damit ist dem Menschen die Freude an der Schöpfung freigegeben. Er ist dazu frei, sich von Herzen zu freuen an dem Anblick eines reifen Kornfeldes, auch wenn er weiß, daß an einer anderen Stelle der Hagel die Ernte vernichtet hat. Er kann und soll sich freuen mit den Fröhlichen. Das Gutsein der Schöpfung, das ihr Schönsein einschließt, will den Widerhall der Freude und damit des Lobes wecken. In dem Satz, der die Werke der Schöpfung begleitet, ist dieser Widerhall des Gotteslobes schon angedeutet, der dann überschwenglich zu Wort kommt in den Psalmen, in denen die Kreatur zum Lob gerufen wird:

> „Lobet den Herrn vom Himmel her,
> lobet ihn in den Höhen ...
> lobet ihn, Sonne und Mond,
> lobet ihn, ihr leuchtenden Sterne ...!" (Ps. 148).

Alle Geschöpfe haben am Ganzen der Schöpfung teil und alle haben im Ganzen einen Sinn, das bringen diese Psalmen zum Ausdruck durch das Hingewandtsein der Geschöpfe zu ihrem Schöpfer, dem Lob des Schöpfers. In diesem Hingewandtsein zum Schöpfer ist etwas Gemeinsames zwischen den Geschöpfen, Menschen, Tieren und allem anderen. Loben ist zu Gott hingewandte Daseinsfreude, und diese Daseinsfreude eignet der Schöpfung als ganzer.

Das Gutsein des Geschaffenen schließt das Schönsein ein. Das hebräische Adjektiv *ṭob* kann gut und schön bedeuten. Die Hörer haben also in dem abschließenden Satz auch den Klang mitgehört: „Siehe, es war sehr schön." Das Schönsein des Geschaffenen ist im Willen des Schöpfers begründet[7], das Schöne gehört zu den Werken Gottes. Wer vom Werk des Schöpfers redet, der redet damit auch vom Schönen; wer vom Schönen redet so wie in der Bibel von ihm geredet wird, der redet von dem zu Gottes Schöpfung gehörenden Schönen. Das Eigentümliche des biblischen Redens vom Schönen liegt darin, daß das Schöne nicht primär Seiendes, sondern Geschehendes ist. Darin unterscheidet sich das biblische grundlegend vom griechischen Verständnis des Schönen. Das Schöne ist Begegnendes, so wie in der Schöpfungserzählung des Jahwisten in der Begegnung von Mann

---

[7] Hierzu C. Westermann, Festschr. W. Zimmerli 479–497.

und Frau. In diesem Unterschied ist es begründet, daß der Widerhall des Schönen im Kunstwerk bei den Griechen typisch die bildende Kunst ist, im Alten Testament die zur Sprache kommende Freude am Schönen im preisenden Wort. Die Freude am Schönen ist im Alten Testament immer nahe an der zu Gott hingewandten Freude. Das braucht nicht immer zum Ausdruck zu kommen, nicht jeder sprachliche Ausdruck der Freude am Schönen muß Gotteslob sein; aber beides ist so nahe beieinander, daß für die Menschen des Alten Testaments aus der Schöpfung niemals die Natur geworden ist, Natur im Sinn der nur vorhandenen, vom Schöpfer und seinem Wirken abgelösten Natur. Ps. 104.

> „O Herr, mein Gott, wie groß bist du!
> Pracht und Hoheit ist dein Gewand,
> der du dich in Licht hüllst wie in ein Kleid..."

Weil das Schöne zur Schöpfung gehört, bleibt es dem segnenden Wirken Gottes untergeordnet. Im Zusammenhang des rettenden Wirkens Gottes spielt es keine Rolle, darum kommt das Schöne in einer Theologie, die nur Soteriologie sein will, nicht vor. Der Unterschied zeigt sich bei der Gestalt des Mittlers: Zum König, der Segensmittler ist, gehört die Schönheit (Ps. 45); vom Knecht, dem Mittler der Rettung am Ende heißt es: „er hatte keine Gestalt noch Schöne."

5. *Das Ziel der Schöpfung* deutet der Schluß in Gen. 2,1–4a an. Durch die Einteilung der Schöpfung in sechs Tagewerke sind die Schöpfungswerke einer Zeitganzheit eingefügt, in der die Werktage auf den Ruhetag zugehen, die Zeitganzheit der Schöpfungswoche, in der die Besonderheit des siebten Tages von vornherein angelegt war. Der Verfasser der Priesterschrift nimmt damit ein altes Motiv auf, das sich in frühen Schöpfungserzählungen findet: das Motiv der *otiositas* (Ausruhen, Ablassen von der Arbeit) des Schöpfergottes nach seinem Werk. Es ist darin begründet, daß der Schöpfer in das abgeschlossene Werk nicht mehr eingreifen darf, um es nicht zu stören. Dieses Motiv aber wird hier grundlegend geändert: Die Tage des Schöpferwirkens haben ihr Ziel in einem Tag, der anders, der besonders ist. Das Schöpfungswerk, das mit der Scheidung von Licht und Finsternis begann, endet wieder mit einer Scheidung. Die mit dem Abschluß der Schöpfung einsetzende Menschheitsgeschichte ist durch die Heiligung des siebten Tages unterschieden von dem Rhythmus der immer gleichen Tage und der immer gleichen Jahre, die den Rhythmus für alles Geschaffene bilden: wie die Tage der Woche läuft die Menschheitsgeschichte auf ein Ziel zu. Dadurch, daß der Schöpfung die Besonderheit des geheiligten Tages eingeschaffen ist, deutet sich das Ziel für das Geschöpf an, das Gott zu seiner Entsprechung schuf. Gleichzeitig hat der Verfasser der Priesterschrift mit diesem Abschluß der Schöpfung das Ziel der Frühgeschichte Israels angedeutet, das er in der Errichtung des Gottesdienstes in Jerusalem sieht; die Siebenzahl kehrt in der Sinai-Theophanie (P) wieder (Ex. 24,16: „sechs Tage – am siebten Tag"), in der es um die Begründung des Gottesdienstes im verheißenen Land geht.

III. Die Erschaffung des Menschen, der Mensch als Geschöpf

1. *Das Menschsein als Ganzes.* Das Menschenverständnis der Bibel erhält in der Erzählung von der Erschaffung des Menschen (Gen. 2) seine Grundlegung. Einmal wird hier gesagt, daß der Mensch Gottes Geschöpf ist, er ist Mensch nicht anders als in seinem Hersein von Gott. Das hat zunächst mit seinem Glauben oder seinen Überzeugungen noch nichts zu tun; das Menschsein als solches wird als Geschöpfsein bestimmt. Zu dieser Grundlegung des Menschenverständnisses gehört aber auch das andere: Mit dem Geschaffensein des Menschen ist der Mensch in allen seinen Daseinsbezügen gemeint, der nur hergestellte Mensch (Gen. 2, 7) ist noch nicht das von Gott gemeinte Geschöpf. Zum Menschen gehört der Lebensraum (der Garten), die Lebensmittel (die Früchte des Gartens), die Beschäftigung oder Arbeit (bebauen und bewahren) und die Gemeinschaft (Mann und Frau) und als Medium der Gemeinschaft die Sprache. Dieses komplexe Verständnis der Menschenschöpfung ist in der Theologie, insbesondere der theologischen Anthropologie, meist nicht erkannt worden. In ihr erschien für das Geschaffensein nur relevant die Tatsache, daß der Mensch durch Gott hergestellt sei, also der Mensch in seinem bloßen Vorhandensein. Die Gottesbeziehung wurde allein im Blick auf einen von seinen Lebensbeziehungen abstrahierten Menschen gesehen. Das hatte für die Theologie als ganze eingreifende Folgen. Unter der Voraussetzung einer abstrakten Anthropologie bleibt auch die Gottesbeziehung abstrakt; unter der Voraussetzung des komplexen Verständnisses der Menschenschöpfung geht es auch in der Gottesbeziehung um den Menschen in allen seinen Daseinsbezügen: Lebensraum, Nahrung, Arbeit und sozialer Bereich gehören dazu.

2. *Der Mensch in seiner Begrenztheit.* Auch hier ist auf eine Differenz zwischen der traditionellen kirchlichen Lehre und dem Text der Bibel hinzuweisen. Die Lehre vom Sündenfall und von der Erbsünde kann nicht auf die Erzählung Gen. 3 gegründet werden. Sie stammt aus der jüdischen Überlieferung und ist im IV. Esrabuch (7, 118) nachzuweisen, wo es heißt:

> „Ach, Adam, was hast du getan!
> Als du sündigtest, kam dein Fall nicht nur auf dich,
> sondern auch auf uns, deine Nachkommen!"

Diese jüdische Lehre vom Sündenfall und der Erbsünde wurde dann von Augustin weiter ausgebildet. Ein Zitat: „So wird auch der Fall des Menschen als ein Hinuntergleiten in eine niedrigere Seinsstufe verstanden, so daß Sünde nicht als Mangel, sondern als seinsmäßige Degradierung verstanden werden muß."[8] Dieser Satz liegt in der Linie der jüdischen Auslegung von Gen. 3; dem Text von Gen. 3 entspricht er nicht, wie heute katholische und evangelische Exegeten übereinstimmend sagen. Von einem Fallen oder Hinabgleiten auf eine niedrigere Seinsstufe sagt der Text nichts. Ebensowenig sagt der Text, daß

---

[8] Bei O. Loretz, SBS 32, 20–30, dazu D. Ritschl, Ges. Aufsätze I, 102–122.

der Tod die Strafe für die Sünde des Menschen sei; die Strafe für den Ungehorsam ist vielmehr die Vertreibung aus dem Garten und damit aus der Nähe zu Gott.

Die Erzählung in Kap. 3, die ursprünglich selbständig war, ist mit der von Kap. 2, die auch eine selbständige Erzählung war, zu einer Erzählung verbunden worden. Die Absicht des Jahwisten war dabei, durch die Verschmelzung dieser beiden Erzählungen in eine zum Ausdruck zu bringen, daß das Geschöpfsein des Menschen mit seinem Begrenztsein aufs engste zusammengehört. Wenn man vom Menschen als Gottes Geschöpf redet, kann man nicht nur von den Gaben des Schöpfers an dieses Geschöpf, man muß zugleich von den Grenzen reden, die dem Menschen als Geschöpf gesetzt sind. Im Segen erhält der Mensch von seinem Schöpfer die Kraft der Fortpflanzung; sie schließt aber ein, daß der Mensch in einen kurzen Daseinsbogen gebunden ist. Er existiert als Mensch nur in dem Bogen, der von der Geburt zum Tod führt. Die Kraft der Fortpflanzung, also der Segen, setzt den Tod voraus. Menschen müssen sterben, damit Menschen leben können.

Diese Begrenztheit hat eine für das Menschenverständnis des Alten Testaments wichtige Folge. Das Menschenleben ist nach dem Alten Testament keine gerade Strecke, es ist ein Bogen, ein Bogen, der von der Geburt aufsteigt und zum Tod absteigt. Alles verallgemeinernde Reden vom Menschen, das so tut, als sei der Mensch von seiner Geburt bis zu seinem Tod in allem derselbe Mensch, ist fragwürdig. Jede philosophische und jede theologische Anthropologie, die mit dem Menschenleben als einer geraden Strecke rechnet, ist verfehlt. Jeder Mensch vielmehr lebt in einem Spannungsfeld, das von zwei Polen bestimmt ist. Der Tod ragt vom anderen Ende seines Lebens her als eine Kraft in sein Dasein hinein. Die Macht des Todes ist in das Leben hineinragende Macht, wie das Gen. 3, 14–19 schildert. Nicht nur im Altern, auch in den Krankheiten, den Schmerzen, den Ängsten, der Verzweiflung, Einsamkeit, Resignation ragt die Macht des Todes in das Leben hinein. Der Mensch ist begrenzt.

Die andere Grenze der menschlichen Existenz ist die Möglichkeit des Sich-Verfehlens. Ein Mensch kann sich verfehlen, er kann sich vergehen, ein Verbrechen begehen, er kann sich verlieren, wie z. B. im Drogenrausch, er kann verführt werden. Diese Grenze des Menschen wird in der Bibel sehr ernst genommen. Deswegen ist die Erzählung vom Ungehorsam des Geschöpfes gegen seinen Schöpfer mit der Erzählung von der Erschaffung des Menschen verbunden. Obwohl der Mensch weiß, daß er von den Geschenken seines Schöpfers lebt, ist er diesem, seinem Schöpfer, dem er alles verdankt, ungehorsam. Diese Fehlbarkeit ist von der Geschöpflichkeit des Menschen nicht abzulösen. Ernstgenommen wird dieses Sündersein vom Jahwisten nun gerade nicht dadurch, daß er es auf einen abstrakten Begriff der Sünde bringt, sondern sie in ihrer Vielgestaltigkeit und der Fülle ihrer Möglichkeiten aufzeigt in den Erzählungen von Schuld und Strafe. Vor allem zeigt er in der Parallelität von Gen. 3 und 4, daß das Vergehen gegen Gott und das Vergehen gegen den Bruder zusammengehören. Solange es Menschen gibt, werden es fehlbare

Menschen sein. Keine Religion, keine Weltanschauung, keine politischen Programme und keine sozialen Reformen können daran etwas ändern. Unfehlbarkeit wäre Unmenschlichkeit. Es ist dieses Begrenztsein des Menschen in seiner Endlichkeit und in seiner Fehlbarkeit, das im Übergang vom Alten zum Neuen Testament zu einer Rettungstat Gottes führt, die zwar nicht das Ende, aber die Freiheit von diesen beiden Grenzen des Menschseins bewirkt.

3. *Der Mensch, zu Gottes Bild geschaffen.* „Und Gott schuf den Menschen nach seinem Bilde, nach dem Bilde Gottes schuf er ihn." Dies ist nicht primär eine Aussage über den Menschen, sondern über die Erschaffung des Menschen durch Gott. Das Geschöpf, das er jetzt plant, soll in Beziehung zu ihm stehen, es soll ihm entsprechen, so daß etwas zwischen ihm und Gott geschehen, daß Gott zu ihm reden und er ihm antworten kann. Die Menschheit ist geschaffen, damit etwas geschehe zwischen Gott und Mensch.

Zu der die ganze Geschichte der Christenheit durchziehenden Diskussion der Frage nach der Bedeutung der Gottesebenbildlichkeit ist die Zusammenfassung dieser Diskussion im Genesiskommentar BK I/1, 203–214 zu vergleichen. Nachdem man lange angenommen hat, mit ihr müsse etwas Besonderes am Menschen gemeint sein, seine geistigen Fähigkeiten oder die Seelenkräfte, die Willensfreiheit oder die Persönlichkeit oder die unsterbliche Seele oder die aufrechte Gestalt wurde erst spät erkannt, daß die Gottesebenbildlichkeit nicht etwas am Menschen meint, sondern den Menschen als solchen und als ganzen: „Sie besteht nicht in irgendetwas, was der Mensch ist oder tut. Sie besteht, indem der Mensch selber und als solcher als Geschöpf besteht. Er wäre nicht Mensch, wenn er nicht Gottes Ebenbild wäre. Er ist Gottes Ebenbild, indem er Mensch ist" (K. Barth, KD III, 1, 106f.). Der Satz, daß Gott den Menschen nach seinem Bild geschaffen habe, ist dann explikativ zu verstehen, die Gottesebenbildlichkeit ist nicht etwas, was noch zur Geschöpflichkeit hinzukommt, sie sagt vielmehr, was es bedeutet, daß der Mensch Gottes Geschöpf ist. Damit tritt klarer heraus, daß hiermit etwas vom Menschen gesagt ist, was schlechthin für alle Menschen gilt, jenseits aller sonst bestehenden Unterschiede zwischen ihnen. Nach Gottes Bild geschaffen sind die Menschen aller Völker, aller Rassen, aller Religionen, aller Weltanschauungen. In diesem Geschaffensein nach dem Bilde Gottes ist die Menschenwürde begründet, die jedem Menschen als Gottes Geschöpf eignet. Diese dem Menschen verliehene Würde wiederum ist es, die die Menschenrechte begründet. Es ist eine an der Geschichte ablesbare Tatsache, daß in den Epochen der Christenheit, in denen das Erwähltsein der Christen (oder eines christlichen Volkes) vor den Nichtchristen stark betont wurde, die allen Menschen als Gottes Geschöpfen verliehene Würde des Geschaffenseins nach seinem Bild zurücktrat oder gar nicht beachtet wurde [9].

4. *Arbeit und Kultur, die Weisheit.* Zum komplexen Verständnis der Erschaffung des Menschen gehört, daß Gott seinem Geschöpf den Auftrag zur Arbeit gibt; er gibt ihm den Auftrag, den Garten zu bebauen und zu bewahren.

---

[9] Vgl. hierzu J. Bauer, Hg. 1977, darin C. Westermann, 5–18.

Ein Ausleger (K. Budde) meinte, diesen Satz streichen zu müssen und begründete das: „Nirgends verrät sich die zweite Hand so deutlich wie darin. Zu seligem Genießen ist der Mensch im Paradies, nicht zum Arbeiten und Hüten." Diese Auffassung ist dem Alten Testament vollkommen fremd. Es ist die griechische Auffassung von der Insel der Seligen; und diese wiederum hat eine Wirtschaftsordnung zum Hintergrund, nach der die schwere körperliche Arbeit von Untergeordneten oder von Sklaven getan wird, während die eigentlich menschenwürdige die rein geistige Beschäftigung ist. Diese wertende Unterscheidung von geistiger und körperlicher Arbeit ist dem Alten Testament fremd. Die körperliche Arbeit hat die Würde des Auftrages Gottes. Ein Mensch, der von der Arbeit anderer lebt, führt nach der Auffassung der Schöpfungsgeschichte kein menschenwürdiges Dasein. Arbeit, ob körperliche oder geistige, ist ein notwendiges Element des Menschseins.

Mit den beiden Verben ‚bebauen und bewahren' meint der Erzähler zunächst die Arbeit des palästinischen Bauern, aber man kann auch alle menschliche Arbeit unter diesen beiden Aspekten sehen. Die Voraussetzung dieses Auftrages ist, daß dem Menschen der Garten und dann die Erde anvertraut ist, aus ihr Erträge zu gewinnen und zugleich die Erde, das Land, den Acker als den Spender dieser Erträge zu behüten und zu bewahren [10]. Wo Erträge aus der Erde gewonnen werden, ohne daß zugleich die Erde als der Spender der Erträge behütet und bewahrt wird, liegt Raubbau vor, der sich auf den Auftrag Gottes keinesfalls berufen kann. Denn nichts anderes ist gemeint mit der Formulierung der Priesterschrift, in der der Mensch zum Herrschen über die übrigen Kreaturen und damit auch zum Herrscher über die Erde eingesetzt wird: „... macht sie euch untertan!" Denn ‚herrschen' ist hier nicht im Sinn willkürlicher Machtausübung gemeint. Das wäre ein verhängnisvolles Mißverständnis dieses Herrscherauftrages. Es ist dabei vielmehr an die für die antike klassische Form der Herrschaft, die Königsherrschaft gedacht. Sie bedeutet die volle Verantwortung des Herrschers für das Wohlergehen des ihm anvertrauten Volkes und Landes. Wenn der König nicht imstande ist, das Wohl der ihm Anvertrauten zu bewirken und zu garantieren, dann hat er seine Herrschaft verwirkt. Wenn sich also in dem gegenwärtigen Gespräch über das ‚dominium terrae' eine skrupellose Ausbeutung der Kräfte unserer Erde auf die Herrschaftsübertragung in der Schöpfungsgeschichte beruft, so ist das im Text nicht begründet; jede Form von Ausbeutung der Erde ist Verachtung des Auftrags Gottes [11].

Der Auftrag, den Garten zu bebauen und zu bewahren wird in Kap. 4 von V. 17 an weitergeführt. Mit dem Menschengeschlecht wächst und verzweigt sich die Arbeit. Zum Wachsen und Sich-Verzweigen der menschlichen Arbeit gehört die Arbeitsteilung, die mit ihr notwendig wird. Der im Gelingen wirkende Segen Gottes geht in diese Verzweigung der Arbeit mit, und alle menschliche Arbeit kann an ihm teilhaben, keineswegs nur Ackerbau und Viehzucht.

---

[10] Die gleiche Auffassung Hiob 31, 38–40.
[11] Zum „dominium terrae" G. Liedke, Stud. zur Friedensforschung 8, 40–56.

Das technische Wirken des Menschen in allen seinen Verzweigungen und die Naturwissenschaften ebenso wie die Geisteswissenschaften in allen ihren Verzweigungen können unter diesem Auftrag Gottes verstanden werden. Kritik und Warnung an Auswüchsen und Gefährdungen kann erst dort Gewicht bekommen, wo die Möglichkeit des Wirkens im Auftrag Gottes in allen Verzweigungen der menschlichen Arbeit zunächst einmal deutlich ausgesprochen worden ist.

Beim Bebauen und Bewahren gehört von Anfang an körperliche und geistige Arbeit notwendig zusammen. Darüber gehört zu allen Bereichen der menschlichen Geschöpflichkeit, zum Lebensraum, den Lebensmitteln, der Arbeit, der Gemeinschaft eine geistige Betätigung, ein Nachdenken, ein Besinnen. Sie wird im Alten Testament Weisheit genannt. Weisheit gehört zum Bebauen eines Ackers, aber auch zum Führen einer Ehe und zur Erziehung eines Kindes. Weisheit gehört zum Zerkleinern eines Baumstumpfes und zum Führen eines Gespräches. Sie gehört zur Daseinsbewältigung im ganzen, in allen Lebensbereichen. Weisheit ist ursprünglich dem Menschsein als ganzem in allen seinen Möglichkeiten zugeordnet, und erst in einem späten Stadium ist sie in einen geistigen Bereich abgesondert worden. Erst in dieser Sonderung in einem späten Stadium ist Weisheit etwas geworden, was um seiner selbst willen da ist, was als solches zum Gegenstand menschlicher Beschäftigung wird, wie es das griechische Wort *philosophia* zeigt. Ein großer Teil der neueren Arbeiten zur Weisheit gehen von der Weisheit als einem gesonderten Bereich aus und sind deshalb schon im Ansatz fragwürdig.

Wenn dem Menschen bei seiner Erschaffung geboten wird, den Garten zu bebauen und zu bewahren, dann ist in diesem Auftrag die Weisheit als Daseinsbewältigung impliziert. G. v. Rad definiert sie daher als „eine elementare Form der Lebensbemächtigung". Auf allen Gebieten des menschlichen Lebens und des menschlichen Wirkens gibt es das Phänomen des Mißlingens. Das Mißlingen zwingt zum Nachdenken, dieses Nachdenken kann zu Erkenntnissen führen, die dann Gelingen bewirken. Das Gewinnen von Weisheit aus Erfahrungen des Mißlingens oder des Scheiterns gehört zum Menschsein. Es ist normal und natürlich, daß man so gewonnene Erkenntnisse, die der Daseinsbewältigung dienen können, nicht für sich behält, sondern weitergibt. Dafür müssen sie eine Form erhalten, in der sie weitergegeben werden können; die dafür geeignete, denkbar einfachste Form ist das Sprichwort. Es dient dazu, Erfahrungen zu bewahren und weiterzugeben. Diese Form des Sprichwortes oder Weisheitswortes gibt es daher über die ganze Erde hin, sie gehört zur Sprache des Menschengeschöpfes. Die im Sprichwort sich äußernde Weisheit ist daher international und interreligiös (so G. v. Rad mit vielen anderen), wie es auch die Weisheitsliteratur des Alten Testaments zeigt [12].

Exkurs: Der theologische Ort der *Weisheit* ist daher von der Schöpfung und vom Urgeschehen her zu bestimmen [13]. Im Auftrag zum Bebauen und Bewahren des Gar-

---

[12] Zu Form und Gegenstand des Weisheitsworts ThB 55, 149–161.
[13] So auch W. Zimmerli, ThB 19, 300–315.

tens ist dem Menschen die Erde nicht nur anvertraut, die Arbeit und das Bewahren ist ihm zugetraut. Das Gelingen dieses Auftrags aber impliziert die Weisheit. Die Weisheit, wie sie sich im Sprichwort, d. h. dem Erfahrung einbringenden, das Sich-Verstehen des Menschen in seiner Welt ermöglichenden und fördernden Aussagewortes sprachliche Gestalt gewinnt, steht in direkter Entsprechung zu den Kulturerrungenschaften und Kulturfortschritten, wie sie in Gen. 4 in der Kainitischen Genealogie skizziert werden. Sie führen die Erschaffung des Menschen, zu der die Arbeit gehört und die Segnung, die auch dem Gelingen der Arbeit gilt, unmittelbar fort.

Die Bedeutung der Weisheit als eines Bestandteiles der Bibel liegt dann vor allem darin, deutlich zu machen, daß der Schöpfer dem Menschen das Vermögen gab, sich selbst in seiner Welt zurechtzufinden, sich selbst in seiner Welt zu verstehen, und der ihm gestellten alltäglichen Aufgaben Herr zu werden. Dazu ist weder Offenbarung erforderlich noch theologische Reflexion. Die Weisheit ist profan. Es ist dem Menschen zugetraut, daß er fortschreitend in seiner Welt selber seine Erfahrungen macht, bewahrt und verarbeitet, daß er aus Mißerfolg lernt und durch falsche Schritte reifer wird. Im Gewinnen und Bewahren von Erfahrung, Erkenntnis und Wissen hat der Schöpfer sein Geschöpf sich selbst überlassen, er will, daß er darin selbständig sei. Das gilt dann auch für die Verzweigung der Weisheit in den Wissenschaften. Es ist der Wille des Schöpfers, daß der Mensch darin selbständig sei; die Freiheit der Wissenschaften ist im Schöpferwillen begründet.

Die Weisheit im Alten Testament findet eine Fortsetzung im Neuen Testament. Die synoptischen Evangelien enthalten nicht nur eine Fülle von Weisheitssprüchen, die Gleichnisse Jesu stehen dadurch in naher Verbindung mit der Weisheit, daß Jesus in ihnen ebenso zu selbständigem Urteil auffordert, wie das die alten Aussagesprüche tun. Man kann auch sagen, daß die Gleichnisse erweiterte Vergleiche sind, wie sie in den Sprüchen in Fülle (bes. Spr. 25 f.) begegnen. Der Kirche ist mit dem Bewahren der biblischen Weisheit ein kostbarer Schatz anvertraut. Die Weisheit ist allen Wissenschaften vorgeordnet. Keine Wissenschaft ist umfassend; die Weisheit in ihrer ursprünglichen Form der Erfahrungssprüche umgreift das ganze Leben des Menschen. Das Bewahren der Weisheit als eines Teiles der Bibel kann dazu helfen, der zentrifugalen Kraft aller Wissenschaften, die zu immer weiterer Differenzierung tendieren, die zentripetale Kraft der Weisheit entgegenzustellen, in der es um die Ganzheit menschlichen Seins geht. Sie kann auch dazu helfen, der Tendenz aller Wissenschaften, sich selbst zu verabsolutieren und sich darin zu ernst zu nehmen, die funktionale Tendenz der Weisheit entgegen zu setzen, die allein um des Menschen willen da ist, und zwar immer um des ganzen Menschen willen.

Abschließend zur Schöpfung: Schöpfung und Universalismus. Vom Schöpfer und der Schöpfung handeln im Alten Testament nicht nur die ersten Blätter der Bibel. Abgesehen von einer Fülle von Einzelstellen sind es drei Komplexe, in denen Schöpfer und Schöpfung ausführlich zu Wort kommen: die Psalmen, Deuterojesaja und das Hiobbuch. Jeder dieser Komplexe hat sein eigenes, gewichtiges Wort dazu zu sagen, alle drei wären sie für eine Gesamtdarstellung dessen, was die Bibel zur Schöpfung sagt, heranzuziehen, was hier aus Gründen der Kürze unterbleiben muß.

Nur eins muß gesagt werden: In allen drei Komplexen ist die eigentliche Weise, vom Schöpfer und der Schöpfung zu reden, das Gotteslob. Das Lob des Schöpfers steht an der Stelle, an die später der Glaube an den Schöpfer trat.

Es ist die zu Gott gerichtete Freude an seiner Schöpfung und das Staunen über die Wunder seiner Schöpfung; es ist die Freude des Geschöpfes, das sich in den wissenden Gedanken und den behütenden Händen seines Schöpfers weiß, was sich im Schöpferlob ausspricht:

> „Lobe den Herrn, meine Seele!
> O Herr, mein Gott, wie bist du so groß!
> Pracht und Hoheit ist dein Gewand,
> der du in Licht dich hüllst wie in ein Gewand ...
>
> O Herr, wie sind deiner Werke so viel!
> Du hast sie alle in Weisheit geschaffen,
> die Erde ist voll deiner Güter ..."   (Ps. 104, 1–2. 24)
>
> „Herr, du erforschest mich und kennst mich;
> ich sitze oder stehe, du weißt es,
> du verstehst meine Gedanken von ferne ...
> Zu wunderbar ist es für mich und unbegreiflich,
> zu hoch, als daß ich es faßte ..."   (Ps. 139, 1. 6)

Wo das Alte Testament vom Schöpfer redet, redet es vom Ganzen und wo es vom Ganzen redet, redet es vom Schöpfer. Das Ganze aber ist im Alten Testament primär als Geschehendes und erst sekundär als Seiendes verstanden. Ist Gott der Schöpfer der Welt und des Menschen, dann ist das Weltgeschehen und die Menschheitsgeschichte von Anfang bis zu Ende in seinen Händen. Was mit der Erschaffung des Himmels und der Erde anfing, das muß mit allem, was dazu gehört, zu einem Ziel kommen: der Geschichte des Kosmos und der Geschichte der Natur, der Geschichte der Menschheit und der Geschichte Gottes mit seinem Volk. Darum ist im Alten Testament mit dem Reden vom Schöpfer notwendig ein Universalismus verbunden, der mit dem Gott, dem Israel als seinem Retter begegnete, alles Geschehende in Zusammenhang bringt, vom Anfang bis zum Ende. Er tritt im Alten Testament nur selten hervor, aber er klingt immer wieder einmal durch, ausgehend von dem die ganze Urgeschichte bestimmenden Universalismus: Wenn am Anfang der Vätergeschichte vom Segen über alle Geschlechter der Erde gesprochen wird, wenn in den Psalmen oft Völker und Könige und in Ps. 148 alle Kreatur zum Lobe Gottes gerufen wird, wenn in der Gerichtsprophetie Gott durch andere Völker sein Gericht an Israel wirkt, wenn bei Deuterojesaja Kyros zu dem von Gott bestimmten Retter Israels wird. Ganz universalistisch ist dann wieder das Endgeschehen, dem Urgeschehen entsprechend. Die Apokalyptik spricht von einem neuen Himmel und einer neuen Erde. Die Entsprechung von Urgeschehen und Endgeschehen ist schon in Gen. 1–11 in der Zusammengehörigkeit von Schöpfung und Flut angedeutet. Die Flut hat apokalyptische Züge, und die Zusage am Ende der Flut weist auf die Grenze: „solange die Erde steht." Es ist dieser Universalismus, der in vielen späten Völkersprüchen wie z. B. Jes. 19 den Frieden und das Aufhören des Kampfes unter den Völkern verheißt, und der bei Deuterojesaja in das Wort gefaßt ist: „Ich bin der Erste und ich bin der Letzte", das in der Apokalypse aufgenommen wird: „Ich bin das A und das O, der Anfang und das Ende."

B. Der Segen

I. Stetiges und ereignishaftes Handeln Gottes, Segnen und Retten

Im Schöpfungsbericht der Priesterschrift segnet der Schöpfer die Geschöpfe insgesamt: „Seid fruchtbar und mehret euch ...!" Im Segen wirkt der Schöpfer, darum ist der Segen universal, er gilt allen Lebewesen. Im Unterschied dazu ist Gottes rettendes Handeln eine besondere Zuwendung zu einer besonderen Gruppe, aus dem Erfahren der Rettung erwächst darum eine besondere Geschichte, die Geschichte der Errettung oder die Heilsgeschichte. Das Segnen Gottes dagegen geht auch außerhalb dieser besonderen Geschichte weiter; auch Hiob, der Mann aus dem Lande Uz, ist ein von Gott Gesegneter. Die Geretteten aber, die der besonderen Geschichte Gottes mit seinem Volk angehören, bleiben Menschen wie alle anderen und bedürfen daher auch des alle Menschen umfassenden Segens. Sie haben teil an den Gaben des Segens in ihrer leiblichen Existenz, in ihrer Nahrung und Kleidung, in der sozialen und wirtschaftlichen Aufrechterhaltung der Gemeinschaft, in der sie leben, im Weiterleben von einer Generation zur nächsten. Dies alles wird im Alten Testament als segnendes Wirken Gottes verstanden, das alle Menschen umfaßt, und an dem auch die zu einer besonderen Geschichte mit Gott Bestimmten teilhaben.

1. *Das Segnen ist* darin *ein vom Retten Gottes verschiedenes Handeln,* daß es nicht wie dieses in Ereignissen oder einer Ereignisfolge erfahren wird. Es ist ein stilles, stetiges, unmerklich fließendes Handeln Gottes, das nicht in Augenblicken, nicht in Daten festzuhalten ist. Der Segen verwirklicht sich in einem allmählichen Prozeß, wie in dem des Wachsens und Reifens und Abnehmens. Das Alte Testament berichtet ja nicht nur eine Ereignisreihe, die aus den großen Taten Gottes besteht. Die Zwischenräume, in denen Gott unmerklich in einem stillen Wirken Wachstum und Gedeihen gibt, in denen er Kinder schenkt und aufwachsen läßt, der Arbeit Gelingen gibt, gehören auch dazu. Der rettende Gott ist auch der segnende Gott. Der Segen Gottes ermöglicht, daß ein Mensch sein ganzes Leben in seinem Ablauf von Tag zu Tag und von Jahr zu Jahr mit Gott in Verbindung bringen und aus Gottes Hand empfangen kann, sein ganzes Leben gerade in der unauffälligen Alltäglichkeit, in der nichts Besonderes geschieht. Beim Segen geht es nicht um die herausragenden Stunden wie z.B. die Erfahrung einer Rettung, sondern um den alltäglichen Fluß des täglichen Lebens. Abend- und Morgenlieder sprechen vom Wirken des segnendes Gottes; etwas so Unauffälliges und scheinbar Un-

bedeutendes wie der Gruß ist dem Segen nahe verwandt; Segen und Frieden sind zugleich Grußworte[14].

2. So ist durch das ganze Alte Testament hindurch *von dem stetigen Handeln Gottes neben dem ereignishaften*, das sich in seinen rettenden und richtenden Taten vollzieht, die Rede. Es ist davon auszugehen, daß im Pentateuch die Geschichte von der Rettung am Anfang in Exodus bis Numeri von zwei Textkomplexen gerahmt ist, in denen das Segnen Gottes beherrschend ist: Der Schöpfersegen in Gen. 1–11, zu dem die Segnung der Geschöpfe (Gen. 1,26–27) und nach der Flut (Gen. 8,20–22) ebenso wie die Sprachform der Genealogien gehört, das Segnen Gottes im Lebensraum der Familie in der Vätergeschichte Gen. 12–50, dazu gehört auch der dem Volk im Lande der Verheißung geltende Segen im Deuteronomium. Von den Tradenten wurde in der Fügung des Pentateuch bewußt das segnende Wirken Gottes mit seinen Rettungstaten verbunden.

In den Geschichtsbüchern tritt das Handeln Gottes in Ereignissen, in rettenden und richtenden Taten, in den Vordergrund. Aber daneben erhalten die beiden vom Stetigen bestimmten Institutionen eine beherrschende Bedeutung: das Königtum und der Tempelkult. Die Verheißung für das Königtum ist die des Bleibens (2.Sam. 7); im Tempelgottesdienst wird der Segen erteilt (Num. 6).

Die Prophetenbücher sind bestimmt von der Ankündigung des Gerichts; das segnende Wirken Gottes hat dabei keinen Raum, wohl aber wird an vielen Stellen in der Prophetie ein Zustand des Heils nach dem Gericht verheißen; in dieser Heilsschilderung wird die Sprache des Segens gesprochen.

In den Psalmen begegnet ebenfalls das stetige Wirken Gottes neben dem ereignishaften: In den Klagepsalmen wird das rettende Eingreifen Gottes erfleht, in den berichtenden Lobpsalmen der rettende Gott gelobt; aber in den beschreibenden Lobpsalmen wird Gottes rettendes und segnendes Handeln im Gotteslob zusammengefaßt (z.B. Ps. 33), der Schöpfer wird gelobt (Ps. 8; 104; 139), ebenso wie der segnende Gott (Ps. 67). Die Psalmen der Zuversicht (Ps. 23) fassen beides zusammen, und in den liturgischen Psalmen geht es um den gottesdienstlichen Segen (Ps. 24; 67). Das segnende Wirken wird gegenüber dem Gottlosen dem Frommen zugewandt (Ps. 1); ganz vom stetigen, segnenden Tun Gottes ist das Hiobbuch bestimmt, schon dadurch bedingt, daß das Hiobdrama außerhalb Israels spielt. Das gleiche gilt von den Weisheitsbüchern Sprüche und Prediger; ist hier vom Handeln Gottes die Rede, so ist es das des Schöpfers, die Geschichte der großen Taten Gottes an seinem Volk kommt hier nicht vor.

Dieser nur kurze Überblick zeigt, daß das stetige und das ereignishafte, das rettende und segnende Handeln etwa gleichmäßig und gleichgewichtig auf das Alte Testament verteilt ist. Es sei noch hinzugefügt, daß im Zusammenhang

---

[14] Die Verwandtschaft des Grußes mit dem Segen zeigt sich auch darin, daß beide universalen Charakter haben.

des ereignishaften Handelns Gottes der Zeitablauf nach Ereignissen, im Zusammenhang des stetigen Handelns Gottes nach Geschlechterfolge (Genealogien) bestimmt wird.

II. Die Geschichte des Segens im Alten Testament

1. *Der Segen in den Vätergeschichten.* In den Vätergeschichten treffen wir eine sehr frühe Schicht an, in der der Segen noch ganz in der Gemeinschaftsform der Familie wurzelt; hier ist der Vater der Segnende. Der Erzählung Gen. 27, Isaak segnet seine Söhne, liegt ein vorkultischer Ritus zugrunde, der in allen Teilen das Gerüst der Erzählung bildet. Zur Segenshandlung gehört hier (I) die Aufforderung des Vaters (oder die Bittes des Sohnes), (II) die Identifizierung (oder Nennung) des zu Segnenden, (III) die Stärkung des Segnenden durch Speise und Trank, (IV) Herantreten des Sohnes und Berührung, (V) Segensspruch. In den drei Teilen der Vätergeschichte werden die Bereiche des Segenswirkens je besonders hervorgehoben. Im Abrahamkreis (Gen. 12–25) geht es insbesondere um das Weiterleben in der Generationenfolge, um den Segen der Fruchtbarkeit in der Vertikale der Folge von den Eltern zu den Kindern, im Jakob-Esau-Kreis (Gen. 25–36) um die Horizontale des Miteinanderlebens von Brüdern, und dabei insbesondere die Fruchtbarkeit des Viehes. In der Josephgeschichte, die einem späteren Stadium angehört, handelt es sich um den dem Segen zugeordneten Frieden (šālōm), der das Heilsein einer Gemeinschaft bewirkt.

Der Segen des Landes spielt als solcher noch keine Rolle in der Vätergeschichte wegen der nomadischen Lebensform, wohl aber in der Verheißung des Landes, die schon auf das Volk Israel vorausblickt ebenso wie die Verheißung der Mehrung, die die überschwengliche Sprache des Segens spricht. In den Vätergeschichten wird auch vom Retten Gottes erzählt, dieses aber bleibt im Zusammenhang des Familiengeschehens, das noch vorgeschichtlich ist.

2. *Die Verbindung des Segens mit der Geschichte.* Eine neue Bedeutung erhält der Segen durch seine Verbindung mit der Geschichte. Diese Verbindung vollzieht programmatisch der Jahwist in Gen. 12, 1–3, indem er den Segen, der von Haus aus ungeschichtlich ist, zur Segensverheißung für das Volk Israel gestaltet[15]. In Abraham soll das zukünftige Volk Israel gesegnet werden, wobei in Anlehnung an die Verheißung der Rettung beim Auszug aus Ägypten die Verheißung mit dem Gebot des Auszugs verbunden wird:

> „Geh aus deinem Vaterland
> und aus deiner Verwandtschaft
> und aus deines Vaters Haus
> in ein Land, das ich dir zeigen werde.

---

[15] BK I/2 zu Gen. 12, 1–3, dort weitere Literatur.

> Und ich will dich zum großen Volk machen
> und dich segnen und deinen Namen groß machen,
> und du sollst ein Segen sein ..." (Gen. 12, 1–3)

Das gleiche geschieht auf andere Weise in der Bileam-Perikope (Num. 22–24), in der die Kraft des Segens dem Geschichtswirken Jahwes unterstellt und zugeordnet wird. Die Erzählung von Bileam erklärt, wie es dazu kam, daß Jahwe, der Gott Israels, zum Herrn der Segenskraft wurde. Es ist in ihr vorausgesetzt, daß es in anderen Völkern und Religionen Begabte gibt, die die Kraft des Segnens und Fluchens haben. Diese Kraft will sich Balak, der König von Moab, zunutze machen, indem er Bileam beauftragt, Israel zu verfluchen. Dem aber wird von Jahwe, dem Gott Israels, geboten, Israel nicht zu verfluchen, sondern zu segnen (Num. 22, 12). Nun kann Bileam nicht anders, als in seinen Sehersprüchen Israel Glück und Glanz anzusagen:

> „Wie schön sind deine Zelte, Jakob,
> deine Wohnungen, Israel!
> Wie Täler, die sich ausbreiten, wie Gärten am Strom,
> Wie Eichen, die der Herr gepflanzt, wie Zedern am Wasser,
> Wasser rinnt aus seinen Eimern, reichlich Wasser hat
> seine Saat" (Num. 24, 5–7).

Die Nähe von Seherspruch und Segensspruch zeigt sich auch in den mit der Segenshandlung verbundenen Sprüchen in der Vätergeschichte (z. B. Gen. 48, 15 f.) und den von ihnen abgeleiteten Stammessprüchen (z. B. Gen. 49, 11). In allen diesen Verheißungen ist das Beherrschende die Schilderung eines Zustandes, so wie auch der Segen ein zuständlicher Begriff ist. Die Segensverheißung zieht sich von diesen Anfängen durch das ganze Alte Testament, besonders tritt sie in der Spätzeit der Prophetie und in der Apokalyptik hervor.

3. *Der Segen im Deuteronomium.* Im Deuteronomium ist der Begriff Segen beherrschend[16]; die Rettungstaten Gottes gehören der Vergangenheit an. Vor dem Betreten des Landes wird der Segen im verheißenen Land angekündigt, anknüpfend an die Segensverheißung aus der Väterzeit (Dtn. 7, 13–16, ähnlich 28, 3–6):

> „Er wird dich lieben und dich mehren und dich segnen.
> Segnen wird er die Frucht deines Leibes
> und die Frucht deines Ackers,
> dein Getreide, deinen Most und dein Öl,
> den Wurf deiner Rinder und den Zuwachs deiner Schafe,
> in dem Lande, das Jahwe deinen Vätern geschworen hat
> zu geben."

---

[16] Darauf weist auch G. v. Rad, BWANT 47, hin.

Mit dem Übergang zur Seßhaftigkeit ist der Segen des Landes für das Volk Israel im verheißenen Land lebenswichtig geworden. Eine kleine Notiz am Anfang des Josuabuches spricht das aus (Jos. 5,11):

> „An ebendem Tage hörte das Manna auf ...
> und die Israeliten bekamen kein Manna mehr, sondern
> in jenem Jahr aßen sie von den Früchten des Landes
> Kanaan."

An die Stelle des Brotes der Rettung tritt nun das Brot des Segens. Dieser Übergang war mit einer der schwersten inneren Auseinandersetzungen in der Geschichte Israels verbunden, in der sich der Glaube an den *einen* Jahwe durchsetzte, der auch als der Spender des Segens zu verehren und anzuerkennen ist. Der radikale Kampf gegen die Baalreligion im Dtn. und bei den Propheten, insbesondere bei Hosea, richtet sich gegen die Baalreligion als Fruchtbarkeitsreligion. Man hat daraus weithin einen falschen Schluß gezogen: Jahwe der Gott Israels sei einzig Gott der Geschichte, die „Naturreligion" und der „Fruchtbarkeitskult" würden im Jahweglauben radikal verworfen. Das ist so verallgemeinert falsch. Für Hosea, der den Kampf gegen die Baalreligion am schärfsten führt, ist der Gott Israels auch der segnende Gott. Er stellt in Kap. 2 den Baalim nicht den Gott der Geschichte entgegen, sondern den segnenden Gott, der Fruchtbarkeit und Gedeihen schenkt, ganz wie im Dtn.: „Aber sie hat nicht erkannt, daß ich es bin, der ihr das Korn und den Wein und das Öl gegeben hat ..." (Hos. 2,8). Hosea will sagen, daß Jahwe, der Gott Israels, dem Israel in seiner Geschichte als seinem Retter begegnete, *derselbe* ist, der ihm im Kulturland die Gaben des Landes, Wachstum und Gedeihen schenkt. Die Religion Israels wird damit keine Fruchtbarkeitsreligion; aber der Gott Israels spendet als segnender Gott seinem Volk die Gaben, die in anderen Religionen von den Fruchtbarkeitsgöttern erwartet werden. Von dieser Auseinandersetzung her ist auch das erste Gebot besser zu verstehen. Im Dtn. ist ein sprechendes Zeugnis für die Einheit des rettenden und des segnenden Gottes in Dtn. 26 die Darbringung der Erstlinge als der Gaben des segnenden Gottes mit dem Bekenntnis von Gottes Rettungstat in der Geschichte, dem Credo. Neu ist im Deuteronomium, daß der Segen jetzt an den Gehorsam des Volkes gebunden wird. Die früheren Segensverheißungen waren unbedingt, jetzt werden sie an eine Bedingung gebunden. Die Bedingungssätze, die den Segen im Land an die Bedingung des Gehorsams binden, ziehen sich durch das ganze Dtn. (28,1f.):

> „Wenn du nun willig auf das Wort Jahwes, deines Gottes hörst,
> ... dann werden alle diese Segnungen über dich kommen..."

Dem entspricht die bedingte Fluchankündigung (28,15):

> „Wenn du aber auf das Wort des Herrn, deines Gottes, nicht hörst...,
> so werden alle diese Flüche über dich kommen..."

Der Schluß in Kap. 28 stellt noch einmal monumental Fluch und Segen unter dieser Bedingung einander gegenüber. Damit wird zugleich der Segen mit dem Gesetz verbunden, an das Gesetz gebunden; daraus wird später eine schwere Krise erwachsen.

4. *Der Segen in den Institutionen der seßhaften Zeit.* Dem stetigen Wirken Gottes entsprechen die beiden großen Institutionen, die das Leben des seßhaften Israel bestimmen: das Königtum und der Kult. König und Priester als Segensmittler wurden schon im Zusammenhang der Geschichte des Mittlers dargestellt (s. o. 62–71); aber auch die Institutionen als solche sind theologisch dem stetigen Wirken Gott zuzurechnen, das der stetigen Institution entspricht. An zwei Zügen, die dem Königtum und dem Kult gemeinsam sind, zeigt sich das besonders: Sowohl im seßhaften Kult, wie auch in der statischen Institution des Königtums geht es in erster Linie um das Wohl des Landes und des Volkes im Lande, hier in politischer, dort in religiöser Hinsicht. Der andere Zug, die Stetigkeit des Gotteswirkens in diesen beiden Institutionen wird repräsentiert in ihrem Ämtern, die sich hier und dort vom Vater auf den Sohn vererben; der Salbung des Königs entspricht die Weihe des Priesters; beide verleihen einen bleibenden Charakter.

a) Der Segen im Königtum: Wie das Königtum in den Zusammenhang des stetigen Wirkens Gottes gehört, zeigen drei Wesenszüge.

1. Das Königtum ist universal, wie der Segen universal ist. Das Königtum hat es über die ganze Erde hin gegeben (ThB 55, 291–308). Die Eigenart dieser Herrschaftsform besteht einmal darin, daß sich in ihr die familiäre Funktion des Vaters mit der politischen Funktion des Volksherrschers vereint hat. Darin ist es begründet, daß im dynastischen Königtum der König mit seiner Familie König ist, und die Stetigkeit des Königtums durch die Geburt des Sohnes ermöglicht wird. Diese Transponierung der familiären Stetigkeit, wie sie sich in den Genealogien abzeichnet, in eine politische Stetigkeit hat der Herrschaftsform des Königtums seine weltweite Bedeutung gegeben.

2. In dieser Übertragung ist auch der sakrale Charakter des Königtums begründet. Die Beziehung des Königs zur Gottheit kann sehr verschieden gesehen werden, von der Göttlichkeit des Königs bis zu einer nur funktionalen Beziehung; aber irgendeine Beziehung zur Gottheit hat der König immer; das Königtum als solches ist sakral oder hat eine sakrale Weihe. Dies ist darin begründet, daß in einer Frühzeit (die in den Vätergeschichten noch zu erkennen ist), in der es noch keine Kultmittler gab, der Vater die Mittlerfunktion ausübte, er brachte die Opfer dar und erteilte den Segen. Diese sakrale Weihe gehört so unlösbar zum Königtum, daß sie in Resten noch bis in die Gegenwart erhalten ist.

3. So wie der Vater Repräsentant seiner Familie und gleichzeitig für ihre Erhaltung und ihr Wohl verantwortlich ist, so der König für sein Volk; darum ist der König Segensmittler und für das Wohl seines Volkes verantwortlich. Darüber hinaus aber sind Größe, Name und Glanz des Volkes in Größe, Name und Glanz des Königtums repräsentiert und sie werden als Auswirkung des Segens Gottes gesehen, wie das besonders die Darstellung des Königs David

zeigt. Um dieser Größe und des Namens des im König repräsentierten Volkes willen werden jetzt auch Eroberungskriege möglich, andererseits aber auch eine Form der Königsherrschaft, wie sie sich in der Königsherrschaft Salomos zeigt, zu der Zwangsarbeit und starke soziale Gegensätze gehören.

Diese drei Wesenszüge des Königtums können beides erklären: Die hohe politische und religiöse Bedeutung, die es für das Volk Israel nach dem Ansässigwerden im verheißenen Land bekommen hat, und auf der anderen Seite die Gefährdung Israels, die sich durch das Zurücktreten der alten Traditionen von Gott als dem Retter Israels ergab und die sich am stärksten in der Kritik der Propheten spiegelt in ihrer Ankündigung des Gerichts über einzelne Könige zunächst und dann über das im Königtum repräsentierte Israel als ganzes.

b) Der Segen im Gottesdienst. Zum Übergang in die seßhafte Lebensform gehört das Übernehmen der dieser Lebensweise entsprechenden Gottesdienstform, für die der Segen eine zentrale Bedeutung erhält. Zum segnenden Wirken Gottes, dem Spender von Korn, Wein und Öl (Hos. 2,8; Dtn. 7,13) gehören die Ackerbaufeste, die Israel von den Seßhaften übernahm. Auch wenn sie dann in Israel ‚historisiert', d.h. mit dem Handeln Gottes in der Geschichte in Verbindung gebracht werden, bleiben sie doch Feste im Jahresablauf, an denen Saat und Ernte vor Gott begangen werden (z.B. Ps. 67). Das Leben des auf den Segen der Fruchtbarkeit angewiesenen Bauern verläuft in den Rhythmen des Naturjahres, die in den gottesdienstlichen Festen artikuliert sind [17].

Erst von der seßhaften Zeit an bekam der gottesdienstliche Segen, beim Gottesdienst am heiligen Ort zur heiligen Zeit erteilt, für Israel Bedeutung. Eine wörtliche Formulierung dieses Segens ist uns überliefert (Num. 6,22–27):

> „So sollt ihr zu den Israeliten sprechen,
> wenn ihr sie segnet:
> Jahwe segne dich und behüte dich!
> Jahwe lasse sein Angesicht über dir leuchten
> und sei dir gnädig!
> Jahwe erhebe sein Angesicht auf dich
> und gebe dir Frieden!
> Wenn sie so meinen Namen auf die Israeliten legen,
> will ich sie segnen."

Für den gottesdienstlichen Segen ist wesentlich, daß er aus Wort und Handlung besteht. In der Segensverheißung war die Handlung vom Wort abgelöst worden; im gottesdienstlichen Segen wird die uralte Segenserteilung wieder erneuert (Gen. 27), zu der Wort und Handlung gehören wie zu einem Sakrament. In dieser Gestalt, als das mit einer Handlung verbundene Segenswort

---

[17] Man sollte die Bedeutung der im Jahreslauf kreisenden Feste nicht verkennen; sie weisen als solche auf das stetige Handeln Gottes. Der stetig im Jahreslauf kreisende Gottesdienst hat eine stärkere Affinität zum stetigen Handeln Gottes, auch wenn darin einmalige Ereignisse begangen werden.

hat der gottesdienstliche Segen die Zeiten überdauert und reicht bis in die Gegenwart. Der priesterliche Segen wird am Ende jeden Opfergottesdienstes erteilt (Lev. 9, 22–23), die Besucher der Feste und der Gottesdienste, die Pilger in den Prozessionen (Ps. 24) empfangen vom Heiligtum her den Segen für ihr Haus, ihre Familie, ihre Arbeit. Die Psalmen zeigen seine Bedeutung: die Priester segnen die Gemeinde (Ps. 115, 14f.; 118, 26; 129, 8; 134, 4) oder einen Einzelnen (Ps. 91; 121). Vom Heiligtum her wird bei den Prozessionen der Segen erteilt (Ps. 24, 5; 118, 26; 128, 5). Für das ganze Land, die Häuser und Felder, für die Familie und das Vieh wurde der Segen erwartet, der Wachsen, Gedeihen und Gelingen bedeutete. Im Darbringen der Opfer wurde der empfangene Segen als Gottes Gabe anerkannt. Dieser Strom des Segens vom und zum Heiligtum war ein Wesensbestandteil des Lebens des Bauern in Israel. In der gottesdienstlichen Institution des Segens aber geht es um nichts anderes als das segnende Handeln Gottes, von dem die Vätergeschichten das Deuteronomium, viele Psalmen und andere Texte sprechen.

Darüber hinaus aber weisen die Grundelemente des Gottesdienstes, der heilige Ort, die heilige Zeit, die heilige, von einem geweihten Priester geleitete Handlung mit dem ihr eigenen Charakter des Stetigen, in dem Rhythmus des Jahres kreisenden Festkalender auf das stetige Segenshandeln Gottes, das in Gen. 8, 22 in diesen Rhythmen beschrieben wird.

5. *Der Segen in der Zeit vom Exil an.* In den Teilen des Alten Testaments, die ganz konzentriert vom Retten (Exodus bis Numeri) oder vom Richten Gottes (Gerichtsprophetie) reden, ist vom Segen fast oder gar nicht die Rede. Wohl aber kann aus ihnen hinübergesehen werden in eine vom Segen bestimmte Zukunft. So am Anfang des Auszugs (Ex. 3, 7f.) und am Ende der Wüstenwanderung in den Sprüchen des Sehers Bileam (Num. 22–24), in denen Schönheit und Fülle des Landes beschrieben werden; überall im Alten Testament gehört das Schöne zum Segen. Entsprechend auch in der Gerichtsprophetie, wo über das Eintreffen des Gerichts hinausgesehen wird in eine gewandelte Zukunft. Die Heilsschilderung oder Segensschilderung (s. o. 51 f.) schildert einen Zustand in unbekannter Zukunft, der dem gegenwärtigen entgegengesetzt sein wird. Das Alte Testament enthält eine Fülle solcher Heils- oder Segensschilderungen, die sich in der späten Zeit, etwa vom Exil ab, häufen. Mit dem Zusammenbruch des Staates und des Königtums wandelt sich auch die Verheißung. In der Verkündigung Deuterojesajas wird nicht mehr die Wiederherstellung der staatlichen Macht und Souveränität verheißen, die Rettung aus dem Exil ist nicht mehr ein Sieg Israels. Mit der Verheißung der Rückkehr Israels in sein Land ist jetzt die des Segens verbunden; in Kap. 54–55 steht im Mittelpunkt das Wachsen, die Mehrung und das Blühen im wiedergeschenkten Land. Ähnlich wird bei Tritojesaja nicht mehr ein Ereignis der Rettung, sondern eine Wandlung der Zustände verheißen. In anderer Weise tritt bei Jeremia an die Stelle der Ankündigung der Rettung die Verheißung des Segens. In der mit dem Ackerkauf verbundenen Verheißung kurz vor dem Untergang Jerusalems sagt Jeremia nichts von der Rettung der belagerten Stadt. Er hat nur das Minimale zu verkündigen, daß nach

dem Untergang das Leben in ihr weitergehen wird: „Man wird wieder in diesem Land Häuser und Äcker und Weinberge kaufen" (Jer. 32,15). In dem Brief an die Exilierten (Jer. 29,4–7) sieht Jeremia eine Zukunft für diese nur in der Segenslinie. Gottes segnendes Handeln an seinem Volk geht weiter auch nach dem Zusammenbruch des Staates und des Königtums.

Besonders bezeichnend ist der Wandel bei den „messianischen Weissagungen"[18]. Sie setzen den Zusammenbruch des Königtums und zugleich die Frage nach dem Zerbrechen der Nathan-Verheißung voraus (Jes. 4,2–6; 9,1–6; 11,1–9; 16,5; 32,1–8; Jer. 17,24–27; 23,5f.; 30,9.21; 33,17; Ez. 17,22–24; 24,23f.; 37,22–25; Hos. 3,4; Am 9,11; Mi. 4,8; 5,1–3; Sach. 9,9f.). In allen diesen Texten wird das Heil einer zukünftigen Zeit als von einem König der Heilszeit ausgehend gedacht, es ist ein Sproß aus dem alten Königshaus Davids. In seinem Reich herrschen Gerechtigkeit und Frieden, auch die Tiere leben in Frieden, und das Land wird durch ihn gesegnet sein. Ein Zug ist allen diesen Texten gemeinsam: Niemals wird vom kommenden Heilskönig gesagt, daß dieser sein Reich erobert, König wird er durch seine Geburt, und schon das Ausrufen seiner Geburt bedeutet den Beginn der Heilszeit (Jes. 9,1–6; aufgenommen in Lk. 2). Auch sonst wird von einem spezifisch politischen Wirken dieses Königs kaum etwas gesagt; er ist vielmehr der Segensmittler, durch den ein neuer Zustand des Segens, des Friedens und der Gerechtigkeit eintritt (S. Mowinckel, 1952).

Für die Apokalyptik ist die Segensschilderung das typische Reden vom zukünftigen Heil. Für sie fällt die Ankündigung ganz fort, sie kann von Heil in der Zukunft nur in zeitloser Schilderung reden, wo sie über die apokalyptische Katastrophe hinaussieht. Diese Segensschilderung ist universal. Mit dem Ende der Geschichte fällt auch die Scheidung in Völker fort; Gott handelt wie in der Urzeit an der ganzen Menschheit. Und wie der Schöpfer Menschen und Tiere segnete, so haben am Frieden der Endzeit Menschen und Tiere teil.

6. *Der Segen als Problem im Hiobbuch.* Das größte theologische Problem in der nachexilischen Zeit war nicht eine Frage zum rettenden, sondern zum segnenden Handeln Gottes. Um diese Frage kreist ein Teil der Weisheitsliteratur, eine Gruppe von Psalmen, darunter besonders Ps. 73, und das Hiobbuch. Wie ist es möglich – so wird hier gefragt –, daß so viele Gottlose am Segen teilhaben, und so viele Fromme zu leiden haben und des Segens ermangeln? Es wurden auf diese Frage sehr verschiedene Antworten gegeben. Die eine war die Antwort der Freunde Hiobs: Gott segnet allein die Frommen; wo aber Segen entzogen ist und jemand schwer leidet, muß der Leidende entsprechend schwer gesündigt haben. Hiob aber kann diese Antwort nicht annehmen. Er weiß, daß die Freunde an seinem wirklichen Leid vorbeireden und er bei ihnen keinen Trost finden kann. Auch hält er ihnen entgegen, daß die Erfahrung die Lehre der Freunde nicht bestätigt (Hiob 21). Am Ende gibt Gott dem Hiob und nicht den Freunden recht (Hiob 42,7). Die strikte Vergeltungslehre der Freunde ist nicht aufrecht

---

[18] Vgl. hierzu S. Mowinckel, He that Cometh, 1952; ²1959, 155–186.

zu erhalten. Auf der Seite Hiobs steht der 73. Psalm, während die vielen Sprüche, die vom Gerechten und Gottlosen und deren Schicksal handeln, die Vergeltungslehre vertreten. Bedingt ist das Problem in der Zeit seit dem Exil durch das Zerbrechen von Königtum und dem das Gemeinwesen umfassenden Kult. In diesen Institutionen konnte sich der Einzelne im Segenswirken Gottes geborgen wissen, und hier brachte die Loslösung vom Gottesdienst die Gefährdung der Existenz. Als diese Mauern nicht mehr standen, konnten auch die ‚Gottlosen' zu Glück und Erfolg kommen, ohne Jahwe die schuldige Ehre zu erweisen, das führte zu der Anfechtung, die nach dem Glück der Gottlosen fragte.

Zum Abschluß. Das Reden vom Segen im Alten Testament bedeutet, daß die Gottesbeziehung den Menschen in seinem Daseinsbogen von der Geburt bis zum Tod umfaßt. Sie schließt das Wachsen und Reifen, das Zunehmen und Abnehmen der Kräfte, das Genesen und Erholen, das Hungern und Sättigen ein. Weiter meint es den Menschen in der Gemeinschaft, von der Ehe und Familie bis in alle Differenzierungen des Gemeinschaftslebens hinein, den Menschen in seiner Arbeit, im Wirtschaftsleben mit allen Problemen. Der Mensch als ein Glied des Gottesvolkes ist immer auch ein Glied dieser weiteren Bereiche des Menschseins.

Der Segen, der seinen Ursprung in der Segnung alles Lebendigen durch den Schöpfer hat, ist dem Menschen als einem Lebewesen mit allen anderen Lebewesen zusammen geschenkt. Die Gottesbeziehung des Menschen ist durch den Segen über seine Gliedschaft im Volke Gottes hinaus ganz bewußt erweitert auf seine Gliedschaft im menschlichen Geschlecht und darüber hinaus mit allen Lebewesen. Das Anerkennen der Besonderheit des segnenden Wirkens Gottes bedeutet, daß es Gott nicht nur um das ‚Heil' des Menschen geht, sondern um den Menschen in der ganzen Fülle seiner Möglichkeiten und Bedürfnisse, um den Menschen als eine Kreatur unter Kreaturen. Gerade wenn wie im Alten Testament die eigentliche Mitte des Wirkens Gottes in seinen Rettungstaten gesehen wird, erhält diese Mitte ihren Horizont im umfassenden Segenswirken Gottes.

7. *Das weitere Wortfeld des Segens*. Dem Begriff des Segens steht im Alten Testament der des Friedens nahe [19]. Wie der Segen ein stetiges Handeln Gottes bezeichnet, so ist Frieden ein Zustandsbegriff. *šalom* ist ein status; niemals kann es den Akt der Rettung bezeichnen. Darin entspricht es dem lateinischen *salus* und dem deutschen ‚Heil', die auch Zustandsbegriffe sind. Dies zeigt sich deutlich daran, daß alle drei Worte, *šalom*, *salus* und Heil zur Bildung von Grüßen gedient haben und dienen. Deswegen ist es eine sehr unglückliche Entwicklung, daß *salus* zur Wiedergabe von *soteria* wurde und ‚Heil' zur Wiedergabe des so verstandenen *salus*. Den Vorgang der Rettung kann weder das lateinische *salus* noch das deutsche Heil bezeichnen. So ist es zu dem unklaren Begriff der „Heilsgeschichte" gekommen, mit der die Geschichte der

---

[19] Vgl. G. Gerlemann, Artikel *šlm*, genug haben, THAT II, 919–935, weitere Literatur 921.

Rettungstaten Gottes gemeint ist. So ist es gekommen, daß der Unterschied zwischen Retten und Segnen nicht mehr gesehen wurde; der Begriff Heil konnte nun Retten und Segnen umfassen, und man bemerkte keinen Unterschied mehr zwischen beidem.

Dementsprechend ist auch das hebräische *šalom* mißverstanden worden. Einmal darin, daß im späteren (auch im deutschen) Sprachgebrauch Friede von vornherein als Gegenbegriff zu Krieg (oder Streit) wurde. Dieses Verständnis impliziert, daß Friede durch einen Akt zustandekommt: den Akt des Friedensschlusses oder den Akt der Versöhnung. Dies ist aber erst ein abgewandeltes Verständnis, das so auch in späten Schichten des Alten Testaments, wenn auch selten, begegnet. Im übrigen Alten Testament ist *šalom* ein Zustandsbegriff, der das Ganzsein oder Heilsein einer menschlichen Gemeinschaft bezeichnet. Es entsteht nicht erst durch einen Friedensschluß oder durch eine Versöhnung, sondern es ist da, wo es menschliche Gemeinschaft gibt. Zu diesem Heilsein oder Ganzsein gehört auch das Wohl, das Wohlergehen im physischen Sinn, was sich besonders deutlich im Gebrauch des Wortes für den Gruß zeigt. Weil das Heilsein, das mit *šalom* gemeint ist, den ganzen Menschen umfaßt, ist auch das Reden von ‚Seelenfrieden' ein grundlegendes Mißverständnis des biblischen Wortes. Wenn der Dichter des Idealismus auf einen Kontrast zwischen „Sinnenglück und Seelenfrieden" weist, umfaßt das biblische *šalom* von vornherein beides. Die beste Erklärung dessen, was der Begriff im Alten Testament meint, gibt die Josepherzählung. Sie zeigt auch, daß mit *šalom* immer der Mensch in der Gemeinschaft gemeint ist; ein auf das Individuum eingeschränkter „innerer Friede" ist nicht das, was die Bibel mit diesem Wort meint.

Zum *šalom* gehört aber im Alten Testament von vornherein, daß es zwischen Gott und Mensch in Ordnung ist; denn ein Heilsein der Gemeinschaft kann es nicht geben, ohne daß die Gottesbeziehung intakt ist. Diese Seite des Begriffes zeigt sich besonders im Gegensatz der Gerichts- zu der Heilsprophetie, „die rufen: Heil, Heil, und ist kein Heil!" (Jer. 6, 14). Von den Heilspropheten wird ein Heil verkündet, das die schweren Vergehen des Volkes gegen Gott verschweigen oder ignorieren will; das kann kein *šalom* sein.

Von diesem Gebrauch her ist dann die große Gruppe des Gebrauchs zu verstehen, in der *šalom* für die Zukunft in Aussicht gestellt wird. Bei diesem verheißenen Frieden, der in der Heilsprophetie vor allem von der Zeit des Exils an eine so große Rolle spielt, ist das Zerbrechen des Friedens vorausgesetzt, das sich im Fortgehen Israels von Jahwe anbahnt und mit dem von den Propheten angekündigten Gericht vollzog. Bei diesen Worten, die vom verheißenen Frieden sprechen, ist, wie wir sahen, wieder die Sprache des Segens beherrschend, dieser zukünftige Friede ist als Zustand beschrieben, ins Universale ausgeweitet. In dieser Spätzeit kann nun auch vom „Frieden mit Gott" gesprochen werden im Blick darauf, daß das voraufgegangene Zerbrechen des Friedens durch den Ungehorsam Israels bedingt war.

Zum Begriffsfeld des Segens gehören auch die Worte vom Behüten und Bewahren, die ebenso wie der Frieden den Segen in Num. 6 entfalten. In den

Vätergeschichten ist es besonders der Begriff des Mitseins Gottes, der hierher gehört, dann die Fülle der Zusammenhänge vom Behüten und Bewahren Gottes in den Psalmen, z. B. Ps. 23 oder 91. Dieses Mitsein Gottes im Behüten und Bewahren läßt noch einmal eine Eigenart des Segenswirkens Gottes erkennen: Es wird nicht in akuten, augenblickhaften Ereignissen erfahren, sondern einfach in der stetigen, stillen Gewißheit: „denn du bist bei mir". Sie hat darum ihren besonderen Ort im Gebet, das das tägliche Leben begleitet, im Morgen- und Abendgebet, vor Antritt und nach Abschluß einer Reise usw.

Zum Begriffsfeld des Segens gehören auch die Worte vom Gelingen und Gedeihen[20]. Hierher gehören auch alle Zusammenhänge im Alten Testament, wo wir mit ‚Glück' oder ‚glücklich' übersetzen können. Der für uns säkularisierte Begriff ‚Glück' ist im Alten Testament in Vokabeln des Segens enthalten wie z. B. 'ašrē[21].

C. Schöpfung und Segen in der Religionsgeschichte und im Alten Testament

Einer der Unterschiede zwischen Retten und Segnen besteht darin, daß Retten und Richten Gottes eine nur einmal und nur an diesem einen Ort geschehene Geschichte bewirken. Diese Geschichte des Rettens und Richtens Gottes an seinem Volk Israel hat den Charakter unbedingter Einmaligkeit, unbedingter Einzigartigkeit. Dabei ist zu beachten: Die einzelnen Elemente des Rettungsvorganges wie auch des Gerichtes sind nicht einmalig und nicht einzigartig. Daß ein Gott sein Volk rettet, daß es um diese Rettung fleht, daß sie verheißen wird usw., begegnet sehr häufig in den Religionen. Die Einzigartigkeit ist allein die einmal geschehene Geschichte, die vom Exodus bis zur Befreiung aus der babylonischen Gefangenschaft führte, von der Rettung aus Erbarmen mit den Leidenden zu der Rettung aufgrund der Vergebung.

Das segnende Wirken Gottes dagegen beruht auf der Segnung, die dem Menschengeschlecht im Zusammenhang der Schöpfung verliehen wurde. Hier ist von vornherein anzunehmen, daß der Segen nicht auf Israel beschränkt sein kann, weil alle Geschöpfe Gottes sind. So gilt für den Segen wie für die Schöpfung: Sofern sie in irgendeinem Sinn der Geschichte des Rettens und Richtens Gottes streng und fest zugeordnet sind, haben sie an der Einzigartigkeit dieser Geschichte teil; sofern sie nur locker oder gar nicht mit ihr verbunden sind, finden sich immer religionsgeschichtliche Parallelen dazu.

Fragt man nach Schöpfungserzählungen und nach Schöpfungsmotiven in dem weiten Feld der Religionen der Erde, so ist man überwältigt von dem Reichtum und der Fülle, die einem Menschen unserer Zeit hieraus entgegenkommt[22]. Hier stößt man auf etwas der ganzen Menschheit Gemeinsames.

---

[20] M. Saeboe, Artikel ṣlḥ, THAT II, 551–556.
[21] ThB 55, 191–196 und M. Saeboe, Artikel 'šr pi., glücklich preisen, THAT I, 257–260.
[22] Vgl. die in meinem Kommentar (Anm. 1) angegebene Literatur, dazu ATD, Ergänzungsreihe 1, 1975, S. 31–38 und 100–109; Stichwort ‚Schöpfung'.

Dieses Gemeinsame und sie Einende wird immer stärker sein als jede besondere Ausformung, der man Einzigartigkeit zuschreiben möchte. Wenn man die ersten elf Kapitel der Bibel befragt, stößt man Schritt für Schritt auf dieses Gemeinsame. Es gibt kaum ein Motiv in Gen. 1–11, das nicht irgendwo wieder begegnete, und zwar nicht nur in den Israel benachbarten Hochreligionen, den Religionen der vorderasiatischen Hochkultur, sondern darüber hinaus in den Religionen der ganzen Erde, insbesondere den primitiven Religionen. Man muß einmal die Hunderte von Fluterzählungen aus der ganzen Welt, die bisher gesammelt worden sind, auf sich wirken lassen, um staunend wahrzunehmen, wie die biblische Flutgeschichte in einem gewaltigen Kontext von vielerlei Stimmen steht, die alle von der Flut erzählt haben. Das kleinliche Bestreben kommt dann zum Schweigen, beweisen zu wollen, daß nur die eigene Fluterzählung gut und richtig, alle anderen aber schlecht seien oder falsch. Stärker wird die staunende Freude, daß es Teile unserer Bibel gibt, bei denen das der ganzen Menschheit Gemeinsame stärker als das Trennende ist.

Man kann sich das so verdeutlichen: Die Evangelien des Neuen Testaments haben einen Prolog, der das Christusereignis mit dem Vorangehenden verbindet. Er ist bei Mt. Lk. und Joh. verschieden. Bei Joh. wird das Christusereignis mit der Urgeschichte bzw. der Schöpfung verbunden, bei Mt. durch die Genealogie Jesu mit der Geschichte Israels, bei Lk. 1–2 mit dem Alten Testament als ganzem. In ähnlicher Weise erhält die Geschichte Israels im Hauptteil des Alten Testaments in Gen. 1–11 einen Prolog, der sie mit der Geschichte der Menschheit verbindet. Darin ist es begründet, daß dieser Prolog von dem spricht, was auch in der übrigen Menschheit von den Anfängen, vom Urgeschehen gesagt wird.

Die andere Seite dieses Tatbestandes aber ist die Veränderung, die die Urgeschichte durch die Vorfügung vor die Geschichte Israels erhält. Es läßt sich am besten an Gen. 1 erkennen. Dadurch, daß P die Schöpfung in eine Reihe von sieben Tagen fügt, gibt er schon der Schöpfung den Charakter eines sich in die Zeit erstreckenden, in Perioden gegliederten Vorganges, der auf ein Ziel zugeht, wie das in Gen. 2, 1–3 angedeutet ist. Möglich wird dies dadurch, daß er die Erschaffung des Lichts an den Anfang stellt und damit die Kategorie der Zeit der des Raumes vorordnet. Auf diese Weise stellt er eine feste Verbindung zwischen der Schöpfung und der Geschichte her. So ist also beides gleichgewichtig und gleichbedeutend da: das Teilhaben des Redens von den Anfängen am allgemein menschlichen Reden von den Anfängen und die Einzigartigkeit, in der es mit dem Reden von der einmaligen Geschichte Gottes mit Israel verbunden wird.

Dasselbe gilt vom Segen. Weil der Segen allem Lebendigen gegeben ist, hat er einen universalen Charakter. Daher begegnet so etwas wie der Segen der Gottheit auch außerhalb Israels an vielen Stellen in den Religionen der Menschheit. Die dreifache Fruchtbarkeit wird auf der ganzen Erde mit dem Göttlichen in Verbindung gebracht. Ein wesentlicher Bestandteil allen Gottesdienstes in allen Teilen der Religionsgeschichte dient dem Bewahren oder Erneuern oder Stärken der Segenskraft, also der Kraft der Fruchtbarkeit des Leibes, der Erde, der Herde.

Weiterhin sind es die drei großen Institutionen, die dem Segenswirken Gottes zugeordnet sind, die in der ganzen Menschheit verbreitet sind: die Familie, der seßhafte Kult und das Königtum. Im Kult und im Königtum hat Israel an dem Teil, was auf der ganzen Welt Kult, was auch auf der ganzen Welt Königtum ist. Das Besondere liegt hier wiederum in der Verbindung des Segenswirkens Gottes mit der Geschichte Gottes mit seinem Volk, die den Charakter des Einmaligen hat. Es sei noch einmal erinnert an die drei großen Übergänge in der Geschichte des Volkes Israel:

I. Bei dem Übergang zur Seßhaftigkeit wird der Segen dem Geschichtshandeln Jahwes eingefügt: Gen. 12,1–3 und Num. 22–24.

II. Beim Übergang zur Staatsform werden im Königtum und im Großkult (= seßhafter Kult), die beide von ihrem Wesen her dem segnenden Wirken Gottes zugeordnet sind, vielfältige und starke Verbindungen zum Geschichtswirken Gottes hergestellt (Credo, Feste, Psalmen, Könige als Retter, König und Prophet).

III. Beim Übergang zur Kultgemeinde durch den Zusammenbruch wird der Segen als Zukunftsverheißung wiederum mit der Geschichte verbunden.

So kommt beides zu seinem Recht: die Einmaligkeit und Einzigartigkeit der Geschichte Gottes mit seinem Volk in dem einen, die Verbundenheit mit den Religionen in dem anderen Aspekt des Gotteswirkens.

Teil IV

Gottes Gericht und Gottes Erbarmen

A. Sünde und Strafe, die Gerichtsprophetie

I. Sünde und Gericht

1. *Sünde im Alten und Neuen Testament.* Von Sünde spricht das Alte wie das Neue Testament, in beiden hat Sünde etwas mit dem Geschehen zwischen Gott und Mensch zu tun. Im Alten wie im Neuen Testament hat das Reden von Sünde eine zentrale Bedeutung, in beiden gibt es im Reden von Sünde eine Fülle von Gemeinsamkeiten, etwa daß vom Bestrafen oder Vergehen der Sünde gesprochen wird, vom Bekennen oder Bereuen der Sünde. So entsteht zunächst der Eindruck, mit Sünde sei im wesentlichen im Alten wie im Neuen Testament dasselbe gemeint. So ist denn tatsächlich auch in der Auslegung des Alten Testaments von Sünde gesprochen worden, als sei es dasselbe, wovon das Neue Testament spricht, und als könne man in gleicher Weise von ihr reden.

Im Alten Testament gibt es ursprünglich einen allgemeinen, umfassenden Begriff „Sünde" nicht. Es gibt verschiedene Bezeichnungen für verschiedene Vorgänge: das Sich-Verfehlen (*ḥatah*), das Verkehrtmachen (*'awōn*) und das Sich-Empören (*paša'*), daneben auch andere[1]. Sie werden nicht in einen Allgemeinbegriff Sünde zusammengefaßt. Hier liegt zunächst ein Unterschied zum Neuen Testament, in dem der Allgemeinbegriff *hamartia* (Sünde)[2] vorherrscht. Es kommt ein weiterer Unterschied hinzu, der sich aus dem ersten ergibt: Im Alten Testament wird ein Sich-Verfehlen des Menschen vorausgesetzt, das zum Menschsein als solchem gehört, von ihm wird deshalb in der Urgeschichte gesprochen. Es wird daneben von einem Sich-Verfehlen des Menschen gesprochen, das sich aus einem besonderen Verhältnis zwischen Gott und einer besonderen Gruppe von Menschen vollzieht, zwischen Gott und seinem Volk. Dieser Unterschied muß nun näher erklärt werden.

2. *Sünde im Urgeschehen.* Im Urgeschehen wird vom Menschen als in seinen Möglichkeiten begrenztem Wesen gesprochen[3]; er ist durch den Tod begrenzt und dadurch, daß er sich verfehlt oder etwas verkehrt macht oder

---

[1] Vgl. R. Knierim, 1965 und von demselben in THAT I 541–549 *ḥṭ'* sich verfehlen und THAT II 243–249 *'awon* Verkehrtheit, 488–495 *paša'* Verbrechen.

[2] ThWNT, Bd. I, 1933, 267–339, Quell, Grundmann, Rengstorf.

[3] C. Westermann, KuD 13.

sich empört. Diese Grenze des Menschen ist ebenso unüberschreitbar wie die Todesgrenze. Es gibt keine Menschen ohne Verfehlung. Wird nun der Mensch als Gottes Geschöpf verstanden, dann gehört diese Begrenztheit auch zu seinem Gottesverhältnis, ebenso wie sie zu seinem Verhältnis zu anderen Menschen und zu seinem Selbstsein gehört. Man kann dann von diesem Gottesverhältnis nicht anders reden als unter Einschluß dieser Begrenztheit. Weil die Sünde sich hemmend, störend oder zerstörend auswirkt auf das Menschsein, auf das Miteinandersein und auf das Gottesverhältnis, muß Gott gegen die Sünde einschreiten. Daß so etwas notwendig ist, zeigt sich im „schlechten Gewissen", einem Menschheitsphänomen. Deswegen ist von der Sünde oder Verfehlung des Menschen schon in der Urgeschichte die Rede. Es wird damit zum Ausdruck gebracht, daß dieses Sich-Verfehlen des Menschen, das wir Sünde nennen, zum Menschsein gehört. Daran kann keine Religion, keine Weltanschauung und keine Gesellschaftsordnung etwas ändern. Und zwar an beidem nicht: daß zum Menschen diese Begrenzung gehört und daß sie irgend jemand oder irgend etwas gefährden kann, daß sie also gefährlich ist. In diesem Tatbestand ist das Gerichtswesen begründet, das zu aller menschlichen Gemeinschaft gehört, die größer ist als eine Familie, das also genau so allgemein menschlich ist wie das Fehlen des Menschen. Darüber hinaus sind die Grundelemente des Gerichtswesens auf der ganzen Erde und in der ganzen Menschheitsgeschichte die gleichen.

Die Absicht des Jahwisten in seinen Erzählungen von Schuld und Strafe in Gen. 1–11 ist es, das Sich-Verfehlen des Menschen in seinen verschiedenen Möglichkeiten darzustellen, um dadurch zugleich die Gefährdung des Menschen durch sie aufzuweisen. Dabei hat er in seiner erstaunlichen Weitsicht die Grundmöglichkeiten erkannt, die Sünde gegen Gott und gegen den Menschenbruder, die Möglichkeit individueller und kollektiver Verschuldung: Das Sich-Verfehlen des einzelnen Menschen im Ungehorsam gegen seinen Schöpfer, der das Vertrauensverhältnis, die Nähe zwischen Gott und Mensch bedroht (Gen. 3), der Mord am Menschenbruder, der dem anderen sein Leben raubt und damit die menschliche Gemeinschaft als ganze gefährdet (Gen. 4), die Verachtung der Eltern, die das heile Verhältnis zwischen den Generationen und damit die Tradition gefährdet (Gen. 9, 20–27). Hierzu kommt die Möglichkeit kollektiver Verschuldung in der Grenzüberschreitung in die Richtung auf das Übermenschliche (Gen. 6, 1–4; 11, 1–9), die den Menschen in seinem Menschsein bedroht und zur Verderbnis einer ganzen Generation führen kann (Gen. 6–9), Ursache großer Katastrophen[4].

Der Jahwist will mit der Sünde in der Vielfalt ihrer Möglichkeiten zugleich auf die Vielfalt der Gefährdung des Menschseins und der Menschlichkeit durch sie hinweisen. Er macht dabei keinen Unterschied zwischen dem, was wir Sünde und dem, was wir Verbrechen nennen. In unserer Terminologie wäre der Ungehorsam gegen Gott in Gen. 3 eine Sünde, der Brudermord in Gen. 4 ein Verbrechen. Aber Sünde und Verbrechen werden im Alten Testa-

---

[4] C. Westermann, BK I/1, 66–77.

ment weder in den Vokabeln noch sonst unterschieden. Wenn es im Lauf der Entwicklung so gekommen ist, daß die Kirche und die Theologie es mit den Sünden, der Staat oder die Gesellschaft mit dem Verbrechen zu tun haben, so ist diese Unterscheidung in der Bibel nicht begründet. Das biblische Reden von der menschlichen Begrenztheit durch die Verfehlung, die den Menschen in seinem Selbstsein, seinem Mitsein wie in seinem Gottesverhältnis gefährden, umgreift das, was wir Sünde, und das, was wir Verbrechen nennen. Ein theologisch begründeter Unterschied zwischen beiden besteht nicht.

Dabei lassen die Erzählungen von Schuld und Strafe in der Urgeschichte eine wichtige Unterscheidung im Reagieren Gottes, des Schöpfers, auf die Verfehlungen der Menschen erkennen. Einmal greift Gott als Richter bzw. als Strafender ein, was ausführlich in Gen. 3 und 4 dargestellt wird. Dieses richterliche Eingreifen Gottes entspricht exakt den Grundelementen des profanen Gerichtsvorganges, die in der ganzen Menschheit gleich sind: Entdeckung – Vernehmung – Verteidigung – Strafspruch – Strafvollzug. Es ist Gott der Schöpfer, der in der weltweiten Institution des unabhängigen Gerichts dem Frevel wehrt und das Böse eindämmt. Daneben aber zeigt die Erzählung von der Flut Gen. 6–9 ein anderes Reagieren Gottes auf das Bösesein: Die Flut zwar ist ein Strafgericht Gottes für den ins Maßlose angewachsenen Frevel einer ganzen Generation (Gen. 8, 5 a. 7 a, J); aber am Ende der Flut erklärt der Schöpfer feierlich, daß eine solche Vernichtung nicht wiederkehren soll (Gen. 8, 21):

„Ich will hinfort nicht mehr die Erde um des Menschen willen verfluchen, denn das Trachten des menschlichen Herzens ist böse von Jugend auf."

In diesem Entschluß am Ende der Flut sagt der Schöpfer die Erhaltung der Welt der Menschen trotz dessen Neigung zum Bösen zu. Gott will die Menschheit so wie sie ist bewahren. Hier tritt neben die Reaktion des richtenden Einschreitens gegen Verfehlungen des Menschen das geduldige Ertragen des Menschen *trotz* seines Hanges zum Bösen. Gott wird nicht in jedem Falle gegen das böse Tun eines Menschen oder einer Gruppe strafend einschreiten, er kann es auch ertragen, er kann es dulden, ohne einzuschreiten. Damit wird das Faktum erklärt, daß sehr viel Böses unter den Menschen geschieht, ohne daß eine menschliche oder eine göttliche Strafe dagegen einschreitet. Dasselbe meint das Wort Jesu:

„Denn er läßt seine Sonne aufgehen über Böse und Gute,
er läßt es regnen über Gerechte und Ungerechte" (Mt. 5, 45).

3. *Sünde in der Geschichte des Gottesvolkes.* Von der Sünde als einem menschlichen Phänomen, dem Sich-Verfehlen des Menschen, das zum Menschsein gehört, ist die Sünde des Gottesvolkes und der Glieder des Gottesvolkes im Wechselverhältnis Gottes zu seinem Volk zu unterscheiden. Hier werden zwar z. T. die gleichen Worte gebraucht, es besteht aber ein fundamentaler Unterschied. Untreue oder Treubruch setzt ebenso wie bei der Ehe zwischen Mann und Frau im Gottesverhältnis ein Zusammengehören voraus,

das mit einer Begegnung begann. Es ist also etwas wesensmäßig anderes als ein Bösesein außerhalb einer solchen Bindung. Es ist ein großer Fehler, das allgemeine Bösesein mit dem Ungehorsam gegen Gott gleichzusetzen, der nur in einer Geschichte mit Gott möglich ist. Daß alle Menschen Verfehlungen unterworfen sind – oder Sünder sind –, wird im Alten Testament gerade nicht im Zusammenhang der Geschichte Gottes mit Israel, sondern in der Urgeschichte gesagt, es gilt auch außerhalb der besonderen Geschichte Israels mit seinem Gott[5]. Das Neue und Besondere an dieser Geschichte ist, daß jeder möglichen Verfehlung hier immer schon etwas voraufgegangen ist, nämlich all das Gute, das Israel von seinem Gott erfahren hat. Voraufgegangen ist auch ein Ja des Gottesvolkes, ein Entschluß oder ein Gelübde (Jos. 24), diesem Gott die Treue zu halten. Es genügt, auf ein Wort hinzuweisen, das diesen Zusammenhang deutlich macht: ‚vergessen'. Es wird häufig von Jeremia in seiner Anklage gebraucht. Die Verfehlungen des Volkes Israel, die diese Anklage des Vergessens begründen, weisen auf das Besondere, das es nur in dieser Geschichte mit Gott gibt[6]. Es ist das Besondere, das in der Weisung liegt, die Gott seinem Volk gab. Gott hat seinem Volk einen besonderen Weg zu gehen geboten; in den Geboten und Gesetzen ist diese Weisung artikuliert. In der Mahnung zum Gehorsam, die das ganze Deuteronomium durchzieht, wird Israel daran erinnert, daß der Ungehorsam die Sünde ist, die es von seinem Gott trennt.

Wenn die Verfehlungen Israels nur im Zusammenhang seiner Geschichte zu verstehen sind, so haben sie selbst auch einen geschichtlichen Charakter, sie sind der Wandlung unterworfen. Im Gegensatz zum Sündenbegriff der christlich-abendländischen Tradition, in der Sünde zu einem ungeschichtlichen, zeitlosen Begriff geworden ist, bestimmten in Israel die Vergehen des Volkes Gottes weitgehend dessen Geschichte mit, so ernst werden sie genommen. Deswegen setzt sie schon im Gründungsgeschehen im Buch Exodus in der Episode vom goldenen Kalb ein. Israels Geschichte mit seinem Gott ist von einem Gefälle bestimmt, in dem die Schuld Israels seinem Gott gegenüber in solchem Maße anwuchs, daß sie zu einem sein eigenes Volk vernichtenden Eingreifen Gottes führte. Eben dies ist der Kern der Botschaft der Gerichtspropheten: die auf eine Anklage gegründete Ankündigung, daß Gott sein eigenes Volk strafen oder sogar vernichten wird.

Aber nicht nur in der Prophetie wird die Schuld Israels im Zusammenhang seiner Geschichte gesehen. Im Deuteronomium wird das Bleiben im verheißenen Land und das Weiterfließen des Segens vom Gehorsam des Volkes abhängig gemacht. Dabei ist ausdrücklich vorausgesetzt, daß dieser Gehorsam Israels möglich ist und also das Verhältnis zwischen Gott und seinem

---

[5] So begegnet es als ein Argument im Dialogteil des Hiobbuches 4,12–21; 9,2; 15,14–16; 25,4–6, das die Freunde vorbringen und dem Hiob zustimmt. Als ein Motiv im Klagepsalm Ps. 143,2. Vg. C. Westermann, Hiob..., ²1977, 102–104.

[6] Nur deswegen ist Vergebung für das ganze Volk möglich, wie sie Deuterojesaja verkündet.

Volk heil bleiben kann. Auch hier ist die Schuld Israels nicht etwas, was immer da sein müßte, weil Israel seiner Natur nach ein sündiges Volk wäre; vielmehr wird am Anfang ein gutes, heiles Verhältnis zwischen Gott und seinem Volk vorausgesetzt. Ebenso ist im Rückblick des deuteronomistischen Geschichtswerkes die das Gericht Gottes bewirkende Abgötterei der Könige Israels und Judas nicht allgemein und überall gleich; David und eine Reihe anderer Könige sind davon ausgenommen. Auch das deuteronomistische Geschichtswerk läßt ein Gefälle erkennen, das zum Untergang führte. Anders wird es bei Ezechiel, der in seiner Geschichtsdarstellung Kap. 16 und 23 die Geschichte Israels von Anfang an zu einer Geschichte des Frevels und des Abfalls erklärt.

4. *Sünde und Strafe im Leben des einzelnen Menschen*. In dem Teil „Sünde im Urgeschehen" (s. o. 81–83) wurde von der Sünde des einzelnen Menschen im Unterschied zu der einer Gruppe gesprochen, hier dagegen im Blick auf den Menschen als Geschöpf, also aller Menschen. Der Ungehorsam gegen Gott (Gen. 3) und das Sich-Vergehen gegen den Bruder (Gen. 4) haben aber auch in der Geschichte des Gottesvolkes eine selbständige, wesentliche Bedeutung. Auffällig ist dabei, daß von Sünde und Schuld des einzelnen Menschen in verschiedenen Zusammenhängen und verschiedenen Zeiten sehr unterschiedlich geredet wird. Dies soll von drei Textkomplexen her deutlich gemacht werden.

a) In den Vätergeschichten Gen. 12–27 spielen Sünde und Schuld eine geringe Rolle. Von Sünde gegen Gott wird in ihnen nicht geredet[7]. Das Sich-Vergehen gegen den Bruder aber ist ein beherrschendes Motiv in der Josphgeschichte Gen. 37–50; es ist das Ausgangsmotiv in Kap. 37 und wird bis in das letzte Kapitel (50) durchgeführt. Es geht dabei nicht um die Relation Schuld–Strafe, sondern ganz um die Relation Schuld–Vergebung. Das ist deswegen wichtig, weil die Relation Schuld–Vergebung im familiären Bereich ihren Ursprung und eigentlichen Ort hat. Zwar kann in ihm auch das Strafen notwendig werden, aber Strafen im familiären Bereich ist etwas wesensmäßig anderes als Strafen als ein öffentlicher Vorgang; es bleibt von der Liebe umfangen, wie das in den Sprüchen oft gesagt wird (z.B. Spr. 23,15f.). Seinen sprachlichen Ausdruck findet das darin, daß es im Hebräischen für ‚strafen' keine eigene Vokabel gibt.

b) Von Sünde und Vergebung ebenso wie von Sünde und Strafe wird insbesondere in den Klage- und Lobpsalmen des Einzelnen gesprochen. Die Relation Sünde–Strafe ist nur zu verstehen auf dem Hintergrund ihrer Vorgeschichte im magischen Denken, in dem die böse Tat aus sich selbst heraus böse Folgen erzeugte, der sogenannte Tat-Folge-Zusammenhang. Diese uralte magische Vorstellung ist so tief in der Menschheit verwurzelt, daß sich Spuren von ihr überall erhalten haben, bis hinein in Redewendungen wie „das kommt davon". Auch im Alten Testament begegnet diese Vorstellung vielfach und in vielerlei Gestalt; man spricht von einer „Schicksal wirkenden Tatsphäre"[8].

---

[7] BK I/2, Die Religion der Patriarchen, 116–128.
[8] K. Koch, Hg., WF 125.

In Israels Religion trat wie in allen Religionen, die persönliche Götter kennen, das Strafen Gottes an die Stelle der selbstwirkenden Tat, auch wenn die alte Vorstellung daneben weiterlebte[9]. Von diesem Hintergrund her wird verständlich, daß das Strafen Gottes für eine Verfehlung als Daseinsminderung, also als Krankheit, Verlust oder ein sonstiger Schlag erfahren wird; in den Klagepsalmen des Einzelnen ist dies der Anlaß zur Klage. Vergebung als Erlaß solcher Strafe kann dann entsprechend nur als Daseinsförderung, im wiedergeschenkten Wohlergehen erfahren werden. Für das Menschenverständnis des Alten Testaments kann es eine bloß geistige oder geistliche Vergebung nicht geben, sie muß sich vielmehr am ganzen Menschen auswirken. So ist es auch zu erklären, daß durchaus nicht jeder Klagepsalm eine Bitte um Vergebung enthält. Ein Leid kann durch eine Schuld verursacht sein, muß es aber durchaus nicht.

c) Eben dies wird in der Spätzeit, nach dem Exil anders. Erst in dieser Spätzeit kommt die Vergeltungslehre auf, die darin besteht, daß jede Daseinsminderung ausnahmslos auf Schuld zurückgeführt wird, und also Gott für jeden erkennbar und nachprüfbar die Frommen in ihrem Ergehen belohnt und die Frevler in ihrem Ergehen bestraft. Wir finden diese Vergeltungslehre in dem großen Komplex der Sprüche vom Frommen und Frevler, die aber insgesamt nicht der frühen Weisheit Israels angehören, sondern einer späteren Schicht, in der sich die ursprünglich profane Weisheit mit einer Frömmigkeit verbunden hat, die auch in den Freundesreden des Hiobbuches vorausgesetzt ist. Man kann sagen, daß die alte magische Vorstellung vom Tat-Ergehungs-Zusammenhang in dieser strengen Vergeltungslehre wieder aufgelebt ist, indem sie das Wirken Gottes an den nachprüfbaren Tat-Ergehens-Zusammenhang bindet. Der 73. Psalm und das Hiobbuch sind Zeugen dafür, daß eine solche starre Vergeltungslehre nicht von allen angenommen wurde.

5. *Sünde und Vergebung*. Vom Vergeben der Sünde wird im Alten Testament in verschiedenen Zusammenhängen verschieden geredet[10].

a) Es fällt zunächst auf, daß von der Sünde und Gottes Vergeben im Alten Testament nicht überall gleichmäßig gesprochen wird. So stehen bei den Klagepsalemen solche, in denen der zu Gott Flehende seine Bitte um Gottes Hilfe mit der Bitte um Vergebung verbindet, und solche, in denen das nicht geschieht. Einige Klagepsalmen enthalten ein Sündenbekenntnis, andere nicht. Nicht zu jeder Begegnung mit Gott gehört die Vergebung der Sünden; das tritt besonders in den Vätergeschichten heraus, in denen ein Verhältnis zwischen den Vätern und ihrem Gott dargestellt wird, in dem von Sünde gegen Gott und Vergeben Gottes fast gar nicht gesprochen wird.

b) In der Josephgeschichte ist Sünde und Vergebung ein tragendes Motiv der Erzählung, aber als ein Geschehen zwischen Menschen, nicht dagegen oder nur ganz im Hintergrund zwischen Mensch und Gott. Aber gerade in

---

[9] Die Zusammengehörigkeit von Sünde und Strafe zeigt sich daran, daß das Wort ʿawon (Verkehrtheit, Sünde) in bestimmten Zusammenhängen Strafe bedeuten kann.
[10] J. J. Stamm, Artikel *slḥ* vergeben in THAT II, 150–160.

dieser Erzählung wird etwas für das Verstehen von Schuld und Vergebung im Alten Testament Wesentliches entwickelt: Sie zeigt, daß Sünde oder Schuld nur da entstehen kann, wo es Geschehen im Miteinander gibt. Die Verschuldung zerbricht den *šalom* (Frieden), das Heilsein einer Gemeinschaft. Sie zeigt sich am Leiden mindestens eines Gliedes dieser Gemeinschaft. Sünde oder Schuld in einer Gemeinschaft bewirkt immer Leid. Dieses Verständnis unterscheidet sich grundlegend von einem individualistisch-abstrakten Sündenverständnis, bei dem das ganze Gewicht auf dem individuellen Sündenbewußtsein liegt.

Auch für die Vergebung zeigt die Josephgeschichte etwas Wesentliches. Die Vergebung hat ihre Zeit. Sie erfolgt nicht in der automatischen Folge Schuld–Geständnis–Vergebung, sondern sie ist ganz in die Geschichte der Gemeinschaft verwoben. Es muß erst die Stunde kommen – oft sehr viel später –, in der das Eingeständnis der Schuld und damit die Vergebung ermöglicht wird. Hierin besteht eine Entsprechung zu der Vergebung, die Israel zugesprochen wird; auch sie hat ihre Stunde, die erst kommen muß, und auch hier ist es erst auf einem langen Weg zum Eingeständnis der Schuld gekommen.

c) Davon zu unterscheiden ist das Sündigsein, das in der Begegnung mit dem Heiligen entdeckt wird oder von dem man in der Begegnung mit dem Heiligen überwältigt wird; dieses Sündigsein kann darum als Unreinheit bezeichnet werden, wie in der Berufung Jesajas (Jes. 6,5):

> „... denn ich bin ein Mensch mit unreinen Lippen
> und wohne unter einem Volk mit unreinen Lippen."

Darum ist denn auch die Wegnahme dieses Sündigseins ein Akt der kultischen Reinigung (Jes. 6,6–7). Vom Ursprung her ist dies ein anderer Vorgang; Reinigung ist nicht Vergebung, und eingestehen oder bekennen kann man nur eine Tat, die man begangen hat, aber nicht einen Habitus der Unreinheit.

Was Jesaja erfuhr, entspricht dem kultischen Sühnevorgang. Kultische Reinigung und Zuspruch der Sündenvergebung, ursprünglich zwei im Wesen unterschiedliche Vorgänge, kommen in der kultischen Sühnehandlung zusammen. An die Stelle des unmittelbaren Zuspruchs der Vergebung tritt die mit einem Opfer verbundene Sühnehandlung. Zum Bekennen der Sünde (Lev. 5,5) tritt die Bußhandlung (Lev. 5,6), bestehend im Darbringen eines Opfertieres. Dabei ist es der Priester, der Kultmittler, der die Sühne für die Sünde erwirkt (Lev. 5,6). Daß beides ohne Beziehung nebeneinander herlief, ist kaum denkbar. Denken wir an den 103. Psalm, dann können wir annehmen, daß die kultische Sühnehandlung und die personale Erfahrung der Vergebung in einer lebendigen Wechselbeziehung standen. Diese Wechselbeziehung zeigt sich bis in die Vokabeln, wenn die Bitte um Sündenvergebung in Ps. 51,4 lautet:

> „Wasche mich rein von meiner Schuld,
> reinige mich von meiner Sünde!"

Es besteht aber auch die Möglichkeit, daß der instituionelle Sühnevorgang beherrschend wird. Darauf deutet in der nachexilischen Zeit, daß manche Opferarten, die früher eine andere Funktion hatten, zu Sühneopfern umgestaltet werden und eine starke Zunahme des Sühneopfers bedingen. Darauf deutet auch die Einrichtung des großen Versöhnungstages (Lev. 16) in der nachexilischen Zeit. Das Sühneritual hatte anscheinend in der Spätzeit Israels eine sehr hohe Bedeutung. Die Gefahr dabei war, daß das Sühneritual ganz von der Geschichte abgelöst wurde und ohne die kultische Institution sowie ohne Priester Vergebung nicht mehr möglich war. Hierin entspricht die nachexilische Zeit der Zeit vor der Reformation, in der die Vergebung Gottes auch so stark institutionalisiert war und die Verbindung mit dem personalen Vorgang der Vergebung Gottes weitgehend verloren hatte.

II. Die Gerichtsprophetie

1. *Die Bedeutung der Prophetie für die Geschichte Israels* [11]

a) Etwas wie Prophetie – das Wort in einem sehr weiten Sinn genommen – hat es in vielen Religionen gegeben. Es hat auch eine Ausprägung der Prophetie gegeben, die bis in die Sprachformen hinein Ähnlichkeiten mit der Prophetie Israels aufweist, die Prophetie in Mari am Euphrat [12]. Die Prophetie in Israel hat Vorformen oder Wurzeln im Sehertum, Ekstatikertum und dem Gottesmann, die ähnlich in sehr vielen Religionen begegnen [13]. Es hat aber nur in Israel die Reihe von Propheten von Amos und Hosea bis Jeremia und Ezechiel gegeben, die durch diese lange Zeit hindurch unentwegt das Einschreiten eines Gottes gegen sein eigenes Volk zum Gericht verkündet haben. Die Gerichtsprophetie ist das auffälligste religiöse Phänomen in einer bestimmten Phase der Geschichte Israels, der Phase vom Beginn bis zum Ende des Königtums (auch wenn sie eine Vor- und Nachgeschichte hat). In einer Geschichte der Religion Israels wie in einer Geschichte des Volkes und in einer Geschichte der Literatur Israels nimmt die Gerichtsprophetie in dieser Phase neben dem Königtum den wichtigsten Platz ein. Auch die Theologie des Alten Testaments kann die theologische Bedeutung der Prophetie nicht anders zeigen als im Zusammenhang dieser Geschichtsphase.

Das heißt zuerst, die Bedeutung der Prophetie in Israel kann sich nur in dem weiteren geschichtlichen Zusammenhang in der Mitte zwischen der ihr vorangehenden und der ihr folgenden Phase zeigen. Es heißt zweitens, sie kann sich nur zeigen als die in sich gegliederte Geschichte der Gerichtsprophetie in deren Abschnitten, soweit sie sich erkennen lassen. Es heißt drittens, daß die Geschichte der Prophetie im ganzen und in ihren Abschnitten nur zu verstehen ist in ihrer Beziehung zu den gleichzeitigen Vorgängen und Zuständen in den

---

[11] G. v. Rad, Theologie II: Theologie der prophetischen Überlieferungen Israels.
[12] ThB 24, 171–188.
[13] Artikel Propheten, BHHW 1496–1512.

anderen Bereichen des Volkslebens, dem politischen, dem sozialen, dem kultischen und kulturellen Bereich, die ja alle in den Anklagen der Propheten vorkommen. Die Aufgabe einer Theologie des Alten Testaments ist es nicht, die einzelnen Propheten in ihrem Reden und Wirken darzustellen und aus der Folge der einzelnen Prophetengestalten eine Geschichte der Prophetie zu gewinnen; die Ausgangsfrage muß vielmehr sein: Was hat sich in der Prophetie als ganzer zwischen Gott und seinem Volk abgespielt und was hat sie in der Geschichte zwischen Gott und seinem Volk im ganzen bedeutet? Die Prophetie in dieser Weise systematisch zusammenfassend darzustellen, bereitet keine Schwierigkeit, weil sie in der Sache und in der Sprache so viel Gemeinsames aufweist.

b) Die Prophetie in Israel kann nur verstanden werden in der Mitte zwischen dem, was vorher war, und dem, was nachher kam. Was vorher war: Die Gerichtsprophetie muß im engsten Zusammenhang mit den Anfängen Israels gesehen werden, der Errettung Israels aus Ägypten und der Führung durch die Wüste, die Israel erst zum Volk werden ließen. Durch Gottes Rettungstaten hatte Israel seine Existenz als Volk gewonnen; wenn es sich von diesem Gott abwandte, mußte es seine Existenzgrundlage verlieren. Hier knüpft die Theologie des Alten Testaments direkt an den Teil an, der vom rettenden Gott und der Geschichte handelte. Die Propheten sind aufgetreten, weil in der Abwendung Israels von seinem Gott dessen Existenz gefährdet war. Es ging in ihrer Anklage und ihrer Gerichtsankündigung um die Existenz Israels. Darum ist der rettende Gott jetzt der richtende; das von den Propheten angekündigte Gericht ist die *notwendige* Weiterführung des rettenden Handelns Gottes an seinem Volk. Darum ist es in seiner Notwendigkeit für die Geschichte Gottes mit seinem Volk schon in den Pentateuch, in die Geschichte der Rettung eingefügt worden in der Episode vom goldenen Kalb Ex. 32–34. Der Retter muß angesichts des Abfalls seines Volkes zum Richter werden. Das Gericht zielte in einem hintergründigen Sinn auf die Rettung Israels – durch das Gericht hindurch. Gottes rettendes und richtendes Handeln gehören nahe zusammen.

Was nachher kam: Auf die Phase der Gerichtsprophetie folgte das babylonische Exil; das von den Propheten angekündigte Gericht ist eingetroffen. In diese Zeit, in der nur noch ein Rest des Volkes Israel existiert, ergeht nun wieder die Botschaft von einer Rettung in der Prophetie Deuterojesajas und Ezechiels. Hier erweist es sich als zutreffend, daß Gottes Gericht zwar eintraf, aber nicht das Letzte war, es geht etwas weiter. Diese neue Rettungstat Gottes ist von der am Anfang wesentlich verschieden; aber die Propheten verkünden hier wie am Anfang Gott als den Retter. Damit ist die von der Gerichtsprophetie bestimmte Phase der Geschichte Israels mit seinem Gott erkannt als von der Rettung Gottes am Anfang herkommend und auf die Rettung Gottes am Ende zielend.

Das Verkündigen des Gerichtes Gottes steht in der Mitte zwischen der Verkündigung der Rettung Gottes vorher und nachher. Das müßte auch am Charakter der Gerichtsprophetie erkennbar sein. Ihre beherrschende Sprachform ist die durch die Anklage begründete Gerichtsankündigung. Sie ist also zweiteilig: Sie kündigt Kommendes an, das durch einen gegenwärtigen Tatbestand begründet ist. Die prophetische Anklage, die auf einen gegenwärtigen Tatbestand weist, zeigt an ihm eine Gefährdung Israels auf; eine Gefährdung in jedem Fall, weil durch die Vergehen oder Verletzungen, die Inhalt der Anklage sind, das Fundament bedroht wird, auf dem Israels Leben steht: „Mich haben sie verlassen, Quelle lebendigen Wassers." Die in der Ankündigung angekündigte Vernichtung ist aber kein Schicksal, sondern Jahwes Tat als Strafe; das bringt die Zweigliedrigkeit der Strafansage zum Ausdruck [14]. Weil aber der angekündigte Untergang Gottes Eingreifen ist, ist er im Gesamtwirken, im Plan Gottes begründet, der Israel, sein Volk, aus der Gefährdung seiner Existenz herausreißen will. Die Nähe von Gottes richtendem zu Gottes rettendem Handeln zeigt sich auch hier.

Innerhalb der Geschichte der Prophetie zeigt sich noch einmal das Gleiche: In ihr ist der Abschnitt der Gerichtsprophetie gerahmt von Heilsprophetie vorher und nachher. Vorher: Zu Beginn des Königtums dienen die Propheten dem Bestehen und der Förderung des Königtums, auch wenn dies mit Kritik des Königs verbunden ist (Nathan). Vorher noch ist die Prophetie mit den charismatischen Führern verbunden, wie es die Prophetin Debora zeigt. Nachher wandelt sich die Gerichtsprophetie zur Heilsprophetie (Ezechiel), oder die Heilsprophetie knüpft an die Gerichtsprophetie an (Deuterojesaja).

2. Die Gerichtsprophetie in ihren Abschnitten

a) Sie begegnet uns im Alten Testament in zwei Abschnitten und zwei Arten der Tradition. Bis vor Amos wird von den Propheten in den Geschichtsbüchern berichtet; von Amos ab erhalten sie ein solches Gewicht, daß sie eine eigene, selbständige Tradition bilden. Damit ist eine Steigerung der Bedeutung der Prophetie angezeigt. Merkwürdig ist dabei, daß auch die Propheten vor Amos einen Kreis hatten, auch sie hatten Schüler. Aber erst von Amos ab hielten die Schüler der Propheten eine Sammlung und Weitergabe der Prophetenworte für notwendig.

Dem entspricht ein inhaltlicher Unterschied. Erst von Amos ab ergeht die Ankündigung des Unterganges an das ganze Volk, vorher nicht. Hierin ist die Notwendigkeit der besonderen, vom Geschichtsbericht gesonderten Weitergabe der Prophetenworte begründet. Es ging jetzt um die Existenz Israels; es ging dabei zugleich um die Gültigkeit des Gotteswortes. Ein dritter Unterschied kommt hinzu: Bis vor Amos wird das Gericht einzelnen Personen, aber insbesondere dem König angekündigt; der König ist verantwortlich für sein Volk. Durch einen Justizmord (Ahab und Elia) ist nicht nur der König, sondern auch das Volk gefährdet. Bis vor Amos konnte der König haftbar gemacht werden, der Auffassung des sakralen Königtums entsprechend. Von Amos an genügte das nicht mehr. Von ihm ab verleihen die Propheten dem Volk eine eigene Verantwortung; ein Vorgang auch von hoher politischer Be-

---

[14] Näher begründet in „Grundformen..." 1960.

deutung. Von Amos an brachen die Propheten aus den Vorstellungen des sakralen Königtums aus, daß der König das Volk repräsentiere, und sie gaben in ihrer an das Volk als ganzes gerichteten Anklage ihrem Volk eine Bedeutung, die einen Schritt über das sakrale Königtum hinausführte.

Diese Unterschiede in den beiden Abschnitten zusammengesehen zeigen das Anwachsen der Bedeutung der Prophetie während der Geschichte des Königtums. Aus einzelnen Stimmen einzelner Propheten wird die Prophetie zu einer Bewegung, die für die Geschichte Israels bestimmend wird. Die Ankündigung des Gerichtes Gottes über sein eigenes Volk erhält durch die Folge der Propheten Konstanz; sie wird unüberhörbar und schafft eine Spannung, die zusammen mit der Tradition der Prophetenworte eine dauernde Wirkung erhält. Sie kommt zu ihrem stärksten Ausdruck in der Szene von Jer. 36, der Verbrennung der Buchrolle Jeremias durch den König Jojakim. Das Anwachsen dieser Spannung begründet auch, daß die das Gericht Gottes ankündigenden Propheten in eine ansteigend schwierigere und exponiertere Lage gerieten. Auch das zeigt die Szene von Jer. 36.

b) In der Zeit von Amos an bis 587 lassen sich wieder zwei Abschnitte unterscheiden. Das Wirken der Propheten bis zum Fall des Nordreiches 722 und ihr Wirken im Südreich danach. Hierbei zeigt sich aber gerade nicht nur der Unterschied zwischen einer typisch nordisraelitischen und einer typisch judäischen Prophetie, statt dessen tritt viel deutlicher eine Fülle von Verbindungen und Überschneidungen hervor. Der Judäer Amos wirkt im Nordreich; der in Jerusalem wirkende Jeremia kommt von dem Nordisraeliten Hosea her und vertritt auch typisch nordisraelitische Traditionen. Die auf das Nordreich bezogene Prophetie des Amos wird nachher in Judäa rezipiert; der Judäer Micha steht dem in Israel wirkenden Amos näher als dem Judäer Jesaja. Es ließen sich noch mehr Verbindungen zeigen. Obwohl Jesaja eine ausgesprochen Jerusalemer Tradition vertritt und Hosea eine rein nordisraelitische, bildet im ganzen die Prophetie eine erstaunliche Einheit in den Grundzügen bei aller Vielfalt. Es gibt nach der Landnahme und dem Deuteronomium kein religiöses Phänomen in Israel, das so ausgesprochen gesamtisraelitisch ist wie die Gerichtsprophetie. Sie hat ganz wesentlich dazu beigetragen, daß Israel trotz der politischen Scheidung in Nord- und Südreich eine Einheit blieb.

c) Eine dritte Unterscheidung ist zwischen der Gerichtsprophetie von Amos an bis vor König Josia und der Generation der Propheten zu machen, deren Wirken bis an die Katastrophe heran- bzw. über sie hinausreicht, also Ezechiel und Jeremia. Die besondere Bedeutung dieser letzten Generation liegt darin, daß das Leben des Propheten jetzt von seinem Wort nicht mehr getrennt werden kann. Bei Ezechiel ist das nur angedeutet, bei Jeremia ist uns ausführlich davon erzählt in dem Baruk-Bericht. Mit ihm tritt ein Wandel in der Überlieferung der Prophetie ein. Die Geschichte der Propheten selber als eine Leidensgeschichte wird zum Bestandteil der Geschichte der Prophetie. Wir haben dann drei Stufen in der prophetischen Traditionsbildung zu unterscheiden: Auf der ersten wird vom Wirken einzelner Propheten im Zusammenhang der Geschichtsdarstellung berichtet; auf der zweiten wird das Prophetenwort zum Gegenstand selbständiger Tradition; auf der dritten tritt zum prophetischen Wort die Geschichte der Propheten selbst als eine Leidensgeschichte. Verfolgt man diese Linie weiter, dann wird sie fortgesetzt in den Gottesknechtliedern und in den Evangelien des Neuen Testaments. Die Evangelien zeigen in ihren Bestandteilen eine deutliche Entsprechung zum Buch Jeremia in seinem Aufbau: Worte des Propheten – Worte mit den Situationen, in denen sie gesprochen wurden – Leidensgeschichte des Propheten.

3. Die Bedeutung der Prophetie für das Leben Israels

Die Bereiche des Volkslebens kommen alle vor in den Anklagen der Propheten. Dazu ist zunächst allgemein zu sagen, daß es bei der Anklage der Propheten nicht um einzelne Sünden geht, auch nicht um ein allgemeines, abstraktes Sündersein, sondern in jedem Fall um Vergehen, die die Existenz Israels als Israel gefährden. Normalerweise ist diese Gefährdung in verschiedenen Situationen verschieden. Sie ergibt sich aus der geschichtlich-politischen, wirtschaftlichen, kulturellen und religiös-kultischen Lage, und sie wandelt sich mit deren Wandlungen. Dieser geschichtliche Charakter zeigt sich in aller Deutlichkeit in der prophetischen Anklage. Sie wandelt sich von einem Propheten zum anderen und auch bei demselben Propheten von einer Epoche seines Wirkens zur anderen. Die Fülle der prophetischen Anklagen richtet sich an alle wesentlichen Bereiche des Lebens des damaligen Israel, den politischen, den sozialen (eingeschlossen das wirtschaftliche und kulturelle Leben) und den Bereich der Gottesbeziehung.

a) Die *politische* Anklage fehlt ganz bei Amos und Micha. Hosea klagt besonders die Könige und die Führenden an. Ausgeprägt und eigenartig ist die politische Anklage bei Jesaja: einmal ist es die Hybris (Kap. 2), die Gottes Majestät verletzt, dann das Sich-Verlassen auf politische Macht (Jes. 31, 1ff.). Jeremias Anklage richtet sich gegen die Ablösung der politischen Entscheidungen vom Willen und Wort Gottes. Bei Ezechiel klingt die politische Anklage gelegentlich mit, ist aber nicht besonders ausgeprägt. In der Epoche vor den Schriftpropheten war das Wirken der Propheten insbesondere auf den König bezogen; die meisten Prophetenworte waren an einen König gerichtet. Es ist noch zu erkennen, daß es die ursprüngliche Aufgabe der Propheten war, das Königtum zu stützen und zu bestätigen, allmählich aber tritt das gegen einen König gerichtete Wort in den Vordergrund. Es erhebt Anklage, wo ein König Abgötterei zuläßt, wo er sie fördert, wo er gegen das alte Gottesrecht verstößt (Nathan, Elia, Jeremia), wo er ein an ihn ergangenes Gotteswort mißachtet (Hos., Jes., Jer.). Damit erhält die dem alten Israel fremde Institution des Königtums eine äußerst wachsame begleitende Instanz der Warnung und Zurechtweisung an die Seite gestellt. Allmählich steigert sich die Gegnerschaft zwischen König und Prophet bis zur Verfolgung, Gefangensetzung und Tötung (Uria) von Propheten. Andererseits aber hat kein einziger der Propheten auch nur den geringsten Schritt gegen einen König unternommen. Die

Propheten haben gegen die Könige nichts einzusetzen als ihr Wort und, wo es nötig wird, ihr Leiden. Hosea geht am weitesten in der Verurteilung der Institution des Königtums (Hos. 7,3; 8,4); aber auch bei ihm findet sich keine Spur eines Aufrufes zu dessen Beseitigung. Manche der Propheten haben zeitweise in gutem Einvernehmen mit dem herrschenden König gestanden (Jes., Jer.); Anklage haben sie nur da erhoben, wo ein eindeutiger Tatbestand sie notwendig machte. Daß ein König von dem Wort eines Propheten getroffen wurde und sich ihm beugte (2. Sam. 12), ist sicher öfter vorgekommen, als es die Überlieferung erkennen läßt. Eine wenn auch widerwillige Anerkennung zeigt sich in der Erzählung von Jeremias Leiden dort, wo ein König sogar den von ihm gemaßregelten Propheten um ein Wort bittet (Jer. 37,3–10).

b) Die *soziale* Anklage (eingeschlossen das wirtschaftliche und kulturelle Leben) ist bei Amos und Micha beherrschend, Jesaja erhob sie wahrscheinlich in der Frühzeit seines Wirkens, bei Jeremia ist sie nicht häufig, aber mit großem Nachdruck in der Tempelrede (Jer. 7,1–15). Sie fehlt fast ganz nur bei Hosea, bei Ezechiel tritt sie besonders in Kap. 22 hervor. Erst in jüngster Zeit ist erkannt worden, daß das aus der Frühzeit überlieferte Recht für die Propheten gerade im Blick auf die soziale Anklage eine hohe Bedeutung hat. Während man früher den Impuls zu ihr in der hohen ethischen Gesinnung der Propheten sah, ist jetzt als wichtiger erkannt, daß das alte Gottesrecht von den Propheten wieder erweckt wird. Ein wesentlicher Teil ihres Auftrags bestand darin, diesem Israel anvertrauten Gottesrecht gegen vielerlei Rechtsbruch und Rechtsmißachtung wieder Geltung zu verschaffen. Das geschieht bei Nathan (2. Sam. 12), bei Elia (1. Kön. 21) und bei den Schriftpropheten vielfach. Ein Beispiel ist die Tempelrede Jeremias, in der eine dem Dekalog entsprechende Reihe von Geboten zitiert wird. Das geschieht ebenfalls in der Anklage gegen die Verderbnis des Rechtswesens, vor allem bei Amos (einsetzend im Israelspruch 2,6f., weiter 5,10–13. 14–15. 24; 8,4–7). Sie ist auch die Anklage Jesajas im Weinberglied (Jes. 5,1–7). Aber auch wo ein formaler Rechtsbruch nicht vorliegt, erheben die Propheten Anklage gegen die Reichen, die Hohen, die Mächtigen, die ihre Macht einsetzen, um die Armen und Geringen zu bedrücken, Am. 2,6 f.:

> „weil sie den Unschuldigen um Geld verkaufen
> und den Armen wegen eines Paars Schuhe.
> Sie treten in den Staub das Haupt des Geringen
> und drängen den Elenden beiseite."

Jesaja klagt die Reichen an (Jes. 5,8f.):

> „Wehe denen, die Haus an Haus reihen,
> die Feld an Feld rücken ..."

ähnlich Mi. 2,1–3. Damit im Zusammenhang steht oft die Anklage gegen ein Luxusleben, das in schroffem Kontrast zu der Not der Armen, der Witwen und Waisen steht. Dieses Eintreten der Propheten für die Armen, die Unterdrückten und die Schwachen gegen die Mächtigen, Hohen und Reichen wiegt um so schwerer, als es ein Reden im Namen des Gottes ist, der wollte, daß alle den gleichen Anteil am verheißenen Land bekommen sollten. Außerdem zeigt sich hier die Funktion der Propheten, insofern das Eintreten für die sozial Schwachen ursprünglich gerade zur Aufgabe der Könige gehörte, wie das eine Fülle von Zeugnissen aus dem Bereich des sakralen Königtums beweist [15]. Die Propheten sagen nichts dagegen, daß es Arme und Reiche gibt; sie sagen aber, daß das Unterdrücken und Ausbeuten der Armen durch die Reichen ein Frevel gegen Jahwe, den Gott Israels ist.

c) Die Anklage *im Bereich der Gottesbeziehung*. Natürlich haben es die Anklagen in den anderen Bereichen auch mit der Gottesbeziehung zu tun, eine Besonderheit der prophetischen Anklage aber liegt darin, daß die Hinwendung frommer Menschen zu ihrem Gott, subjektiv ehrlich gemeint, in bestimmten Situationen von den Propheten als in sich unecht, als in sich verderbt angeklagt werden konnte. Diese Anklage tritt noch schärfer heraus, wenn sie sich von dem Hintergrund einer späteren Sicht abhebt, in der stark verallgemeinernd vom Abfall Israels von seinem Gott gesprochen wurde. So geschieht es in der Rückschau des Exils im deuteronomistischen Geschichtswerk, und in der deuteronomistischen Redaktion des Jeremiabuches sieht es so aus, als sei dies auch die Anklage Jeremias gewesen. Es ist sehr bezeichnend, daß aus dem Abstand des Zurückblickens ein zusammenfassender, allgemeiner Begriff gebraucht wird. Der Abfall von Jahwe zu anderen Göttern aber ist eine beherrschende Anklage nur bei Elia, Hosea und Ezechiel. Sonst geht es bei dieser Anklage gerade nicht um massiven Götzendienst, sondern um eine Verehrung Jahwes, des Gottes Israels, die nicht echt ist. Die Anklage gegen einen verderbten Gottesdienst begegnet bei den meisten Propheten: bei Amos und Hosea, Jesaja und Micha, bei Zephanja, Jeremia und Ezechiel, dazu rückblickend bei Deuterojesaja (Jes. 43,22–28). Sie begleitet wie keine andere die ganze Geschichte der Prophetie bis in die nachexilische Zeit, wo wir ihr noch bei Tritojesaja und bei Maleachi begegnen.

Es ist wohl die für die Propheten Israels typischste Anklage. Sie setzt voraus, daß sie den Gottesdienst ihres Volkes nicht nur anerkennen, sondern in ihm die Mitte, das Herz des Volkslebens sehen. Wie wäre sonst die Leidenschaft zu erklären, mit der gerade an dieser Stelle Anklage erhoben wird. Daß solche scheinbar gegen den Gottesdienst gerichteten Worte im Namen Gottes gesprochen werden konnten, daß sie wenigstens von einigen gehört, aufbewahrt und tradiert wurden, das ist wahrhaft erschütternd. Nirgend so wie hier spüren wir, daß es den Propheten todernst war mit dem, was sie zu sagen hatten, und daß es damals doch einige gab, die das spürten. Es geht dabei um die Kernstücke des damaligen Gottesdienstes: den Tempel, das Opfer, die Feste, die Altäre, die Priester. Die Anklage macht selbst vor dem heiligen Geschehen nicht halt – um der Heiligkeit dieses gottesdienstlichen Geschehens willen!

---

[15] ThB 55, 291–308, bes. 298–300.

Anklage wird gegen das Opfer erhoben (Am. 4,4–5; 5,21–25; Hos. 5,6f.; 6,6; 8,11–13; Jes. 1,10–17; Jer. 14,17; Mi. 6,6–8), weil die Opferdarbringung zum toten Werk wurde in einem institutionellen Opferbetrieb und darin seinen ursprünglichen Sinn verlor, lebendige Antwort an den lebendigen Gott zu sein, gerade so wie es Deuterojesaja rückblickend (Jes. 43,22–28) erklärt: *diese* Opfer haben den lebendigen Gott gar nicht erreicht! Genau das hat Jesaja (1,10–17) gemeint, wenn er seiner Generation den Kontrast vorwirft: Eure Hände, die das Opfer darbringen, sind mit Blut befleckt. Und Amos meint dasselbe, wenn er den Opfernden sagt:

> „Sie strecken sich aus auf gepfändeten Kleidern
> neben jedem Altar
> und trinken den Wein der Gebüßten
> im Haus ihres Gottes!" (Am. 2,8).

Anklage wird gegen unechten Tempeldienst (Hos. 8,14; Mi. 3,9–12; Jer. 7,1–15; Jes. 66,1–2) und Dienste an Altären (Am. 3,14; 9,1–4) erhoben, weil, wie es Jeremia in der Tempelrede (Jer. 7,1–15) erklärt, der Tempel zur „Räuberhöhle" gemacht wird, wenn das Volk darin seinen im Frevel gegen Gott gewonnenen Besitz sichern will.

Anklage wird auch gegen die Priester erhoben (Hos. 4,4–11; 6,9; Mi. 3,11; Jer. 2,8; 5,30; 6,13; 20,1–6; 23,11); nicht etwa, weil der Priesterdienst als solcher verurteilt wird, sondern weil die Priester versäumen, was ihre wichtigste Aufgabe ist: Zur Zeit drohenden Abfalls den richtigen Weg zu weisen: „Du hast die Weisung deines Gottes vergessen!" (Hos. 4,4–11).

Die Propheten haben weder den Gottesdienst ihres Volkes im ganzen verurteilt, noch haben sie irgendeinen der Bestandteile des Gottesdienstes verurteilt. Es ist aber auch nicht genug, wenn man sagt, sie hätten sich nur gegen Mißstände am Gottesdienst ihrer Zeit gewandt. Sie haben vielmehr Anklage erhoben, weil der Gottesdienst ihrer Zeit nicht die Funktion ausübt, die ihm zukam, der Ort zu sein, an dem der lebendige Gott seinem Volk, wie es wirklich war, in seinem Gefälle auf den Abgrund zu begegnete. Die Propheten haben Anklage gegen den Gottesdienst ihrer Zeit erhoben, weil er nicht der Wirklichkeit entsprach.

Den Gottesdienst als solchen haben die Propheten genau so für notwendig gehalten, wie das ganze übrige Volk ihn für notwendig hielt. Ihre Anklage diente einer Reinigung, einer Besinnung und einer Neubelebung des Gottesdienstes. Nach dem Exil hörte die Prophetie auf (bis auf einige Nachklänge), der Gottesdienst blieb bestehen.

Schließlich ist im Zusammenhang der Gottesbeziehung noch die Anklage der Propheten gegen eine unecht gewordene Heilsprophetie zu nennen, insbesondere bei Jeremia. Seine Begegnung mit Chananja (Jer. 28) zeigt die Gefährdung einer Heilsprophetie, die Heil verkündigte, wo diese Verkündigung offenkundig auf nationaler Hoffnung beruhte. Aber auch hier ist festzuhalten, daß die Gerichtspropheten niemals die Heilsprophetie als solche verurteilten, sondern nur ihren Mißbrauch.

4. Die Geschichtsbezogenheit der Prophetie

a) Die Anklage der Propheten ist in ihre Gegenwart gesprochen. Die im Vorigen gegebene Übersicht kann ein tief eingewurzeltes Mißverständnis der Prophetie korrigieren: es sei die Funktion der Propheten, die Zukunft vorherzusagen. Das ist in Israel die Aufgabe des Sehers gewesen; ankündigen ist etwas anderes als vorhersagen. Das Ankündigen des Gerichts bei den Propheten Israels ist primär das Aufdecken eines Tatbestandes in der Gegenwart (die Anklage), der ein Einschreiten Gottes notwendig zur Folge hat. Die Propheten kündigen ein zukünftiges Ereignis an; aber das ist ein Ereignis, das die Folge gegenwärtiger Tatbestände ist. Dabei ist zu beachten, daß das Reden von diesem zukünftigen Ereignis relativ monoton ist, es hat eine unvergleichlich geringere Variationsbreite als die Anklage. Eine Zusammenstellung aller Gerichtsankündigungen würde nur wenige Arten des Sich-Abspielens des Gerichtes ergeben. Daraus ergibt sich deutlich genug, wie sehr sich die Propheten mit ihrem Auftrag in die Gegenwart gesandt und für die gegenwärtige Generation beauftragt wissen.

b) Zur Geschichtsbezogenheit der Prophetie gehört aber auch, daß zu ihrer Verkündigung nicht nur die Zukunft und die Gegenwart, sondern auch die Vergangenheit gehört. Die Ankündigung des kommenden Gerichts kann nur auf dem Hintergrund dessen gesehen werden, was bis zu dieser Gegenwart zwischen Gott und seinem Volk geschah. Dies tritt besonders deutlich in dem Israelspruch des Amos, 2,6–16, in der Reihe der Völkersprüche (Am. 1–2) heraus. Allein die Anklage gegen Israel ist durch das Kontrastmotiv erweitert: „Und ich habe doch vor euch her die Amoriter vertilgt ... Ich bin's, der euch aus dem Lande Ägypten geführt ..." Dieses Kontrastmotiv ist die wichtigste und häufigste Erweiterung des prophetischen Gerichtswortes, sie begegnet von Amos bis Ezechiel bei allen Propheten (z.B. in Hos. 9,10–13,11 bei fast jedem Spruch, Jes. 5,1–7; Jer. 2,1–13; Mi. 6,1–4; Ez. 16 und 20). Die Geschichtserinnerung im Kontrastmotiv bindet die Vergangenheit an die Gegenwart, indem es die Angeredeten bei ihrer Geschichte, d.h. bei Gottes Wirken an ihnen in ihrer Geschichte festhält. Die Anklage kann wirksam nur auf diesem Hintergrund erhoben werden; Israel wird angeredet auf das hin, was es selbst erfahren, aber nun „vergessen" hat (Jer. 2,11). Das Verlassen Jahwes und seiner Worte erhält seine Schwere durch dieses Vergessen, das die ganze bisherige Geschichte sinnlos macht. So ist auch das Bild der Ehe, der Untreue, des Ehebruchs gemeint, in das Hosea, Jeremia und Ezechiel dieses Geschehen fassen. Der Entschluß Gottes, sein Volk zu vernichten, ist nicht in einzelnen Freveltaten, sondern in der darin zutage kommenden Verwerfung alles dessen begründet, was Gott an sein Volk gewendet hat (Jes. 5,1–7) und deshalb im Wegwerfen der eigenen Geschichte.

c) Ein abschließendes Wort ist noch zur Adresse der Worte der Gerichtspropheten zu sagen. Sie haben sich in der Hauptsache an ihr eigenes Volk gewendet. Die Botschaft, die sie zu bringen hatten, war eine Botschaft Gottes an sein Volk Israel. Die Mehrzahl aller Worte der Gerichtspropheten war an das

Volk als ganzes gerichtet. Dabei muß man beachten, daß niemals ein Prophet faktisch zum ganzen Volk gesprochen hat; niemals hatte ein Prophet die Möglichkeit, zu den Repräsentanten des ganzen Volkes zu sprechen, so wie sie z. B. zum Landtag von Sichem versammelt waren (Jos. 24) und so wie es der König jederzeit konnte. Die Hörer der Prophetenworte waren immer nur wenige, manchmal wahrscheinlich nur sehr wenige. Wie es funktionierte, daß es doch Worte an das ganze Volk wurden und als solche wirkten, zeigt die Tempelrede Jeremias (Jer. 7 und 26). Sie war an eine zufällig anwesende Gruppe von Tempelbesuchern gerichtet; aber sie wurde sofort als an das ganze Volk gerichtet verstanden und bewertet, wie die auf diese Rede folgenden Vorgänge zeigen. Nur so ist auch das Bewahren und Tradieren so vieler Prophetenworte verständlich: es waren Worte, die an Israel gerichtet waren und die Israel angingen.

Je nach der Situation konnten die Propheten ihre Worte auch an Gruppen richten, an die Priester, die Fürsten, die Mächtigen und die Reichen, die Richter, den Hof. Dabei ist zu beachten, daß diese Gruppen immer gemeint sind in ihrer Gliedschaft am Ganzen des Volkes; die Anrede an sie gilt also eigentlich dem Volk in einem (oder mehreren) seiner Bestandteile.

Selten wenden sich die Gerichtspropheten an einen Einzelnen, eigentlich nur, wenn dieser eine Funktion am Ganzen hat, so wie bei dem Wort des Amos an den Priester Amazja Am. 7 oder dem Wort Jesajas an den Palastvorsteher Sebna 22, 15–25. Es ist durchaus möglich, daß es eine Wirksamkeit der Gerichtspropheten auch an Einzelnen gegeben hat (Jer. 16 könnte darauf schließen lassen); aber überliefert ist sie uns nicht.

Eine wichtige Funktion aber hat das an Völker außerhalb Israels gerichtete Prophetenwort, der Völkerspruch. Er hat als Ankündigung von Unheil (nicht Gericht!) gegen Israels Feinde eine Bedeutung in der Frühzeit im Zusammenhang der Heilsprophetie. Bei den Schriftpropheten hat er eine Sonderstellung, die sich in besonderen Sammlungen von Völkersprüchen zeigt (Am. 1–2; Jes. 13–23; Jer. 45–51; Ez. 25–32; Ob., Nah., Hab., Zeph. 2, 4–15), in denen aber meist Sprüche aus verschiedenen Zeiten gesammelt sind. In Nah., Hab. und Joel ist der Völkerspruch in einen liturgischen Rahmen gestellt. Für die Gerichtspropheten ist typisch, daß sie eine Unheilsankündigung an ein außerisraelitisches Volk zu einem Gerichtswort abwandeln können. So bei Amos, der das Gericht über die Völker mit deren Untaten begründet (Am. 1–2), so besonders bei Jesaja, der das Gericht über Assur ankündigt, weil die assyrische Großmacht sich nicht begnügt, Werkzeug in der Hand Gottes zu sein, sondern sich in Hybris vermißt, allein aus eigener Macht zu siegen und zu vernichten (Jes. 10, 5–11)[16]. Hier zeichnet sich ein universalistisches Denken der Gerichtspropheten ab. Jahwe als der Retter seines Volkes ist der Herr der

---

[16] Beim Vergleich der Anklagen gegen Israel und der an die Völker gerichteten Anklagen zeigt sich der Unterschied zwischen Sünden, die dem Menschen eignen, und den Sünden Israels, die das Verhältnis zu Jahwe voraussetzen. Die Anklagen gegen die Völker entsprechen alle den Erzählungen von Schuld und Strafe in Gen. 1–11.

Geschichte; er kann seinen Plan mit Israel durch andere Völker ausführen. Aber damit geraten nun auch diese fremden Völker in den Bereich des Richtens Jahwes. Diese Linie geht weiter bei Deuterojesaja, wenn bei ihm Jahwe auch die Rettung Israels aus dem babylonischen Exil durch ein fremdes Volk und seinen König Kyros vollziehen läßt. In der nachexilischen Zeit treten schroff auseinander die Völkersprüche, in denen den Völkern außerhalb Israels der endgültige Untergang, und andere, in denen denselben Völkern am Ende Heil angekündigt wird. In der letzten Phase geht der Völkerspruch in der Apokalyptik auf.

5. Die Sprache der Propheten

Der geschichtsgebundene Charakter der Prophetie zeigt sich schließlich daran, daß jeder Prophet seine eigene Sprache spricht. In dem hier gegebenen Überblick ist das bisher ganz zurückgetreten, weil die der Prophetie gemeinsamen Züge herausgestellt werden sollten. Aber es ist auch ein Wesenszug der Prophetie, daß die Sprache jedes einzelnen Propheten bei allem Gemeinsamen doch eine individuelle Sprache ist, d.h. es ist die Sprache eines bestimmten, einmaligen Menschen, zu bestimmter Zeit und an bestimmtem Ort, mit bestimmten Traditionen aufgewachsen, mit seiner eigenen Sicht der Wirklichkeit, mit seinem eigenen Erfahrungskreis. Hier zeigt sich uns noch einmal der Unterschied zwischen Gottes rettend-richtendem und Gottes segnendem Handeln: das letztere prägt im Darstellen von Geschehendem eine statische Sprache mit einem festen Vokabular und den gleichen, immer wiederkehrenden Wendungen wie im Dtn. und in der Priesterschrift; das Richten Gottes, das das Wirken der Propheten bestimmt, ist geschichtlich und prägt daher eine geschichtlich kontingente Sprache, und zwar eine durchaus profane Sprache, die den einzelnen Propheten in seiner Einmaligkeit erkennen läßt. Es ist faszinierend – und damit hat sich die Prophetenforschung sehr intensiv beschäftigt –, in jedem der Prophetenbücher einem einzelnen Menschen in seiner Eigenart zu begegnen, den Gott zu seinem Boten berufen hat. Da ist Amos, den Gott von seiner Herde weg berufen hat und der die Sprache des Lebenskreises, in dem er aufgewachsen ist, in seine Prophetie einbringt (H. W. Wolff, Amos' geistige Heimat, 1964). Da ist Hosea, dessen persönliches Schicksal in seiner Ehe dem Verkündigen seiner Botschaft dient, und Jesaja, der vornehme Bürger von Jerusalem, der in den Traditionen des Jerusalemer Tempels aufgewachsen ist, die als Zion-Traditionen in seiner Prophetie begegnen. Der judäische Bauer Micha, etwa derselben Zeit und Raum angehörend, ist doch in seiner Sprache und in seinem Denken so ganz anders als Jesaja, mit seinem leidenschaftlichen Eintreten für die Kleinen gegen die Großen. Da sind, auch etwa gleichzeitig, zwei Propheten aus einer Priesterfamilie, Jeremia und Ezechiel, und doch so völlig verschieden in Sprache und Denken. Bei dieser auffälligen Verschiedenheit in Sprache, Denken, Traditionen, aus denen sie herkommen, tritt die erstaunliche Tatsache um so stärker heraus, daß jeder auf seine Weise Bote Gottes mit der gleichen Botschaft war. Das zeigen in besonders ausgeprägter Weise die Berufungen. Die Berufung gehört, wie wir sahen, zum geschichtlichen, rettend-richtenden Handeln Gottes: Mose wird berufen, die charismatischen Führer, die Propheten. Anders die Priester und Könige, die ihr Amt an ihre Söhne weitergeben. Aber es gibt kein festes Schema der Berufung. Bei Amos ist nur erwähnt, daß sie geschah (Am. 7, 15 dazu 3, 3–8), die Berufung Jesajas (6), Jeremias (1), Ezechiels (1–3) vollzieht sich auf ganz verschiedene Weise. Bei Deuterojesaja ist eine Berufung nur angedeutet in 40, 6–8, bei Hosea und Micha u. a. begegnet keine Berufungserzählung. Dies entspricht wiederum der geschichtlichen Kontingenz der Prophetie. Für die Berufungen der Propheten gibt es kein Schema.

B. Gottes Erbarmen

I. Gottes Erbarmen mit einzelnen Menschen

1. *Einleitung.* Ein eigenartiger Zug im Alten Testament läßt das Handeln Gottes an einem bestimmten Punkt sehr menschlich erscheinen. Im Unterschied zu anderen Zusammenhängen, in denen die Heiligkeit Gottes gerade in ihrem Gegensatz zu allem Menschlichen betont wird, ist hier Gott eine menschliche Emotion zugeschrieben, das Erbarmen. Das hebräische Wort hierfür, *rḥm, rḥmjm*[17], bedeutet den Mutterleib; entsprechend kann das Erbarmen des Vaters für sein Kind (Ps. 103) Gleichnis für dieses Erbarmen Gottes sein. Es ist oft mit einer „Inkonsequenz" Gottes verbunden, d. h. dieses Erbarmen Gottes tritt häufig dort auf, wo ein anderes Verhalten zu erwarten wäre; eben darin erscheint das Erbarmen Gottes so menschlich.

Man kann nun die Erweisungen dieses Erbarmens Gottes durch das ganze Alte Testament verfolgen, von der Vertreibung des Menschen aus dem Garten in Gen. 3 an, wo Gott dem Mann und der Frau Röcke macht, damit sie sich nicht zu schämen brauchen, bis hin zum Jona-Büchlein, in dem die Zurücknahme des angekündigten Gerichts über die Stadt Ninive so begründet wird:

> „Und mich sollte der großen Stadt Ninive nicht jammern, in der über 120000 Menschen sind,
> die noch nicht zwischen rechts und links unterscheiden können,
> dazu die vielen Tiere?" (Jona 4, 11).

Es wären nun einerseits die Situationen durch das Alte Testament hindurch zusammenzustellen, die von solchen Erweisungen des Erbarmens Gottes handeln, andererseits die Begriffe, verbal und nominal, die dieses Erbarmen Got-

---

[17] Der wichtigste übergreifende Zusammenhang, in dem das Reden vom Erbarmen Gottes seinen Ort hat, ist der beschreibende Lobpsalm (Hymnos), in dem nach der imperativischen Einleitung im Hauptteil des Psalms Gott in seiner Majestät und in seiner Güte gelobt wird; siehe Teil V. Zu den Begriffen H. J. Stoebe, THAT I, 587–597. 600–621; II, 761–768.

tes sprachlich ausdrücken[18]. Statt dessen gebe ich eine kurze Auslegung des 103. Psalms, der von diesem Erbarmen Gottes handelt. Der 103. Psalm gehört zu den beschreibenden Lobpsalmen (oder Hymnen), die vom Lob Gottes in seiner Majestät und in seiner Güte bestimmt sind. Der imperativische Lobruf rahmt den Psalm in V. 1–2 und 20–22. Die eine Seite, Gottes Majestät, ist nur in einem Vers angedeutet (V. 19); der ganze übrige Psalm (V. 3–18) rühmt bewußt einseitig Gottes Güte. Das Lob der Güte Gottes wird in V. 3–5 eingeleitet:

3 a: der deine Schuld vergibt
  b: der all deine Krankheiten heilt
  4: der dich errettet
  5: der dich segnet.

Es folgt nun in V. 6–7 eine Erweiterung, die Gottes Handeln an seinem Volk andeutet: in V. 6 im sozialen Bereich und in V. 7 das Walten Gottes in Israels Geschichte. In dem nun folgenden Hauptteil V. 8–18 werden die beiden Seiten der Einleitung V. 3–5 entfaltet:

8–13: Gottes Barmherzigkeit im Vergeben
          (Entfaltung von V. 3 a)
  8: der Rahmen: Gottes Barmherzigkeit
  9: Gottes Zorn bleibt nicht
 10: Gott vergibt nicht entsprechend unseren Sünden
11–12: sondern seine Güte ist grenzenlos
 13: der Rahmen: Gott erbarmt sich wie ein Vater
14–18: Gottes Güte ist stärker als unsere Begrenztheit
          (Entfaltung von V. 3 b)
 14: Gott weiß, daß der Mensch vergänglich ist
 15–16: Die Vergänglichkeit des Menschen
 17–18: Die Ewigkeit der Güte Gottes

Im Übergang vom imperativischen Lobruf zum Hauptteil sagt der Psalmdichter: „... und vergiß nicht, was er dir Gutes getan hat." Dem entspricht in V. 9: „Er zürnt nicht immerfort ..." Der Mensch, der hier angeredet ist, kennt den Zorn Gottes, und dem Dichter des Psalms liegt es fern, das Zorneswirken Gottes zu bestreiten. Aber er macht einen Unterschied. Das Zorneswirken Gottes ist begrenzt; die Güte Gottes hat keine Grenzen (V. 17)[19]. Darum fügt

---

[18] Die Artikel von H. J. Stoebe (Anm. 17) ḥnn gnädig sein und ḥaesaed Güte und die dort angegebene Literatur.
[19] Zum „Zorn" Gottes vgl. G. Sauer, Artikel qṣp zornig sein, THAT II, 663–666 und ders. 'af Zorn, THAT I, 220–224 und die da angegebene Literatur. Was das Alte Testament meint, wenn es vom Zorn Gottes redet, kann nicht verstanden werden, wenn man dabei an die Gemütsbewegung eines jenseitigen Wesens denkt. Zorn Gottes gibt im Alten Testament die Erfahrung einer vernichtenden, zerstörenden Macht wieder, deren Wirken ein notwendiger Bestandteil der Wirklichkeit ist. In seinem Zorn reagiert Gott auf Böses, auf Verderbnis, auf Lebensbedrohendes jeglicher Art;

er an den Ruf zum Lob die Aufforderung „Vergiß nicht ...!" Die Erfahrungen der Güte Gottes sind die stärkeren. Genauso ist es mit den Sünden und ihrer Vergebung. Würde Gott in dem Maß vergelten, wie ein Mensch sündigt, dann könnte man verzweifeln. Aber auch hier ist Gott inkonsequent; seine vergebende Güte ist unermeßlich. Man könnte sagen, der ganze Psalm handelt von dem unbegreiflichen Übergewicht der Güte Gottes. Eben wegen dieses Übergewichtes, das in einer begrifflichen Bestimmung nicht aufgeht, kann sie nur Bekenntnis derer sein, die dieses Übergewicht der Barmherzigkeit in ihrem Leben erfahren haben. Jeder Satz dieses Psalms ist im Angesicht des Zornes Gottes gesprochen, jeder Satz steht auf dem Hintergrund von Leiderfahrung ebenso wie der Erfahrung von Schuld und ihren Folgen. Angesichts dieser Wirklichkeit, an der nichts beschönigt wird, lobt der Psalm die Barmherzigkeit Gottes, die dennoch das Stärkere, dennoch das Bleibende ist: „... und vergiß nicht, was er dir Gutes getan hat." Das beschreibende Gotteslob will Gott im Ganzen seines Seins und Tuns loben. Deshalb ist in V. 4–5 das rettende und segnende Handeln Gottes zusammengefaßt, in V. 3a und 3b das Vergeben und Heilen. Eine andere Zusammenfassung liegt darin, daß der Psalm zwar das Lob eines Einzelnen ist, daß aber in V. 6–7 das Handeln Gottes an seinem Volk anklingt. Das Erbarmen Gottes aber umgreift dieses alles. So wie in der Geschichte des Gottesvolkes ein Erbarmen Gottes mit den Leidenden und ein Erbarmen mit denen, die sich verschuldet haben, einen Ort hat, so ist beides auch hier im Gotteslob eines einzelnen Menschen zusammen. Eine staunenswerte Übereinstimmung.

2. *Gottes Erbarmen mit einem einzelnen Menschen* begegnet durch alle Teile des Alten Testaments hindurch, die Geschichtsbücher, die Prophetenbücher, die Psalmen und die Weisheit. Dabei umfaßt es das rettende und das segnende Wirken Gottes, in beidem kann Gottes Erbarmen wirksam werden. Auf drei Komplexe sei besonders hingewiesen: a) In den Vätergeschichten ist der „Gott der Väter" der die kleine Gruppe beschützende, führende und in jeder Weise fördernde Gott[20]. Dies hängt zusammen mit der ungeschützten, ständig bedrohten Lebensweise dieser Gruppen, für die es irgendeine Form eigener Macht noch nicht gibt. Für sie muß die Fürsorge ihres Gottes, sein Mitsein, sein Eintreten für sie etwas anderes bedeuten als für solche Menschengruppen, die ein gewaltiges Instrumentarium des eigenen Schutzes, der eigenen Sicherheit, der eigenen Förderung aufgebaut haben. Für die Vätergeschichte bezeichnend ist das Gebet Jakobs, das das Angewiesensein auf Gottes Erbarmen zum Ausdruck bringt (Gen. 32,9–12):

die Kraft und die Leidenschaft, die in dem Wort „Zorn" zum Ausdruck kommt, dient dem Leben. Es ist eine auch im Zerstören das Leben sichernde und bewahrende Kraft. Dies kommt darin zum Ausdruck, daß immer wieder das Übergewicht des Erbarmens Gottes gegenüber seinem Zorn betont wird (Ps. 30,6): „Einen Augenblick in seinem Zorn, ein Leben lang in seiner Gnade." Auch wo das vernichtende Wirken des Zornes Gottes rational nicht zu verstehen ist, bleibt er der Zorn des Gottes, der das Leben will. Ein Gott, der nur Güte wäre, entspräche nicht der Wirklichkeit.

[20] BK I/2, 116–128.

„O Gott meines Vaters Abraham und meines Vaters Isaak,
Herr, der du mir gesagt hast:
Kehre zurück in dein Land und zu deiner Verwandtschaft,
ich will dir Gutes tun! –
Ich bin zu gering aller Barmherzigkeit und aller Treue,
die du an deinem Knecht getan hast …
Errette mich doch aus der Hand meines Bruders,
aus der Hand Esaus;
denn ich fürchte, er möchte kommen
und mich schlagen, die Mutter samt den Kindern …"

Die besondere Frömmigkeit der Väterzeit, für die ihr Gott schlechthin der barmherzige Gott war, ist in die Geschichte des Volkes Israel aufgenommen worden (auch der Wortlaut des Gebetes Jakobs ist die spätere Fassung eines älteren, viel einfacheren und kürzeren Gebetes). Die Väter sind in Israel lebendig geblieben mit diesem besonderen Zug des Vertrauens auf das Mitsein und die Hilfe ihres Gottes, wie es uns in so vielen der Vätererzählungen begegnet. In den Geschichtsbüchern kommt es oft vor, daß vom persönlichen Schicksal eines Beteiligten erzählt wird, und oft erinnern solche Erzählungen an die Vätergeschichten, so wie die Erzählung von der Hanna, der kinderlosen Frau, deren Flehen um ein Kind Gott in seinem Erbarmen erhört (1. Sam. 1–2). In dieser Erzählung spielen die beiden anderen Textkomplexe hinein, die etwas vom Erbarmen Gottes mit dem Einzelnen sagen.

b) Der eine Komplex ist das persönliche Gebet, Klage und Lob des einzelnen, die ja nicht nur einen Bestandteil des Psalters bilden, sondern auch in den Geschichts- und Prophetenbüchern begegnen. Der 103. Psalm, der oben ausgelegt wurde, mag für diesen ganzen Komplex sprechen. Es ist hier nur einiges hinzuzufügen: Es handelt sich bei diesen Psalmen des Einzelnen wahrhaftig nicht um „Kultformulare"; es sind vielmehr Zeugnisse einfacher Menschen durch eine lange Reihe von Generationen hindurch, die das selber erfahren haben, wovon sie hier reden. In ihnen sind Erfahrungen des Erbarmens Gottes festgehalten und aufbewahrt, die von dem Gott des Alten Testaments mehr sagen, als irgendwelche theologische Reflexion über ihn sagen könnte.

c) Das gleiche gilt für den anderen Komplex, der eine mindestens ebenso unmittelbare Sprache spricht: die Namengebung im alten Israel[21]. Eine Fülle von Lobnamen sind uns überliefert; jeder dieser Namen bringt zum Ausdruck, was ein kleiner Kreis von Menschen bei der Geburt eines Kindes empfunden hat und in der Namengebung zum Ausdruck bringen wollte. Einige Beispiele genügen: Man empfand, in dem Kind eine Gabe von Gott empfangen zu haben und nannte es *ntn* (Nathan); man brachte die Freude über die Geburt zum Ausdruck in dem Namen Baruk „er sei gepriesen!".

---

[21] R. Albertz, 1978.

II. Gottes Erbarmen mit seinem Volk, die Heilsprophetie[22]

1. Wie *die Propheten Boten des Gerichtes* Gottes waren, so sind sie die Boten des *rettenden,* heilenden, vergebenden und die Wende aus dem Elend herbeiführenden *Gottes* gewesen. Gottes Gericht und Gottes Erbarmen sind im Alten Testament Elemente einer Geschichte; man kann sie nicht in ein statisches Verhältnis zueinander bringen. Deswegen begegnen wir in den Worten der Propheten dem Gericht Gottes und seinem Erbarmen in einem wechselvollen Geschehen, in dem das Verhältnis des einen zum anderen niemals zur Ruhe kommt. Der Gerichtsprophetie geht eine Zeit der Heilsprophetie voraus, in der es aber auch Gerichtsworte gab, mit dem Exil tritt die Heilsprophetie an die Stelle der Gerichtsprophetie. Aber mit der Rettung aus dem Exil ist nicht eine Heilszeit erreicht, in der es Gottes Zorn und Gericht nicht mehr gäbe. Auch die Gerichtspropheten waren niemals nur Boten des Unheils, auch sie haben bisweilen Heilsworte gesprochen. Jedoch sind es jeweils besondere Situationen, in denen einer der Gerichtspropheten ein Heilswort spricht, so wie Jesaja in Kap. 7 zu dem König Ahas. Niemals heben die Heilsworte die Gerichtsankündigung auf, d.h. niemals in der Reihe der Gerichtspropheten von Amos bis Jeremia und Ezechiel. Besonders tritt die Sprache des Erbarmens bei den beiden Propheten hervor, die dem Eintreffen der Katastrophe am nächsten stehen: Hosea (Nordreich) und Jeremia (Südreich). Unmittelbar mit der Sprache der Gerichtsankündigung verbunden ist die des Erbarmens in Hos. 11,8 f.:

> „Wie könnte ich dich preisgeben, Ephraim,
> dich ausliefern, Israel?
> Mein Herz kehrt sich um in mir,
> all mein Mitleid ist entbrannt..."

Auch hier die gleiche Inkonsequenz: das Erbarmen bricht durch trotz der Gerichtsankündigung! Etwas ähnliches zeigt sich bei Jeremia (angedeutet schon bei Jes. 1,2–3) in dem eigentümlichen Motiv der mit der Gerichtsankündigung verbundenen Klage Gottes, z.B. Jer. 9,10–12. 17–22. Gott leidet an dem Gericht, das er über sein Volk bringen muß. In einer Entsprechung dazu ist der Wandel vom Erbarmen zum Gericht in den Visionen des Amos zu sehen (Am. 7,1–9; 8,1–3; 9,1–6). In einer Volksnot fleht der Prophet als Fürbitter um das Erbarmen Gottes, und in den ersten beiden Visionen (Am. 7,1–3. 4–6) wird es ihm gewährt. In den drei weiteren Visionen dagegen wird das Erbarmen verweigert: „Ich will ihm nicht länger vergeben!" (Am. 7,8; 8,2; 9,4). Die Gerichtsankündigung tritt an die Stelle der Zuwendung des Erbarmens. Die Gerichtsankündigung also setzt dort ein, wo die Schuld des Volkes so angewachsen ist, daß Gott ihm nicht mehr vergeben kann. Aber damit ist das Erbarmen Gottes nicht getilgt; es ist nur zurückgehalten, bis es nach dem Eintreffen des Gerichts wieder durchbricht.

---

[22] Siehe die zu A. I angegebene Literatur, dazu Literatur zu B. II.

Ebendies ist die Botschaft Ezechiels und Deuterojesajas, sie kann nun wieder eine Trostbotschaft sein (Jes. 40,1–11). Wie in den Visionen des Amos ist die Klage des Volkes in einer Volksnot vorausgesetzt. Es ist die vielfältige Klage nach dem Zusammenbruch (z. B. Jes. 40,27), in die hinein die Botschaft des Propheten in der Form des Heilsorakels, also der Gottesantwort auf die Klage, ergeht. Nun aber ist es wieder (wie in den beiden ersten Visionen bei Amos) die Antwort des Erbarmens Gottes (Jes. 40,28–30; 41,8–16; 43,1–7). Bei dieser neuen Zuwendung des Erbarmens Gottes zu seinem Volk, die die Zeit des Gerichtes ablöst, ist aber ein Unterschied zu früheren Erweisungen des Erbarmens zu beachten. Die neue Zuwendung ist nur möglich zusammen mit und aufgrund der Vergebung. Die Vergebung der Schuld, die sich in der Zeit seit der Gerichtsankündigung angehäuft hatte, muß ausgesprochen, die Vergebung muß dem Volke Gottes unmittelbar zugesprochen werden. Erbarmen ohne Vergebung hätte in dieser Situation keinen Sinn, es könnte keinen wirklichen Wandel herbeiführen. Einen Wandel kann es nur geben, wenn das Verhältnis zwischen Gott und seinem Volk wieder heil wird, was nur durch Vergebung möglich ist. Darum ist die Trostbotschaft bei Deuterojesaja gleich in den ersten Worten auf die Verkündigung der Vergebung gegründet (Jes. 40,2):

> „Ruft ihr zu, daß ihr Frondienst vollendet,
> daß ihre Schuld bezahlt ist!"

Hierbei ist die volle Übereinstimmung der beiden Exilpropheten wichtig. Auch Ezechiel läßt die Wiederherstellung des Volkes (Ez. 37) mit einer Reinigung von seinen Sünden (Ez. 36,16–38) verbunden sein.

Hiermit ist zu vergleichen, was vom Erbarmen Gottes mit seinem Volk zu Anfang der Geschichte Israels, am Anfang des Buches Exodus 3,7f. gesagt ist. Hier ist es das bloße Erbarmen mit den Leidenden: „Ja, ich kenne ihr Leiden!" (Ex. 3,7). Wodurch diese Not entstand, wird nicht gefragt; es ging keine Geschichte voraus, in der sich Schuld angehäuft hatte. Das Erbarmen Gottes wendet sich der leidenden Kreatur zu, so wie sich sein Erbarmen in Gen. 21,17 dem verdurstenden Kinde zuwendet, wie in den Evangelien Jesus angesichts des ihm begegnenden Leides von Erbarmen ergriffen wird: „... es jammerte ihn."

Beides also hat seinen Ort, seinen Sinn und seine Notwendigkeit: das Erbarmen Gottes, das sich seiner leidenden Kreatur zuwendet, und das Erbarmen Gottes aufgrund der Vergebung, die eine zerbrochene Gemeinschaft heilt. Es ist für das Reden von Gott im Alten Testament von hoher Bedeutung, daß das Erbarmen Gottes das eine oder das andere sein kann, das eine geht im anderen nicht auf.

2. *Die Geschichte der Heilsprophetie.* Sie umfaßt einen äußerst vielschichtigen und vielgestaltigen Komplex, der bisher noch nicht genügend erschlossen ist[23]. Die oben (51–59) skizzierte Geschichte der Verheißungen mit den

---

[23] Ich verweise auf S. Herrmann, 1965 und C. Westermann, ThB 55, 230–249, außerdem auf die im Zusammenhang des Rettungsgeschehens oben (51 ff.) skizzierte Geschichte der Verheißungen.

herausgearbeiteten drei Grundformen (Heilszusage, perfektisch; Heilsankündigung, futurisch; Heilsschilderung, futurisch-präsentisch) sind im folgenden vorausgesetzt. Dabei ist eine Eigenart des Heilswortes im Alten Testament hervorzuheben, durch die es sich von den Gerichtsworten unterscheidet: Das Heilswort bedarf keiner Begründung. Es ist ausreichend begründet in der Not, deren Wende das Heilswort ankündigt. Eine Entsprechung zum zweiteiligen Gerichtswort in der Weise, daß die Ankündigung der Rettung mit dem positiven Verhalten der Angeredeten begründet würde, begegnet niemals. Hier zeigt sich wieder die Ungleichheit: Das Gericht Gottes bedarf einer Begründung, das Erbarmen nicht.

Man kann für die Heilsprophetie dieselbe geschichtliche Gliederung verwenden wie für die Gerichtsprophetie: von der Frühzeit bis zum Beginn der Schriftprophetie, von Amos bis zum Fall Jerusalems, die Zeit des Exils und die nachexilische Zeit.

a) In der Frühzeit bis zum Beginn der Schriftprophetie kommen viele Linien zusammen, nur eine davon ist die frühe Heilsprophetie. Am Anfang steht der Komplex der Verheißungen aus der Vätergeschichte, die nicht der Väterzeit angehören, sondern aus späterer Sicht die Vätergeschichte mit der Volksgeschichte verknüpfen: die Verheißungen des Landbesitzes, des Segens und der Mehrung. Im Deuteronomium werden sie mit der Exodusverheißung verschmolzen und in bedingte Verheißungen umgewandelt. In die Frühzeit gehören auch die Anfänge der Völkersprüche, in denen Israel oder einer Gruppe von Stämmen der Untergang des jeweiligen Feindes verheißen wird.

b) Alle Gerichtspropheten kommen von der Heilsprophetie her und lassen noch irgendeine Beziehung zu ihr erkennen. Von den Heilsworten bei einzelnen Gerichtspropheten war bei der Darstellung der Gerichtsprophetie die Rede (s. o. 111). Die perfektische Heilszusage schweigt in der Zeit der Gerichtsprophetie völlig. Wo die Heilsankündigung begegnet, ist sie partiell und begrenzt. Die Heils- oder Segensschilderung ist keine eigentlich prophetische Gattung. In der Frühzeit ist sie die Sprachform der Zukunftsschau des Sehers, in der Spätzeit die des Apokalyptikers. Es ist möglich, daß sich die Schriftpropheten hin und wieder dieser Form bedient haben, doch liegt meist eine spätere Entstehung nahe. So für die typischen Heilsschilderungen Jes. 2 = Mi. 4 und Jes. 11,1–10 mit der Erweiterung V. 11ff. sowie für Amos 9,11–15 [24] und Mi. 5. Dazu kommen eine ganze Reihe von Heilsanhängen an prophetische Gerichtsworte. Besonders bezeichnend für die Heilsschilderung ist, daß die gewandelte zukünftige Wirklichkeit die gegenwärtige in mancherlei Weise transzendiert: der Tempelberg wird alle Berge überragen (Jes. 2) [25]; in der ganzen Menschheit, aber auch bei den Tieren, wird Friede sein (Jes. 2,4; 11,6f.). Die Segensschilderungen können z. T. sehr alt sein; sie gehören aber, ob sie von den betreffenden Propheten selber übernommen oder den Sammlungen der Propheten nachträglich angefügt wurden,

---

[24] H. W. Wolff, BK XIV/2 zu Amos 9,11–15.
[25] G. v. Rad, EvTh 8, 1948/49.

einer anderen Traditionslinie an als der des prophetischen Wortes. Während der Zeit des Wirkens der Gerichtspropheten gab es neben ihnen eine Heilsprophetie, in der die frühe Heilsprophetie weitergeführt wurde. Sie stand vielfach in der Verbindung mit dem Königshof (1. Kön. 22) oder mit dem Tempel[26]. Wir kennen sie fast nur aus der Polemik der Gerichtspropheten (Jer. 28), und es ist deswegen möglich, daß ihre Wirkung umfangreicher und zeitweise auch positiver war, als es aus den polemischen Äußerungen der Schriftprophetie erscheint.

c) Der Zusammenbruch von 587 bestätigte die Gerichtsankündigung der Propheten des 8. und 7. Jahrhunderts. Die einseitige Heilsprophetie dieser Epoche erwies sich dort, wo sie den Gerichtspropheten entgegengetreten war, als Trug und Verführung des Volkes. Wenn jetzt, nach dem Zusammenbruch, die Prophetie noch eine Möglichkeit hatte, dann konnte es nur eine Heilsprophetie sein, die in der Nachfolge der vorexilischen Gerichtsprophetie stand. Das ist bei Ezechiel und Deuterojesaja der Fall. Ezechiel war selber bis zum Zusammenbruch Gerichtsprophet, für Deuterojesaja ist die Bestätigung der vorexilischen Gerichtsprophetie durch die Geschichte ein Wesensbestandteil seiner Verkündigung. Die Verkündigung Deuterojesajas hat ihre Eigenart darin, daß in ihr viele Linien des Redens von Gott zu einem neuen Ganzen zusammenkommen. Dieses neue Ganze ist das an Israel in der Stunde nach dem Sturz in die Tiefe gerichtete Gotteswort, das ihm Erlösung aus dieser Tiefe verkündet.

Die Situation, in die hinein Deuterojesajas Botschaft ergeht, ist der im Buch Exodus berichteten so nahe, daß der Prophet die Rettung, die er ankündigt, als neuen Exodus darstellen kann. Die Geschlossenheit der alttestamentlichen Theologie, also dessen was das Alte Testament von Gott sagt, zeigt sich am besten an diesen beiden Eckpunkten: Israel ist in der Stunde von Not und Bedrückung am Anfang Jahwe als seinem Retter begegnet; ihm wird die Tiefe nach dem Zusammenbruch Jahwe als sein Retter verkündet. Die Entsprechung geht noch weiter. Wie in Ex. 3, 7 f. die Verheißung der Rettung mit der des Segens verbunden ist, so fügt sich in der Botschaft Deuterojesajas die Verheißung des Segens nach der Rückkehr in Kap. 54–55 an die Verheißung der Rettung. Jedoch geht es nicht einfach um eine Wiederholung, die dazwischenliegende lange Geschichte, in der sich eine schwere Verschuldung Israels angesammelt hat, erfordert die Verbindung der Rettung mit der Vergebung.

In der Botschaft Deuterojesajas kommen die beiden Linien Gottes des Retters und Gottes des Schöpfers zusammen. Den Zweifelnden und den Müden erweckt der Prophet das Lob des Schöpfers aus den vergangenen Gottesdiensten mit seiner universalen Weite (Jes. 40, 12–31), der auch heute am Werk ist: „er wird nicht müde und matt"; er ist als Schöpfer aber auch der Herr der Geschichte, vor dem die Völker sind „wie ein Tropfen am Eimer".

Die beiden Linien der Prophetie und des Gottesdienstes kommen in der Botschaft Deuterojesajas zusammen. Einmal zeigt sich das in dem starken Einfluß

---

[26] Zu Kultprophetie s. J. Jeremias, WMANT 35.

der Psalmensprache auf die Formung seiner Botschaft; sie ist auf Schritt und Tritt zu erkennen. In dem eben genannten Text Jes. 40, 12–31 ist die Struktur des beschreibenden Gotteslobes zu erkennen, das Gott in seiner Majestät (V. 12–26) und in seiner Güte (V. 27–31) lobt. Die Fülle der Psalmenmotive bei Deuterojesaja erklärt sich daraus, daß die ersten Gottesdienste nach dem Zusammenbruch Klagebegehungen waren. Diese Klage des geschlagenen Israel wird von Deuterojesaja vielfältig aufgenommen und zitiert (z. B. 40, 27); aber er kann der Klage nun das lange verstummte Gotteslob entgegensetzen. Wie stark seine ganze Botschaft vom Lob geprägt ist, zeigen besonders die durchziehenden Loblieder (Jes. 42, 10–13; 44, 23; 45, 8; 48, 20–21; 49, 13; 51, 3; 52, 9–10; 54, 1–2), die die Antwort auf Gottes rettendes Eingreifen schon vorausnehmen. Oft begegnen sie am Ende eines größeren Abschnittes. Kein Textkomplex im Alten Testament zeigt so deutlich wie die Prophetie des Deuterojesaja, daß im Reden des Alten Testaments von Gott Wort und Antwort zusammen gehören.

Die beiden Linien der Prophetie und des Gottesdienstes kommen außerdem zusammen in der besonderen Gestalt des Heilswortes bei Deuterojesaja, dem „Heilsorakel" (so von J. Begrich genannt und bestimmt; Jes. 41, 8–13. 14–16; 43, 1–4. 5–7; 44, 1–5). Indem der Prophet an die gottesdienstliche Erhörungszusage anknüpft, macht er die Verkündigung der bei Gott schon eingetretenen Wende zur Mitte seines Heilswortes: „denn erlöst hat Jahwe Jakob" (Jes. 44, 23), wie es schon der Prolog deutlich macht (40, 2):

> „Ruft ihr zu, daß ihr Frondienst vollendet,
> daß ihre Schuld bezahlt ist!"

Da diese Erhörungszusage an einen Einzelnen mit dem Ruf: „Fürchte dich nicht!" beginnt, ruft der Prophet damit die Erinnerung an die Gottesdienste wach, in denen durch viele Generationen die Wende einer Not erfahren worden war. Darüber hinaus ist es für die Geschichte der Verheißungen wichtig, daß alle drei Grundformen (s. o. 51 f.) in der Botschaft Deuterojesajas zusammenkommen: die prophetische Heilszusage (zusammen mit der Zusage der Vergebung), die futurische Heilsankündigung in der Ankündigung der Befreiung und die futurisch-präsentische Heilsschilderung in der Segensverheißung Kap. 54–55.

In der Botschaft Deuterojesajas kommen die beiden Linien der Gerichts- und der Heilsprophetie zusammen. Dies geschieht insbesondere in der Form der Gerichtsrede gegen Israel (Jes. 43, 22–28; 50, 1–2; 42, 18–25), in der es um die Verfehlungen Israels in der Vergangenheit geht. Hier bestätigt Deuterojesaja die Botschaft der Gerichtspropheten und stellt sich in ihre Reihe: Gott mußte das Gericht über sein eigenes Volk kommen lassen.

Aber noch in einer anderen Hinsicht weiß sich Deuterojesaja in der unmittelbaren Nachfolge der Gerichtspropheten. In den an die Völker und ihre Götter gerichteten Gerichtsreden (Jes. 41, 1–5. 21–29; 43, 8–15; 44, 6–8; 45, 20–25) sieht er den eigentlichen Erweis des Gottseins Gottes in der Kontinuität seines Wirkens über geschichtliche Katastrophen hinweg: das von den

Gerichtspropheten Angekündigte ist eingetroffen. Weil er selbst die Katastrophe angekündigt hat, bleibt er über sie hinaus am Werk; deswegen ist auch das jetzt ergehende Heilswort verläßlich.

Schließlich wird in der Prophetie Deuterojesajas ein Bezug, zwar nicht auf die Gesetze oder das Gesetz, wohl aber auf die Gebote erkennbar. Wenn wir bei der Behandlung der Gebote fanden, daß die kleine Gruppe des ersten bis dritten oder nur des ersten und zweiten Gebotes eine besondere Bedeutung hat, so wird das durch Deuterojesaja bestätigt. Zu der Polemik gegen die Götter der Völker in den Gerichtsreden gehört der emphatische, oft wiederholte Satz, daß Gott *einer* ist (Jes. 44,6.8):

> „Ich bin der erste und ich bin der letzte,
> und außer mir ist kein Gott"

(dazu Jes. 41,4; 43,15; 45,5.6.21; 46,4; 48,12). Der Satz muß im Zusammenhang des Geschichtsverständnisses des Propheten verstanden werden: Daß Gott nur einer ist, erweist die Kontinuität seines Wirkens in der Geschichte, der verläßliche Zusammenhang zwischen seinen Worten und seinen Taten. Das Verbot der Bilder wahrt Gott die Freiheit, in der er allein der Tragende ist vom Beginn der Geschichte des Volkes an (Jes. 46,3) bis in dessen Greisenalter (Jes. 46,4). Der Gott, der im Bild nicht festgelegt werden kann, der kann auch in den Katastrophen der Tragende bleiben. Das Bilderverbot schließt dabei auch die Vorstellungen ein, die sich die Menschen von Gott machen. Eine Vorstellung von Gott kann immer nur begrenzt sein; Gott aber bleibt Gott, auch wenn eine Vorstellung von ihm zerbrochen ist.

Nur anhangsweise sei hier ein Zug in der Prophetie Ezechiels verglichen. Auch bei ihm kommen zwei Linien zusammen, die vorher getrennt waren: Prophetie und Gottesdienst. Aber bei Ezechiel ist es nicht die Psalmensprache, von der so gut wie jeder Zug fehlt, sondern die priesterliche, insbesondere die des Sakralrechtes [27]. Darin ist es begründet, daß aus dem Schülerkreis Ezechiels seiner Prophetie in Kap. 40–48 ein Entwurf für den neuen, gereinigten Gottesdienst angefügt wurde, der hier als für die Zukunft bestimmend angesehen wird. Die beiden Exilpropheten haben vieles gemeinsam; es ist aber auch verständlich, daß ihre Auswirkungen in der nachexilischen Zeit in verschiedene Richtungen gingen.

d) Nach dem Exil begegnet die unbedingte Gerichtsankündigung mit ganz wenigen Ausnahmen nicht mehr, es gibt nur einzelne Nachklänge, z.B. bei Maleachi. Die nachexilische Prophetie redet in der Hauptsache bedingt vom kommenden Heil, das an den Gehorsam des Gottesvolkes gebunden ist; auch sie ist nur Nachklang der Prophetie. Die vorexilische Kultprophetie ist weitergeführt bei Haggai, Sacharja und in vielen Einzelworten. Bezeichnend für die nachexilische Heilsprophetie ist, daß in ihr die Segensschilderung überwiegt (z.B. Tritojesaja); bestimmte geschichtliche Ereignisse werden so gut wie gar nicht mehr angekündigt.

---

[27] W. Zimmerli, ZAW 66, 1854, und BK XIII/1.2, 1955–56.

Das trifft auch zu für die sogenannten messianischen Verheißungen. Sie beginnen allerdings bei Haggai und Sacharja mit der Ankündigung, daß Serubabel der König der Heilszeit werden solle; aber diese Ankündigung geht nicht in Erfüllung. Die weiteren sind Segensverheißungen vom König der Zukunft, der Recht und Frieden bringt (Jes. 9,1–6; 11,1–10; Mi. 5; Jer. 23,5–6; 33, 15–16; Sach. 9,9f. u. a.). Sie knüpfen an 2. Sam. 7 und alte geschichtliche Königsverheißungen an (Gen. 49,10–12; Num. 24,17) und stimmen darin überein, daß der König der Heilszeit niemals durch Kampf und Sieg, sondern durch seine Geburt zum König wird. Von der Realität eines geschichtlichen Königtums sind sie weit entfernt.

Ein auffälliger Gegensatz zeigt sich bei den nachexilischen Völkersprüchen. Es stehen einander schroff gegenüber Worte, in denen die Vernichtung der Völker durch Jahwe verkündigt wird wie Jes. 65, und solche, in denen die Endzeit auch den Völkern das Heil bringt wie Jes. 19. In die gleiche Richtung weist eine Reihe von Völkersprüchen oder Anhängen an Völkersprüche in Jer. 45–51. Besonders wichtig ist für diese Richtung Jes. 45,20–25. Nachdem die Weltmacht Babylon zusammengebrochen ist, werden die Völker zu Jahwes Heil eingeladen:

„Wendet euch zu mir und laßt euch retten,
alle Enden der Erde!" (Jes. 45,22).

Hier zeigt sich der Universalismus, der das Wirken Gottes an der ganzen Menschheit im Auge hat.

C. *Gottes Gericht und Gottes Erbarmen am Ende: die Apokalyptik*

Apokalyptische Texte im Alten Testament sind Jes. 24–27, die Nachtgesichte des Sacharja, Sach. 1–8, dazu Sach. 12–14; bei Tritojesaja sind einige Teile, wie z. B. Kap. 66, zur Apokalyptik zu rechnen. Dasselbe gilt für eine Reihe von verstreuten Texten in den Prophetenbüchern, besonders Ez. 38–39 und Joel 2–4. Der wichtigste und typischste Text ist die Daniel-Apokalypse. Die Hauptmasse der apokalyptischen Texte ist nachkanonisch, in den Apokryphen und Pseudepigraphen gesammelt; sie sind meist Gestalten der Urzeit oder Frühzeit zugeschrieben wie Henoch, Abraham, Mose, Elia u. a. Die Apokalyptik reicht in das Neue Testament in den apokalyptischen Teilen der Evangelien und in der Johannes-Apokalypse. Hier beschränke ich mich auf die apokalyptischen Texte des Alten Testaments.

I. *Apokalyptik und Prophetie*[28]

Die Prophetie hat es immer mit Gegenwart, Vergangenheit und Zukunft zugleich zu tun, die Apokalyptik überwiegend mit der Zukunft. Die Prophetie

---

[28] H. H. Rowley, 1944, hier die Literatur bis dahin; G. v. Rad, Theologie II, 315–338: Daniel und die Apokalyptik.

kündigt ein Ereignis in der Zukunft an, z. B. den Tod eines Königs, den Untergang des Nordreiches, den Fall Jerusalems, die Rückkehr aus dem Exil. Dabei gehören die Gegenwart, in die hinein die Ankündigung ergeht, ebenso wie die zukünftige Stunde, in der das Angekündigte eintrifft, der Geschichte an. Die Apokalyptik kündigt nicht ein Ereignis in der Zukunft an, sondern entwirft ein Bild von ihr (der Apokalyptiker ist Seher); diese andere Zukunft aber gehört nicht mehr der Geschichte an, sie ist der Geschichte jenseitig.

Die Prophetie vollzieht sich im Horizont der Volksgeschichte; von anderen Völkern spricht sie nur in deren Beziehung zu der Geschichte des Volkes Israel. Die Apokalyptik vollzieht sich im Horizont der Menschheitsgeschichte und der Geschichte des Kosmos. Die großen Reiche haben eine Eigenbedeutung für das apokalyptische Drama, und es geht um das Schicksal der Menschheit. Vor allem hierin liegt die geistesgeschichtliche Bedeutung der Apokalyptik, auf die K. Löwith (Weltgeschehen und Heilsgeschichte) aufmerksam gemacht hat. Was die Apokalyptik ankündigt, ist tatsächlich das Ende der Geschichte. Mit dem Ende der Geschichte hört auch die Partikulargeschichte Gottes mit seinem Volk auf, sie mündet wieder ein in die Menschheitsgeschichte und die Geschichte des Kosmos. Darin entspricht die Apokalyptik der Urgeschichte. Auch in der Urgeschichte (Gen. 1–11) geht es um die Menschheit als ganze und um die Welt als ganze. Daß Gott Schöpfer und Herr der ganzen Menschheit, daß er auch Herr der Weltgeschichte ist, zeigt erst wieder das Endgeschehen, von dem die Apokalyptik spricht (Apk. 4–5). In der Urgeschichte weist das komplementäre Verhältnis von Schöpfung und Flut zueinander (s. o. 75) auf die Apokalyptik voraus; eine Weltkatastrophe kennen nur das Ur- und Endgeschehen.

Typisch für die Apokalyptik ist die Periodisierung der Geschichte, durch die ein Gefälle von der gegenwärtigen weltgeschichtlichen Situation bis zum kommenden Gottesreich, dem Herrschaftsantritt Gottes über die ganze Welt bedingt wird; so besonders im Danielbuch. Gerade diese Periodisierung dient der Entgegensetzung der auf ihr Ende zueilenden Weltgeschichte zu der kommenden Gottesherrschaft als dem anderen, dem neuen Äon, der in absolutem Gegensatz zum jetzigen steht (NT). Oft ist diese Periodisierung mit einem Drama des Kampfes um die Erringung der endgültigen Weltherrschaft verbunden (Apk. 12–14). Die widergöttlichen Mächte werden in einem letzten, gewaltigen Kampf besiegt (Joel 3; Sach. 13; Ez. 38f.), und danach tritt Gott seine Königsherrschaft an. Dieses apokalyptische Drama ist für die Atmosphäre apokalyptischen Redens bezeichnend. In diesem Drama kommen auch Gottes Gericht und Gottes Erbarmen zum Abschluß ihres ständigen Wechsels und Wandels in der Geschichte. In diesem Drama vollzieht sich das letzte Gericht, das Wirken Gottes als Richter kommt in ihm zu seinem Ende. Für die aus diesem Endgericht Erretteten ist Gott nur noch der erbarmende Gott. Sein Erbarmen hat das letzte Wort.

Die Entgegensetzung eines kommenden zum gegenwärtigen Äon hat auch zur Folge, daß vielfach in der Apokalyptik das Gottesverständnis in hohem Maße transzendental ist, viel mehr als sonst irgendwo im Alten Testament.

Dieser transzendente Gottesbegriff zeigt sich in den Nachtgesichten Sacharjas schon daran, daß der Seher die Gesichte, die er sieht, nicht verstehen kann; ein *„angelus interpres"* tritt neben ihn und erklärt sie ihm (ebenso in der Apk.). Gott ist der in ferner Majestät Thronende, der aber als Herr der Menschheit sich erst im zukünftigen Reich offenbaren wird. Hierin steht die Apokalyptik in einem massiven Gegensatz zur Prophetie; es bahnt sich ein Dualismus an vor allem in der Lehre von den zwei Äonen, die aus dem Parsismus stammt und dem Alten Testament eigentlich fremd ist. In dieser Lehre von den zwei Äonen ist auch die Weltverneinung begründet. Die ganze Welt verfällt dem Urteil des Widergöttlichen und muß daher vernichtet werden; der neue Äon erfordert eine neue Welt.

Während die apokalyptische Grundkonzeption von einem Endgeschehen, das die ganze Menschheit umfaßt und Gottes Gericht wie Gottes Erbarmen zu einem dramatischen Abschluß bringt, eine selbständige Weiterführung der Prophetie und eine selbständige Entsprechung zur Urgeschichte ist, hat sie etwas ausgesprochen Epigonenhaftes in der Eklektik ihres Stiles, ihrer Bildsprache, ihrer Vorstellungen. Die Eklektik dieser Bildsprache hat auch etwas Imponierendes. In der Apokalyptik bietet die nachexilische Theologie noch einmal den Anschein eines großartigen Aufschwungs. Aber es muß auch gesehen werden, daß die Unmittelbarkeit und die Realistik der Prophetie in ihr geschwunden ist; die Apokalypsen sind durch und durch von Reflexion bestimmt und haben einen stark durchscheinenden literarischen Charakter.

Die Apokalyptik hat im letzten Jahrzehnt für die Erklärung des Neuen Testaments eine sehr wesentliche Rolle gespielt (E. Käsemann); das ist zu einem erheblichen Teil gerade in diesem reflektierenden und literarischen Charakter der Apokalyptik begründet. Diese Sicht der Apokalyptik kann aber noch nicht das letzte Wort sein. Es fehlt noch eine gründliche Erschließung der Apokalyptik vom ganzen Alten Testament her in ausreichender traditionsgeschichtlicher Differenzierung. Auch der neue Versuch, die Apokalyptik ganz wesentlich als von der Weisheit bestimmt oder gar aus ihr entstanden zu verstehen, ist zu einseitig. Man mag von weisheitlichen Elementen in der Apokalyptik reden, das ist möglich. Die Herkunft der Apokalyptik aus der Weisheit ist ausgeschlossen. Die Weisheit lebt und denkt in der Gegenwart; sie hat es ebensowenig mit der Geschichte wie mit der Zukunft zu tun. In der Ausrichtung auf die Zukunft aber liegt die wesentliche Übereinstimmung zwischen Prophetie und Apokalyptik, was durch die späten prophetischen Schriften voll bestätigt wird, die den Übergang zur Apokalyptik zeigen.

II. Die theologische Bedeutung der Apokalyptik

Der wohl wichtigste, sehr verschiedene apokalyptische Texte verbindende Zug ist eine Sicht der Geschichte, in der diese als ganze auf ihr Ende zugeht und mit diesem Ende die Herrschaft Gottes anbricht, wobei diese die Rettung und Wiederherstellung Israels als des Gottesvolkes, oder der Frommen des

Gottesvolkes, wenn auch in einer jenseitigen Wirklichkeit, einschließt. So ist es in verschiedener Ausprägung dargestellt in Jes. 24–27; Ez. 38f.; Sach. 12–14, Joel 2–4 und im Buch Daniel.

Diese Schau des Apokalyptikers ermöglicht erstmals eine Konzeption von Weltgeschichte im vollen Sinn dieses Wortes. In ihrem Zueilen auf das Ende wird etwas die so verschiedene Geschichte verschiedener Völker und Reiche Verbindendes und Einendes entdeckt; die Völkergeschichte wird zur Weltgeschichte. Diese einheitliche Konzeption von Weltgeschichte zeigt sich im Buch Daniel in dem genialen Versuch, in der aus vier Bestandteilen errichteten Gestalt in Dan. 2 und der Aufeinanderfolge der vier Tiere in Dan. 7 die Folge der vier Weltreiche, des babylonischen, medischen, persischen und griechischen, als Ganzheit, zusammengehalten durch die absteigende Tendenz, darzustellen. Sie erhält ihren theologischen Aspekt in ihrer Determination in dem Plan Gottes, in dem die Menschheitsgeschichte vorausbestimmt ist. Die Vierzahl dient dabei als Bezeichnung der Ganzheit.

Eine solche erstaunliche Konzeption war wohl nur möglich in der Nachfolge der im Alten Testament vorangehenden Geschichtskonzeptionen, der des Jahwisten, der Priesterschrift und des deuteronomistischen Geschichtswerkes. Im Unterschied zu diesen allen, in denen Geschichte aufgrund der Einzigkeit des Gottes Israels im Gegensatz zur mythischen Göttergeschichte konzipiert wurde, läßt der Apokalyptiker im Daniel-Buch wieder eine Spur des mythischen Denkens aufleben, wenn dem Völkerkampf ein himmlischer Kampf zwischen Engelmächten entspricht, bei dem der Engel Michael für das Gottesvolk kämpft.

Der apokalyptische Grundzug des Zueilens der Menschheitsgeschichte auf einen Endkampf, bei dem die Gott feindlichen Mächte besiegt werden und Gott sein Volk oder seine Frommen rettet und eben darin den neuen Äon, die ewige Herrschaft Gottes anbricht, unterscheidet sich von der Verkündigung Deuterojesajas darin, daß die Rettung Israels aus dem babylonischen Exil die Ablösung des geretteten Gottesvolkes von der Macht bedeutet. Der Unterschied zeigt sich auch daran, daß bei Deuterojesaja und Ezechiel die Rettung auf die Vergebung gegründet wird, dagegen in der Apokalyptik die Aufrichtung des neuen Gottesreiches mit Vergebung nicht in Zusammenhang gebracht wird. Auch läßt die Apokalyptik keine Spur eines Weitergehens der Linie des aus der Geschichte der Prophetie erwachsenden Leidens des Mittlers erkennen.

Vielleicht hängt es mit diesem Unterschied zusammen, daß in den Gleichnissen Jesu von der Königsherrschaft Gottes in so völlig anderer Weise als in der Apokalyptik gesprochen wird.

Teil V

Die Antwort

A. Die Antwort im Reden

Einleitung

Zu dem, was sich zwischen Gott und Mensch vollzieht, gehört die Antwort. Im Unterschied zu einer Auffassung, nach der das Gebet und das Opfer Werke des Menschen sind, die er aus eigener Initiative tut, ist im Alten Testament beides als Reaktion verstanden. Gäbe es nicht das Handeln und Reden Gottes, dann gäbe es weder Kult noch Gebet. Genauso muß aber gesagt werden, daß das Handeln und Reden Gottes nicht ohne Antwort bleiben kann. Gott handelt und redet, damit er Antwort bekomme, ebenfalls in einem Handeln und in einem Reden. Was im Alten Testament geschieht, ist dialogisch. Ein typisches Beispiel aus dem Alten Testament dafür ist das erste Gebot in seiner dialogischen Struktur: Ich – du, ein anderes die doppelte Bedeutung des Verbs *berek*, das in der Richtung vom Gott auf den Menschen ‚segnen', in der umgekehrten Richtung ‚preisen' bedeutet. Ein typisches Beispiel aus dem Neuen Testament dafür ist Lk. 1–2, wo das zwischen Gott und Mensch Geschehende Schritt für Schritt von der Antwort des Menschen begleitet wird, wie es die dieses Kapitel durchziehenden Lobgesänge zeigen (vgl. Dtjs.).

I. Das Rufen zu Gott im Alten Testament

Wir fragen zunächst nach der Antwort im Reden. Es läge nahe, nach dem Gebet im Alten Testament zu fragen, denn nach unserem Verständnis ist die zu Gott gerichtete Antwort im Reden das Gebet. Hier ist aber auf einen Unterschied zu achten, der den Terminus Gebet auf das Alte Testament anzuwenden nur mit Vorbehalt erlaubt. Das Alte Testament kennt in den älteren Schichten keinen Terminus für Gebet, der Begriff entsteht erst in der nachexilischen Zeit. Das Rufen zu Gott ist hier noch nicht ein vom übrigen Dasein gesonderter Vorgang, der einer besonderen Bezeichnung bedürfte. Man sagt einfach: zu Gott rufen oder reden oder man gebraucht eines der spezifischen Worte wie loben oder klagen oder flehen, Gott suchen oder fragen. Entscheidend für dieses andere Verständnis dessen, was wir Gebet nennen ist, daß es Reaktion auf Geschehendes ist. Deswegen kann man nicht zugleich loben und klagen; die Klage- und Lobpsalmen des Psalters bleiben gesonderte Gattungen. Wie

Lachen und Weinen seine Zeit hat (Pred. 3), so haben Klage und Lob ihre Zeit. Wo aber an die Stelle des Lobes der Dank und an die Stelle der Klage die Bitte getreten ist, wird das anders. Bitte und Dank können gleichzeitig zu Gott gesprochen werden, ein Gebet kann aus Bitte und Dank bestehen. So ist der Begriff Gebet entstanden als ein Oberbegriff, der die verschiedenen Arten des Rufens zu Gott zusammenfaßt. Dieser Unterschied ist von großer theologischer Bedeutung. Ob das Gebet ein notwendiger Bestandteil der Theologie ist, kann man bestreiten; manche rechnen es daher zur Ethik; wird das Rufen zu Gott aber als Reaktion auf das Tun und Reden Gottes verstanden, das diesem antwortet, so gehören sie zusammen wie Wort und Antwort. Entscheidende Elemente dessen, was das Alte Testament von Gott sagt, sind allein aus dieser Antwort zu entnehmen, so daß sie für eine Theologie des Alten Testaments unentbehrlich ist.

1. *Die Geschichte des Gebets im Alten Testament.* Wir können durch das Alte Testament hindurch das Entstehen des Gebets (in unserem Sinn) in einem langen Prozeß verfolgen, er kann in drei Stadien zusammengefaßt werden[1]. Das mittlere Stadium ist das der gottesdienstlichen Psalmen, zusammengefaßt in dem uns überlieferten Psalter. Dieses mittlere Stadium aber kann nur verstanden und gewertet werden in der Mitte zwischen einem Frühstadium, aus dem es hervorgegangen ist und einem Spätstadium, in dem es seine Nachgeschichte hat.

Im Frühstadium sind uns ganz kurze Gebetsrufe oder Rufe zu Gott überliefert, die jeweils unmittelbar aus der Situation erwachsen, in der sie gesprochen sind, z. B. Ex. 18, 10:

> „Und Jethro sprach:
> Gelobt sei Jahwe,
> der euch aus der Hand der Ägypter
> und aus der Hand des Pharao gerettet hat!"

Oder die Klage Simsons in Ri. 15, 18:

> „Du hast durch die Hand deines Knechtes
> diesen großen Sieg verliehen;
> und nun soll ich vor Durst sterben
> und in die Hände der Unbeschnittenen fallen?"

Oder der Stoßseufzer Davids in 2. Sam. 15, 31:

> „O Jahwe! Vereitle doch den Rat Ahitophels!"

Solcher Rufe zu Gott mitten aus einer Erzählung heraus gibt es eine große Fülle[2]. Sie können aber nicht aus ihrem Zusammenhang gelöst und etwa gesammelt werden; sie sind Bestandteile des erzählten Vorganges. Vorausgesetzt ist dabei, daß dies wirklich geschah, d. h. daß das Rufen zu Gott aus

---

[1] Vgl. den Artikel ‚Gebet im Alten Testament', BHHW I, 1962, 519–522.
[2] A. Wendel, 1931.

einer Situation heraus, in der es seinen Sinn und seine Notwendigkeit hat, als das Normale und Natürliche erschien. Es erfordert keinen kultischen Rahmen, keinerlei Gebärden; es gehört ganz einfach zu dem, was in der Erzählung gesagt und getan wird.

Im zweiten Stadium kommen diese kurzen Rufe zu Gott zusammen in der Fügung des Psalms. Die Psalmen sind Kompositionen, komponiert aus Gliedern, die alle vorher einmal ein selbständiges Dasein hatten als solche Rufe zu Gott aus einer sie bedingenden Situation. Als solche Gebetsrufe begegnen in Prosatexten der Anruf Gottes, die Klage, der Hilferuf, die Bitte, das Gelübde, die Vertrauensäußerung, der Lobruf, der Ausdruck des Staunens, das Aufatmen des Geretteten, der Siegesjubel u. a. Alle diese Gebetsrufe, ohne Ausnahme, können zu Gliedern eines Psalms werden. In die Psalmen gehen sie ein als in eine zu einem Ganzen gedichtete Form.

Es ist diese gedichtete Form, die den gottesdienstlichen Charakter des Psalms ausmacht. Die Gestalt der Psalmen und ihr Sitz im Leben erklären sich wechselseitig. Wo ein Mensch aus Not oder Angst zu Gott ruft, da kann je nach der Situation der Ruf ein ganz verschiedener sein. Er kann seine Angst in dem bloßen Ausruf „O Gott!" zu Wort kommen lassen, er kann in eine Klage ausbrechen, die die Bitte impliziert, aber nicht ausspricht (Simsons Klage). Er kann ein Gelübde sprechen oder eine mit einem Gelübde verbundene Bitte, einen kurzen Stoßseufzer oder ein Wort des Vertrauens: „du bist bei mir!" Jedes dieser Elemente kann allein, kann ganz für sich die Hinwendung zu Gott zum Ausdruck bringen. Die Komposition all dieser Einzelelemente zu einem Ganzen, dem Ganzen des Psalms, ergibt sich dagegen aus einem anderen Sitz im Leben, dem Gottesdienst, in dem viele Menschen aus vielen Situationen zusammenkommen am festen Ort und zur festen Zeit. Der Psalm in seiner so gedichteten Form kann die Erfahrungen vieler aufnehmen und ist in dieser gedichteten Form zum Weitertragen geeignet. So weitergetragen von einer Generation zur anderen kann er zum Ausdruck immer neuer Erfahrungen in immer neuen Situationen werden. Der im Gottesdienst gesungene Psalm steht also in der Mitte zwischen den vielen Erfahrungen, aus denen er einmal in seinen Elementen erwachsen ist, und der Bewährung in neuen Erfahrungen, in die hinein er aus dem Gottesdienst mitgeht. Die Gestalt des Psalms entspricht der Gestalt des seßhaften Gottesdienstes, der von der doppelten Bewegung der aus ihren Häusern in das ‚Haus Gottes' Ziehenden und der aus dem Gottesdienst in ihre Häuser und in ihre Arbeit Hinausgehenden bestimmt ist. Die gottesdienstliche Gestalt des Psalms kann dessen Funktion für die Menschengruppe, in der er tradiert wird, nur bewahren, wenn diese Bewegung aus der Vielfalt des Alltags in die ‚Sammlung' des gottesdienstlichen Psalmgebetes und aus dieser wiederum in die Vielfalt realer Erfahrungen lebendig erhalten wird.

Das dritte Stadium erst ist das der langen Prosagebete wie 1. Kön. 8; Esra 9; Neh. 9. In diesem Stadium gibt es die Einheit der im Gottesdienst zusammenkommenden Gemeinde mit der im Staat und im Königtum verfaßten Volksgemeinde nicht mehr. Die Psalmen zwar leben weiter, aber sie genügen jetzt nicht mehr. Die Zugehörigkeit zur gottesdienstlichen Gemeinde hat ihre Selbstverständlichkeit verloren. Die einen halten sich zum Gottesdienst der jüdischen Gemeinde, die anderen nicht. In dieser neuen Situation tritt an die Stelle der verlorenen Selbstverständlichkeit des Dazugehörens das bewußte und reflektierte Dazugehören. Es findet seine Form in dem reflektierten, langen Prosagebet, in dem Reflexion und Lehre sich mit dem einfachen Rufen zu Gott verbindet. Ein typisches Beispiel: Esra 9.

2. *Die Gattungen der Psalmen.* Das mittlere der drei Stadien hat die Sammlung des Psalters entstehen lassen, und zwar in einem allmählichen, langen Wachstumsprozeß. Das geprägte ‚Gebet' der Psalmen, das im Gottesdienst in der Distanz des heiligen Geschehens gesprochen bzw. gesungen wird, ist immer in Verbindung geblieben mit dem einfachen, spontanen Gebetsruf, wie er unmittelbar aus dem Leben erwächst. Darin ist es begründet, daß die beiden Hauptgattungen des Psalters Klage- und Lobpsalmen sind, denen die elementare Reaktion auf das zugrunde liegt, was den Menschen am meisten bewegt, Freude und Leid. Die Klagepsalmen sind vor Gott zu Wort kommender Schmerz, die Lobpsalmen sind vor Gott zu Wort kommende Freude. Sie gehören polar zueinander, d. h. sie meinen in ihrer polaren Beziehung das ganze Menschsein, so wie wir mit dem Wortpaar ‚Freude und Leid' das ganze Menschsein bezeichnen können. So wie Freude und Schmerz Reaktionen sind, so sind Klage und Lob in den Psalmen Reaktion, sie sind Antwort. Das kann nur erklärt werden, wenn man sich den Wandel im Verständnis des Gebetes bewußt macht, dadurch bedingt, daß an die Stelle des Lobes weitgehend der Dank, an die Stelle der Klage weitgehend die Bitte trat. Das polare Gegenüber von Klage und Lob entspricht einem stärkerem, weiter ausholenden Pendelschlag. Deshalb ist es im Psalter nie dazu gekommen, daß Klage und Lob in einem Psalm zusammengefügt wurden. Bitte und Dank entsprechen einem kleineren Pendelschlag, sie können zusammen ein Gebet bilden. Was wir Gebet nennen, ist erst durch diese Zusammenfügung entstanden.

Es wäre nun zu fragen, wie sich Loben und Danken und wie sich Klagen und Bitten zueinander verhalten. Beiden gemeinsam ist der Unterschied, daß im Bitten und Danken der Mensch Subjekt ist: „Wir danken dir, daß ..." „wir bitten dich, du mögest ...". In Klage und Lob ist Gott Subjekt: „Wie lange bist du ferne?", „wie wunderbar sind deine Werke!" Andere Unterschiede betreffen je besonders die Klage und das Lob. Das hebräische Verb *hodah,* gewöhnlich mit „danken" übersetzt, bedeutet eigentlich „loben". In keiner primitiven Sprache gibt es ein eigenes Verb für „danken"; es ist ursprünglich in den Verben des Lobens mitenthalten und hat sich erst später zu einem eigenen, besonderen Begriff entwickelt. Ursprünglich ist das Danken ein Element oder ein Modus des Lobens. Das kann man heute noch daran sehen, daß kleine Kinder nicht von selbst danken, es muß ihnen beigebracht werden.

Das Klagen unterscheidet sich vom Bitten dadurch, daß es immer eine Not voraussetzt, auf die es reagiert. In unserem Begriff „bitten" dagegen sind im Laufe der Zeit zwei verschiedene Vorgänge zusammengekommen: das intransitive Flehen aus einer Not (das daher in den Psalmen der Klage zugeordnet ist) und das transitive Bitten um etwas; das eine entspricht dem hebräischem *hitḥanan,* das andere *ša'al.* Erst von diesem Unterschied her wird ganz deutlich, daß das Rufen zu Gott in den Psalmen in der Polarität von Klage und Lob den Menschen als ganzen umfaßt. Lob und Klage gehören zum Menschsein als solchem, auch bei dem säkularisierten Menschen bleiben Spuren davon erhalten.

Zu den beiden Hauptgattungen treten noch eine Reihe anderer hinzu, aber nicht so, daß sie ihnen gleichzuordnen wären. Bei den liturgischen Psalmen (wie Ps. 24 oder 103) ist das Gotteslob mit einer gottesdienstlichen Handlung verbunden. Die Psalmen vom Königtum Jahwes (Ps. 93–99 ohne 94) sind eine Sonderart der Lobpsalmen ebenso wie die Schöpfungs- und Geschichtspsalmen. Wie bei den Lobpsalmen kann ein Motiv des Klagepsalms einen Psalm bestimmen; so bei den Vertrauenspsalmen (Ps. 23; 123, den Psalmen von den Gottlosen, 14 = 53; 109), den Psalmen von der Sündenvergebung (Ps. 51), von der Vergänglichkeit (Ps. 39; 49; 109). Sie können stark von Reflexion bestimmt sein (Ps. 73) oder mit Motiven der Weisheit verbunden (Ps. 37). Das Unschuldsbekenntnis liegt Ps. 139 zugrunde. Auch die Königspsalmen sind keine eigene Gattung, das Besondere an ihnen ist nur das Subjekt.

Bei den Hauptgattungen lassen sich verschiedene Gruppen unterscheiden; in all diesen Gruppen aber bleibt die Zuordnung zum Lob oder zur Klage erkennbar.

II. Das Gotteslob

„Je tiefer man durch die Jahrhunderte hin in die Breite des alttestamentlichen Schrifttums absteigt, desto lauter rauschen Lob und Preis Gottes auf; aber sie fehlen auch auf den ältesten Blättern nicht ..." (L. Köhler, Theologie des AT, 1947, 1f.). Schon das erste Kapitel der Bibel zeigt, wie zum Wirken Gottes die Anerkennung gehört. Hier ist es noch Gott selber, der sie ausspricht: „Und Gott sah, daß es gut war." Das Ziel seines Schaffens aber ist es, daß diese Anerkennung von den Geschöpfen selber komme, der 148. Psalm bringt eben dies zum Ausdruck. In ihm werden alle Geschöpfe im Himmel und auf Erden zum Lob gerufen:

> „Lobet den Herrn vom Himmel her ...
> Lobet den Herrn von der Erde her ..."

Auch in der Erzählung von der Erschaffung des Menschen fehlt das Motiv des Gotteslobes nicht. Die Erzählung endet mit der Vertreibung des Menschen, der gegen Gott gesündigt hat, aus dem Garten und damit aus der Nähe Gottes. Aber die Frau, der ein Kind geschenkt wird, gibt dem Kind einen Namen, der ein Gotteslob enthält. Und von dieser ersten Geburt und Namengebung geht ein Strom der gleichartigen Namengebung aus; der Name des Kindes lobt den Schöpfer. Mit dieser einen Tatsache, die im Alten Testament in großer Fülle zu belegen ist, daß der Name eines Kindes die Bedeutung eines Gotteslobes hat, kommt deutlich genug zum Ausdruck, daß für die Menschen des Alten Testaments das Gotteslob ein Bestandteil ihres Lebens ist[3]. Schon allein diese Tatsache genügt, die Meinung abzuweisen, das Gotteslob sei in Israel ein ausschließlich kultischer Vorgang und daher auf den Kult zu beschränken. Das wird im Alten Testament überdies damit widerlegt, daß das Gotteslob nicht nur in den Psalmen, sondern in allen Büchern des Alten Testaments vorkommt. Es gehört zum gesamten Leben des Gottesvolkes, wie es zum gesamten Leben eines einzelnen Menschen gehört. Dies kommt zu einem überzeugenden Ausdruck in dem Wort Hiobs, mit dem er seiner Frau antwortet, die ihn in tiefem Mitleiden auffordert, Gott abzusagen:

„Der Herr hat gegeben, der Herr hat genommen;
der Name des Herrn sei gelobt!"   (Hiob 1, 21).

Der Satz soll an dieser Stelle zum Ausdruck bringen: Hiob gebraucht nicht den direkten Lobruf *baruk*, das Jussiv ist distanzierter und bedeutet etwa: das Loben Gottes muß weitergehen, ich kann es jetzt nicht, niemand wird das von mir erwarten, auch Gott nicht. Aber Hiob kann aus der Tiefe der Verzweiflung weit weg dorthin sehen, wo das Loben Gottes trotzdem weitergeht. Was auch in einem Menschenleben geschieht, es darf nicht aufhören, daß Gott gelobt wird. Deutlicher kann nicht gesagt werden, daß es zu einem Menschenleben in seinem ganzen Verlauf gehört. Gotteslob und Lebendigkeit gehören für das Alte Testament zusammen, so wie es der kranke König Hiskia nach seiner Genesung sagt (Jes. 38, 19):

„Leben, Leben, das lobt dich, wie ich dich heute!"

Das Gotteslob durchzieht das ganze Dasein des Israeliten, es ist die natürliche Reaktion auf Ereignisse, in denen er das gütige Walten Gottes erfuhr. Deswegen besteht ein fließender Übergang zwischen Ausrufen des Gotteslobes, die in den geschichtlichen Büchern des Alten Testaments begegnen, wie z.B. 1. Sam. 25, 32:

„Gelobt Jahwe, der Gott Israels, der dich heute mir
entgegengesandt hat!"

und dem gleichartigen Satz in den Psalmen, wie z.B. Ps. 66, 20:

„Gelobt Jahwe, der mir seine Gnade nicht entzogen hat!"

Die Lobpsalmen des Psalters bilden zwei Gruppen mit verschiedenem Aufbau, die gewöhnlich Hymnos und Dankpsalm genannt werden. In Wirklichkeit sind es zwei Arten des Lobpsalms, dadurch unterschieden, daß die eine unmittelbare Reaktion auf eine bestimmte, einmalige Erfahrung der Rettung ist, die andere ein mehr distanziertes gottesdienstliches Loblied, das Gott lobt

---

[3] Zu den Lobnamen in der Namengebung Israels s. M. Noth, BWANT 46, 169–194; R. Albertz, 1978.

in allem, was er ist und was er tut, das eine berichtendes, das andere beschreibendes Gotteslob. In beiden geht es in verschiedener Art darum, daß Gott gelobt werde. Beide Arten sind daher als Lobpsalmen zu bezeichnen, damit die elementare Entsprechung von Lob und Klage deutlich werde, die ja nicht nur die Psalmen bestimmt, sondern das ganze Alte Testament. Diese Bezeichnungen (berichtende und beschreibende Lobpsalmen) sind auch deswegen sachgemäßer, weil das gewöhnlich mit ‚danken' übersetzte Verb *hodah* in den beschreibenden Lobpsalmen gleichbedeutend mit *halal* gebraucht werden kann, das nur ‚loben, preisen' bedeuten kann. Dabei bleibt es berechtigt, das Verb *hodah* in bestimmten Zusammenhängen mit ‚danken' zu übersetzen, wenn dabei nur klar ist, daß dieses Danken in den Psalmen ein Aspekt des Gotteslobes ist. Spricht man weiterhin von Dankpsalmen, dann darf dabei nicht vergessen werden, daß der Dankpsalm eine bestimmte Weise des Gotteslobes ist.

1. *Das Gotteslob im Kontext des Geschehens (der berichtende Lobpsalm).* Diese Psalmengattung ist für das Reden von Gott im Alten Testament besonders charakteristisch. Es war am Anfang davon die Rede, daß das berichtende Gotteslob zum Bericht von der Rettung gehört (Ex. 15), und es ist kein Zufall, daß das Mirjamlied (Ex. 15,1 = 21) wahrscheinlich das älteste uns erhaltene Lied des alten Israel ist. Ebenso begegnet das berichtende Lob des Einzelnen nicht nur in den Psalmen, sondern findet sich auch in Erzählungen in der fast gleichen Sprachform (s. o. 139). Auch das geschichtliche Credo (s. o. 38 f.) hat die Struktur des berichtenden Lobes, d. h. die das Volk Israel begründende Rettungstat erhielt ihre Antwort im berichtenden Gotteslob. In dieser Redestruktur liegt also eine feste Verbindung vor zwischen dem Gottesdienst Israels und seiner Geschichte, der Geschichte des Gottesvolkes und der Lebensgeschichte Einzelner. Hier finden wir eine in der Sprache ausgeprägte Bestätigung der besonderen Eigenart des Gottesverhältnisses Israels als eines Wechselgeschehens, das sich lebendig und immer neu zwischen Gott und den Menschen, den Menschen und Gott vollzieht. In der Religion Israels ist es weder zu einer Verselbständigung des Kultes noch der Lehre gekommen; das Gottesverhältnis blieb durch die ganze Geschichte hindurch ein lebendiges Wechselgeschehen, bestimmt von immer neuen Erfahrungen im sich wandelnden Leben. Sowohl die Lobpsalmen des Volkes wie die des Einzelnen spiegeln das so unmittelbar, daß sie ihre Ausdruckskraft bis in die Gegenwart bewahrt haben.

Die Lobpsalmen des Volkes sind im Psalter nicht überliefert; sie begegnen in den Geschichtsbüchern (Ex. 15,1 = 21), in der besonderen Form der Siegeslieder, Ri. 5 und in den Psalmen angedeutet in Ps. 124 und 129, dazu als Bestandteil einer Liturgie in Ps. 118,15.16. Im 124. Psalm spürt man die aufatmende Freude der Geretteten:

„Gelobt Jahwe,
der uns nicht gab zum Raub für ihre Zähne!
Unser Leben ist gerettet,

> wie Vögel vor der Falle der Vogelsteller,
> der Strick ist zerrissen und wir sind frei!"

Dieser Psalm bringt zum Ausdruck, wie im Alten Testament ‚Freiheit' verstanden wird (mit dem Subjekt Volk). Es gibt im Hebräischen kein Wort für Freiheit, weil es im Begriff ‚Leben' impliziert ist; zum Leben gehört das Freisein. An der Stelle des Zustandsbegriffes Freiheit steht im Alten Testament das verbale Reden vom Verlieren und Gewinnen der Freiheit, wie es Ps. 124 zeigt und ebenso Ps. 126, 1–3, in dem ein Volkslobpsalm nachklingt. Da es einen nominalen Begriff Freiheit nicht gibt, fehlt jedes pathetische oder schwärmerische Reden von Freiheit, wie es für jeden Typ von Idealismus bezeichnend ist; um so intensiver wird der Verlust und das Gewinnen der Freiheit in Klage und Lob im Gegenüber zu Gott erfahren und zum Ausdruck gebracht.

Der berichtende Lobpsalm des Einzelnen (Ps. 18; 30; 34; 40, 1–12; 66, 13–20; 92; 107; 116; 118; 138; Jona 2; Hiob 33, 26–28; Sir. 51; Weish. 15, 1–6; 16, 1–15, weitergeführt in den *Hodajot* = Loblieder, eine der in Qumran gefundenen Handschriften, IQH) hat von allen Psalmengattungen die festeste Struktur, die aber, wie gezeigt wurde, weit über die Psalmen hinausragt:

> Ankündigung (mit einleitender Zusammenfassung)
> Bericht von Not und Errettung:
>   ich rief – er hörte – er zog mich heraus
> Lob Gottes und/oder erneuertes Lobgelübde.

In dieser Struktur ist verankert, was im Vorangehenden polare Entsprechung von Klage und Lob genannt wurde; denn der Bericht von Not und Errettung schließt die Klage ein, die sich aus der Not zu Gott erhob. Aber in dieser Struktur sind nicht nur Lob und Klage fest miteinander verklammert, sondern auch die Begegnung im Wort, in der sich der Wandel vollzieht: ich schrie – er hörte. Darin spiegelt sich die Erfahrung, aus der diese Psalmen erwuchsen, und die, solange diese Psalmen lebten, niemals abgerissen ist. Sie ist in der Christenheit weitergegangen und zu einem Bestandteil der christlichen Frömmigkeit geworden::

> „Ich rief zum Herrn in meiner Not:
> Ach Gott, erhör mein Schreien!
> Da half mein Helfer mir vom Tod
> und ließ mir Trost gedeihen ..."

(Ev. Kirchengesangbuch Nr. 233). Im sorgfältigen Hinhören auf diese Psalmengruppe kann am ehesten klar werden, was in den Psalmen mit Loben Gottes gemeint ist und warum es berichtendes Lob ist. Der 40. Psalm beginnt:

> „Harrend harrte ich auf Jahwe
> und er neigte sein Ohr zu mir und hörte mein Flehen
> und holte mich heraus aus der Tiefe des Verderbens

> und stellte auf Fels meinen Fuß ...
> und gab in meinen Mund ein neues Lied,
> Lob unserem Gott!"

und ähnlich Ps. 30 am Ende (V. 12–13):

> „Du hast mir meine Klage in Reigen verwandelt,
> mein Trauerkleid gelöst, mich mit Freude gegürtet;
> auf daß meine Seele dir singe und nicht schweige.
> Herr, mein Gott, in Ewigkeit will ich dich preisen."

In beiden Psalmen wird nicht nur die Rettung, sondern in überschwenglicher Sprache auch das antwortende Lob als von Gott gewirkt bezeichnet. Hier ist ein fester, unablöslicher Zusammenhang zwischen Gottes Tat und dem ihm antwortenden Lob vorausgesetzt. Vielleicht verstehen wir diesen Zusammenhang besser, wenn wir den Bildern in Ps. 30 entsprechend übersetzen: „du hast mich froh gemacht", wie in dem Weihnachtslied: „... da bist du, mein Heil, kommen und hast mich froh gemacht". Das Gotteslob ist nichts anderes als der natürliche Ausdruck solcher Freude.

Für diese Art des Gotteslobes ist der verbale Charakter wesentlich. Einer, der eine Bewahrung, eine Hilfe Gottes erfuhr, erzählt den anderen davon (Ps. 66, 14):

> „Auf, hört mir zu, die ihr Gott fürchtet,
> Ich will erzählen, was er an mir getan hat ..."

(vgl. auch Ps. 40, 10 f.). Deswegen ist die Bezeichnung ‚berichtendes Lob' angemessener als ‚Dankpsalm'. Im Gottesdienst Israels ist die Grundform des Redens von Gott nicht die Aussage, sondern das Erzählen oder Berichten. In solchem Erzählen werden die Zuhörer beteiligt:

> „Erhebet den Herrn mit mir
> und laßt uns alle seinen Namen erhöhen!"   (Ps. 34, 3).

Echte, lebendige Freude will sich mitteilen, will, daß andere sich mitfreuen. Im berichtenden Lob liegt eine Grundform der Verkündigung vor, die keines Amtes und keines Auftrages bedarf. Denn für das berichtende Lob ist es bezeichnend, daß es spontan geschieht, wie es die oben zitierten Stellen aus Ps. 30 und 40 deutlich machen. Der Impuls des Redens von Gott kommt bei diesen Psalmen nicht aus einem Denken oder Wissen, nicht aus einer Tradition oder einem Auftrag, er kommt aus dem Herzen dessen, der Gottes Helfen erfuhr. Hier liegt der Quellort des Gotteslobes.

Exkurs: *Tod und Leben in den Psalmen.* In vielen dieser Psalmen wird die Errettung als Rettung aus dem Tod bezeichnet, die Todesgefahr als Auswirkung der Macht des Todes[4]. Wenn der, der Gottes Hilfe erfuhr, sagen kann: „Du hast mein Leben dem Tode entrissen", so ist das keine Übertreibung; es zeigt ein anderes Verständnis als das uns geläufige von Tod. Tod ist hier verstanden als in das Leben hinein-

---

[4] Hierzu Ch. Barth, 1947.

ragende Macht. Es ist der Tod, der in der Gefahr den Lebenden anfällt; es ist der Tod, der in der Krankheit dem Kranken die Kraft raubt. In der Erfahrung der Rettung klingt die Begegnung mit dem Tod nach. Der Tod also ist nicht in erster Linie der Augenblick, in dem es ‚aus' ist, der Exitus, sondern die im Dasein eines Menschen begegnende Macht, die auf sein Leben aus ist. Die Macht des Todes erfährt der *lebendige* Mensch. So ist es gemeint, wenn der Gerettete sagt:

> „Stricke des Todes hatten mich umfangen,
> Netze der Unterwelt haben mich getroffen,
> Not und Kummer traf ich.
> Da rief ich den Namen Jahwes an ...
> Du hast mein Leben dem Tode entrissen ..." (Ps. 116, 3 f.).

Dieses Verständnis des Todes hat zur Folge, daß die Gedanken an den Tod nicht auf den Augenblick des Endes fixiert sind; die so reden, kennen den Tod und seine Macht aus ihrer Vergangenheit; sie haben aber auch erfahren, daß Gott stärker ist als der Tod und sie aus seiner Macht befreien kann.

Dementsprechend wird auch Leben anders verstanden. Der von seiner Krankheit genesene König sagt:

> „Leben, Leben, das lobt dich wie ich dich heute!"

(Jes. 38). Leben ist erfülltes, ist heiles, freies, glückliches Leben; das bloße physisch konstatierbare Lebendigsein ist noch kein Leben. So ist der Ausruf des Königs Hiskia zu verstehen: die Lebensfreude des wieder Genesenen ist die befreite Freude dessen, der Gottes Hilfe erfahren hat und darum ganz von selbst zu Gott hin gewandte Freude.

2. *Das Gotteslob im kultischen Kontext (das beschreibende Gotteslob).* In diesen Psalmen wird Gott gelobt über der Fülle seines Wirkens und seines Seins, wobei zum rettenden hier auch das segnende Wirken tritt. Es ist das spezifisch gottesdienstliche Lob, dessen Subjekt überwiegend die gottesdienstlich versammelte Gemeinde ist. Daneben begegnet auch beschreibendes Gotteslob des Einzelnen. Der Übergang vom berichtenden zum beschreibenden Gotteslob, kenntlich am Übergang zu nominalen Aussagen, zeigt sich schon in berichtenden Lobpsalmen. An ihnen wird deutlich, wie sich die nominalen Aussagen aus den verbalen ergeben. In Ps. 30 sind die beiden Sätze von V. 6 a:

> „Denn einen Augenblick in seinem Zorn,
> ein Leben lang in seiner Gnade",

unmittelbarer Widerhall der Erfahrung, von der der Psalm erzählt. Ebenso ist es in Ps. 116, der berichtet, aus dessen Bericht aber ein Satz über Gottes Sein gefolgert wird:

> „Gnädig ist Jahwe und gerecht,
> unser Gott ist ein Erbarmender!" (V. 5).

Besonders eindrucksvoll zeigt Ps. 40, 6, wie aus der Erfahrung eines Einzelnen ein weiterführendes Nachdenken die eigene Erfahrung ausweitet:

> „Viel sind, Jahwe, deiner Wunder, die du getan,
> und deine Gedanken über uns,
> nichts ist mit dir zu vergleichen!"

Diesen Worten beschreibenden Gotteslobes spürt man es an, daß sie aus einer Erfahrung erwachsen sind. Die Beispiele insgesamt zeigen, daß das aussagende, nominale Reden von Gott aus dem verbalen Reden entstanden ist.

Eine Eigenart des beschreibenden Gotteslobes in Israel gegenüber den ägyptischen und babylonischen Götterhymnen [4a] liegt darin, daß es nicht lobende Prädikate Gottes aufreiht, sondern sich auf eine Grundaussage konzentriert, die in vielen Psalmen die Mitte des Gotteslobes bildet. Das kann beispielhaft Ps. 113 zeigen, in dessen Mitte der Satz steht (V. 5.6):

„Wer ist wie der Herr, unser Gott
im Himmel und auf Erden,
der in der Höhe thront – der in die Tiefe sieht!"

Die beiden Aussagen gehören polar zueinander und bestimmen so den ganzen Psalm. Eingeleitet ist er mit dem imperativischen Lobruf V. 1–3. Gott thront in der Höhe (V. 4–5), um in die Tiefe sehen zu können, von wo der Leidende flehend zu ihm aufblickt, um ihm helfen zu können (V. 7–9). Er vermag in die Tiefe zu sehen, weil er in der Höhe thront, von der er alles sehen und alles Leid wenden kann. Die Struktur dieses Psalms läßt erkennen, daß hinter ihm die Erfahrung derer steht, die das Hinabblicken Gottes in die Tiefe erlebt haben.

Abgesehen von diesem konstanten Grundmotiv, daß Gott in seiner Majestät und in seiner Güte gelobt wird, ist der Aufbau und die Entfaltung in den beschreibenden Lobpsalmen viel freier und vielfältiger als in den berichtenden. Die eine Seite, das Lob der Majestät, wird in einer Reihe von Psalmen in der Weise entfaltet, daß sich diese Majestät in seinem Wirken als Schöpfer und als Herr der Geschichte erweist, so in Ps. 33 und 136; vgl. Hiob 9/10 und 12. Das Lob des Schöpfers kann in den Schöpfungspsalmen (Ps. 8; 19A; 104; 139; 148; Am. 4,13; 5,8f.; 9,5f.), das Lob des Herrn der Geschichte in Geschichtspsalmen (Ps. 135,8–12; 136,10–22; 105; Ex. 15) verselbständigt werden.

a) Ein für diese Lobpsalmen Israels typischer Zug liegt in dem imperativischen Lobruf, der die Mehrzahl dieser Psalmen einleitet und manchmal einen ganzen Psalm bestimmt (die Imperativpsalmen wie Ps. 100; 148; 150). Es ist eine gottesdienstliche Aufforderung zum Lob, häufig wahrscheinlich von einem Priester gesprochen oder gesungen (so Neh. 9,5ff.); aber ihm liegt die Aufforderung zur Mitfreude aus dem berichtenden Lob (wie Ps. 34,3) zugrunde. Im Hymnos hat diese Aufforderung die Tendenz, sich auszuweiten; die Könige, die Völker, ja, alle Kreaturen werden zum Lob gerufen. Weil Gott so groß, so wunderbar ist, muß der Ruf zum Lob immer weiter gehen. Erstaunlich und von hoher theologischer Bedeutung ist vor allem der 148. Psalm. Wenn hier das Subjekt des Gotteslobes wie selbstverständlich auf alle Kreaturen ausgeweitet wird, „vom Himmel her ... von der Erde her", und dabei

---

[4a] Zu den ägyptischen und den babylonischen Hymnen ATD Erg.reihe 1 S. 39–52 u. 124–141.

die Könige ziemlich dicht neben den Würmern stehen, dann wirft das ein Schlaglicht auf eine Seite der Gottesbeziehung im Alten Testament, die in der christlichen Theologie kaum je beachtet wurde. Daß Gott Schöpfer ist, bedeutet im Alten Testament nicht primär, daß eine Aussage über einen Vorgang in ferner Vergangenheit gemacht wird, sondern über einen Aspekt gegenwärtiger Wirklichkeit. Dieser Aspekt ist so gewichtig, daß er im Gottesdienst zu einem so großartigen Ausdruck kommt. Von Gott reden, heißt vom Ganzen reden; ein nur auf das Heil der Menschen bedachter Gott wäre nicht der wirkliche Gott. Der Ruf zum Lob an die Kreatur kann aber auch einen Aspekt des Gotteslobes im Alten Testament im Verhältnis zum neutestamentlichen Glaubensbegriff deutlich machen. In einem gottesdienstlichen Lied alle Kreaturen zum Glauben an Gott aufzurufen, wäre nicht möglich, Glaube ist ein strikt personaler Vorgang. Zum Loben können alle Kreaturen aufgefordert werden, weil es ein weiterer Begriff ist. In ihm wird Daseinsfreude zum Ausdruck gebracht, die allen Kreaturen zugedacht ist; es bedarf dazu nicht der Menschensprache (Ps. 19,4: „ohne Sprache, ohne Worte, mit unhörbarer Stimme"). Diese Daseinsfreude weist auf ihren Daseinssinn: hingewandt zum Schöpfer. Wenn Paulus Röm. 8 vom „Seufzen der Kreatur" spricht, so weist er damit auf die andere Seite, das Leiden der Kreatur in der gegenwärtigen Weltzeit. Beides aber gehört notwendig zusammen, der Ruf zum Lob an die Kreatur und das Seufzen der Kreatur. Klage und Lob in diesem weiten Sinn schließen auch die Kreatur ein. Eine Entsprechung zu Ps. 148 sind die Gottesreden im Hiobbuch, Kap. 38–41, in denen Gott Hiob als Geschöpf in den weiten Kreis der gesamten Schöpfung weist, in dem alles seinen Sinn hat.

b) Einen besonderen Typ bilden die „hymnischen Partizipien" (F. Crüsemann)[5], der sich aber nur außerhalb des Psalters findet und damit eine wichtige Bezeugung des Gotteslobes außerhalb des Psalters darstellt. Er besteht aus preisenden Partizipien, wie sie für die außerisraelitischen Hymnen bezeichnend sind, und dem abschließenden Satz: „Jahwe ist sein Name", mit dem der Gott Israels an die Stelle der anderen Götter tritt (Am. 4, 13):

> „… der die Berge bildet und den Wind schafft, …
> der Morgenröte und Dunkel macht
> und tritt auf die Höhen des Landes,
> Jahwe ist sein Name!"

c) Die Bedeutung der Gattung des beschreibenden Lobpsalms weist über den Psalter hinaus; sie bildet ein wichtiges Element in der Hiobdichtung und in der Prophetie Deuterojesajas.

Daß im Gotteslob der Psalmen nicht additiv, eine lobende Aussage an die andere reihend, sondern explikativ, die eine das ganze Gottsein bestimmende polare Grundaussage von Gott entfaltend gesprochen wird, zeigt eine Struktur, die in einer Reihe von Lobpsalmen begegnet, und die der Dichter des

---

[5] F. Crüsemann, WMANT 32, 83–104.

Hiobbuches aufnimmt. Die eine Seite des Satzes in der Mitte des 113. Psalms (V. 5f.), die von Gottes Majestät spricht, wird in Ps. 33 in der Weise entfaltet, daß in V. 6–9 Gott als Schöpfer, in V. 10–12 Gott als Herr der Geschichte gelobt wird:

V. 6: „durch das Wort des Herrn sind die Himmel gemacht ..."
V. 10: „der Herr vereitelt den Ratschlag der Völker ..."

Diese Struktur nimmt der Dichter des Hiobbuches auf. Im ersten Redegang ist die erste Rede Hiobs, Kap. 6–7, ganz von der Klage bestimmt. In der zweiten, Kap. 9–10, und der dritten, Kap. 12–14, nimmt er das Motiv des Lobes der Majestät Gottes aus den Reden der Freunde (Hiob 5, 9–16, Eliphas und 25, 2–3, zu Kap. 8 gehörend, Bildad) auf und entfaltet es in der zweiten Rede, Kap. 9–10, als das Lob des Schöpfers, gesondert der Welt 9, 4–13 und des Menschen 10, 3–17; in der folgenden Rede Kap. 12–14 als das Lob des Herrn der Geschichte, 12, 10–25. Wenn in der Entfaltung des Gotteslobes in den Psalmen und im Hiobbuch die gleiche Struktur begegnet, zeigt sich daran, wie sehr das Gotteslob als Antwort in Israel theologisch-systematisch bestimmt ist. Aus dem Gotteslob erfahren wir, daß Gottes Gottsein in die Polarität von Majestät und Güte gefaßt wird; wir erfahren, daß Gott in seiner Majestät sich in den beiden Bereichen der Natur und der Geschichte erweist, was ein enges Zusammengehören dieser beiden Bereiche voraussetzt.

Jedoch geht die theologische Relevanz des Gotteslobes für Israel noch weiter. Im ersten Redegang zwischen Hiob und seinen Freunden arbeitet der Hiobdichter an den Motiven des Gotteslobes den Gegensatz zwischen der Theologie Hiobs und der seiner Freunde heraus. Für die Freunde ist das Gotteslob so etwas wie eine Feststellung; es sagt, wie Gott ist: wird Gott in seiner Majestät gelobt, so hat das seinen Sinn in der Feststellung von Gottes Majestät und Größe. Für Hiob dagegen ist das Gotteslob ein Vorgang zwischen Gott und Mensch. Er fragt deshalb: Was bedeutet es für den Menschen, wenn Gott in seiner Majestät gelobt wird? Damit bekommt das Motiv einen anderen Sinn. Hiob setzt das Lob des Schöpfers in Beziehung zur Klage, indem er beim Wirken Gottes in der Schöpfung und in der Geschichte auch von seinem zerstörenden Wirken redet und damit von der Unbegreiflichkeit dieser Majestät und Größe.

In ganz anderer Weise ist in der Prophetie Deuterojesajas das Gotteslob in seiner vorgegebenen Struktur eines der wichtigsten Elemente seiner Verkündigung. Das zeigt besonders Jes. 40, 12–31. Deuterojesaja erinnert sein Volk in der Verbannung an das Gotteslob, das ihm aus dem Gottesdienst vor dem Zusammenbruch vertraut ist. Hinter der Komposition von Jes. 40, 12–31 steht die Struktur des beschreibenden Gotteslobes. Gott wird gelobt in seiner Majestät (V. 12–26) und in seiner Güte (V. 27–31). Das Lob der Majestät Gottes wird entfaltet: er ist der Schöpfer und Herr seiner Schöpfung (V. 12–17) und der Herr der Geschichte (V. 18–24). Auch hier ist das Gotteslob in Beziehung zur Klage gebracht: den Verzagenden und Verzweifelten (V. 27):

„Warum sagst du, Jacob, und sprichst du, Israel,
mein Weg ist vor Jahwe verborgen
und mein Recht entgeht meinem Gott?",

ihnen verkündet der Prophet die Hilfe ihres Gottes (V. 29):

„Er gibt dem Müden Kraft
und Stärke genug dem Ohnmächtigen ..."

Daß Gott aber trotz der Niederlage Israels die Möglichkeit dazu auch jetzt noch hat, sagt er ihnen, indem er ihnen das alte Lob Gottes, des Herrn der Schöpfung und der Geschichte (V. 12–24) neu erweckt (V. 28):

„Ewiger Gott ist Jahwe, Schöpfer der Enden der Erde,
er wird nicht müde, er wird nicht matt,
unerforschlich ist seine Einsicht ..."

Das Vorkommen der gleichen Struktur im Gotteslob der Psalmen, im Hiobbuch und bei Deuterojesaja zeigt, daß im Alten Testament das Rufen zu Gott ein wesentlicher Bestandteil der Theologie ist; in der Anrede an Gott formen sich durch die Jahrhunderte die Strukturen, in die die Grundaussagen über Gott gefaßt werden. Im Alten Testament ist Theologie dialogisch; das Reden von Gott und das Reden zu Gott gehört zusammen.

III. Die Klage

1. *Bedeutung und Eigenart der Klage im Alten Testament.* Wie das Gotteslob hat auch schon die Klage ihren Ort im Credo Dtn. 26,7 a:

„Da schrieen wir zum Herrn, zum Gott unserer Väter."

Die Klage gehört als ein Element zum Gesamtvorgang der Rettung. Wird in einer Theologie des Alten Testaments der Rettung aus Ägypten eine grundlegende Bedeutung gegeben, dann muß sie auch der Klage zuerkannt werden, dem Rufen aus der Not, auf das hin das helfende Eingreifen Gottes erfolgt. Vom Anfang bis zum Ende gehört im Alten Testament das Rufen aus der Not, der Schrei aus der Tiefe zu dem, was zwischen Gott und Mensch geschieht[6]. Wenn die Klage bisher in der Theologie des Alten Testaments eine nur geringe oder gar keine Bedeutung hatte, so hat das zwei Gründe. Einmal war nicht genügend bewußt, daß Totenklage und Leidklage, die in den modernen Sprachen begrifflich nicht mehr getrennt sind, im Alten Testament und in der Antike überall zwei verschiedene Phänomene mit zwei verschiedenen Vokabeln sind[7]. Die Totenklage sieht zurück, die Leidklage sieht nach vorn; sie ist dem Leben zugewandt und erfleht die Wende des Leids. Die Leidklage ist ein zu Gott hingewandtes Reden, die Totenklage dagegen ist eine profane

---

[6] C. Westermann, ZAW 66.
[7] H. Jahnow, BZAW 36 und Artikel ‚Mourning', IDB III, 452–454.

Gattung (z. B. 2. Sam. 1). Der andere Grund liegt darin, daß die vom Gebet abgelöste Klage im Lauf einer langen Entwicklung ihren ursprünglichen Sinn verlor und dadurch einen negativen Akzent erhielt. Die Klage wurde zum bloßen Sich-Beklagen, zum Jammern, damit trat sie in Gegensatz zu einer tapferen oder gläubigen Haltung. Wenn wir ein Lob damit aussprechen, daß wir sagen: „Er hat nie geklagt" oder wenn ein Sprichwort mahnt: „Lerne leiden, ohne zu klagen!", so ist damit etwas anderes gemeint als die Klage im Alten Testament. Die aus dem Gebet ausgeschiedene, nicht mehr als Ruf zu Gott verstandene Klage mußte entarten, weil ihr eigentlicher Sinn ja der Appell an Gott war. In der jüngsten Zeit bahnt sich hier eine Wandlung an; in Erfahrungen der Gegenwart wurde die Klage in ihrem ursprünglichen Sinn, den sie im Alten Testament hat, wieder entdeckt.

Das Rufen aus der Not zu Gott begleitet die Geschichte Israels in allen ihren Phasen, von der Klage aus der Knechtschaft in Ägypten über die Klagen des Volkes und des Mittlers in der Zeit der Wüstenwanderung und in der Zeit der Kämpfe um das Land (Ri. 2, 15 f.):

> „... und sie gerieten in große Not.
> Wenn sie aber zum Herrn schrieen ...",

und so immer wieder in Notzeiten bis hin zu den Zusammenbrüchen am Ende des Staates Israel und Juda, in den Klageliedern, Ps. 89 oder Jes. 63/64. Wie die Klage in den späteren Zusammenbrüchen weiterlebt, zeigt insbesondere das IV. Esrabuch. Neben der Klage des Volkes hat die Klage des Einzelnen ihren eigenen Weg, der sich durch das ganze Alte Testament verfolgen läßt. In der Fülle der Klagepsalmen des Psalters geht es um diesen Ruf aus der Tiefe (Ps. 130):

> „Aus der Tiefe rufe ich, Herr, zu dir ..."

Um die Bedeutung der Klage und den Anteil der Klagetexte im Alten Testament zu bemessen, muß man aber die Klagen in Prosatexten und in prophetischen Texten einbeziehen. Entsprechend den drei Stadien des Gebetes (s. o. 135) sind bei der Klage drei Stadien zu unterscheiden: die kurze Klage der Frühzeit (Gen. 25, 22; 27, 46; Ri. 15, 18; 21. 2 f.), die Klage in der gedichteten Prägung der Psalmen und die Klage in Prosagebeten der Spätzeit (Esra 9; Neh. 9). Diese drei Stadien der Klage lassen sich durch alle Schriften des Alten Testaments hindurch erkennen. Die kurzen Klagen der Frühzeit sind in erzählenden und berichtenden Texten überliefert als ein Bestandteil des hier Erzählten oder Berichteten, angefangen von der Klage Kains in Gen. 4, der Klage Abrahams in Gen. 15, der Klage Rebekkas in Gen. 25. Die Klagen in der gedichteten Form der Klagepsalmen sind nicht auf die Sammlungen des Psalters und der Klagelieder beschränkt, sie begegnen auch in Prophetenbüchern (die Volksklagen in Jer. 14 f.; Jes. 63 f. und die Klagen des Einzelnen in Jer. 11–20)[8]. Darüber hinaus ist die Klage des Volkes ein wichtiges Motiv in der Ver-

---

[8] Eine genaue Aufstellung in der Einleitung in die Psalmen bei H. Gunkel - J. Begrich, 117 und 172 f.

kündigung Deuterojesajas, die Klage des Einzelnen ein tragendes Motiv im Hiobbuch.

Dieser Überblick kann zeigen, daß die Klage im Alten Testament einen wesentlichen Anteil hat an dem, was zwischen Gott und Mensch geschieht. Die Bedeutung der Klage ist im Menschenverständnis des Alten Testaments begründet. Menschsein gibt es nur in den Grenzen der Vergänglichkeit und des Sich-Verfehlens. Zu seiner Existenz gehört die durch diese Grenze bedingte Gefährdung. Sie soll und sie kann in der Klage zu Wort kommen. Wie es zum Menschsein des Menschen gehört, daß er in der Klage sein Herz ausschütten kann (Ps. 102,1), so gehört es zum Gottsein Gottes, daß er sich hinabneigt zu solchem Rufen aus der Not (Ps. 113).

2. *Der Aufbau der Klage und ihre drei Aspekte.* Die Klagen in der gedichteten Form der Psalmen haben einen festen Aufbau, der zwar eine Fülle von Variationen zuläßt, aber doch in jedem Psalm eine feste Folge von Elementen erkennbar macht, die ihn als Klagepsalm ausweisen: Anrede (und einleitende Bitte) – Klage – Hinwendung zu Gott (Bekenntnis der Zuversicht) – Bitte – Lobgelübde. Dieser Aufbau hat in sich ein Gefälle. Es gibt keinen einzigen Klagepsalm, der bei der Klage stehenbliebe. Darin zeigt sich die Appellfunktion der Klage. Es geht in ihr ja nicht um die Selbstdarstellung des Leids oder Selbstbemitleidung, sondern um die Wende des Leids, weil die Klage an den appelliert, der das Leid wenden kann. Dieses Gefälle zeigt sich einmal darin, daß die Klage in die Bitte einmündet (diese Reihenfolge ist nicht umkehrbar!), dann auch darin, daß jeder einzelne Klagepsalm, ohne Ausnahme, einen Schritt über die Klage hinausführt, was häufig an einem „aber" zu erkennen ist (*waw adversativum*)[9], das zum Bekenntnis der Zuversicht oder einem ähnlichen Satz überleitet. Das Gefälle zeigt sich aber besonders in dem Psalmschluß, der entweder im Lobgelübde auf das Eingreifen Gottes voraussieht oder schon in Gotteslob übergeht (besonders in Ps. 22).

Zum Aufbau der Klagepsalmen gehört eine Gliederung der Klage in sich; die Klage hat drei Aspekte. Sie ist auf Gott gerichtet (Anklage Gottes oder Gottklage), auf andere Menschen (Feindklage) und auf den Klagenden selbst (Ich-Klage). Diese Dreigliederung zeigt sich in kurzer Form in Ps. 13,2–3:

> „Wie lange, Jahwe, vergißt *du* mich dauernd?
> Wie lange verbirgst du dein Antlitz vor mir?
>
> Wie lange soll *ich* Schmerzen in meiner Seele hegen,
> Kummer in meinem Herzen, Tag für Tag?
>
> Wie lange soll sich *mein Feind* über mich erheben?"

In längerer Form bestimmt sie den Aufbau von Ps. 22. V. 2ff.: du Gott; V. 7ff.: Ich aber ...; V. 12ff.: die Feinde. Eine Zusammenstellung weiterer Beispiele in ThB 24, 1964, 280 und passim. Sie findet sich auch in den Klagen Hiobs, wo sie z.B. den Aufbau der Schlußklage Kap. 30 bestimmt. In den drei Aspekten der Klage spricht sich das Menschsein als ganzes aus: Für den Kla-

---

[9] Lob und Klage in den Psalmen, C. Westermann, 52.

genden ist nicht nur sein Ich bedroht, sondern ebenso sein Stehen in der Gemeinschaft und seine Gottesbeziehung. Die Dreigliederung der Klage zeigt ein Menschenverständnis, in dem der einzelne Mensch ohne die Gemeinschaft, zu der er gehört und ohne das Gottesverhältnis noch gar nicht denkbar ist, die existentielle noch nicht ohne die soziale und theologische Relation. In diesem Menschenverständnis sind Theologie, Psychologie und Soziologie noch nicht getrennt. Das gleiche Menschenverständnis finden wir bei der Erschaffung des Menschen in Gen. 2 und im Hiobbuch, in dem sich das Drama des leidenden Menschen in diesen drei Aspekten, zwischen Gott, Hiob und seinen Freunden abspielt. Sie bilden für das Menschenverständnis des Alten Testaments das Grundgerüst.

Ebenso wichtig ist die im Alten Testament durchgehende Unterscheidung der Subjekte der Klage: die Klage des Volkes und die des Einzelnen bleiben durch das ganze Alte Testament hindurch nebeneinander bestehen. Es sind zwei verschiedene Daseinsbereiche, in denen hier und dort Menschenleid erfahren wird, und die Erfahrungen des Leides sind hier und dort verschieden. Für die Gottesbeziehung des Menschen sind beide Erfahrungsbereiche gleich wichtig, und weder eine Theologie, die auf die Gottesbeziehung des Individuums, noch eine, die auf die des Gottesvolkes beschränkt ist, entspricht dem wirklichen Menschen. Daß die Klage als Sprache des Leides des Einzelnen wie der Gemeinschaft für das Alte Testament gleich gewichtig ist, zeigt sich beispielhaft im Nebeneinander der Prophetie Deuterojesajas, in der die Klage des Volkes, und des Hiobbuches, in dem die Klage des Einzelnen ihre weitere theologische Entfaltung erfährt.

3. *Das Klagemotiv bei Deuterojesaja und Hiob.* Die Verkündigung Deuterojesajas baut auf der Klage des Volkes auf. Die Sammlung der Klagelieder läßt darauf schließen, daß nach der Zerstörung des Heiligtums der Gottesdienst bei den Übriggebliebenen nur als Klagebegehung weitergeführt werden konnte. Die Bedeutung dieser Klagebegehungen zeigen auch Ps. 89 und Jes. 63/64. Hier erhält die Volksklage eine eminent wichtige Funktion für die Kontinuität der Gottesbeziehung Israels nach 587. Weil der zerschlagene Rest diese Möglichkeit hat, den Schmerz und die Schande der Katastrophe vor Gott zu bringen, weil andererseits die Klage als solche nach vorn blickt, ist in ihr ein Ansatz möglich, der ein neues Zusammenkommen zum Anrufen Gottes ermöglicht. An diese Klagegottesdienste, die es gewiß bei den im Lande Gebliebenen und bei den Vertriebenen gab, konnte die Heilsverkündigung Deuterojesajas anschließen: er verkündete auf die Klage die Erhörung.

Die Klage des Volkes behielt ihre Funktion in den späteren Katastrophen des jüdischen Volkes, wie es besonders das IV. Esrabuch eindrücklich zeigt. Etwas von ihrer positiven Kraft ist bis in die Gegenwart an der Funktion der Klagemauer in Jerusalem zu sehen.

Die Hiobdichtung [10] ist etwas wie eine große Fuge, der neben vielen anderen Motiven das Hauptmotiv der Klage zugrunde liegt. Hier ist es die Klage des

---

[10] C. Westermann, Der Aufbau des Buches Hiob, 1956, ²1977 mit neuerer Literatur.

Einzelnen, es geht um das persönliche Menschenleid. Die Wendung im Hiobbuch ist die Erhörung der Klage. Der Dichter des Buches hat mittels der Klage sein Gottes- und Menschenverständnis dargelegt. Er hat das gegenüber einer durch Hiobs Freunde vertretenen Theologie seiner Zeit getan. Diese beruht auf der Vergeltungslehre, nach der ein hartes, schweres Schicksal die Folge schwerer Sünde sein muß, denn Gott ist gerecht. Hiob gibt zu, daß er gesündigt hat wie andere Menschen auch; er kann aber nicht zugeben, daß er einen so schweren Frevel beging, wie ihn die Freunde in Entsprechung zu den schweren Schlägen, die ihn trafen, voraussetzen. Hiob weiß, daß sein Leiden nicht Strafe ist, und nun kann er Gott nicht mehr verstehen. Aber Hiob setzt der Vergeltungslehre nicht eine andere Lehre entgegen; er kann sich nur noch in der Klage an den Gott halten, den er nicht mehr versteht. Bei Hiob erhält die Klage eine äußerste Möglichkeit der Appellfunktion: er hält sich an Gott gegen Gott. Auch die Verzweiflung, die sich gegen Gott wendet, erhält in der Klage ihre Sprache, die sie noch als Anklage Gottes mit Gott verbindet.

Das Hiobbuch spricht von einem Mann, der in allen Abgründen des Leides und durch alle Abgründe des Leidens hindurch an Gott festhielt. Es ist dieses Festhalten an Gott, ein Festhalten in tödlicher Verzweiflung und tödlicher Einsamkeit, um das es dem Hiobdichter eigentlich geht. Daß es dies gibt, ist die Botschaft des Hiobbuches. Der Hiobdichter erkennt und gibt zu, daß sehr schweres Leid die Kraft hat, einen Menschen von Gott zu trennen. Er folgert daraus, daß diese Verzweiflung zur Sprache kommen soll. Der Hiobdichter will der Sprache des Leides, der Klage, ihre lebenswichtige Aufgabe und ihre Würde wiedergeben. Auch in der Anklage Gottes, so sagt der Hiobdichter im Schlußwort, hat Hiob recht von Gott geredet.

Für Hiob hat sich Gott verborgen, er schweigt, er ist ferne, wie das auch in den Klagepsalmen gesagt wird. Die Reformatoren sprechen vom verborgenen Gott, vom *deus absconditus*. Das Alte Testament hat dafür einen etwas anderen Ausdruck:

„Du bist ein Gott, der sich verbirgt (*'el mistatter*)" (Jes. 45,15)[11]. Es ist ein Unterschied, ob man aus der Verborgenheit Gottes eine Seinsaussage macht, so also, daß es zum Wesen Gottes gehört, daß er ein *deus absconditus* ist, oder ob man von der Möglichkeit redet, daß Gott sich vor einem Menschen verbergen kann; „ein Gott, der sich verbirgt" ist etwas anderes als ein verborgener Gott. Hiob kommt eben nicht zu der Erkenntnis, daß der Gott, der ihm alles genommen hat, ein verborgener Gott ist und er sich damit zufrieden geben muß, sondern er erfährt den sich verbergenden Gott und fleht ihn an, daß er sich ihm wieder zeige. Und das letzte Wort im Hiobbuch ist, daß Gott für Hiob *nicht* der verborgene Gott bleibt: „... nun aber haben meine Augen dich gesehen!"

Der Hiobdichter sagt das, was er zu sagen hat aber auch für die Leidensgefährten Hiobs. Er ist erfüllt von tiefer Menschlichkeit. Er weiß: das Leid vereinsamt, isoliert. Er will mit der Gestalt seines Hiob den Leidenden aus

---

[11] L. Perlitt, Festschr. G. v. Rad, 367–382.

ihrer Isolierung heraus einen Platz unter den anderen geben. Er will ihnen in ihrem Leiden einen Sinn geben. Wenn dieser Hiob in der Bibel fehlen würde, dann würde etwas sehr Wesentliches fehlen. Wenn dieser Mensch in seiner Qual unter den anderen Menschen fehlen würde, dann wäre keiner da, der in einer bestimmten Stunde als einziger für die anderen eintreten kann (Hiob 42). Am Ende ist es Hiob, der für seine Freunde vor Gott eintritt. In diesem Werk wird dem menschlichen Leid ein Adel gegeben, der es als notwendig zum Menschsein gehörig erweist. Und hierin weist das Hiobbuch über sich hinaus.

4. *Klage und Sündenbekenntnis.* In vielen Klagen des Einzelnen und des Volkes tritt zu der Klage das Sündenbekenntnis hinzu, nicht aber in allen. Dagegen enthalten eine Reihe von Klagen eine Unschuldsbeteuerung. Damit zeigen die Klagen des Psalters ein bewußtes Unterscheiden von Leid, das offenkundig verschuldet ist, und solchem, bei dem eine das Leid begründende Schuld nicht zu erkennen ist. Diese Unterscheidung weist darauf hin, daß die betreffenden Psalmen die strikte Vergeltungslehre der Freunde Hiobs noch nicht kennen. Dieser Unterschied bringt zum Ausdruck, daß der Leidende ein Recht hat, sein Herz vor Gott auszuschütten, abgesehen von der Frage nach der Schuld. Nicht jeder Leidende muß als Schuldiger vor Gott treten; es kann Situationen geben, in denen es für ihn lebenswichtig ist, daß gerade dieses Leid nicht von ihm verschuldet ist. Die Klage also ist nicht an das Sündenbekenntnis gebunden, wie auch das Sündenbekenntnis nicht an die Klage gebunden ist. Auch hier ist das Entscheidende im Hiobbuch gesagt: Hiob wehrt sich gegen die Freunde, die ihn zu einem Sündenbekenntnis nötigen wollen.

5. *Die Klage des Mittlers.* Von ihr war bereits im Zusammenhang der Geschichte des Mittlers die Rede. Es ist die Klage eines Einzelnen, in der es aber um die Sache des Volkes geht. Das Leid, das in ihr geklagt wird, ist aus dem Dienst des Mittlers erwachsen. Sie beginnt in den Klagen des Mose, kehrt wieder in der Klage Elias und hat ihren Höhepunkt in den Klagen (oder Konfessionen) Jeremias. Sie kommt zum Ziel im Leiden des einen Mittlers für das Volk in den Gottesknechtliedern und in der Leidensgeschichte Jesu.

In den Klagen Jeremias [12] kommt die übermenschlich schwere Last der Aufgabe zum Ausdruck in Klagen, die beides deutlich erkennen lassen: Die Sprache des Leides, die ihre Prägung in den gottesdienstlichen Klagepsalmen des Einzelnen erhalten hat, und die hinter diesem Ausdruck persönlichen Leides stehende Schwere des Auftrags, wie sie sich in den drei Gliedern der Klage zeigt: Die Feinde, die er sich durch seine Gerichtsankündigung gemacht hat, seine Einsamkeit unter der Last des Auftrags und das Schweigen Gottes, der für seinen Knecht nicht einzutreten scheint.

Die Klage des Mittlers bezeugt, daß die Propheten Israels als Boten des Gerichts, das Gott über sein eigenes Volk bringen mußte, selber als leidende Menschen an dem teilbekamen, was auf das Volk zukam; in der Klage des Mittlers deutet sich die Bedeutung des Leidens für die kommende Geschichte an.

---

[12] F. Ahuis, Diss. Heidelberg; U. Eichler, 1978.

6. *Die Klage Gottes*. In den gleichen Zusammenhang gehört ein seltsames Phänomen, das unmittelbar an die „Inkonsequenz" Gottes in seinem Erbarmen (s. o. 120) erinnert: die Klage Gottes[13]. Das Buch Jesaja beginnt mit einer Klage Gottes über den Abfall seines Volkes (Jes. 1,2–3):

> „Söhne habe ich großgezogen und hochgebracht,
> und sie sind von mir abgefallen.
> Ein Ochse kennt seinen Herrn,
> und ein Esel die Krippe seines Herrn;
> Israel kennt es nicht,
> mein Volk hat keine Einsicht."

Ähnlich in Jer. 8,4–7. Schärfer noch tritt die Klage Gottes dort hervor, wo sie das Gericht beklagt, das er selbst über sein Volk bringen muß. Solche Klagen begegnen schon bei Hosea (Hos. 6,4), sie treten deutlicher hervor bei Jeremia (Jer. 12,7–13; 15,5–9; 18,13–17), wo sie neben den Klagen Jeremias stehen. In ihnen ist das Gerichtswort zur Klage gewandelt. Gott trauert um sein verwüstetes Eigentum, um den „Liebling seines Herzens" (Jer. 12,7–13), den er in die Hand seiner Feinde geben muß. Nahe beieinander sind in diesen Texten Gottes Zorn und Gottes Trauer über sein Volk. So kann nur in einer äußersten Grenzsituation gesprochen werden, am Rande der Vernichtung, die Gott über sein Volk bringt. Dies wird es dann den Geschlagenen ermöglichen, sich flehend wieder an den Gott zu wenden, der sie schlug.

B. *Die Antwort im Handeln*

So wie zu dem, was man von Gott sagen kann, Wort und Wirken Gottes gehört (Ps. 33,4):

> „Denn das Wort Jahwes ist wahrhaftig,
> und all sein Wirken ist zuverlässig",

so gehört zur Antwort des Menschen ein Reden und ein Handeln; beidemal stehen zwei polare Aussagen für das Ganze. Die Formulierung ‚Antwort im Handeln' ist in den häufigen Zusammenhängen im Alten Testament begründet, in denen auf ein Gotteswort hin als Antwort ein Handeln berichtet wird, wie z. B. in Gen. 12,1–4a. Zur Antwort in einem Handeln gehört im Alten Testament einmal der große Komplex der Gebote und Gesetze, in denen Gott gebietet bzw. festsetzt, wie und worin die Menschen seinen Willen erfüllen können. Zur Antwort in einem Handeln gehört ebenso der ganze große Komplex des Gottesdienstes. Zwar kommen im Gottesdienst Handeln und Reden Gottes und der Menschen zusammen, aber als Institution tritt der Gottesdienst zunächst in den Blick als ein Wirken des Menschen; in allen Bezeichnungen des Gottesdienstes (*'abad, 'abodah, colere, cultus,* service,

---

[13] C. Westermann, Interp. 28, 20–38.

Gottesdienst usw.) ist der Mensch Subjekt, und das auffälligste Phänomen des Gottesdienstes ist das Zusammenkommen von Menschen an einem Ort, um dort Gott zu dienen. Es geht also bei der Antwort im Handeln um das, was allgemein als Ethos und Kultus bezeichnet wird, wobei aber Ethos (Ethik) eine für das Gemeinte unzureichende Bezeichnung ist und auf das Alte Testament nicht angewandt werden kann. Was das Verhältnis der beiden Komplexe ‚Gebote und Gesetze' – ‚Gottesdienst' zueinander betrifft, so ist der erste in seinen Sprachformen festgelegt, die Texte von Geboten und Gesetzen stehen in Gebotsreihen und Gesetzessammlungen zusammen. Das gilt z.T. auch für den Gottesdienst, bei den Kultgesetzen, vor allem in der Priesterschrift. Hier überschneiden sich die beiden Komplexe, ein Teil der Gebote und Gesetze des Alten Testaments ist auf den Gottesdienst bezogen (im Priestergesetz der weit überwiegende Teil). Neben diesen Geboten und Gesetzen, die auf den Gottesdienst bezogen sind, erfahren wir das meiste über den Gottesdienst Israels aus zwei anderen Textbereichen: einmal aus den Geschichtsbüchern, denn der Gottesdienst ist ein notwendiger und unablösbarer Bestandteil der Geschichte; außerdem aus einer Sammlung gottesdienstlicher Texte, dem Psalter (dazu Klagelieder), in dem ein Hauptbestandteil des Gottesdienstes Israels, das Gebet (= Gesang), uns zugänglich wird.

I. Gebot und Gesetz im Alten Testament

1. *Gebot und Gesetz.* Die Gebote gehören einmal in den Zusammenhang des Wortes Gottes (s. o. 15f.). Sie sind als die weisenden neben den verheißenden Worten Gottes ein Hauptbestandteil der Worte Gottes im Alten Testament. Die Zweiheit der verheißenden und der weisenden Worte Gottes zeigt sich besonders deutlich in den Vätergeschichten, wo sie notwendig zusammengehören. Sie gehören aber auch in den Zusammenhang der Antwort des Menschen bzw. der Antwort Israels; denn Israel wird in den Geboten und Gesetzen gewiesen, wie es in seinem Handeln Gott antworten kann. Wenn oben vom Gottesdienst gesagt war, daß er ein unablösbarer Bestandteil der Geschichte Israels ist, so gilt dasselbe für die Gebote und Gesetze. Wir wissen, daß die Gesetze in Israel eine lange Geschichte hatten, vom Bundesbuch an über das deuteronomische Gesetz, das Heiligkeitsgesetz bis zum Priestergesetz [14]. Wir wissen auch, daß die Gebotsreihen in einer geschichtlichen Entwicklung entstanden; der Dekalog in Ex. 20 und Dtn. 5 trägt die Zeichen allmählichen Entstehens an sich [15]. Um so auffälliger und bedeutsamer ist, daß die Gesetzescorpora nicht in den Geschichtsbüchern je in ihrem geschichtlichen Kontext überliefert werden (dann müßte das deuteronomische Gesetz im Bericht der Königsbücher bei der josianischen Reform überliefert sein), sondern daß sie alle dem Sinai-Ereignis zugeordnet worden sind, nur so konnten sie ein Bestandteil des Pentateuch, der Thora, werden. Dies ist im

---

[14] M. Noth, SKG 17,2.   [15] J. J. Stamm, 1958.

Werden des Alten Testaments einer der wichtigsten Punkte, an dem ein theologischer dem historischen Gesichtspunkt übergeordnet wurde. Es war eine bewußte Entscheidung der Tradenten, daß die Gebote und die Gesetze insgesamt dem Sinai-Ereignis zugeordnet worden sind, obwohl sich die Tradenten des zeitlich-geschichtlichen Ortes der einzelnen Gesetzescorpora durchaus bewußt waren. Die Eigenart der Theophanie im Alten Testament ist es im Unterschied zur Epiphanie, daß sie ihr Ziel in einem Wort Gottes hat; auf Ex. 19 folgt der Dekalog Ex. 20 mit dem Bundesbuch Ex. 21–23; auf Ex. 24, 15–18 (die Theophanie bei P) folgt das Priestergesetz Ex. 25 ff. Die Theophanie am Sinai ist im Pentateuch ein Bestandteil des Gründungsgeschehens, des Israel begründenden Geschehens. Das aus dieser Theophanie ergehende Wort Gottes an sein Volk Israel wurde das Gebot Gottes (Ex. 20, der Dekalog) und das Gesetz Gottes (Ex. 21–23 und die dann folgenden Gesetzescorpora). Das war eine ausgesprochen theologische Entscheidung, die den Geboten und Gesetzen Gottes für sein Volk Israel eine überragende Bedeutung verlieh. Diese Bedeutung kann aber nur verstanden werden in dem weiteren Zusammenhang, in dem die Sinai-Theophanie auf die Rettung aus Ägypten folgte. Das rettende Wirken Gottes ist dem Gebieten Gottes unbedingt vorgeordnet; das unmittelbar auf Ex. 19 folgende Gebot bringt das unmißverständlich zum Ausdruck:

> „Ich bin der Herr, dein Gott,
> der dich aus Ägypten, aus dem Knechtshaus geführt hat.
> Du sollst ..."   (Ex. 20, 2f.).

Damit ist es verwehrt, das Gesetz von der Rettungstat Gottes abzulösen und zu verabsolutieren. Weil Gott Israel als Retter begegnete, hat er ihm seinen Willen geboten. Das Handeln nach Gottes Geboten und Gesetzen ist Antwort. Durch die Sinai-Theophanie ist der Gottesdienst des zur Seßhaftigkeit übergehenden Israel begründet worden. Zu dem Gott, der sich Israel am Sinai offenbart hat, gehört die Majestät des Herrn; es entsteht das gegenüber der Zeit der Wanderung neue Verhältnis des Herrn und der Dienenden. Der am heiligen Ort in Majestät thronende Herr offenbart seinen Willen in Geboten und Gesetzen. Das Volk erklärt sich bereit, diesem Herrn zu dienen; so stellt es der Landtag zu Sichem, Jos. 24, dar [16].

Zwischen dieser imponierenden theologischen Konzeption, die hinter der Zuordnung aller Gebote und Gesetze zu der Offenbarung Gottes am Sinai steht, und dem über die ganze Geschichte Israels sich erstreckenden Prozeß des Entstehens und Wachsens der Gebote und Gesetze als eines Bestandteils der geschichtlichen Entwicklung des Volkes Israel ist zu unterscheiden. Die Zuordnung der Gebote und Gesetze zur Sinai-Offenbarung ist erst spät erfolgt; die Geschichte der Gebote und Gesetze von den Anfängen Israels an bis zum Entstehen des Grundgefüges der Thora ist in gleicher Weise zu berücksichtigen wie das Endstadium. Überblickt man beides, das Werden der Ge-

---

[16] M. Noth, Josua, HAT I, 105–110.

bote und Gesetze und die abgeschlossene Thora, so steht man vor einer für die Theologie des Alten Testaments schwerwiegenden Frage. Durch die gesamte jüdische und christliche Tradition hindurch ist diese große Konzeption von *einem* Begriff her, dem des Gesetzes, erfaßt, durchdacht und theologisch beurteilt worden. Gebote und Gesetze (verschiedener Art) wurden unter dem Begriff des Gesetzes zusammengefaßt. Die Texte des Alten Testaments dagegen zeigen uns einen klaren und eindeutigen Unterschied zwischen Geboten und Gesetzen. Dieser Unterschied zeigt sich auf dreierlei Weise.

a) Einmal in der Form: Das Gebot oder Verbot ist eingliedrig, in ihm redet Gott den Menschen direkt an: „Du sollst nicht ..." Das Gesetz ist zweigliedrig und besteht aus einem Tatbestand und einer Folgebestimmung: Wer das und das tut, dem wird das und das geschehen. Das Gebot ist ein direkter Vorgang zwischen Gott und Mensch und entspricht darin dem Gebot eines Aufbruchs oder der Weisung einer Wegrichtung, wie sie im erzählenden Zusammenhang begegnen (z.B. Gen. 12,1). Das Gesetz dagegen ist kein direktes Gotteswort; es ist in jedem Fall an menschliche Institutionen gebunden. Sowohl die Strafbestimmung wie die zivilrechtlichen Folgen bedürfen einer ausführenden Instanz.

b) Ein Unterschied in der Traditionsweise: Die Gebote werden in Gebotsreihen tradiert; diese Gebotsreihen hatten ihren Sitz im Leben im Gottesdienst. Die direkte Anrede konnte nur einen Sinn haben, wenn sie tatsächlich als Anrede durch einen Kultmittler, den Priester, an die im Gottesdienst oder zu einem Fest Zusammengekommenen erging. Die Gesetze wurden in Gesetzescorpora gesammelt, die aus Einzelgruppen von Gesetzen für einen bestimmten Bereich, wie z.B. Sklavengesetze, zusammengefügt wurden. Diese die profanen Bereiche betreffenden Gesetze wurden ursprünglich im Zusammenhang der Rechtsinstitutionen tradiert. Der Unterschied in der Traditionsweise ist in den Texten des Alten Testaments deutlich erkennbar. In der Sinai-Erzählung ist in Ex. 20 allein der Dekalog das vom Gottesberg an Israel ergehende Gotteswort; das gesondert von ihm nach der Landnahme entstandene Bundesbuch (Ex. 21–23) ist nachträglich angefügt worden. Dem entspricht es, daß im Deuteronomium der Dekalog als Gottes Gebot in Kap. 5 deutlich dem in Kap. 12–26 folgenden Gesetz vorgeordnet ist.

c) Ein dritter Unterschied folgt aus dem der Form, daß nämlich das Gebot direkt anredendes Gotteswort ist, das seinen Ort im Gottesdienst hat, und das Gesetz durch seine zweiteilige Form an menschliche Institutionen gebunden ist. Die Gesetze in den Gesetzescorpora des Alten Testaments sind deswegen viel stärker der Wandlung unterworfen als die Gebote. Die Gesetze sind von den Gemeinschaftsformen und ihren Wandlungen abhängig; die Sklavengesetze z.B. mußten aufhören, als die Sklaverei abgeschafft wurde, die Opfergesetze, als der Tempel zerstört war. Die Gebote des Dekalog dagegen sind solchen Wandlungen nicht ausgesetzt; Gebote wie „du sollst nicht stehlen" oder „du sollst nicht ehebrechen" bestehen noch heute. Auch Gebote des Alten Testaments haben Wandlungen durchgemacht, das zeigt die Forschung am Dekalog; aber diese haben nie das Ausmaß der Wandlungen wie bei manchen Gesetzen. Es ist kein Zufall, daß die Gebote des Dekalogs von der christlichen Kirche übernommen werden konnten.

Aus dem Tatbestand dieses Unterschiedes muß die Folgerung gezogen werden, daß Gebot und Gesetz im Alten Testament nicht die gleiche theologische Bedeutung haben, daß die Unterordnung der Gebote unter den Begriff Gesetz vom Alten Testament als ganzem nicht zu begründen ist. Nur das Gebot ist direktes und unmittelbares Gotteswort. Die Gesetze sind erst nachträglich, in einem späteren Stadium zum Gotteswort erklärt worden. Dies wiederum ist darin begründet, daß in der Zeit, als der übergeordnete Begriff ‚Gesetz' entstand, in der für diese späte Zeit bestimmenden Gesetzessammlung der Priesterschrift das Gesetz überwiegend auf den Gottesdienst bezogen war. Als gottesdienstliches Gesetz, bezogen auf das Heiligtum, den Opferdienst, den Dienst des Priesters, wurde es als Gotteswort verstanden und dabei trat der Unterschied zwischen Gebot und Gesetz ganz zurück. So ist es verständlich, daß Gesetz zum Obergriff wurde, der auch die Gebote mit umfaßte.

Dieser, das Gebot und das Gesetz umfassende Gesetzesbegriff hat dann im Neuen Testament eine besonders wichtige Rolle gespielt in der Entgegensetzung zweier Heilswege, dem durch das Gesetz erlangten und dem in Christus geschenkten Heil, bei Paulus und bei Johannes. Im Alten Testament selbst wird das Gesetz niemals als Heilsweg verstanden. Die Befolgung der Gebote und der Gesetze kann wohl als Bedingung der Erlangung des Segens Gottes bezeichnet werden, besonders im Deuteronomium, niemals aber als Bedingung für die Rettung Gottes. Vielmehr zeigt die Zuordnung der Gebote und Gesetze zur Offenbarung am Sinai *nach* der Rettung aus Ägypten, daß sie als Antwort auf Gottes Rettungstat gemeint sind.

Die Unterscheidung der Gebote von den Gesetzen gibt darüber hinaus den Geboten Gottes eine Funktion, die nur sie, nicht aber die Gesetze haben; es ist die Funktion der Weisung. Sie ist darin begründet, daß die Gebote in direkter Anrede ergehen. Wenn der Beter des 119. Psalms bittet:

> „Weise mir, Herr, deinen Weg,
> daß ich wandle in deiner Wahrheit!",

dann meint er damit die Gebote Gottes in dieser Funktion. Der Beter gibt damit zu erkennen, daß er auf diese Weisung angewiesen ist; sie ist ihm für seinen Weg notwendig. Das heißt aber auch: die Weisung Gottes kann nicht durch die Verheißung ersetzt werden; die Verheißung kann nicht an die Stelle der Weisung treten, die eine ist so notwendig wie die andere. Das gilt für das Neue Testament ebenso wie für das Alte. Das Evangelium kann an die Stelle des „Gesetzes" treten, wenn man unter „Gesetz" einen dem Evangelium entgegengesetzten Heilsweg versteht. Das Evangelium aber kann nicht an die Stelle der Weisung Gottes treten, diese hat vielmehr neben der Heilsbotschaft ihren notwendigen Ort. Das ist dann auch in den Evangelien ebenso wie in den Briefen der Apostel der Fall, die Weisung geht nicht im Evangelium auf, sondern geht gerade aus ihr hervor. In den Briefen des Neuen Testaments zeigt das die allen gemeinsame Struktur: die Paränese folgt dem verkündigenden bzw. dem lehrenden Teil des Briefes. Dem entspricht im Johannesevangelium die Folge der Abschiedsreden (Joh. 13–17) auf den Teil Kap. 1–12; sie sind bestimmt von der *kaine entole,* dem neuen Gebot (Joh. 13,14). In den synoptischen Evangelien sind Gebot und Weisung Jesu ein wesentlicher Bestandteil seines Wirkens im Wort. Daraus ergibt sich, daß auch im Neuen Testament streng zwischen Gebot und Gesetz zu unterscheiden ist, und die Gebote von dem nicht betroffen sind, was vom Gesetz als dem überwundenen Heilsweg gesagt wird.

2. *Geschichte der Tradition von Gebot und Gesetz im Alten Testament.* Ein kurzer Abriß der Geschichte von Gebot und Gesetz im Alten Testament kann nur einige wesentliche Linien herausstellen. Eine umfassende Geschichte hätte drei Gesichtspunkte zu berücksichtigen: a) Die Termini, ihre Bedeutung und ihre Funktion; b) die Geschichte der Tradition von Gebot und Gesetz im mündlichen und im schriftlichen Stadium; c) das Verständnis von Gebot und Gesetz in den Epochen der israelitischen Geschichte.

Zu a) Zu den Termini ist zunächst zu sagen, daß sie im allgemeinen erst im Stadium der Sammlungen begegnen, während vorher Gebote und Gesetze meist verbal mit einem Verb des Redens oder einem spezifischen Verb wie „er gebot" oder ähnlich eingeführt werden. Das frühe Stadium kennt nur den der Situation entsprechenden spezifischen Begriff, ob verbal oder nominal. Das mittlere Stadium, für welches das Deuteronomium bezeichnend ist, nennt mehrere Termini nebeneinander: „die Gebote, Satzungen und Rechte." Erst in einem späten Stadium entwickelt sich ein Allgemeinbegriff „Gesetz", in dem jetzt die spezifischen Termini aufgehen. Der verschiedene Termini und damit auch verschiedene Vorgänge zusammenfassende Begriff Thora ist erst im letzten Stadium der Gebote und Gesetze entstanden.

Die wichtigsten Termini sind *ḥoq, mišpaṭ, miṣwa*[17]. Das Denominativ *miṣwa* (von *ṣiwwah*) ist Befehl oder Gebot, in direkter Anrede ergehend; in erzählenden Texten als Befehl oder Gebot, das in einer begrenzten Situation und nur für diese geltend ergeht, in Gebotsreihen ein für die Dauer geltendes Gebot. *ḥoq* (Verb *ḥaqaq*) ist die von einem Herrscher oder Führer ergehende Bestimmung oder Festsetzung; der Herr oder Führer bestimmt kraft seiner Autorität. *mišpaṭ* ist der aus der Rechtsverhandlung hervorgehende Rechtssatz oder die Rechtsentscheidung. Die Rechtssätze und die Festsetzungen eines Herrschers zusammen machen das Gesetz aus; *ḥoq* ist der apodiktische, *mišpaṭ* der kasuistische Rechtssatz. Dagegen bedeutet das Wort *thora* eigentlich Weisung (die Etymologie ist unsicher), kommt aber in dieser spezifischen Bedeutung nur selten vor (z.B. Spr. 1,8). Wenn *thora* zur umfassenden Bezeichnung für die Gebote und die Gesetze geworden ist, so ist das vielleicht darin begründet, daß die allen Geboten und Gesetzen vorangehende Weisung Gottes für die wandernde Gruppe (Gen. 12,1) als ihnen allen zugrundeliegend angesehen wurde. Eine *metabasis eis allo genos* aber vollzog sich, als das hebräische *thora* mit griechisch *nomos* übersetzt wurde, das eigentlich das

---

[17] Hierzu G. Liedke, WMANT 39.

Gesetz der *polis*, das politische Gesetz ist. Hier mußte es zu schweren Mißverständnissen kommen.

Zu b) Die Geschichte der Tradition von Gebot und Gesetz. Gebote und Gesetze gehören verschiedenen Lebensbereichen an, sie werden deshalb auch auf verschiedenen Wegen tradiert. Das Gebot ist ein personaler Vorgang, dargestellt A→B, das Gesetz hat einen objektiven Charakter, dargestellt A→B←C (wobei C das von A festgesetzte ist, das von B befolgt wird). Beim Gebot ist nach der personalen Beziehung zu fragen, in der A zu B steht; beim Gesetz ist nach dem Bereich zu fragen, für den es gilt. Beim Gebot gebietet A dem B, beim Gesetz gibt A ein Gesetz oder bestimmt etwas, das dann von B befolgt wird (oder nicht). Gehorchen kann man nur einem Gebot, nicht einem Gesetz; in der Inschrift bei den Thermopylen „... wie das Gesetz es befahl", ist das Gesetz nachträglich personifiziert.

Das Gebot, wie es uns im Dekalog begegnet, hat zwei Vorstufen. In den Vätergeschichten ergeht die Weisung Gottes direkt an einen der Väter oder Mütter (Gen. 12 und 16). Hier begegnen noch keine Gebote oder Gebotsreihen, vielmehr ergeht jeweils eine Weisung in eine bestimmte Situation hinein, aus der heraus sie notwendig ist. In der Zeit der Wüstenwanderung ergeht die Weisung durch einen Mittler, der sie für die ganze wandernde Gruppe empfängt und an sie weitergibt. Aber auch hier ist die Weisung noch ganz situationsbezogen; feststehende, für die Dauer gültige Gebote gibt es hier noch nicht. Mit dem Übergang zur Seßhaftigkeit werden für die Dauer gültige Gebote und für das ganze Gemeinwesen gültige Gesetze notwendig. Während aber die Gesetze zunächst der Ordnung des Gemeinwesens dienen, im wesentlichen profan und dem Gerichtswesen zugeordnet sind, geht in den Geboten die Weisung Gottes weiter; jetzt aber nicht mehr situationsgebunden, sondern mit der Tendenz, für alle und auf die Dauer gültig zu sein.

Die Mehrzahl der Gebote ist negiert; wo ein Gebot (z. B. das Elterngebot) in positiver und negativer Formulierung begegnet, ist die negative Form, also das Verbot, immer älter als die positive. Das ist darin begründet: In der seßhaften Lebensform der Frühzeit war das Verhalten des Einzelnen in der Gemeinschaft so fest eingebettet in gleichbleibende Lebensordnungen und in das Gemeinschaftsgefüge (Sitte: „das tut man nicht") wie auch in das Leben mit Gott, daß es besonderer Weisungen Gottes im allgemeinen nicht bedurfte. Die Gebote bzw. Verbote haben hier mehr die Funktion, auf die Grenzen des Verhaltens hinzuweisen, die nicht überschritten werden durften ohne schwere Gefährdung des Gemeinwesens. In den Geboten des Dekalogs wird das elementare Menschsein vor Gefährdung bewahrt. Es geht in ihnen um das Heilbleiben der menschlichen Gemeinschaft in der seßhaften Lebensform. Insofern sind die Gebote des Dekalogs Weisung zwar nicht für das alltägliche Tun, weil das nicht nötig ist, wohl aber Weisung für den Augenblick der Gefährdung der Gemeinschaft durch das Durchbrechen der hier gesetzten Grenzen. Der gottesdienstliche Sitz im Leben der Gebotsreihen zeigt diese Funktion: Wo die Gebote im Gottesdienst aus dem Mund des Priesters an die zum Gottesdienst zusammengekommene Gemeinde zu jedem einzelnen in direkter Anrede gesprochen werden, vollzieht sich die auf die Gefährdung der Gemeinschaft gerichtete Weisung Gottes [18].

Das Zusammenstellen von Geboten in kleine und größere Reihen hat sich Schritt für Schritt vollzogen. Die früheren Reihen bestanden aus zwei oder drei Geboten, sie wuchsen dann bis zehn oder höchstens zwölf an. Diese Begrenzung weist auf die mündliche Traditionsweise und auf den Sitz im Leben im Gottesdienst.

Das Entstehen des Dekalogs aus kleineren Reihen läßt sich noch aus dem Vergleich von Ex. 20; 23; 34; Lev. 19 erkennen. Eine übergeordnete Bedeutung haben die ersten Gebote des Dekalogs; den Kern bildete das erste Gebot mit dem Bilderverbot. Sie begegnen in den Parallelen Ex. 20; 23; 34; dazu in Lev. 19. An diese Grundgebote haben sich von frühester Zeit an verschiedene Gruppen von Geboten angegliedert; in Ex. 20 Gemeinschaftsgebote, in Ex. 23 und 34 gottesdienstliche Gebote (Lev. 19 Mischform) [19].

Im Aufbau des Bundesbuches ist deutlich erkennbar, daß den Tradenten der Unterschied von Gebot und Gesetz bewußt war; sie haben Gesetze bzw. Rechtsbestimmungen (Ex. 21–22, 19) und Gebote (Ex. 22, 20–23, 19 mit Weiterbildungen) aneinandergefügt; Gebote begegnen nur im zweiten Teil des Bundesbuches (Ex. 22, 20–23, 19). A. Alt [20] hat bei seiner grundlegenden Unterscheidung von kasuistischen und apodiktischen Rechtssätzen nicht gesehen, daß die Tradenten des Bundesbuches kasuistische und apodiktische Rechtssätze zu der einen, Gebote (mit Weiterbildungen) zu der anderen Gruppe gerechnet haben. Dadurch, daß er ‚Recht' zum Oberbegriff für beides machte (anstelle des Oberbegriffes ‚Gesetz'), hat er verdeckt, daß der entscheidende Unterschied der zwischen Geboten und Gesetzen ist. Die Gebote und Verbote haben direkt mit dem Recht nichts zu tun, es sind keine Rechtssätze.

Die Gesetze haben ihren ursprünglichen Sitz im Leben entweder in einer Festsetzung oder Bestimmung eines Herrschenden (1. Kön. 2, 36 f.) oder in einem Rechtssatz, der sich aus einer Gerichtsverhandlung ergibt. In beiden Fällen ist es ein profaner Ursprung. Das Gesetz hat keine ursprünglich religiöse Funktion. Dagegen setzt jedes Gesetz staatliche oder soziale Institutionen voraus.

Für diese Institutionen bzw. im Zusammenhang mit ihnen entstehen die Sammlungen von Gesetzen, die Gesetzescorpora. Sie entstehen in zwei Schritten: Der erste ist die Zusammenfassung von Bestimmungen für einen einzelnen Rechtsbereich, so z. B. die Sklavengesetze (Ex. 21 f.) oder Eigentumsdelikte. Bei diesem ersten Schritt bleiben Zivil- und Strafrecht noch getrennt. Der zweite Schritt ist die Zusammenfassung aller für die Gemeinschaft notwendigen Gesetze. Die Gesetzescorpora, wie sie durch die Geschichte Israels

---

[18] Eine überzeugende Darstellung der Gebote (im Unterschied zu den Gesetzen) gibt G. v. Rad, AT-Theologie I, 192–202.
[19] Vgl. J. J. Stamm, Anm. 15.
[20] A. Alt, 1934 = KlSchr. I, 278–332, dazu G. Liedke, Anm. 17.

hindurch entstanden, spiegeln die diese Geschichte bestimmenden Wandlungen der Gemeinschaftsformen. Das Bundesbuch Ex. 21–23, im Anschluß an das Seßhaftwerden der Stämme in Kanaan entstanden, zeigt die Übernahme der vorderorientalischen Rechtskultur, die mit dem Übergang zur Ackerbaukultur notwendig wurde[21]. Zu ihr gehört auch der seßhafte Gottesdienst mit den dem Ackerbau zugeordneten Jahresfesten; deshalb gehören die Bestimmungen für die Jahresfeste zu diesem Gesetzescorpus. Es zeigt das nahe und feste Zusammengehören aller Lebensbereiche in der Frühzeit.

Im deuteronomischen Gesetz (Dtn. 12–26), das im Lauf der Königszeit entstand, ist das grundsätzlich nicht anders. Religiöse Gebote und Bestimmungen für den Gottesdienst bilden mit den Geboten und Gesetzen zum Schutz der Familien, des Landes und Volkes und ganz allgemein des Nächsten eine Einheit. Neu und anders ist im deuteronomischen Gesetz vor allem, daß ein besonderer Ton auf der Wahrung der Eigenart Israels und seiner Religion verbunden mit seiner Geschichte liegt und das Gesetz dieser Wahrung der Eigenart Israels dienen soll vor allem im Fordern der Konzentration des Gottesdienstes (Kap. 12) und der schärfsten Abwehr des Eindringens anderer, vor allem der kanaanäischen Religion (Kap. 13). Darin spiegelt das deuteronomische Gesetz die Bedrohung Israels in der Königszeit, seine Identität unter dem Druck der Umgebung zu verlieren, die wir auch aus der gleichzeitigen Prophetie und rückblickend aus dem deuteronomistischen Geschichtswerk kennen. Die andere Eigenart des deuteronomischen Gesetzes ist die stark hervortretende soziale Ausrichtung, die der gleichzeitigen sozialen Anklage der Propheten entspricht[22].

Den Übergang zur Spätzeit bildet das Heiligkeitsgesetz Lev. 17–26[23], in dem zwar auch noch die verschiedenen Lebensbereiche zusammen sind, in dem sich aber eine deutliche Wendung zum Vorherrschen des kultischen Bereichs bis in die Sprache hinein zeigt. Das durchgehende Leitwort: „Ihr sollt heilig sein, denn ich bin heilig, Jahwe, euer Gott" (Lev. 19,2 u.ö.) zeigt den allmählichen Übergang von einem Staatsvolk zu einer gottesdienstlichen Gemeinde.

Im Priestergesetz (Ex. 25–Num. 10,P)[24] ist dieser Übergang vollzogen. Hier erst sind die Gesetze Israels zum größten Teil Kultgesetze; hier erst ist der Gottesdienst zum beherrschenden Lebensbereich geworden. Während in allen vorangehenden Gesetzen gottesdienstliche und profane Gesetze vermischt waren und nur die gottesdienstlichen Bestimmungen vorkamen, die für das Volk wichtig waren, ist das Priestergesetz ein gottesdienstliches Gesetz in dem umfassenden Sinn, daß der Gottesdienst in allen seinen Elementen dieses Gesetz beherrscht. Vom heiligen Ort (Ex. 25–27) zusammen mit den heiligen Geräten (Ex. 25; 27; 30–31; Num. 15) handelt das Priestergesetz und von der heiligen Zeit (Ex. 14; 31; Lev. 16), von den heiligen Hand-

---

[21] Das hat besonders A. Alt (Anm. 20) nachgewiesen.
[22] G. v. Rad, BWANT 47; R.P. Merendino, BBB 31.
[23] H. Graf Reventlow, WMANT 6.   [24] K. Koch, FRLANT NF 53.

lungen, dem Opfer (Lev. 1–5), der Reinigung (Lev. 11–15; Num. 19), dem Segen (Num. 6), von Gelübde und Zehnten (Lev. 27; Num. 30), Opfer und Festen (Num. 28–29) und anderen Handlungen (Num. 5–6), von den heiligen Personen (Ex. 28f.; Lev. 8–10; Num. 3–4; 8).

Übersieht man die Geschichte der Gesetzescorpora im Alten Testament, so ergibt sich aus ihr ein wichtiger Gesichtspunkt für das Verständnis von Gebot und Gesetz im Alten Testament: Zunächst zum Verhältnis von Gebot und Gesetz. Für die Gesetze ergibt sich ihre strenge und unverkennbare Zuordnung zur Geschichte. Die Gesetze müssen sich mit den Wandlungen der Geschichte wandeln, was sich schon an den mancherlei Nachträgen zu einzelnen Gesetzen zeigt. *Das* Gesetz als eine zeitlose Größe hat es in Israel nie gegeben. Die Zuordnung aller Gesetze zur Offenbarung am Sinai ist eine nachträgliche theologische Aussage, die den geschichtlichen Ort und die geschichtlichen Wandlungen des Gesetzes nicht beseitigt hat. Diese Geschichte spiegelt den Weg von der Einheit aller Lebensbereiche am Anfang zu allmählicher Differenzierung und am Ende zur Absonderung der gottesdienstlichen Gemeinde; ‚Gesetz' ist deshalb im Bundesbuch etwas anderes als bei P. Im Bundesbuch liegt das Schwergewicht noch durchaus auf dem profanen Bereich, und die Mehrzahl der Gesetze hat einen unbefangen profanen Charakter. Im Deuteronomium (und Heiligkeitsgesetz) sind profaner und heiliger Bereich noch etwa gleichgewichtig, im Priestergesetz dagegen beziehen sich die Gesetze fast ausschließlich auf den sakralen Bereich. Bezeichnet man die Fülle der Gesetze als *das* Gesetz Gottes, so bedeutet das in den verschiedenen Stadien der Geschichte des Gesetzes etwas Verschiedenes. Das ist bei den Geboten anders. Auch hier gibt es Wandlungen; aber es verhält sich anders mit ihnen, die Wandlungen vollziehen sich am Rande, in der Zahl und Art der dem Kern angefügten Gebote. Der Kern aber, das erste und zweite Gebot (man kann auch noch das dritte hinzunehmen), hat sich durch die gesamte Geschichte der Tradition der Gebote und Gebotsreihen nicht geändert. In diesen beiden Geboten ist Israel etwas gesagt, was für sein Gottesverhältnis von der Stunde der Begegnung mit diesem Gott bis zum Ende unwandelbar gilt. Aber auch die Gemeinschaftsgebote des Dekalogs, die diesem Kern angefügt sind, haben sich nur unwesentlich gewandelt. Gott und der Nächste gehören hier zusammen wie in Gen. 3 und 4 und wie dann wieder in der Verkündigung Jesu. Daran kann sich nichts ändern.

3. *Das erste Gebot und das Bilderverbot.* Von allen Geboten und Gesetzen des Alten Testaments hat keines so tiefgreifende Bedeutung gehabt wie das erste Gebot, das erste Gebot des Dekalogs zusammen mit dem Bilderverbot, das nahe mit ihm verbunden ist[25]. Es wurde oben gezeigt, daß diese beiden Gebote den Kern des Dekalogs bilden. Der das erste Gebot erweiternde Relativsatz: „... der dich aus dem Knechtshaus, aus Ägypten, herausgeführt hat" gehört notwendig zu diesem Gebot. Wie man auch die Entstehung des

---

[25] Hierzu weise ich besonders auf die Darstellung bei W. Zimmerli, AT-Theologie, 1972, 100–108. Zum ersten Gebot W. H. Schmidt, TheolEx 165.

ersten Gebotes erklären mag, es ist aus der Begegnung Israels mit dem rettenden Gott erwachsen. Weil Israel Jahwe als dem rettenden Gott begegnete, hat es ihm allein zu dienen sich entschieden (Jos. 24). Religionsgeschichtlich gesehen ist dieses Zusammengehören des ersten Gebotes mit Jahwe als dem Gott der Geschichte so zu erklären: Für die Vorstellung eines Pantheons ist es bezeichnend, daß das Geschehende primär ein Geschehen zwischen den Göttern ist, wie es die Mythen und mythischen Epen von Babylonien, Ägypten und Ugarit zeigen [25a]. Das Gebot, nur einem Gott zu dienen, bedeutet demgegenüber, daß dieser eine Gott es mit seinem ganzen Sein allein mit seinen Geschöpfen und seinem Volk zu tun hat. Es gibt für ihn kein zwischengöttliches Handeln. Daß er *ein* Gott ist und daß er der der Geschichte zugewandte Gott ist, das sind nur zwei Seiten desselben Tatbestandes [26].

Theologisch gesehen bedeutet das erste Gebot für Israel, daß es alle Bereiche seines Daseins mit diesem einen Gott in Verbindung bringen konnte, daß es in allen Lebenssituationen nur mit diesem einen Gott zu tun hatte. Das Einssein Gottes wirkte sich am stärksten aus auf das Verhältnis der beiden Bereiche Natur und Geschichte. Jahwe als der Gott der Geschichte wurde nach der Niederlassung in Kanaan der Gott, der seinem Volk den Segen des Landes verlieh und von dem es Nahrung, Kleidung, Sicherheit des Wohnens und Geborgenheit erwarten konnte. Das Einssein Gottes ermöglichte so eine Kontinuität geschichtlichen Bewußtseins, das durch alle Wandlungen, Brüche und Katastrophen hindurch standhielt. Weil Jahwe einer war, gehörten für Israel die Vergangenheit, die Gegenwart und die Zukunft unlösbar zusammen. Die Zukunft lag in den Händen dessen, der sein Volk bis in die Gegenwart geführt und bewahrt hatte und der in der Gegenwart antwortete, wenn sie zu ihm riefen. Es ist deswegen keineswegs zufällig, daß die besondere Betonung des Einsseins Gottes, der Einzigkeit Gottes, sich in den beiden Büchern des Alten Testament findet, in denen sich die beiden größten Umbrüche in Israels Geschichte spiegeln: im Deuteronomium (6,4) und bei Deuterojesaja (43,10f. u. ö.). Im Deuteronomium spiegelt sich der Übergang zur Seßhaftigkeit, bei Deuterojesaja der politische Zusammenbruch und dessen Folgen. In diesen beiden Umbrüchen erwies sich, daß Jahwe, der *eine* Gott, sie überbrückte.

Das Bilderverbot steht mit dem ersten Gebot in engstem Zusammenhang. Dieser Gott, der durch alle Wandlungen und Umbrüche hindurch der gleiche blieb, läßt sich nicht binden in Bilder, die ihn darstellen. Weil er in seinem Wirken und in seinem Reden frei ist und frei bleibt, darf er von den Menschen nicht festgelegt werden auf etwas Anschaubares und Gegenständliches. Das

---

[25a] ATD, Ergänzungsreihe 1, 1975, S. 31–38; 100–123; 173–186; 210–238.

[26] Es kann daher kaum ein Zufall sein, daß mit der Zuwendung der frühchristlichen Theologie zu innergöttlichen Problemen in der Christologie und in der Trinitätslehre die Abwendung von der Geschichte Hand in Hand ging; nicht mehr das, was zwischen Gott (Christus) und den Menschen geschah, stand im Vordergrund, sondern das, was im innergöttlichen Bereich geschah. Damit zugleich verlor das AT zunehmend an Bedeutung.

Bilderverbot schließt ein, daß dieser Gott nicht festzulegen ist in eine Gottesvorstellung, die man in Begriffen oder gar in einem Begriffssystem fixieren könnte. Man kann auch nicht in einem übertragenen Sinn von einem „Gottesbild des Alten Testaments" oder dem „Gottesbild der Propheten" o.ä. sprechen. Gott läßt sich in gar keiner Weise auf so etwas wie ein Bild festlegen. Mit dem Bilderverbot ist die fundamentale Erkenntnis gemeint, daß der Gott des Alten Testaments sich nicht objektivieren läßt, dieser Gott kann nie und auf gar keine Weise zu einem Gegenstand werden, auch nicht zum Gegenstand menschlichen Denkens und Vorstellens. Daß das Alte Testament dialogisch von Gott redet, bekommt im Bilderverbot seine Bestätigung.

An keiner Stelle im Alten Testament ist dieser Sinn des Bilderverbotes so tief erkannt worden wie in der Verkündigung Deuterojesajas, 46, 1–4:

> „Bel bricht zusammen, es krümmt sich Nebo;
> ihre Bilder werden dem Lastvieh aufgelegt,
> aufgeladen als Bürde dem müden Saumtier.
> Höret auf mich ...
> die ihr vom Mutterschoß an von mir getragen
> und von Geburt an von mir gehegt worden seid:
> bis in euer Alter bin ich derselbe,
> und bis ihr grau werdet, trage ich euch.
> Ich habe es getan und ich werde es tun,
> ich will tragen und erretten!"

Deuterojesaja hat erkannt, daß erst in den großen Katastrophen offenbar wird, was es mit dem Bilderdienst ist. In der geschichtlichen Katastrophe müssen die Götterbilder auf Lasttieren weggeschleppt werden und offenbaren so die ganze Ohnmacht der sie darstellenden Götter. Die Besonderheit des nicht an ein Bild gebundenen Gottes aber erweist sich darin, daß er ein Volk durch eine Katastrophe hindurchzutragen imstande ist: „Ich will euch tragen bis ins Alter und bis ihr grau werdet." Der nicht an ein Bild und der nicht an eine Vorstellung gebundene Gott kann darum die Kontinuität der Geschichte seines Volkes ermöglichen: „Ich habe es getan und ich werde es tun."

II. Der Gottesdienst

Ein Mensch kann Gott dienen, indem er ihn im Alltag als seinen Herrn anerkennt, im Befolgen seiner Weisungen und im Halten seiner Gebote. Er kann ihm auch darin dienen, daß er ihm im Gottesdienst, am heiligen Ort und zur heiligen Zeit, Ehre erweist. Diesen spezifischen Sinn hat die Bezeichnung ‚Gott dienen', ‚Gottesdienst' in den biblischen[27] und in vielen anderen Sprachen. Sofern der Gottesdienst eine menschliche Institution ist, ist diese Bezeich-

---

[27] Artikel ʿaebaed, Knecht, THAT II, 182–200, C. Westermann und ders. Artikel šrt, dienen, THAT II, 1019–1022.

nung berechtigt; doch ist das, was im Gottesdienst geschieht, damit nicht ausreichend bezeichnet. In ihm kommt vielmehr die Gottesbeziehung in ihrer Wechselseitigkeit zu einem institutionellen Ausdruck. Im Alten Testament wie auch sonst ist der Gottesdienst ein Wechselgeschehen zwischen Gott und Mensch (so auch die bekannte Definition von Luther: „dass Gott zu uns rede in seinem heiligen Wort, und wir wiederum zu ihm reden in Gebet und Lobgesang". Es geschieht etwas von Gott her an den Menschen und umgekehrt. Zu diesem Wechselgeschehen gehört auf beiden Seiten ein Handeln und ein Reden; es geschieht an einem besonderen Ort und zu einer besonderen Zeit. Als solches ist es heiliges Geschehen, vom Alltag gesondert. Als solches bedarf es eines Mittlers des Heiligen, des Priesters.

Wenn damit auch der Gottesdienst im Alten Testament so allgemein wie möglich bestimmt ist, muß diese Definition nun doch eingeschränkt werden. Der so bestimmte Gottesdienst Israels ist durch die Theophanie am Sinai begründet worden. Hier erfährt die aus Ägypten befreite Gruppe auf dem Weg durch die Wüste zum erstenmal den heiligen Ort, die heilige Zeit und das aus der Theophanie an sie ergehende Gotteswort. Mose wird erst in diesem Ereignis der Mittler des Heiligen (Ex. 19 und 24, 15–18). Was hier begründet wurde, ist der Gottesdienst in der seßhaften Lebensform; es ist aber schon vorher, in der Vätergeschichte und in der Urgeschichte, von gottesdienstlichem Geschehen die Rede. Es gibt Vorstadien und es gibt eine Nachgeschichte, der Gottesdienst hat eine Geschichte.

1. Die Geschichte des Gottesdienstes im Alten Testament

a) Gottesdienst als zur Menschheit gehörend: In der Urgeschichte Gen. 1–11 begegnet an zwei Stellen eine gottesdienstliche Begehung, die Darbringung eines Opfers durch Kain und Abel und das Opfer Noahs nach der Flut. Die Tradenten haben dadurch zum Ausdruck gebracht, daß gottesdienstliche Begehung seit Beginn der Menschheit zum Menschsein gehört, daß es menschliche Gemeinschaft ganz ohne etwas wie Gottesdienst niemals gegeben hat. Der Gottesdienst ist ein menschheitliches Phänomen, das ist inzwischen durch die Religionsgeschichte bestätigt. An den beiden genannten Stellen sind zwei Grundtypen gottesdienstlicher Begehung gewählt, die sowohl für die Religionsgeschichte wie auch für den Gottesdienst Israels bestimmend geblieben sind, zwei Grundtypen im Blick auf die Motivation des Opfers. Bei dem Opfer Kains und Abels handelt es sich um das Erstlings- oder Primitialopfer[28], in dem es um den Segen für den Ertrag menschlicher Arbeit, den Segen für die Frucht der Erde oder die Frucht des Viehes geht. Die Erstlinge werden dargebracht zum Dank für die Gaben des Segens und zugleich als Bitte um weiteren Segen. Bei dem Opfer Noahs, Gen. 8, 20–22[29], geht es um Rettung aus tödlicher Gefahr. Der Gerettete beginnt das Leben nach überstandener Gefahr im Aufblick zu dem Retter, der ihn bewahrt hat und dem er das neugeschenkte Leben anvertraut. Beide Motive sind für den Gottesdienst

---

[28] Hierzu BK I/1, 381–435. [29] Hierzu BK I/1, 606–614.

bis zur Gegenwart bestimmend geblieben. Es ist das rettende und das segnende Wirken Gottes, das in den Gottesdiensten gefeiert wird, und dementsprechend gibt es den in den Rhythmen des Segens kreisenden Gottesdienst (die Jahresfeste) und den Gottesdienst aus besonderem Anlaß.

b) Der Gottesdienst in den Vätergeschichten. Gottesdienstliches Handeln und Reden begegnet auch in den Vätergeschichten[30]. Es ist vom Gottesdienst in der seßhaften Form wesentlich verschieden, vor allem darin, daß der Kult dem Leben der kleinen familiär strukturierten Gruppen noch voll integriert ist; er ist noch nicht ein gesonderter Lebensbereich. Deswegen muß diese Form des Frühkultes vom Kult der seßhaften Zeit, dem Großkult, unterschieden werden. Der heilige Ort ist hier noch nicht mit Händen gemacht, es ist der Berg, der Stein, der Baum, die Quelle. Auch dies sind besondere Orte, aber noch nicht im Sinn des abgesonderten Ortes; vielmehr sind es besondere Orte für das Leben der wandernden Gruppe, wie es die Vätergeschichten zeigen. Diese enthalten auch Erzählungen von der Gründung eines Heiligtums wie Gen. 28; aber diese gehören schon zum Übergang in die seßhafte Lebensform.

Die heilige Zeit gibt es noch nicht. Festlich begangen werden besondere Ereignisse im Leben der Gruppe, wie der Weidewechsel[31] (dem Passa zugrundeliegend) oder Geburt, Namengebung und Entwöhnung eines Kindes. Es gibt noch nicht den Mittler des Heiligen; der Vater empfängt die weisenden Worte Gottes, der Vater und die Mutter die Verheißungen, der Vater erteilt den Segen. Das Opfer als heilige Handlung begegnet nur selten, wenn es begegnet, dann hat es einen besonderen Anlaß; das regelmäßige Opfer gibt es noch nicht. Das gleiche gilt für das Gebet; es kommt da vor, wo es sich aus einer Situation ergibt (Gen. 12; 15; 32), Klage und Lob sind noch vorkultisch. Ebenso begegnen vorkultische Riten wie der Segen (Gen. 27). Wichtig ist für diese Frühform des Kultes, daß sie noch keine Unterscheidung des Gottesdienstes vom Götzendienst kennt, es gibt keine Kultpolemik.

c) Der Gottesdienst in der seßhaften Zeit. Der erste große Einschnitt ist der Übergang zur Seßhaftigkeit; mit ihm entsteht die eingangs skizzierte Form des Gottesdienstes, die in der gesamten Religionsgeschichte die am weitesten verbreitete und am längsten bestehende Form ist. Sie ist in den Hauptzügen sehr vielen Religionen gemeinsam. Das spezifisch Israelitische an dem durch die Theophanie am Sinai begründeten Gottesdienst ist, daß diese Gottesoffenbarung auf dem Weg von Ägypten in das verheißene Land sich ereignete, daß sie auf die Begegnung mit dem rettenden Gott folgte und daß sie die Offenbarung des Gottes war, der in höchster Not für sein Volk eingegriffen hatte. Das ist die theologische Bedeutung des Einbaus der Sinai-Perikope in den Bericht von der Rettung aus Ägypten und den Weg in das verheißene Land. Hierin ist es begründet, daß der Gottesdienst Israels immer aufs engste mit der Geschichte verbunden blieb.

---

[30] Hierzu BK I/2, 123–125.
[31] L. Rost, ZDPV 66 = Das kleine Credo, 101–112.

Das Sinai-Ereignis (Ex. 19–34) hat den Gottesdienst Israels begründet. Im Unterschied zu den Vätergeschichten ist jetzt das Volk das Subjekt des Gottesdienstes. Die den Gottesdienst begründende Theophanie ist deshalb nicht mehr die vor einem Einzelnen (den Übergang zeigt die Dornbusch-Erzählung Ex. 3), sondern vor dem Volk. Sie bedarf deshalb eines Mittlers des Heiligen, was in Ex. 20,18–21 ausführlich begründet wird.

Die Erzählung Ex. 19 enthält die Grundelemente des heiligen Geschehens. Das erste ist der heilige Ort, an dem Gott erscheint (vgl. Gen. 28). Der in Wolken gehüllte Berg, auf dessen Höhe Gott erscheint, bildet das Heiligtum vor: das Heiligtum ist der Ort der Gottesbegegnung. Das zweite ist die heilige Zeit, die festgesetzte Zeit, die die Vorbereitung auf die Gottesbegegnung durch Reinigung ermöglicht. Das dritte ist der Mittler des Heiligen, zu dem allein Gott redet, nachdem er allein zu Gott vorgedrungen ist. Das unten wartende Volk hört die Worte Gottes aus dem Munde des Mittlers, es nimmt nur die Begleiterscheinungen der Gotteserscheinung wahr. Das vierte Element ist die Geste der Anerkennung bzw. die Antwort des Volkes auf das durch den Mittler ihm verkündigte Gotteswort.

In der üblichen Deutung von Ex. 19 ist das Ziel der Theophanie entweder das Gesetz oder der Bund oder beides. Beide aber sind diesem Ereignis erst nachträglich zugeordnet worden. Daß die Gebote oder als Kern des Dekalogs die ersten beiden Gebote ursprünglich zur Sinai-Erzählung gehörten, ist möglich. Diese Gebote sind dann das aus der Offenbarung an sein Volk gerichtete Wort Gottes, das darum gottesdienstliche Anrede bleibt. Der Bund ist nicht in Ex. 19, sondern in der späteren Erzählung Ex. 24,3–8 begründet. Der Bund gehört nicht zum Gründungsgeschehen selbst, sondern ist dessen spätere Deutung (s. o. 34–37).

Die eigentliche Bedeutung der Sinai-Erzählung liegt in der Begründung des seßhaften Gottesdienstes. Zu dieser Begründung gehört außerdem ein weiterer Textkomplex: die Heiligtumserzählungen in den Vätergeschichten. Es sind (im Unterschied zu Ex. 19) ätiologische Erzählungen, in denen die Übernahme eines kanaanäischen Heiligtums wie z.B. des Heiligtums Bethel (Gen. 28) dadurch legitimiert wird, daß dort Jahwe einem der Väter erschienen ist. In den Heiligtumserzählungen der Vätergeschichten aber ist nicht der Gottesdienst Israels als solcher begründet, sondern immer nur die Übernahme eines kanaanäischen Heiligtums für den Jahwe-Gottesdienst. Von da aus wird erst die Bedeutung der Sinai-Erzählung ganz deutlich: Die Begründung des Gottesdienstes Israels in der seßhaften Zeit geschieht *nicht* durch eine Gottesoffenbarung an einem der kanaanäischen Heiligtümer, sondern draußen in der Wüste auf einem heiligen Berg, der zu dem Typ der Heiligtümer der Frühzeit gehört und an das Jahwe nicht gebunden bleibt; auch darin kommt zum Ausdruck, daß Jahwe primär der Gott der Geschichte ist.

Alle in Ex. 19 aus der Theophanie sich ergebenden Grundelemente des Gottesdienstes werden in Israel mit der Geschichte verbunden: der heilige Ort dadurch, daß der Sinai ein Ort unterwegs bleibt, und der am Heiligtum erscheinende der kommende Gott bleibt („Gott kommt vom Sinai her", Ri. 5,

4–5); die heilige Zeit dadurch, daß die Jahresfeste historisiert werden (s. u. 172f.); der Mittler des Heiligen dadurch, daß Mose zugleich der Führer beim Auszug ist; die antwortende Anerkennung des Volkes dadurch, daß das Lob der großen Taten Gottes zu einem Bestandteil des Gottesdienstes wird. Diese Verbindung des Gottesdienstes mit der Geschichte, die im Sinai-Ereignis schon angelegt ist, hat zur Folge, daß im Gottesdienst Israels miteinander das rettende und das segnende Handeln Gottes gefeiert wird. Beides ist für den Gottesdienst gleichbedeutend und gleichgewichtig. Es ist dann weder möglich, den Gottesdienst in Israel einseitig von einem zyklischen (S. Mowinckel u. a.) noch einseitig von einem geschichtlich bestimmten Kultverständnis her zu bestimmen (M. Noth, G. v. Rad). Der Gottesdienst Israels verbindet das zyklische und das lineare Zeitverständnis (s. u. 184f.); es ist der segnende und zugleich der rettende Gott, der im Gottesdienst Israels gefeiert wird. Darin, daß beides miteinander verbunden wird, besteht die Eigenart des Gottesdienstes in Israel.

d) Der zweite wichtige Einschnitt ist der Beginn des Königtums, das für den Gottesdienst Israels eine neue Periode einleitet. Das sakrale Königtum gibt überall dem König eine gottesdienstliche Bedeutung. Das Heiligtum der Königsstadt wird das königliche Heiligtum (1. Kön. 6–7); die Priester werden Diener des Königs und der König selbst erhält gottesdienstliche Funktionen. Er kann die Klage des Volkes in einer Not vor Gott bringen (Jes. 37), er kann das Volk segnen und für das Volk beten (1. Kön. 8), wie auch das Gebet für den König zum Gottesdienst gehört (Ps. 20; 21; 72). Um so wichtiger ist der Bericht der Ladeerzählung, in dem der König David durch die Einholung der Lade nach Jerusalem das alte Heiligtum mit dem neuen und damit die alten Geschichtstraditionen mit dem Gottesdienst in der Königsstadt verbindet (1. Sam. 4–6; 2. Sam. 6). Im Gottesdienst des königlichen Heiligtums geht es wesentlich um den Segen Gottes für König und Volk; mit der Lade erhalten die Traditionen vom rettenden Gott der Wüstenzeit einen festen Ort im Gottesdienst der Königszeit. In der Folgezeit wird der Gottesdienst durch das Königtum gefährdet, wie es die Propheten und das deuteronomistische Geschichtswerk bezeugen; es gibt aber auch Versuche der Gottesdienstreform durch Könige (Hiskia 2. Kön. 18; Josia 2. Kön. 22–23). Das Königtum ermöglichte einen Gottesdienst in Pracht und Glanz des königlichen Heiligtums (Salomos Tempelbau); es führte durch die Abhängigkeit von der Politik der Könige zu schwerster synkretistischer Gefährdung (z. B. unter König Manasse). Mit dem Königtum brach auch dieser Gottesdienst zusammen.

e) Der dritte Einschnitt ist das Exil, eingeleitet durch die Zerstörung des Tempels, mit der der Opferdienst aufhört. Nach der Katastrophe besteht der Gottesdienst nur in der Klagebegehung, wie es die Klagelieder zeigen. Im Lauf des Exils entsteht dann – wahrscheinlich zunächst bei den Exilierten – ein ganz neuer Typ des Wortgottesdienstes mit Gebet und Lesungen als Hauptteilen. Aus ihm geht der Synagogengottesdienst hervor. In ihm leben manche Züge des Frühkultes wieder auf. Vor allem bekommt jetzt, nach dem Zusammenbruch des Staates, die Familie wieder eine Bedeutung für den

Gottesdienst. Dieser Typ des Wortgottesdienstes wird dann später bestimmend für den Gottesdienst der frühen Christenheit.

Daneben aber wird während des Exils die Erneuerung des Tempel- und Opfergottesdienstes durch zwei große Entwürfe vorbereitet. Der Entwurf Ezechiels (Ez. 40–48), des priesterlichen Propheten, baut eine Brücke von der Prophetie mit ihrer Gerichtsbotschaft über Israel zu dem Neuanfang des Gottesdienstes nach der Katastrophe. Dieser Entwurf eines neuen Gottesdienstes durch Ezechiel ist bei aller Kritik des zeitgenössischen Gottesdienstes durch die Propheten das eine sichere und starke Zeichen dafür, daß auch die Gerichtsprophetie niemals den Gottesdienst als solchen bekämpft, sondern sogar zu seiner Erneuerung beigetragen hat.

Die Priesterschrift ist kein Entwurf eines künftigen Gottesdienstes, sondern ein Geschichtswerk, das um die Wende des Exils entstand, aber die Anfänge von der Gründung der Welt an darstellt. Das Erstaunliche und Bewundernswerte an dem Werk ist, daß es durch die Darstellung der Anfänge seinem am Boden liegenden Volk die Fundamente für eine Erneuerung legt. Der Verfasser der Priesterschrift tut das in der Weise, daß er den Gottesdienst in die Mitte dieser Anfänge stellte[32]. Gottes Ziel mit seinem Volk Israel war von Anfang an, das ist schon in Gen. 1 angedeutet, die Einrichtung des Gottesdienstes im verheißenen Land und dessen Mitte, dem Tempel von Jerusalem. Es war schon davon die Rede (s. o. 161f.), wie sich das am Sinai offenbarte Gesetz bei P auf den Gottesdienst konzentriert; darüber hinaus aber ist dem Verfasser der Priesterschrift die Gottesoffenbarung am Sinai einerseits der Zielpunkt, auf den alles von Anfang an Geschehene weist, andererseits dient ihm diese Sinai-Offenbarung dazu, in äußerster Konzentration und bis aufs letzte durchdacht darzustellen, was Gottesdienst ist. Was in den alten Quellen in Ex. 19 erzählend an Elementen des Kultes begegnet, das ist in der Parallele der P (Ex. 24,15b–18) systematisch konzentriert als Ablauf des heiligen Geschehens:

15b: Die Wolke bedeckte den Berg
16a: und die Herrlichkeit Jahwes ließ sich auf den Berg Sinai nieder,
16b: und die Wolke bedeckte ihn sechs Tage lang,
und er rief zu Moses am siebten Tag mitten aus der Wolke.

17: Und das Aussehen der Herrlichkeit Jahwes war wie fressendes Feuer auf der Spitze des Berges vor den Augen der Israeliten.

18a: Und Mose ging mitten in die Wolke hinein, und er stieg auf den Berg hinauf.
18b: Und Mose blieb auf dem Berg 40 Tage und 40 Nächte.
25,1: Und Gott sprach zu Mose: Rede zu …

---

[32] Zum Folgenden C. Westermann, Festschr. W. Eichrodt, 227–249.

Der Vorgang hat zum Ziel den Auftrag, den Gott Mose in Ex. 25,1ff. gibt: „Und sie sollen mir ein Heiligtum machen, daß ich mitten unter ihnen wohne." Zu diesem Ziel, dem Wohnen Gottes unter seinem Volk, führt der Vorgang der Theophanie, gegliedert in zwei parallele Teilvorgänge: Kommen – Bleiben – Wort; Kommen – Bleiben – Wort. In der Mitte der beiden Teilvorgänge, in der Parenthese V. 17, wird das Aussehen des *kabod* beschrieben, um dessen Erscheinen es geht. Dem Kommen der Herrlichkeit Jahwes von oben auf den Berg herab korrespondiert das Kommen des Mittlers des Heiligen auf den Berg hinauf. Der Theophanie korrespondiert das Betreten des Heiligtums bzw. des Allerheiligsten. Das aus der Theophanie ergehende Wort erhält seine gravitas durch das zweimalige Bleiben, die Stille der festgesetzten, der heiligen Zeit. Darin unterscheidet sich das aus der Theophanie ergehende bzw. das gottesdienstliche von dem in eine geschichtliche Situation ergehenden Wort (s. o. 19f.), das eines solchen Hintergrundes feierlicher Stille nicht bedarf. Diese feierliche Stille ist es, die dem gottesdienstlichen Wort seinen besonderen Charakter gibt.

So hat P in dieser stilisierten Darstellung der Theophanie am Sinai das Grundgerüst für den Gottesdienst in Israel gegeben: Gottes Erscheinen begründet den heiligen Ort und die heilige Zeit; der am heiligen Ort erscheinende Gott beruft den Mittler des Heiligen und gebietet das heilige Geschehen, „daß ich mitten unter ihnen wohne". Dabei kommt die Wechselseitigkeit des im Gottesdienst Geschehenden in den beiden Bewegungen zum Ausdruck: die eine Bewegung von oben her im Herabkommen des *kabod*, fortgesetzt in der Bewegung des Mittlers zum Volk hin; die andere Bewegung die des Nahens des Volkes zum Berg, d.h. zum Heiligtum hin, aber nur bis zu einer Grenze.

Der Begriff *kabod*, der in der Sinai-Theophanie bei P das heilige Geschehen bestimmt, hat aber bei P noch eine andere Seite[33]. Es ist dieselbe Herrlichkeit Gottes, die sich in Stunden der Gefährdung des Volkes auf seinem Weg durch die Wüste im rettenden Eingreifen Gottes zeigt (Ex. 16; Num. 14; 16; 17; 20, P). In allen Texten ist der Vorgang als Abfolge von fünf gleichen Akten dargestellt; in ihrer Mitte steht jeweils das Erscheinen der Herrlichkeit Gottes (Ex. 16,10; Num. 14,10; 16,19; 17,7; 20,6). P verklammert dadurch die Vorgänge bei der Wüstenwanderung mit der Theophanie am Sinai. Die Majestät des Wirkens Jahwes reicht von der Mitte über den ganzen Bereich der geschichtlichen Wirklichkeit seines Volkes. So verklammert P den Gottesdienst mit der Geschichte. In dieser Konzeption der Priesterschrift ist die Besonderheit des Gottesdienstes Israels bejaht und festgehalten, die ihn von Anfang an bestimmt hat: In ihm wird der Gott gefeiert, dem Israel in seiner Geschichte als seinem Retter begegnet ist und der darum auch im seßhaften Gottesdienst der Gott der Geschichte seines Volkes blieb.

f) *Der Gottesdienst im Chronikwerk.* Darin unterscheidet sich der Gottesdienst im Chronikwerk grundlegend vom Gottesdienst bei P, daß diese feste, im Zentrum des ganzen Werkes angelegte Verbindung von Gottesdienst und

---

[33] Hierzu ThB 55, 128–133 und Artikel *kbd*, schwer sein, THAT I, 794–812.

Geschichte im Chronikwerk nicht mehr zu finden ist. Das zeigt sich schon im Aufbau des Chr. daran, daß die Frühgeschichte des Volkes nur noch auf die Genealogien am Anfang reduziert ist, die für Chr. wesentliche Geschichte aber erst mit dem Königtum beginnt. Die sehr weitgehende Institutionalisierung des Gottesdienstes, die im Chr. erkennbar wird, ist nur die andere Seite der weitgehenden Ablösung von der Geschichte. Die zyklische Gestalt des Gottesdienstes im ganzen und die „dienstliche" Festlegung der gottesdienstlichen Handlungen im einzelnen bis ins Kleinste, die strenge hierarchische Gliederung des Klerus, der das bestimmende Subjekt des Gottesdienstes wird, hinter dem die gottesdienstliche Gemeinde als nur passiv Beteiligte in den Hintergrund tritt, – dies und vieles andere zeigt, daß im Verständnis und in der Praxis des Gottesdienstes ein grundlegender Wandel eingetreten ist. Dem entspricht die Entscheidung der Tradenten, daß die P mit ihrem Verständnis des Gottesdienstes ein Teil der Thora geworden ist, das Chronikwerk aber nicht in die „Vorderen Propheten" aufgenommen wurde, sondern nur in die „Schriften". Dem entspricht auch der geschichtliche Tatbestand, daß der vom chronistischen Werk konzipierte Gottesdienst nach der zweiten Zerstörung des Tempels nicht wiederhergestellt wurde, sondern der Synagogengottesdienst an seine Stelle trat.

2. *Die Elemente des Gottesdienstes*

Gottesdienst ist heiliges Geschehen zwischen Gott und Mensch. Besonderes, heiliges Geschehen ist es dadurch, daß es am besonderen Ort, zu besonderer Zeit, durch die Vermittlung besonders beauftragter Menschen geschieht. Das zwischen Gott und Menschen Geschehende besteht auf beiden Seiten aus den beiden Grundelementen Wort und Handlung. Ursprünglich gehören sie aufs engste zusammen; im „Kultdrama" sind sie noch ungetrennt. Ihr Verhältnis zueinander ist sehr variabel, aber beide gehören in beiden Geschehensrichtungen notwendig zu allem gottesdienstlichen Geschehen, auch dort noch, wo an die Stelle der Handlung die Geste getreten ist. Bei den nun darzustellenden Elementen darf von den durch die Geschichte des Gottesdienstes bedingten Wandlungen nicht abgesehen werden; jedoch soll hier im Wesentlichen das Konstante dargestellt werden.

a) *Der heilige Ort:* Für Israel ist der Tempel niemals in dem absoluten Sinn heiliger Ort gewesen, daß die Heiligkeit des Tempels in dessen Absonderung von der unheiligen Außenwelt bestand. Vielmehr wurde sie in strengem Sinn funktional verstanden. Der besondere Ort inmitten des Landes hatte seine Besonderheit darin, daß von ihm der Segen auf das Land ausging, daß wiederum der Segen des Landes (Opfer) vom Land zu dem besonderen Ort des Gottesdienstes zurückfloß. Die Heiligkeit des Tempels wurde darin realisiert, daß die Bewohner des Landes zu den besonderen Zeiten an diesem besonderen Ort zusammenkamen und mit dem, was sie dort empfingen, in ihre Häuser zurückkehrten. Der Weg aus den Häusern in den Tempel und der Weg aus dem Tempel in die Häuser ist daher ein Wesenselement des Gottesdienstes; ohne diese

Bewegung zum Tempel hin und aus dem Tempel heraus gäbe es die Heiligkeit des heiligen Ortes nicht. Daß dieser funktionale Charakter der Heiligkeit des Ortes dem alten Israel bewußt war, zeigt sich in der Institution der Prozessionen und Wallfahrten, in denen der Weg zum und vom Heiligtum zur heiligen Begehung gehört. Auf eine ganz andere Art kommt der funktionale Charakter der Heiligkeit des Tempels bei Ezechiel zum Ausdruck, wenn die Herrlichkeit Jahwes zusammen mit der endgültigen Ankündigung des Gerichts den Tempel verläßt, um erst bei der Wiederherstellung des Tempels zu einem neuen gereinigten Tempeldienst zu ihm zurückzukehren [34].

b) *Die heilige Zeit:* Die Jahresfeste waren in Israel wie in vielen anderen Religionen die wichtigsten heiligen Zeiten, zu denen die Familien den Tempel aufsuchten. Sie sind in den Festkalendern zusammengestellt, die sich aber durch die Geschichte Israels hindurch etwas gewandelt haben (Ex. 23, 14–19; 34, 18–26; Dtn. 16, 1–17; Lev. 23, 1–44) [35]. Die Jahresfeste wurden bei der Einwanderung in Kanaan von der dortigen seßhaften Bevölkerung übernommen. Dem Jahresrhythmus entsprechend wird an ihnen primär das segnende Wirken Gottes gefeiert, sie sind den Hauptereignissen des Naturjahres, Saat und Ernte, zugeordnet. Allein das Passafest ragt in seinen Ursprüngen als das Fest des Weidewechsels in die nomadische Zeit zurück, deswegen wird es schon auf die Zeit des Auszugs zurückgeführt (Ex. 12), auch wenn es hier einen neuen Sinn bekommt.

Weil die Jahresfeste aus der in Kanaan übernommenen agrarischen Wirtschaftsform erwuchsen und nicht aus der Geschichte Israels, wurden sie später „historisiert", d.h. an ihnen wurden auch Ereignisse aus der Geschichte Jahwes mit Israel gefeiert. Die Verbindung von Gottes rettendem mit Gottes segnendem Handeln wurde damit auch in der Begehung der Feste verankert. Sie blieben dabei durchaus auch Saat- und Erntefeste, als solche waren sie für Israel lebenswichtig; aber die Verbindung mit der Erinnerung an Gottes Rettungstaten bewahrte die Erntefeste vor einer Kanaanisierung. Typisch für diese Historisierung ist die Erzählung von der Einsetzung des Passafestes in Ex. 12, die das Fest mit den Anfängen Israels verbindet.

Für die Geschichte des Passafestes ist noch eine Entwicklung wichtig, die für den Gottesdienst Israels bezeichnend ist. Das Passafest wurde als Hirtenfest ursprünglich in den Familien begangen. Mit der wachsenden Bedeutung des Tempels im Lande und dann besonders des Tempels in Jerusalem wurde es an den Tempel verlegt. Mit der Zerstörung des Tempels aber (vielleicht auch schon vorher) wurde es wieder ein in der Familie begangenes Fest. Diese

---

[34] Die Frage, wie man sich die Gegenwart Gottes im Tempel vorstellt, ist dabei von untergeordneter Bedeutung. Man sprach vom Wohnen Gottes im Heiligtum, was einfach der Bezeichnung „Haus Gottes" entsprach; oder, wenn dies zu massiv erschien, von dem Haus, über dem Jahwes Name genannt ist (so Dtn. und Dtr., z.B. Jer. 7, 10), oder von der Herrlichkeit (*kabod*) Gottes, die sich auf das Heiligtum niederläßt, so in der Priesterschrift.

[35] Hierzu H.-J. Kraus, BEvTh 19, 1954; ²1962, 40–112; H. H. Rowley, 1967, 87–95; R. Martin-Achard, 1974.

Entwicklung zeigt, daß Israel bei der Begehung seiner Feste nicht unbedingt an den heiligen Ort gebunden war.

Für das Verständnis der heiligen Zeit ist eine andere Entwicklung bei den Festen wichtig. In der Frühzeit waren die Feste direkt die Begehung des Ereignisses im Jahreslauf, also etwa der ersten Aussaat oder der Weinlese. Es gab hier noch keine Scheidung in einen sakralen und einen profanen Teil des Festes. Die Feste waren daher in der Frühzeit nicht kalendermäßig festgelegt, sondern fielen mit den Ereignissen zusammen, je nachdem, ob die Weinlese früher oder später war. Erst mit der Heraussonderung des Kultes zu einem besonderen Daseinsbereich wurden die Feste sakral im strikten Sinn und damit kalendarisch festgelegt, so daß sie mit dem begangenen Ereignis nicht mehr unbedingt zusammenfielen.

Besonders zu erwähnen ist der Sabbat, der in der Frühzeit Israels ein Ruhetag mehr unter sozialem Aspekt war, dann aber in den Kult einbezogen und vom Exil ab zu einem Bekenntniszeichen wurde. Durch das strenge Einhalten des Sabbats wurde die Zugehörigkeit zum jüdischen Volk bezeugt bis hin zum Märtyrertum.

Abschließend ist an die durch S. Mowinckels „Psalmenstudien" (II, 1922) ausgelöste Diskussion um das Neujahrsfest zu erinnern. Die Wiederentdeckung des babylonischen Neujahrsfestes führte zu dem Versuch, ein entsprechendes Neujahrsfest oder doch Hauptfest im Israel der Königszeit zu postulieren, von Mowinckel als „Thronbesteigungsfest Jahwes", von anderen anders bezeichnet. Die Diskussion kann jetzt als abgeschlossen gelten. Die mehrfach überlieferten Festkalender kennen weder ein solches Fest noch lassen sie die Entwicklung zu einem solchen Fest hin erkennen. Das Neujahrsfest ist in Israel erst sehr spät, auf jeden Fall erst nach dem Exil entstanden. Vor allem aber entspricht das babylonische Neujahrsfest nicht dem, was wir vom israelitischen Festkult wissen.

c) *Der kasuelle Gottesdienst:* Von der heiligen und als solche festgelegten Zeit ist der kasuelle Gottesdienst zu unterscheiden, der in Israel eine hohe Bedeutung hatte. Erst der voll institutionalisierte Gottesdienst läuft ganz nach festgelegten Zeiten ab, so daß man für ein ganzes Jahr im voraus weiß, wann ein Gottesdienst stattfindet. Im Gegensatz dazu wechseln im Heiligtum Israels feste Zeiten mit kasuellen. Auch hierin zeigt sich die Verbindung von Gottesdienst und Geschichte. Wir wissen das vor allem aus den Klagepsalmen, die einen erheblichen Bestandteil der gottesdienstlichen Psalmen ausmachen. Ist eine schwere Not oder eine schwere Bedrohung über das Volk gekommen, dann wird ein „Fasten" ausgerufen, dessen Mitte die gottesdienstliche Klagebegehung ist. Mit dieser Klagebegehung kann nicht bis zum nächsten fälligen Gottesdienst gewartet werden, sie muß sofort vor Gott gebracht werden, damit er die Not wende. In der Frühzeit gehörten zu diesen kasuellen Begehungen auch die Siegesfeiern mit dem an Gott gerichteten Siegeslied dazu, die aber am Ort des Sieges oder bei der Rückkehr des Heeres stattfanden. Es gab noch andere solcher gottesdienstlich begangener Ereignisse, die nicht in den Festkalender einzufügen waren, sondern aus Anlaß des Ereignisses begangen wurden.

Dabei ist aber eine weitere Ergänzung notwendig. Der Psalter enthält sehr viel mehr Klagen Einzelner als Klagen des Volkes. Daraus folgt, daß wir einen Unterschied im Subjekt des Gottesdienstes beachten müssen. Das Subjekt des Gottesdienstes bei den großen Festen wie auch bei den Klagebegehungen in einer Volksnot war die Volksgemeinde, d.h. das Volk, das zugleich die gottesdienstliche Gemeinde war. Daneben aber nahm der Gottesdienst der kleinen Gruppe, der Familie, einen wesentlichen Raum im israelitischen Gottesdienst ein. Es kann hier offen bleiben, inwieweit diese familiären Gottesdienste im Tempel oder in den Häusern stattfanden, wesentlich aber ist, daß in Israel neben der die Volksgemeinde umfassenden gottesdienstlichen Begehung im Tempel durch die ganze Geschichte Israels hindurch die Familie das andere Subjekt gottesdienstlicher Begehung war und blieb[36]. Diese familiären Begehungen waren ihrem Wesen nach kasuell; sie ergaben sich aus Ereignissen im persönlichen Leben, wie das besonders schön die Lobpsalmen des Einzelnen im Psalter zeigen, in denen die Rettung aus Todesnot vor Gott begangen wurde. Die Tatsache, daß in Israel der kasuelle Gottesdienst neben dem der Feste im Jahresablauf eine bedeutende Rolle spielte, zeigt die unmittelbar theologische Bedeutung des Gottesdienstes. Weil für Israel der Gott, den es anrief und dem es vertraute, die Geschichte des Volkes wie auch die Lebensgeschichte des Einzelnen in seiner Familie begleitete in Freude und Leid, mußte auch dieses kontingente Geschehen zwischen Gott und Mensch seinen Ausdruck in der Gestalt des Gottesdienstes finden.

d) *Der Mittler des Heiligen:* Vom Priester als Mittler des heiligen Geschehens war schon im Zusammenhang der Geschichte des Mittlers die Rede (s. o. 66f.); es ist nur noch nach der Seite der gottesdienstlichen Funktion des Priesters hin zu ergänzen[37]. Grundlegend ist dafür, was in der Sinai-Perikope dazu gesagt wird, besonders in Ex. 20,18–21. Hier ist begründet, daß der Priester nicht wie der Prophet von Gott berufen wird, sondern daß er vom Volk bestellt oder beauftragt wird, Mittler zwischen ihm und dem heiligen Gott zu sein. Dem entspricht es, daß der Priester lebenslang zu seinem Dienst beauftragt wird und daß er sein Amt an seine Söhne weitergibt. Darin zeigt sich, daß der Priester wesentlich Mittler des Segenswirkens Gottes ist. Er hatte als solcher eine größere Bedeutung, als sich auf den ersten Blick aus dem Alten Testament erkennen läßt. Der Dienst des Priesters zieht sich von dem Ansässigwerden in Kanaan an durch die ganze Geschichte Israels bis in die Zeit des Neuen Testaments. So wie der Gottesdienst notwendig zum Gottesverhältnis hinzugehört, so auch ein gottesdienstlicher Mittler.

Die Geschichte des Priestertums durch das Alte Testament hindurch kann hier nicht entfaltet werden. Nur auf eine wichtige Entwicklung in dieser Geschichte sei hingewiesen: Eine priesterliche Hierarchie hat es zu Anfang in Israel nicht gegeben. Es gab wohl von Anfang an die Konkurrenz zwischen Gruppen bzw. Familien von Priestern, insbesondere an verschiedenen Heilig-

---

[36] Vgl. R. Albertz, 1978.
[37] Vgl. R. de Vaux, Das Alte Testament und seine Lebensordnungen II, 177–191.

tümern, wie in anderen Religionen auch. Eine eigentliche Hierarchie aber entstand erst mit dem Königtum. Während des Königtums trat sie wenig hervor; eine bestimmende Bedeutung erhielt sie erst mit der Restauration des Tempels nach dem Exil, als der Hohepriester einige Funktionen des Königs übernahm. Jetzt entwickelte sich eine rigorose Hierarchie, für die die Überordnung und Unterordnung im Klerus, in der die Stufenleiter vom niedrigsten zum höchsten Amt bestimmend war. Für die weitere Entwicklung, auch in der christlichen Kirche, ist wichtig festzuhalten, daß die priesterliche Hierarchie in Israel wie in anderen Völkern auch ihren Ursprung nicht im Wesen des Priestertums selbst, sondern in der Phase der Geschichte des Priestertums hat, in der es eng mit dem Königtum verbunden war, die Priester also Diener des Königs, königliche Beamte waren. Die priesterliche Hierarchie ist eine in ihrem Kern und in ihrem Ursprung politische Struktur, die dem Priestertum sekundär aufgeprägt wurde. Sie eignet dem Priestertum als solchem nicht.

Im folgenden sollen die einzelnen gottesdienstlichen Elemente im Wechselgeschehen des Gottesdienstes in Worten und Handlungen dargestellt werden.

3. *Das Handeln Gottes im Gottesdienst*

Gottes Handeln im Gottesdienst ist wie auch außerhalb des Gottesdienstes in erster Linie das Segnen und das Retten, nur daß es hier durch das Wort vermittelt geschieht. Im gottesdienstlichen Segen allerdings ist Wort und Handeln untrennbar beieinander und ineinander, denn im Sprechen des Segens vollzieht sich der Segen (Num. 6,27):

„Wenn sie so meinen Namen auf die Israeliten legen,
will ich selbst sie segnen."

Der Segen im Gottesdienst wird an die Gemeinde (Num. 6,24–26) und an Einzelne (Ps. 91; 121) erteilt. Nicht nur beim Entlassen der Gemeinde (Segen = Abschiedsgruß), sondern bei vielen Gelegenheiten: bei der Wallfahrt (Ps. 122), beim Erntefest (Ps. 65), in Verbindung mit dem Opfer (Lev. 9) u. a. Der Segen wird durch den Priester erteilt, aber der Priester ist dabei der Mittler des Segens Gottes (Num. 6,27). Beim gottesdienstlichen Segen ist die gesamte Geschichte des Segens im Alten Testament vorauszusetzen (s. o. 90–98). Wenn z. B. das Deuteronomium von einem dreifachen Segen redet, des Leibes, des Viehes, des Ackers, dann ist dieser dreifache Segen in der gottesdienstlichen Segenshandlung impliziert; der der gottesdienstlichen Gemeinde erteilte Segen geht mit ihr hinaus in alle Bereiche ihres Lebens. Der Segen ist ein so unbestrittener Bestandteil des Gottesdienstes, daß die Propheten in ihrer Kultkritik den Segen oder die priesterliche Segenerteilung niemals angegriffen haben.

Das rettende Handeln Gottes vollzieht sich nicht im Gottesdienst; es ist ja der Epiphanie, nicht der Theophanie zugeordnet. Jedoch das die Rettung zusagende Wort, das von der Ankündigung der Rettung zu unterscheiden ist, hat seinen Ort im Gottesdienst. Es ist das sogenannte Heilsorakel oder die Erhörungszusage, für die der Ruf „Fürchte dich nicht!" bezeichnend ist, die im

Zusammenhang der Klage des Volkes wie des Einzelnen eine wichtige gottesdienstliche Funktion hat. Indem dem Flehenden die Furcht genommen wird, hat die Rettung schon eingesetzt; wird dem Klagenden die Erhörung zugesagt, dann bedeutet das die Wende. Eine wie große Rolle die Erhörungs- oder Rettungszusage im Gottesdienst Israels gespielt hat, zeigt ihr Echo im Lob der Geretteten. Sofern die Klage mit einem Sündenbekenntnis und der Bitte um Vergebung verbunden ist, bedeutet auch die Zusage der Vergebung oder die Reinigung durch Sühnung ein Wirken des rettenden Gottes; denn mit ihr kann auch die Ursache einer Not beseitigt sein. In Ausnahmesituationen kann sich Rettung auch unmittelbar im Gottesdienst vollziehen, nämlich durch das Gottesurteil, das den Unschuldigen freispricht, und durch die Asylfunktion des Heiligtums.

Das Wort Gottes im Heiligtum zur heiligen Zeit ist vom Reden Gottes im Alltag vor allem in der Theologie der Priesterschrift deutlich unterschieden (s. o. 12). Es ist das im Raum einer Stille im Heiligtum gesprochene Wort, dem die zum Heiligtum Gekommenen die Bereitschaft des Hörens entgegenbringen. Zum Reden Gottes im Heiligtum gehören auch die eigentlich dem Handeln Gottes zugeordneten Worte, von denen bisher die Rede war. Im Gottesdienst sind also Wirken und Reden Gottes im Gotteswort gegenwärtig.

Die im Gottesdienst ergehenden Worte können in Verkündigung und Weisung gegliedert werden. Zur Verkündigung durch den Priester gehören die Erinnerung an Gottes große Taten, in welcher Form auch immer, der Bundschluß und die Erneuerung des Bundes (Ex. 34), alle Worte, in denen, durch den Priester vermittelt, Gott selber redet. Über die gottesdienstlichen Akte, in denen das geschah, wissen wir noch wenig. Indirekt ist zur Verkündigung im Gottesdienst auch die im Gotteslob sich vollziehende zu rechnen. Das weisende Wort Gottes im Gottesdienst ist in erster Linie die Proklamation der Gebote des Dekalogs, dessen Sitz im Leben, wie wir sahen, der Gottesdienst ist. Die Bedeutung des Dekalogs für den Gottesdienst zeigt sich in der Folge von Ex. 20 auf Ex. 19. Wie sehr Verkündigung und Weisung zueinander gehören und nicht voneinander zu trennen sind, ist in der Formulierung des ersten Gebots bezeugt. Noch auffälliger tritt sie in der Gebotsparänese heraus, wie wir sie schon im Bundesbuch und dann besonders im Deuteronomium antreffen, zu der die Geschichtserinnerung als ein wesentlicher Bestandteil gehört. Für das Deuteronomium ist die kausale und finale Verankerung der Gebote typisch, die die Weisung mit der Verkündigung verbindet.

Weisung Gottes aber erfolgt auch direkt in der Beantwortung von Fragen durch das Orakel, an dessen Stelle später die priesterliche Weisung tritt.

Dagegen haben die Gesetze ihren ursprünglichen Ort nicht im Gottesdienst; die Verlesung des Gesetzes im Gottesdienst wurde erst in späterer Zeit eingeführt.

4. *Das Handeln und Reden des Menschen im Gottesdienst*

Schon die Vorbereitung ist, was den Menschen betrifft, ein wesentlicher Bestandteil des Gottesdienstes, was meist nicht genügend beachtet wird. Dazu gehört der Weg zum Tempel, er ist ein Teil der heiligen Begehung, der *processio*; die Prozession ist ja nichts anderes als die kultische Stilisierung des Weges zum Heiligtum, der als Weg der Menschen zum Heiligtum in Israel sein Gewicht gerade dadurch erhält, daß es im Bereich des Bilderverbotes eine Götterprozession nicht geben kann. Es entspricht seiner Bedeutung, wenn der Weg zum Heiligtum in einem Wallfahrtspsalm ausdrücklich zu Worte kommt (Ps. 122,1):

„Ich freute mich, da sie zu mir sprachen:
Laßt uns wallen zu dem Hause des Herrn!"

Zur Vorbereitung gehört auch die körperliche Bereitung, die so gewichtig ist, daß sie schon einen Bestandteil des Berichtes von der Theophanie am Sinai bildet (Ex. 19,10f.): das Reinigen und das Waschen der Kleider. Das gilt nicht nur für die gottesdienstliche Gemeinde, sondern in noch höherem Maße für die Priester, die festliche Gewänder und „heiligen Schmuck" zum Gottesdienst anlegen. Zum Gottesdienst gehört als ein Wesensbestandteil das Schöne; es ist da im Raum und seiner Gestalt, in der Kostbarkeit der Kultgeräte, in Gewandung und Schmuck der Priester und der Gemeinde, in der Tempelmusik und der Schönheit der Gesänge.

Unter bestimmten Umständen kommt zur körperlichen Vorbereitung auch Enthaltung und Fasten, für die Priester insbesondere, aber bei manchen Gelegenheiten auch für die Gottesdienstgemeinde. Zur Vorbereitung schließlich gehört auch, daß der Reinigung des Körpers entsprechend das Abtun aller Unreinheit beim Betreten des Heiligtums in der Institution der Abrenuntiation und des negativen Bekenntnisses (Ps. 15) bei der Torliturgie die Kultfähigkeit bewirkt. Das Hintreten vor Gott ist von Gesten begleitet, die die Anerkennung Gottes als des Herrn durch die Gott Dienenden zum Ausdruck bringen: das Sich Beugen oder Niederfallen.

a) *Das Opfer:* Die wichtigste gottesdienstliche Handlung ist die des Opfers. Sie ist zuzeiten so in den Vordergrund getreten, daß Opfer und Gottesdienst fast gleichbedeutend wurden (Lev. 9); aber niemals hat der Gottesdienst in Israel nur in der Opferdarbringung bestanden. Eine ausführliche Darstellung der Geschichte des Opfers in Israel ist hier nicht möglich[38], es können nur die wichtigsten Linien herausgestellt werden. Unser Begriff „Opfer" (*obferre*, darbringen) ist ein sekundärer Allgemeinbegriff, der nachträglich sehr verschiedene Vorgänge und Phänomene zusammenfaßt. Das Opfer ist eines der verbreitetsten religiösen Phänomene, über die ganze Erde verbreitet und durch viele Jahrtausende bewahrt. Keines der im Alten Testament genannten Opfer ist spezifisch israelitisch, auch keines der Opfermotive. In seinen Opfern hat der Gottesdienst Israels Anteil an einem den Religionen gemeinsamen Phänomen. Religionsgeschichtlich lassen sich zwei Grundtypen des Opfers erkennen, die beide auch im Alten Testament begegnen. Sie sind so verschieden, daß sie eigentlich den gemeinsamen Oberbegriff sprengen. Der eine Typ ist das Gemeinschaftsmahl zu besonderer Zeit und am besonderen Ort, an dem die Gott-

---

[38] Vgl. R. de Vaux, a. a. O., 259–308; R. Rendtorff, WMANT 24.

heit teilnehmend gedacht ist, das sakrale Mahl *(zaebaḥ)*. Der andere Typ ist die Darbringung in Verbrennung eines Tieres *('olah)* oder als Darbringung vegetabilischer Opfer *(minḥah)* oder als Erstlingsopfer (s. L. Köhler, AT-Theologie, 171).

Für die beiden Grundmotive des Opfers sei auf das zu Gen. 4 und 8 Gesagte verwiesen (s. o. 24). Das eine ist dem segnenden Handeln Gottes zugeordnet, ursprünglich das Erstlings- oder Primitialopfer, das durch Darbringung des ersten Ertrages an die Gottheit die Segnung des ganzen Ertrages erwirken will. Das andere ist dem rettenden Handeln Gottes zugeordnet, das mit einer Darbringung verbundene Lob des rettenden Gottes oder das Flehen um Rettung. Dazu kommt in einem späteren Stadium das Opfer als Sühnungsmittel, das allmählich eine beherrschende Bedeutung bekommt.

Die Geschichte des Opfers kann vereinfachend in drei Stadien gesehen werden. Im frühesten Stadium gehörte das Opfer zu den Lebensvorgängen, für die es notwendig war; es war dem Leben der Gemeinschaft noch voll integriert. Zu jeder Art von Darbringung gehörte das Ereignis, das sie veranlaßte, also etwa eine Ernte oder eine Genesung; eine Schlachtung wurde als „Opfer" begangen, bestimmte Ereignisse im Leben der Familie, der Gruppe, des Einzelnen waren vom Opfer begleitet. So treffen wir es in den Vätergeschichten wie in den ugaritischen Epen oder in dem Erzählrahmen des Hiobbuches.

Das zweite Stadium ist das der Einordnung des Opfers in den Kult am heiligen Ort und zur heiligen Zeit. Das Heiligtum wird der Ort, an dem allein Opfer dargebracht werden können; die Feste erhalten in der Opferdarbringung ihren Mittelpunkt. Es ist das Stadium, das im Alten Testament die Zeit von der Ansiedlung bis zur Zerstörung des Tempels in Jerusalem umfaßt, zu dem die Mehrzahl der Opfervorschriften gehören und in das auch die prophetische Kritik am Opfer fällt. Für dieses Stadium ist einmal charakteristisch, daß im kultischen Opferdienst viele verschiedene Arten von Opfern zusammenkommen, dabei aber doch jedes Opfer seine Eigenart behält, wie z. B. das Gelübdeopfer; außerdem, daß der das Opfer Darbringende der Familienvater ist, der die zu opfernden Produkte bringt, wie sich das z. B. in Dt. 26 zeigt.

Das dritte Stadium ist durch zwei entgegengesetzte Vorgänge gekennzeichnet. Der eine ist die kultische Absonderung des Opfers. Sie zeigt sich vor allem darin, daß jetzt das ausschließliche Subjekt des Opfers der Opferpriester wird. Der Familienvater hat nur noch das Material für das Opfer zu bringen, das er dem Priester zum Zweck der Opferung übergibt, bei dem Opfer selbst ist er nur Zuschauer. Sie zeigt sich auch darin, daß die Verschiedenartigkeit der Opferarten zurücktritt und das Sühneopfer beherrschend wird. Die durch das Opfer bewirkte Sühnung wird das allbestimmende Opfermotiv. Es ist das Stadium des nachexilischen Opferdienstes, wie er sich im Chronikwerk, aber auch schon in den späten Schichten des Opfergesetzes bei P zeigt.

Dieser starken Institutionalisierung des Opfers entgegen kommt die Frage auf, ob (diese) Opfer denn überhaupt dem Willen Gottes entsprechen? In den späten Psalmen 40; 50 und 51 kommt diese Frage zu einem sehr massiven Ausdruck; als das wahre, Gott gefallende Opfer wird in Ps. 51,17–19 das Gotteslob und die bußfertige Gesinnung, in Ps. 50,7–15 nach einer sehr eingehenden Kritik der Tieropfer Lob und Klage (14–15) bezeichnet. Es hat also in der nachexilischen Zeit eine Frömmigkeit gegeben, zu der zwar Lob und Klage, nicht aber das Tieropfer gehörte. Es ist sicher, daß sie durch die Kritik der vorexilischen Propheten am Opferdienst ihrer Zeit vorbereitet wurde.

Eine tiefgehende Wandlung des Opferbegriffes zeigt sich aber auch darin, daß in Jes. 53 der Tod des Gottesknechtes als ein Schuldopfer bezeichnet wird (Jes. 53,10).

b) *Die Feste*: Zum Begehen der Feste ist das Wesentliche bei der Darstellung der heiligen Zeit gesagt. Hier ist nur hinzuzufügen, daß das Begehen der Feste in besonderem Maße ein Handeln der Menschen erforderte. Es wäre nötig, hier das Verhältnis von Ritus und Kultus ausführlich zu untersuchen. Für den primitiven Menschen ist das Dasein so vollkommen vom Ritus bestimmt und vom Ritus durchsetzt, daß er hier ein wesentlicher Bestandteil allen gemeinsamen Lebens ist. Dabei umgreift der Ritus profanes und heiliges Geschehen; es gibt noch nicht den Kult, der vom übrigen Dasein gesondert ist, der Ritus bestimmt in gleicher Weise den sozialen und den religiösen Bereich. Im Stadium des Großkultes sondert sich der rein religiöse Ritus heraus und wird für den Kult bestimmend; Kultus und Ritus gehen eine feste Verbindung ein. Da nun der Ritus ein wie auch immer geartetes Handeln des Menschen ist, gehört insbesondere zum Festkult das rituelle Handeln der Menschen in vielerlei Gestalt. Es hat eine erstaunliche Kraft des Beharrens über Jahrhunderte und Jahrtausende hin und darum eine viel größere Bedeutung als gemeinhin gesehen wird. Im Bereich der kultischen Riten oder kultischen Handlungen gibt es daher auch besonders viele, die das Stadium, in dem ihr Sinn verständlich war, Jahrhunderte überleben (survivals) und unverstanden weiterleben. Damit hängt eng zusammen, daß von einem Ritus oft nur ein gestus, eine Geste übrigbleibt, die auch dann noch weiterlebt, wenn sie bloß noch ‚symbolisch' oder gar nicht mehr verstanden wird. Riten und Gesten treten in dem Maß zurück, als der Gottesdienst rational verstanden wird; dennoch ist es oft der Ritus oder der Gestus, der sogar noch unverstanden das Zusammenkommen einer Menschengruppe als ein gottesdienstliches eindeutig bestimmt.

c) *Das Reden des Menschen im Gottesdienst:* Es erhält seinen beherrschenden Ausdruck in den gottesdienstlichen Psalmen in Lob und Klage und den anderen Redeformen, die sich in den Psalmen finden. Die Psalmen sind der stärkste und deutlichste Ausdruck des dialogischen Gottesverhältnisses im Alten Testament; der Mensch vor Gott ist der antwortende Mensch. Darin ist die erstaunliche Lebendigkeit des Psalters begründet und die noch erstaunlichere Tatsache, daß sie niemals zu einer formelhaften Kultsprache erstarrt sind (also niemals survivals wurden), sondern für jede neue Generation verständlich blieben, so daß sie auch im christlichen Gottesdienst übernommen werden konnten. Mit den Psalmen aber ist das gottesdienstliche Wort der Menschen nicht erschöpft. Es kommt das die gottesdienstlichen Handlungen begleitende Wort dazu, wie z. B. der Opferspruch, der in Dtn. 26 mit dem Bekenntnis verbunden ist, bei bestimmter Gelegenheit die Abrenuntiation, Grüße verschiedener Art, das die Auslösung eines Gelübdes begleitende Wort und noch viele andere.

C. Die Antwort des Nachdenkens oder der Reflexion

I. Andacht und theologische Reflexion

1. Die Andacht

Das Reden des Menschen im Gottesdienst umgreift noch ein wichtiges anderes Element. Es wird dadurch verständlich, daß das hebräische *dabar* ‚Reden' und ‚Denken' umfaßt. Das an Gott gerichtete Wort geht in Nachdenken, in Reflexion über. Genauso wie für uns in einem engen persönlichen Verhältnis das ‚Reden zu ...' weitergeht in einem ‚Denken an ...' und ‚Nachdenken über ...', so im Gottesverhältnis, wie es sich in den Psalmen spiegelt. Der Psalter ist in späteren Stadien nicht nur gottesdienstliches Gesangbuch, sondern darüber hinaus auch Andachts-Buch gewesen. Das zeigen die Psalmen, in denen die Reflexion bestimmend ist (wie Ps. 119 oder 139), aber auch solche, in denen die Anrede an Gott in reflektierende Passagen übergeht, wie Ps. 34 oder 39. Dabei ist sorgfältig zu unterscheiden zwischen Nachdenken (Reflexion) und Weisheit. Beide berühren sich und haben sich vielfältig durchdrungen, sind aber in der Wurzel verschieden.

Eine Reihe von Psalmen lassen ein Nachdenken über Gott erkennen, das am Gotteslob oder an der Klage entsteht, diese aber reflektierend weiterführt. So geht der Lobpsalm eines Einzelnen in Reflexion über (Ps. 40, 5):

> „Viel sind der Wunder und Ratschlüsse,
> die du an uns vollbracht, o Herr, mein Gott!
> Nichts ist dir zu vergleichen.
> Wollte ich sie verkünden und davon reden ..."

Der ganze 139. Psalm ist eine Reflexion, die aus der Unschuldsbeteuerung erwachsen ist; aus der Klage erwächst das Nachdenken über das Todesschicksal des Menschen (Ps. 39; 49; 90). Diese reflektierenden Bestandteile des Psalters sind ein sicheres Zeichen dafür, daß über die Psalmen nachgedacht wurde, daß sie nicht „gedankenlos" rezitiert wurden. Sie berührten den Menschen im Innersten, sie arbeiteten in ihm weiter. Dabei ist aber zu beachten, daß dieses Nachdenken vielfach (so in Ps. 139) die Form der Anrede hatte. In diesem Nachdenken ging das zu Gott hingewandte Reden weiter und es konnte auch wieder unmittelbar in die Anrede übergehen. Das bedeutet aber: Dieses Nachdenken über Gott, über Gottes Walten, über den Menschen vor Gott lebte aus der Anrede Gottes und blieb an sie gebunden. Niemals konnte in dieser

Reflexion Gott zum Gegenstand, zum bloßen Objekt des Nachdenkens werden. Gott blieb darin unbedingt das personale Gegenüber.

2. *Die theologische Reflexion*

Die Antwort des Menschen im Handeln, Reden und Denken umfaßt sein ganzes Menschsein. Die Gottesbeziehung oder das Gottesverhältnis ist im Alten Testament nicht etwas, was es neben den anderen Beziehungen des Menschen, der zu seinem Mitmenschen, zu seiner Arbeit, zur Natur oder Kunst usw. auch noch gab; diese Beziehung ist vielmehr nur möglich als die Beziehung des ganzen Menschen zu dem Gott, der ihn nach seinem Bild, zu seiner Entsprechung, geschaffen hat. In allen seinen Daseinsbeziehungen bekommt er es mit Gott zu tun; ob es nun seine Arbeit ist (Gen. 2) oder die Liebe zu seiner Frau oder zu ihrem Mann (Gen. 2), ob es die Freude an der Natur ist (Ps. 104) oder sein Forschen (Hiob 28) und Fragen (Spr.); ein Mensch kann sich selbst aus seinem Gegenüber zu Gott nicht lösen.

Allerdings kann er Gott die Antwort verweigern. Er kann ihm ungehorsam sein und ihm nicht die Ehre geben. Der Mensch kann Gott absagen und sein Wort verachten. Aus der Abwendung von Gott ist das große Drama der Geschichte Israels erwachsen. Aber der Mensch kann mit seiner Sünde und mit seinem Ungehorsam, mit seiner Nichtachtung und Verneinung Gottes nichts daran ändern, daß er zum Gegenüber Gottes geschaffen ist; er kann Gott nicht zwingen, er kann von sich aus die Beziehung zwischen Gott und ihm nicht zerstören. Aus dem Versagen der Antwort erwächst eine neue Geschichte, denn Gott leidet an diesem Versagen, und dieses Leiden wird geschichtsmächtig.

Damit ist angedeutet, daß in Israel die Andacht, das Nachdenken über Gott zu einer theologischen Reflexion geführt hat, die von dem ausging, was zwischen Gott und Mensch geschehen ist, geschieht und geschehen wird; diese Reflexion denkt der Geschichte nach, in der der Nachdenkende steht. Darin ist es begründet, daß die theologische Reflexion in Israel nicht zu gedanklichen Systemen oder Lehrgebäuden, sondern zu Geschichtswerken geführt hat.

Zu Anfang wurde gesagt, daß dem Werk des Jahwisten das Lobbekenntnis, dem deuteronomistischen Geschichtswerk das Schuldbekenntnis zugrunde liegt. Es sind dies die beiden Erfahrungen, die sich dem Bewußtsein des israelitischen Volkes am tiefsten eingeprägt haben: die Rettung am Anfang und der Zusammenbruch von 587. Es ist darum voll verständlich, daß sie beide zu Kristallisationspunkten der beiden großen Geschichtswerke wurden. Von diesen beiden Erfahrungen, die Erfahrungen in der Geschichte Israels mit seinem Gott waren, ging die theologische Reflexion aus und fragte von ihnen her nach den Zusammenhängen, aus denen sie erwuchsen und in denen sie ihren Sinn bekamen. Lobbekenntnis und Schuldbekenntnis aber gehören zur Antwort; die großen Geschichtswerke sind aus der Antwort erwachsen.

Fragt man nun, wie denn aus solcher theologischer Reflexion so große, vielgestaltige Geschichtswerke erwachsen konnten, so ist zu antworten, diese

Reflexion nahm die Traditionen auf, sie verband sich mit den Traditionen und fügte aus ihnen das Ganze, dessen Mitte das Lob- bzw. Schuldbekenntnis war. Was aber ist für das Alte Testament eine Tradition oder die Tradition? Tradition oder Überlieferung ist im Alten Testament primär und eigentlich der Vorgang des Überlieferns, nicht das Überlieferte als Ergebnis dieses Vorganges. Am besten ist dies daran zu erkennen, daß er mit zwei Verben wiedergegeben wird: einem Verb des Gebens und einem Verb des Empfangens. Eine klassische Beschreibung des Vorgangs der Überlieferung gibt der Anfang des 78. Psalms:

> „Ich will meinen Mund auftun zu Sprüchen,
> will Rätsel verkünden aus der Vorzeit,
> die wir gehört und verstanden haben,
> die unsere Väter uns erzählten.
> Nicht ward es verschwiegen von ihren Kindern,
> dem kommenden Geschlecht erzählten sie
> die Ruhmestaten des Herrn und seine Stärke,
> und seine Wunder, die er getan hat ..."

Solange es nur mündliches Tradieren gab, war es gar nicht anders möglich als ein Vorgang in einer Gemeinschaft, der der Gebende und der Empfangende angehörten und bei dem beide anwesend sein mußten. Die Traditionen waren ein Bestandteil dieser Gemeinschaft, ohne die sie nicht bestehen konnte; sie gehörten zu dem, was eine Generation der ihr folgenden weitergab, um sie lebensfähig zu machen. Zu jedem Bereich des Lebens gehörten Traditionen; zum Ackerbau und Handwerk ebenso wie zum Familienleben, zu allen Formen der Gemeinschaft, zur Gottesbeziehung. Die Traditionen waren ein Bestandteil des Lebens und wurden in und mit den Daseinsvorgängen, zu denen sie gehörten, weitergetragen, sie hörten auf, wenn diese aufhörten.

Erst mit dem schriftlichen Fixieren entstand die Tradition im Sinn des traditum, des als Überlieferung Vorliegenden. Damit zugleich differenzierte sich die Überlieferung, es entstanden nun die je besonderen Traditionslinien des Königshofes, des Tempels und Gottesdienstes, des Rechts, der Prophetie, der Weisheit usw.

Die Eigenart der alttestamentlichen Geschichtswerke besteht nun darin, daß von ihrer Mitte her die sehr verschiedenen Traditionen zu einem Ganzen zusammengefaßt wurden. Weil in ihrer Mitte eine der großen Erfahrungen des Volkes mit Gott stand, wurde das Ganze, in dessen Zusammenhang diese Erfahrung gestellt wurde, ein die Geschichte Israels mit seinem Gott umfassendes Ganzes. So war es möglich, daß in diesen Werken Traditionen aus den verschiedensten Lebensgebieten zusammenkamen und zu einer Einheit verschmolzen wurden. So war es möglich, daß in diesen Geschichtswerken das Ganze des Geschehenden vom Anfang bis zum Ende, daß in ihnen das gesamte Leben der Gemeinschaft und des Einzelnen mit allem, was zu ihm gehörte, umfaßt wurde.

II. Die theologische Geschichtsdeutung, die großen Geschichtswerke des Alten Testaments

In der Einleitung sind wir davon ausgegangen, daß dem Pentateuch das Lobbekenntnis, dem deuteronomistischen Geschichtswerk das Schuldbekenntnis zugrunde liegt. Wir können jetzt übersehen, was dieser Ausgangspunkt bedeutet. Daß zwei große Geschichtswerke die Mitte des Alten Testaments als heilige Schrift bilden, ist darin begründet, daß sie beide in ihrem Kern ein Geschehen zwischen Mensch und Gott darstellen. Die tiefsten Erfahrungen in Israels Geschichte waren die der Rettung und die des Gerichts. Aus diesem dialogischen Geschehen erwuchsen Israel die Zusammenhänge in der Geschichte und zugleich ein Sinn in der Geschichte. Darin ist es begründet, daß in Israel eine Geschichtsschreibung entstand, wie es sie sonst im ganzen Alten Orient nicht gegeben hat.

Der Zusammenhang zwischen Gotteslob und Geschichtsschreibung zeigt sich am deutlichsten am Beginn, in Ex. 1–15, und zwar in einer zweifachen Weise: das spontane, berichtende Gotteslob, das Mirjamlied, hat nur *ein* Ereignis zum Gegenstand. Zu dem berichtenden Gotteslob tritt in Kap. 14 der Bericht von demselben Ereignis, hier aber in einer das Ereignis erzählenden Form. Neben das berichtende Gotteslob tritt der Prosabericht. Dann aber wird das Mirjamlied zu einem Geschichtspsalm erweitert, der eine lange Reihe von Ereignissen aneinanderfügt. Man sieht, wie der Kreis sich von der Mitte her, der Erfahrung einer Rettung erweitert: das bloße Ereignis als Gottestat – der ausführliche Ereignisbericht, der hinzufügt, wie es dazu kam –, schließlich die Zusammenfügung dieses einen mit einer Reihe weiterer Ereignisse, verbunden durch das Lob des rettenden und in der Geschichte seines Volkes waltenden Gottes.

Auf dem Weg der Ausweitung boten sich zwei Erweiterungen von selbst an: Einmal trat zu dem Retten das Richten Gottes, wie es sich etwa in dem Nebeneinander von Ps. 105 und 106 zeigt für die Psalmen und für die Geschichtsschreibung in der Folge des deuteronomistischen Geschichtswerkes auf den Pentateuch. In nuce ist es schon vorgegeben durch die Einfügung von Ex. 32–34 in die Geschichte von der Rettung aus Ägypten. Die andere Erweiterung ist schon in der Verheißung von Ex. 3,7f. angelegt; die Verheißung des Auszuges ist verbunden mit der Verheißung des Einzugs in der Sprache des Segens. Die das Ganze bestimmenden Zusammenhänge in den Geschichtswerken Israels sind daher im Geschehen zwischen Gott und Mensch begründet.

1. Das Werk des Jahwisten

Das erste große Geschichtswerk in Israel, das Werk des J[39], ist aus der Zusammenfügung des rettenden und des segnenden Wirkens Gottes erwachsen, und zwar durch die Vorfügung der Genesis vor die in Exodus bis Numeri beginnende Volksgeschichte. Daß J den Segen durch die Verbindung mit der Verheißung zu einem geschichtlichen Begriff umgestaltet hat, ist nur die eine Seite der Konzeption, deren andere Seite die Vorfügung der Genesis vor die Exodusgeschichte ist. Darin zeigt sich ein Geschichtsverständnis, das sich vom modernen, aus der Aufklärung erwachsenen Geschichtsverständnis grundsätzlich darin unterscheidet, daß es die Volksgeschichte, d. h. die politische Geschichte

---

[39] G. v. Rad, BWANT 4 = ThB 8, 9–86; H. W. Wolff, EvTh 24 = ThB 22, 345–373.

nicht isoliert als *die* Geschichte schlechthin, sondern sie als Mitte zweier Kreise sieht; der eine ist der Kreis der ‚family of man', deren Gemeinschaftsform die Familie ist, die andere die Menschheit als ganze und die Welt als ganze. So versteht J Geschichte: Weil Jahwe als der Retter Israels zugleich der persönliche Gott ist und zugleich der Schöpfer der Welt und des Menschen, gehören zur Geschichte diese drei Kreise. Eine wahrhaft großartige Konzeption.

Für die Volksgeschichte bedeutet das nicht nur eine Erweiterung durch diese beiden Kreise, innerhalb derer sie sich bewegt, es bedeutet auch ein anderes Verständnis der Volksgeschichte als solcher. An ihr ist das Wirken des Schöpfers und der Segen Gottes ebenso beteiligt wie das Geschichtswirken Gottes. Sie ist also nicht nur eine „Heilsgeschichte" im Sinn einer Reihe von Rettungstaten Gottes zusammen mit einer entsprechenden Reihe von Verheißungen. Es ist vielmehr eine Geschichte zwischen Gott und Volk, in der Gott auch anders als verheißend und ankündigend, rettend und richtend wirkt im Wachsen und Abnehmen, Gelingen und Mißlingen, in der Arbeit und der Ernährung, im Heilsein der Familie und anderer Gemeinschaftsformen, im Wirtschaftsleben und in der Kultur. Diese andere Auffassung von Geschichte zeigt sich insbesondere in der Aufnahme gewachsener Sprachformen verschiedener Art: von urgeschichtlichen Erzählungen an über die Familienerzählungen aus der Väterzeit, die Erzählungen der wandernden Gruppen, Erzählungen von Befreiung und Heldensagen, Ortssagen, Heiligtumserzählungen aus der Zeit der Kämpfe um das Land und viele andere. Dann erst erfolgt allmählich der Übergang zur Geschichtsschreibung im frühen Königtum wie etwa Ri. 9 (Abimelek) und die Schilderungen des Aufstiegs und der Thronnachfolge Davids. In dieser Zeit ist auch das Werk des J entstanden. Aber J hat nicht als Historiker in unserem Sinn ein historisches Werk konzipiert; durch die behutsame Verwendung und Erhaltung der Literaturformen vergangener Epochen hat er diese in ihrer eigenen Sprache zu Wort kommen lassen. Die in den Gemeinschaftsformen jener vergangenen Epochen gewachsenen Sprachformen bringen in diese Geschichtsdarstellung eine Tiefenwirkung und eine Echtheit, die durch den einebnenden Stil eines Historikers nach unserem Verständnis nie zu erreichen wäre. J kennt zwei Arten, einen historischen Ablauf zu markieren: in der historischen Zeit durch Fakten und Daten, in vorhistorischer Zeit durch Genealogien. Er versucht nicht, die vorhistorische Zeit nachträglich in einen historischen Rahmen zu bringen, sonden beläßt den Zeitrahmen der Genealogien für Urgeschichte und Vätergeschichte, der aus dem Segen Gottes erwächst.

Nach früherer Auffassung war das Geschichtsverständnis des Alten Testaments von einem rein linearen Zeitverständnis bestimmt. Besonders G.v. Rad hat in seiner Theologie das Geschichtsverständnis des Alten Testaments als rein linear im Gegensatz zu einem zyklischen Geschichtsdenken im Alten Orient gestellt[40]. Dagegen hat B. Albrektson[41] eingewandt, daß von einem

---

[40] G.v. Rad, AT-Theologie II, ⁴1965, 108–121.   [41] B. Albrektson, 1967.

Geschichtshandeln auch bei den Göttern der Umwelt Israels, besonders in Babylonien und Assyrien, gesprochen wird. J. Barr[42] hat dagegen eingewandt, daß das Alte Testament ja nicht nur von einem Geschichtshandeln Gottes spreche. Beide Einwände sind berechtigt. G. v. Rad war von seinem Begriff der Heilsgeschichte ausgegangen, nach dem das Handeln Gottes in der Geschichte allein in seinen Taten bestehe, d. h. in den Akten, in denen er in die Geschichte eingreife, rettend oder richtend. Dies verband er mit dem rein linearen Zeitverständnis, nach der Zeit für das Alte Testament nur eine sich auf ein Ziel hin erstreckende lineare Bewegung sei. Bezieht man aber die Urgeschichte und die Vätergeschichte ein, kann man das so einseitig nicht mehr sagen. Am Ende der Flut wird in Gen. 8,20–22 die Zeit in einer klassischen Formulierung als sich in den kreisenden Rhythmen der Schöpfung bewegende Zeit dargestellt:

„Solange die Erde steht, soll nicht mehr aufhören
Saat und Ernte Frost und Hitze
Sommer und Winter Tag und Nacht."

Nimmt man die Urgeschichte als einen in der Geschichte weitergehenden Unterstrom ernst, dann gehört zur Bewegung der Zeit immer beides: die kreisende und die auf ein Ziel sich bewegende Zeit. Auch wenn die auf ein Ziel hin sich erstreckende Zeit für Israel das Wichtigere war, bleibt doch zu ihr gehörig die in den Rhythmen der Schöpfung kreisende Zeit, ohne die es die lineare nicht gäbe.

2. Das deuteronomistische Geschichtswerk

Es ist in seinem Kern ein Schuldbekenntnis. Sein Standort ist die Zeit des Exils; in ihm ist es aus der Besinnung Israels auf seine Vergangenheit, seine Gegenwart und seine Zukunft entstanden. Es umgreift die gesamte Zeit des seßhaft und staatlich organisierten Israel vom Betreten des verheißenen Landes an, daher das Einsetzen im Deuteronomium als der Rede des Mose vor dem Übergang über den Jordan[43].

Zuerst ist nach der Möglichkeit des Entstehens eines solchen Werkes zu fragen. Die Reaktion auf die Katastrophe bei den Übriggebliebenen nach 587 war das Schuldbekenntnis, wie wir es z. B. in den Klageliedern antreffen. Das war kein abstraktes und kein steriles Schuldbekenntnis, sondern barg in sich die Frage nach dem Grund und den Willen zur Umkehr: Wie ist es dazu gekommen, wie konnte es dazu kommen? So setzt das Schuldbekenntnis eine Reflexion in Bewegung, die zu einer erstaunlich weiträumigen Geschichts-

---

[42] J. Barr, 1967.
[43] M. Noth, Überlieferungsgeschichtliche Studien I; H. W. Wolff, ZAW 73 = ThB 22, ²1973, 308–324.

schau gelangt. Vor der Geschichtsschreibung der Griechen ist in der gesamten Antike kein einziges Werk entstanden, das einen derartigen Zeitraum und eine derartige Abfolge verschiedener Geschichtsepochen umgreift. Ein solches Werk ist nur zu erklären aus dem Gottesverhältnis Israels, in dem die Verbindung von Worten Gottes und Taten Gottes durch Jahrhunderte zu einem Erkennen und Überblicken von Zusammenhängen in der Geschichte geführt hatte (hierzu ist die Geschichte der Verheißungen zu vergleichen). Das Schuldbekenntnis der Übriggebliebenen, das die Reflexion aus sich heraussetzte „Wie ist es dazu gekommen?" war selbst schon das Erkennen eines Zusammenhanges: die Propheten haben es gesagt – und wir haben es nicht geglaubt. Dies war der erste der jetzt erkannten Zusammenhänge, der vom Eintreffen der Gerichtsbotschaft der Propheten zurück zum Ergehen dieser Gerichtsankündigung reichende, zuerst zu den Propheten der letzten Generation, Jeremia und Ezechiel, dann zu der ganzen Kette der Gerichtspropheten von Amos an. Dann aber kam der zweite, der weitere Zusammenhang hinzu: der frühe Abschnitt der Gerichtsprophetie vor Amos, in dem die Anklage der Propheten in der Hauptsache gegen die Könige erhoben wurde. Aus diesem weiteren Zusammenhang ergab sich für den Deuteronomisten die Notwendigkeit, die Geschichte des Königtums in Israel insgesamt darzustellen, und zwar als eine Geschichte des Abfalls und des Ungehorsams, also nicht primär unter einem historischen, sondern unter einem theologischen Aspekt. Damit ergab sich eine Spannung, die die gesamte Königszeit beherrscht. Am Anfang des Königtums steht nicht Gerichts-, sondern Heilsprophetie, so die Nathanverheißung für das Haus Davids, die davidische Dynastie. Durch seine Geschichte des Königtums zeigt der Deuteronomist, warum diese Verheißung hinfallen mußte. Daß sie durch die gesamte Erstreckung der Königszeit nicht vergessen wurde, zeigt der 89. Psalm, in dem die Klage über das Zerbrechen dieser Verheißung angehoben wird. Auch hier ein Denken in weiten geschichtlichen Zusammenhängen, wie es das Entstehen des deuteronomistischen Geschichtswerks ermöglichte.

Nun aber tritt noch ein dritter, noch weiterer Zusammenhang hinzu, bis in die ferne Vergangenheit, noch Jahrhunderte über den Beginn des Königtums hinaus, bis zum Betreten des Landes, dem Beginn der Ansässigkeit. Daß dieser dritte, noch weitere Kreis hinzutrat, ist nicht in dem durch ein prophetisches Heils- oder Gerichtswort entstehenden Zusammenhang begründet, sondern in dem durch das Befolgen oder Nichtbefolgen der Gebote und Gesetze Gottes entstehenden Zusammenhang. Die Anklage, die durchgehend gegen die Könige erhoben wird, ist die der „Sünde Jerobeams", des Abweichens vom ersten Gebot. Eben dieses Abweichen, dieser Ungehorsam hat eine Vorgeschichte, die mit dem Betreten des Landes einsetzt, die große Gefährdung des Abfalls Israels zu anderen Göttern, insbesondere den Baalim Kanaans, um die es im ganzen deuteronomischen Gesetz geht.

So erwächst aus dem Reflektieren des Schuldbekenntnisses ein großer Zusammenhang, der von dem Zusammenbruch bis zum Betreten des Landes zurückreicht. Im Deuteronomium tritt an die Stelle der Verheißung der Rettung die des Segens; aber es ist eine bedingte Verheißung, die an den Gehorsam des Volkes gebunden wird. Am Anfang des Königtums steht noch einmal eine Segensverheißung, hier für das Königtum und durch das Königshaus für das Volk Israel. So tritt in dem vom Deuteronomisten dargestellten Geschichtsabschnitt der Segen Gottes zu seinem Retten hinzu, und z.T. tritt es in den Vordergrund. Aber die Segensgaben des Landes und seiner Fruchtbarkeit wurden zur Gefährdung und die Geschichte des Königtums, das zu ihnen gehört, wird zu einer Geschichte des Ungehorsams. Das führt zum Zusammenbruch, aus dem nun der aus dem Schuldbekenntnis erwachsenden Reflexion diese großen Zusammenhänge bewußt werden, die das viele Jahrhunderte umspannende Geschichtswerk ermöglichen.

Die Frage nach der Absicht des Werkes ist diskutiert worden; M. Noth (1943) meint, es sei „das eigentliche Anliegen seiner ganzen Geschichtsdarstellung, das abschließende Ende der Geschichte Israels als göttliches Gericht verstehen zu lehren" (109). G.v.Rad nimmt an, die Notiz von der Begnadigung Jojachins am Schluß des Werkes 2.Kön. 25,27ff. weise „auf eine Möglichkeit hin, an die Jahwe wieder anknüpfen kann" (Theol. I 341), und H.W.Wolff sieht in dem ganzen deuteronomistischen Geschichtswerk einen Ruf zur Umkehr: „So dient also das Werk einer dringlichen Einladung zu dem Gott der Heilsgeschichte" (ThB 22, 322). Er sieht dies besonders begründet in der Tempelweihrede Salomos, z.B. 1.Kön. 8,33.35: „Wenn sie dann zu dir umkehren und bekennen deinen Namen und beten und flehen zu dir in diesem Hause, so wollest du im Himmel es hören und sie Sünde deines Volkes vergeben!" Ich stimme Wolff im wesentlichen zu, möchte aber seine These noch einen Schritt weiterführen. Wenn der Kern des deuteronomistischen Geschichtswerkes ein Schuldbekenntnis ist, so geht es auf das Schuldbekenntnis im Zusammenhang der Volksklage zurück. Hier hat es die Funktion, dem Flehen um die Wende der Not zu dienen. Es fleht den um Vergebung der Schuld an, der die Not wenden kann. Es sieht also auf jeden Fall nach vorn, in die Zukunft. Die aus diesem Schuldbekenntnis erwachsende Reflexion sucht eine Antwort auf die Frage: Warum mußte das geschehen? Die Antwort auf diese Frage ergab eine weiträumige Geschichtskonzeption, die nicht nur das Versagen Israels und seiner Könige, sondern auch die hohen Zeiten der Geschichte Israels zum Gegenstand hat, insbesondere auch die Zeit des Königtums Davids. Sie geht also über eine bloße Explikation des Schuldbekenntnisses weit hinaus. Sieht man das im Schuldbekenntnis intendierte Flehen um eine neue Zuwendung Gottes zu seinem Volk auf dem Hintergrund des gesamten Geschehensbogens vom Betreten des Landes bis zum Fall Jerusalems, dann muß es die Möglichkeit eines völlig neuen Gotteshandelns mit Israel einschließen. Der Verfasser des deuteronomistischen Geschichtswerkes will dann sein Volk dazu bringen, daß es nicht nur die Wiederherstellung des Gewesenen von seinem Gott erbittet, sondern eine neue Zuwendung Gottes, die einen neuen, *anderen* Geschichtsabschnitt für Israel bringt, der den Verzicht auf vieles, was vorher sein Stolz war, entsprechend seinem Schuldbekenntnis einschließt.

3. Die Priesterschrift

Die Priesterschrift (P)[44] ist etwa im gleichen Zeitraum entstanden wie das deuteronomistische Geschichtswerk, dennoch haben beide kaum etwas gemeinsam. Sie müssen aus ganz verschiedenen Kreisen und aus ganz verschiedenen Traditionen erwachsen sein. Näher steht P dem Werk des Jahwisten, dem es weitgehend parallel geht. In der Parallelität zu J aber tritt noch stärker heraus, daß P eine andere Konzeption von Geschichte hat. Es ist erstaunlich, daß im gleichen Gesamtwerk des Pentateuch zwei so verschiedene Konzeptionen möglich sind. Sie sind jedoch nur deswegen möglich, weil in beiden je ein Grundzug des alttestamentlichen Gottesverständnisses in der Mitte steht: bei J das Geschichtswirken Jahwes, bei P der im Gottesdienst gegenwärtige Jahwe.

Das alte Israel lebte von zwei Grundweisen der Offenbarung Jahwes: der Epiphanie, dem Kommen Jahwes an den Ort, an dem sein Volk in Not war und es um sein Kommen und Eingreifen flehte, und der Theophanie, in der Gott sich an einem heiligen Ort offenbarte, an dem er dann kultisch verehrt wurde. Während nun in der Mitte des Werkes des J das Kommen Gottes zur Rettung (Exodus) steht, bildet die Mitte des P die Theophanie am Sinai, aus der heraus das Gebot zum Bau der Stiftshütte, des Modells für den Tempel, ergeht. Dementsprechend ist J weitgehend aus geschichtlichen, P weithin aus kultischen Traditionen erwachsen. Nun muß jedoch sofort hinzugefügt werden, daß die Verschmelzung von J und P im Pentateuch nicht möglich gewesen wäre, wenn bei beiden nur die eben konstatierte Verschiedenheit bestimmend gewesen wäre. Sieht man genauer hin zeigt sich eine auffällige Entsprechung beider darin, daß P mit seiner kultischen Grundlinie eine geschichtliche, J mit seiner geschichtlichen Grundlinie eine kultische verbunden hat. In das Werk des J ist die Sinai-Perikope aufgenommen, so daß zum Gründungsgeschehen Exodus und Sinai gehören; P hat sein Werk so konzipiert, daß er nicht mit dem Sinai, also der Begründung des Gottesdienstes Israels, einsetzt, sondern die alten Traditionen des J aufnimmt und dadurch ebenfalls Sinai und Exodus miteinander verbindet. Während aber bei J beides in zwei Überlieferungsblöcken nebeneinander stehen bleibt, bindet P beides durch eine subtile begriffliche Klammer zusammen durch den Begriff *kabod*, der sowohl die Herrlichkeit des in der Theophanie erscheinenden Gottes wie auch die Herrlichkeit des sich als Retter seines Volkes erweisenden Gottes bezeichnet[45]. So ist für beide Konzeptionen die Verbindung des Gottesdienstes mit der Geschichte ein notwendiger Bestandteil. P folgt J aber auch darin, daß er die Geschichte Israels, die ihre Mitte im Gottesdienst erhält, in den weiteren Horizont der Väter- und Urgeschichte stellt. Dadurch erreicht der Verfasser der P eine Konzeption, in der die Mitte, die Begründung des Gottesdienstes durch die Gottesoffenbarung am Sinai, in einen direkten Zusammenhang mit dem gebracht wird, was am Anfang geschah, mit der Schöpfung. Damit aber

---

[44] K. Elliger, ThB 32, 174–198 und s. Anm. 24.
[45] C. Westermann, s. Anm. 32.

erhält der Gottesdienst bei P einen universalen Horizont. P deutet ihn an durch die Beziehung des siebten Schöpfungstages zum Gottesdienst: die Heiligung des siebten Tages und die Ruhe Gottes an diesem Tag deuten auf den Gottesdienst als Ziel der Geschichte in diesem universalen Horizont[46].

P ist um die Wende des Exils entstanden. Die neue Situation bestand darin, daß Israel, das seine staatliche Existenz verloren hatte, nur als gottesdienstliche Gemeinde überleben konnte. In diese Situation hinein schuf P ein Werk, das auf der einen Seite den Gottesdienst in die Mitte der gesamten Geschichte stellt, auf der anderen Seite aber für das neue, als gottesdienstliche Gemeinde weiterlebende Israel den Zusammenhang mit seiner Geschichte, vor allem mit deren Anfängen bewahrt und dabei den universalen Horizont nicht aufgibt. Der im Gottesdienst vom Priester erteilte Segen (Num. 6; Lev. 9) kommt von dem Segen her, mit dem Gott seine Schöpfung gesegnet hat (Gen. 1), und der Gottesdienst als Ziel der Geschichte Israels kommt her von der Heiligung des siebten Schöpfungstages. Universal verankert ist bei P auch das Gesetz. Alles Geschehende kommt bei P aus dem gebietenden Gotteswort; das ist der Sinn des in Gen. 1 durchgehenden Schemas: Gott sprach – und es geschah. In der Schöpfung ist das gebietende Wort Gottes der Ursprung von allem, was ist. Aber dieses gebietende Gotteswort bestimmt dann auch die gesamte Geschichte des Gottesvolkes. So gebietet Gott dem Abraham zusammen mit seiner umfassenden Verheißung die Beschneidung (den vorkultischen Ritus, Gen. 17); so gebietet er nach der Rettungstat am Berg Sinai den Bau der Stiftshütte aus seiner Erscheinung in Majestät (Ex. 24; 25), und beidemal folgt dem die Ausführung: „so er spricht, so geschieht's." Das ist der eigentliche Sinn des Gesetzes in der Mitte des priesterlichen Werkes. Bei der Beurteilung des Gesetzes in der Mitte der Priesterschrift ist gewöhnlich nicht genügend beachtet worden, daß es im Priestergesetz überwiegend um ein den Gottesdienst regelndes, ordnendes und für die Dauer sicherndes Gesetz handelt im Unterschied zum Bundesbuch und dem dtn. Gesetz, in denen alle Daseinsbereiche, auch der soziale, wirtschaftliche und politische in das Gesetz einbezogen sind. Damit aber wird das Priestergesetz etwas den älteren Gesetzen gegenüber Neues und Anderes: es dient in der Hauptsache dem am Sinai durch Mose an Israel ergangenen Gründungsgebot des Erbauens des Heiligtums als der neuen Mitte des Lebens Israels, die durch dieses Gesetz befestigt, gewahrt und für alle Zeiten verankert werden soll. Es geht darum, daß das heilige Geschehen und dadurch die Verbindung mit Gott Israel erhalten bleibe. In diesem Gesetz erhält das die Geschichte bewegende gebietende Gotteswort eine den Menschen in Israel zugängliche Gestalt, so daß es ausgeführt werden kann. Das Heiligtum ist da, dieses Wort zu vermitteln.

Das chronistische Geschichtswerk kann nur erwähnt, hier aber nicht dargestellt werden.

---

[46] BK I/1, 230–244.

Abschluß

Wir fragen nach der Bedeutung dieser großen Geschichtswerke im ganzen des Alten Testaments. In ihnen liegen die größten und bedeutendsten theologischen Leistungen des alten Israel vor. An ihnen kann man daher besonders deutlich erkennen, was im Alten Testament Theologie ist. Im Gegensatz zu einem Verständnis von Theologie, nach dem das Reden von Gott objektivierbar ist, nach dem für das Reden von Gott allgemeine, zeitlos gültige Aussagen, in einen logischen Zusammenhang bzw. in ein System gebracht, bestimmend sind, redet das Alte Testament in der Weise von Gott, daß es sagt, was zwischen Gott und Menschen geschehen ist, geschieht und geschehen wird. Das kann auf ein Geschehen in zeitlich und räumlich kleinstem Horizont beschränkt sein, auf eine einzige Erfahrung einer Rettung. Es kann eine Zusammenfügung von vielfältig Geschehendem in einem sehr weiten Horizont sein. Aber dies bleibt dabei immer gleich: Gott wird dabei nicht zu einem Gottesgedanken abstrahiert; von Gott kann es keine Lehre geben. Es kann von Gott nur als von dem geredet werden, der spricht und der handelt. Alles, was man von Gott sagen kann, bleibt in dem Zusammenhang eines Wechselgeschehens zwischen Gott und Welt, Gott und seinem Volk, Gott und einem einzelnen Menschen.

Die Eigenart der großen Geschichtswerke des Alten Testaments besteht darin, daß in ihnen eine Fülle sehr verschiedenartigen Geschehens durch lange Zeiträume hindurch in einen zusammenhängenden Geschehensbogen gefügt worden sind. Den weitesten Horizont weisen J und P darin auf, daß in ihnen das Wirken und Reden Gottes die drei Kreise umfaßt: Gottesvolk – Menschheit – Welt. Wenn sie von Gott reden, reden sie vom Ganzen. Dieses Ganze läßt sich aber bei beiden nur als Geschehendes darstellen. Daß Gott in allen drei Kreisen und durch weite Zeiträume hindurch derselbe ist („Ich bin, der ich bin"), das Einssein Gottes also, wird erzählend dargestellt, so, daß die Zusage Gottes von Gen. 8 sich durch Jahrtausende bestätigt, oder so, daß eine Verheißung Gottes nach kurzer oder langer oder sehr langer Zeit eintrifft: „Ich bin, der ich bin."

Die große Kunst dieser Geschichtswerke besteht in einem staunenswerten Gleichgewicht zwischen Konstanten und Variablen im Reden von Gott. Wenn es sich in diesen Werken um wirkliche Geschichte handeln soll, dann muß der Wandel und die Vielgestaltigkeit dazugehören. Würde Gott immer nur dasselbe tun, dann würde das keine Geschichte ergeben (Jes. 28). Wäre das Handeln und Reden Gottes durch nominale Begriffe bestimmbar, auch dann würde das keine Geschichte ergeben. Die Verfasser dieser großen Werke erreichen ein Darstellen der Vielfältigkeit und Vielgestaltigkeit des Wirkens Gottes dadurch, daß sie die Sprachformen der verschiedenen von ihnen dargestellten Epochen ehrfürchtig übernehmen und ihrem Werk einfügen. Sie respektieren die Darstellung eines Einzelereignisses in der Sprache derer, die es erfuhren, und belassen sie in ihrer ursprünglichen Form. Sie denken nicht von Begriffen, sondern von Ereignissen her. So entsteht eine Vielstimmigkeit, die als solche Merkmal der Echtheit ist.

Wie ist es dann aber möglich, daß diese Geschichtswerke ein zusammenhängendes Ganzes darstellen? Es ist allein dadurch möglich, daß Gott für sie *einer* ist und daß dieser eine es mit *allem* Geschehenden zu tun hat. Die Einheit und die Ganzheit dieser Geschichtswerke ist den Schriftstellern vorgegeben; sie haben es nicht nötig, sie erst herzustellen. Hier liegt die eigentliche Bedeutung des Bekenntnisses zu dem einen Gott. Weil Gott einer ist, hat er es nicht mit den Göttern oder mit dem Göttlichen, er hat es allein mit dem Geschaffenen und mit dem Geschehenden zu tun. Er ist mit all seinem Gottsein allein seiner Schöpfung, seinem Volk, den einzelnen Menschen zugewandt. So allein sind die erstaunlichen Dimensionen der Geschichtswerke des Alten Testaments zu verstehen. Weil Gott einer ist, weil er der Erste und der Letzte ist und außer ihm kein Gott, kann sein Wirken das Ganze des Geschehens in seiner ganzen Vielfalt und der ganzen Fülle des Geschehenden umfassen.

Teil VI

Das Alte Testament und Jesus Christus[1]

Da es um das Verhältnis des ganzen Alten Testaments zu Christus geht[1], ist vom Gesamtzusammenhang des Alten Testaments auszugehen, vom Kanon in seinen drei Hauptteilen. Nach dem Vorangehenden kann vorausgesetzt werden, daß es kein gedanklicher, sondern ein Geschehenszusammenhang ist; das Alte wie das Neue Testament sind aus einer Geschichte erwachsen, die geschehen ist. Eine umgreifende begriffliche Verhältnisbestimmung, z.B. so, daß das Alte Testament vom Gesetz, das Neue Testament vom Evangelium handle oder das Alte Testament vom zornigen, das Neue Testament vom gnädigen Gott, ist dann nicht möglich. Eine begriffliche Verhältnisbestimmung im einzelnen, die fragt, wie das Alte und das Neue Testament vom Geist Gottes, von Sünde und Vergebung, von der Welt spricht, behält ihre notwendige Bedeutung, sie bleibt aber der Frage nach dem, was geschehen ist, untergeordnet.

I. Die Geschichtsbücher und Christus

1. Drei gemeinsame Grundaussagen

Das Alte Testament erzählt am Anfang die Geschichte von einer Rettung (das Buch Exodus als Kern des Pentateuch), das Neue Testament erzählt am Anfang, in den Evangelien, die Geschichte einer Rettung. Daß Gott der Retter Israels ist, bleibt die Grundaussage von Gott im ganzen Alten Testament, auch in bezug auf das Gottesverhältnis des einzelnen Menschen, wie es die Psalmen zeigen. In allen Teilen des Neuen Testaments wird Christus als der Retter verkündet; „es ist in keinem andern Rettung" heißt es in der Predigt der ersten Apostel (Apg. 4,12). Es ist der rettende Gott, der in der Sendung des Christus gehandelt hat. Dies also ist eine dem Alten und dem Neuen Testament gemeinsame grundlegende Aussage von Gott. Diese Grundaussage von Gott als dem Retter verbindet Altes und Neues Testament, auch wenn Rettung hier und dort etwas Verschiedenes ist.

Es kommt eine zweite Aussage hinzu, die ebenfalls dem Alten und Neuen Testament gemeinsam ist: Der Retter des Gottesvolkes ist zugleich der

---

[1] Zu diesem Teil sei besonders auf A.H.J.Gunneweg, Vom Verstehen des AT, Eine Hermeneutik, ATD Erg.reihe 5, 1977 hingewiesen; darin vor allem Kap.II „Das AT als Erbe" und Kap.VII „Das AT als Teil des christlichen Kanons".

Schöpfer des Menschen und der Schöpfer der Welt. Damit ist die Geschichte des Gottesvolkes eingebettet in die Geschichte der Menschheit und die Geschichte der Welt, von der Weltschöpfung bis zum Weltende. Was das Alte Testament von Gott sagt, ist nicht mit dem zu Ende, womit die Geschichtsbücher des Alten Testaments enden; was das Neue Testament von Gott sagt, fängt nicht erst mit der Geburt Jesu an. Das Wirken des Schöpfers bleibt das gleiche im Alten wie im Neuen Testament. Was von der Beziehung Gottes zur Welt und zur Menschheit in Gen. 1–11 gesagt wird, bleibt auch nach Christus bestehen; es ist von Christus vorausgesetzt, wenn er vom Schöpfer und vom Wirken des Schöpfers spricht. Deshalb kann im Neuen Testament nur in wenigen Hinweisen und Andeutungen davon gesprochen werden. Gottes Geschichte mit seinem Volk ist im Alten wie im Neuen Testament aus der Geschichte der Menschheit und der Welt nicht zu lösen.

Daraus aber ergibt sich die dritte dem Alten und dem Neuen Testament gemeinsame Aussage: weil der Retter des Gottesvolkes der Schöpfer der Menschheit und der Schöpfer der Welt ist, bleibt er der Herr der Menschheit und der Herr der Welt bis zu deren Ende. Darum redet das Alte wie das Neue Testament in den apokalyptischen Texten vom Ende der Menschheit und dem Ende der Welt als einem Wirken des Gottes, der sie geschaffen hat. Das Wirken Gottes, das als ein universales begonnen hat, endet auch als ein universales: von Gott reden heißt vom Ganzen reden.

2. *Der Gegensatz zwischen Altem und Neuem Testament*

Vergleicht man dann aber die in der Rettungstat Gottes im Alten und im Neuen Testament erwachsende Geschichte, so tritt zunächst ein massiver Gegensatz zwischen Altem und Neuem Testament in den Vordergrund, der in der Verschiedenheit der Rettungstat Gottes hier und dort begründet ist. Im Alten Testament ist durch die Rettungstat Gottes die Geschichte eines Volkes eingeleitet, das von der Landnahme an bis zum Zusammenbruch ein auf politisch-militärischer Macht basierendes Volk neben anderen Völkern ist. Im Neuen Testament begründet die Rettungstat Gottes in Christus eine religiös-kultische Gemeinde ohne jede politische Macht, aus Angehörigen vieler Völker zusammengesetzt, ähnlich anderen Kultgemeinden im römischen Reich. Hierin besteht ein eindeutiger Gegensatz zwischen Altem und Neuem Testament, der ohne Einschränkung anerkannt werden muß.

Man kann aber diesen in der Verschiedenheit der die Geschichte einleitenden Rettungstat Gottes im Alten und Neuen Testament begründeten Gegensatz verschieden erklären. Versteht man ihn von der Geschichte abgelöst als das, was im Alten und Neuen Testament das Heil ist, drängt sich der Gegensatz geradezu auf: Im Neuen Testament ist das Heil die Erlösung von Sünde und Tod durch Christus, im Alten Testament ist das Heil politische Befreiung, Gabe des Landes, Sicherheit und Nahrung in diesem Land. Man kann es dann leicht auf solche Begriffe bringen wie: im Alten Testament besteht das Heil in weltlichen, im Neuen Testament in geistlichen Gütern.

Bei solchen Verallgemeinerungen hat man aber das Gefühl, daß sie den Tatbestand vergröbern.

Versteht man den Gegensatz verbal, d. h. fragt man zunächst, was hier und dort geschieht, muß man von dem Gemeinsamen ausgehen: Im Alten wie im Neuen Testament steht am Anfang eine Rettungstat Gottes an seinem Volk. Der Gegensatz in der daraus erwachsenden Geschichte ist zunächst aus der verschiedenen Situation hier und da begründet. Man kann aber den Vergleich nur durchführen, wenn man dabei in Rechnung stellt, daß nur im Alten Testament in den Geschichtsbüchern die ganze Geschichte des Gottesvolkes dargestellt wird, im Neuen Testament dagegen nur der allererste Anfang dieser Geschichte. Eine wirksame Entsprechung würde sich nur ergeben, wenn man der Apostelgeschichte ihre Fortsetzung in der Kirchengeschichte hinzufügte.

Im Neuen Testament tritt uns die Geschichte des Gottesvolkes nur in dem frühesten Stadium des „wandernden Gottesvolkes" entgegen, das dem Stadium des Weges des alten Gottesvolkes durch die Wüste entspricht; hier finden sich deshalb auch deutliche Entsprechungen. Am Anfang des alten wie des neuen Gottesvolkes bringt die Botschaft von der Rettung eine Gruppe von Menschen auf den Weg als wanderndes Gottesvolk in der Daseinsform der Nachfolge der aus dem seßhaften Dasein Herausgerufenen. Der wandernden Gruppe, die die Errettung aus Ägypten erfuhr und den Weg durch die Wüste geführt wurde, entspricht die wandernde Gruppe der von Jesus herausgerufenen Jünger, die mit ihm zogen. Trotz wesentlicher Unterschiede finden sich übereinstimmende Züge: Hier wie dort sind die Nachfolgenden mit ihrer Existenz abhängig von dem, der sie führt. Zur Nachfolge gehört hier wie da das Erfahren von Wundern, von Rettung und Bewahrung. Hier wie dort ist der Gehorsam mit der Nachfolge identisch; es gibt nur die Weisung des Weges, und die eine Sünde ist die des Fortgehens (Joh. 6, 61 ff.). Das Tradieren der Wüstenwanderung hatte im Alten Testament den Sinn, daß man mit ihm die Möglichkeit eines neuen Herausrufens aus dem seßhaften Dasein offen hielt, was mit dem Exil auch eintraf. Auch in der Geschichte der Christenheit waren solche Zeiten von besonderer Bedeutung, in denen der Ruf in eine die gesamte Lebensform einbeziehende Nachfolge wiederkehrte.

Was dann in den Geschichtsbüchern des Alten Testaments vom Übergang zur Seßhaftigkeit an folgt, hat im Neuen Testament keine Entsprechung; er ist zwar in den späten Schriften des Neuen Testaments angedeutet, vollzieht sich dann aber erst in der Kirchengeschichte. Darum gibt es eine direkte Entsprechung des größten Teiles der Geschichtsbücher des Alten zum Neuen Testament nicht. Erst in der Kirchengeschichte vollzieht sich, wovon im Alten Testament die Geschichtsbücher handeln: daß das Volk Gottes bzw. die Kirche in eine mannigfache und wechselnde Beziehung zu den übrigen Daseinsbereichen tritt: zu den verschiedenen Gemeinschaftsformen wie z. B. dem Staat, den Formen der Wirtschaft, zu Kultur, Erziehung, Kunst u. a. Die christliche Kirche hat sich in manchen Stadien so mit der Staatsmacht verbunden wie das Israel der Königszeit, in anderen wurden politische Befreiungskämpfe ebenso im Namen des Gottes der Christenheit geführt wie die Befreiungskämpfe der Frühzeit Israels im Namen Jahwes.

Die Geschichtsbücher des Alten Testaments erhalten dann aus der Sicht nach Christus die Bedeutung, den Weg des Gottesvolkes in seiner Beziehung zu den übrigen Bereichen geschichtlichen Geschehens zu zeigen; denn wenn auch diese Beziehungen im Neuen Testament so gut wie gar nicht vorkommen, ist doch der Weg der Kirche ohne sie undenkbar. Eine Eigenart der Geschichtsbücher des Alten Testaments besteht nun darin, daß auf dem in ihnen beschriebenen Weg des Gottesvolkes durch die Geschichte alle für die Menschheitsgeschichte wesentlichen Gemeinschaftsformen vorkommen: die Familie, der Stamm (und die Stämmebünde), das Volk in staatlicher Verfassung und die Kultgemeinde der Provinz eines Großreiches. Alle diese begegnen auch auf dem Weg der Kirche ebenso wie wirtschaftliche und kulturelle Bewegungen und Wandlungen, die alle auf diesen Weg einwirken. Es war angesichts dieses Tatbestandes einseitig, durch das Mittelalter und bis in die Neuzeit in der christlichen Theologie nur die Beziehung der Kirche zum Staat zu beachten und sich dabei nur auf einige wenige Stellen im Neuen Testament, wie Röm. 13, zu beziehen, die Vorgeschichte der Beziehung des Gottesvolkes zum Staat im Alten Testament aber außer acht zu lassen.

3. *Das segnende Wirken Gottes im Neuen Testament*

Im Alten Testament ist der Übergang zur Seßhaftigkeit und später zum Staat theologisch dadurch charakterisiert, daß zum rettenden das segnende Handeln Gottes tritt. Weil dieser Übergang im Neuen Testament ganz am Rande steht, hat man dem segnenden Wirken Gottes in Christus keine Beachtung geschenkt; man sah die „Christologie" als identisch mit der „Soteriologie" an. In den Evangelien aber hat das segnende Wirken Gottes in Christus durchaus seinen Ort. Es kommt darin zum Ausdruck, daß Jesus nicht nur an seinen Jüngern wirkt, sondern auch an den Menschen in den Städten und Dörfern, durch die er kommt. Es wird meist nicht genügend beachtet, daß Jesus ja nur wenige in seine Nachfolge berufen hat, die übrigen aber, für die er wirkte, zu denen er sprach und die er heilte, wieder nach Hause schickte in ihr bisheriges Leben. Die Evangelien erzählen von Jesus, der die ihm Begegnenden in ihrem natürlichen Leben förderte, der unter ihnen wirkte als Heilender, Leben Bewahrender und Weisender. Ein großer Teil der Worte und Taten Jesu gehören in den Zusammenhang seines segnenden Wirkens. Besonders deutlich ist das bei den Gleichnissen, die vom Kommen der Königsherrschaft Gottes in der Weise des Wachsens und Reifens, in den Bildern der Vegetation sprechen. Hier zeigt sich in der Verkündigung Jesu eine bewußte Verbindung des Ereignishaften mit dem Stetigen; die Königsherrschaft Gottes kommt nicht nur in Ereignissen wie der Rettung oder der Umkehr, sondern auch in einem allmählichen, stillen Prozeß des Wachsens. Das gleiche zeigt sich, wenn der Auftrag Jesu in Mt. 10 ein doppelter ist: zum Verkündigen und zum Heilen. Es zeigt sich auf andere Weise, wenn die Abschiedsreden des Johannesevangeliums (Joh. 13–17) von diesem Stetigen, dem Bleibenden bestimmt sind.

Was im Neuen Testament nur angedeutet ist, kommt in der Geschichte der Kirche zu vollem und unübersehbarem Ausdruck: der Übergang zur Seßhaftigkeit. Die Kirche konnte nicht Mission bleiben, sie mußte eine stetige Institution werden. Das zeigt sich in erster Linie am Gottesdienst, der sich mit dem Seßhaftwerden der Kirche der seßhaften Gottesdienstform anpaßte mit heiligem Ort, heiliger Zeit und Mittler des Heiligen, mit den Festen im Rhythmus des Naturjahres. Hier wiederholt sich, was in ähnlicher Weise in der Geschichte des Gottesdienstes Istaels geschah.

II. Die prophetische Verkündigung und Christus

1. Die Beziehung der Gerichtsprophetie zu Christus

Die Bedeutung der Prophetie für das Kommen Christi wurde lange allein darin gesehen, daß die Propheten es angekündigt hätten; die Verheißung des Christus durch die Propheten sollte die Erfüllung bestätigen, die das Neue Testament verkündete. Bestünde aber die Bedeutung der Prophetie für das Kommen Christi darin allein, dann hätte sie mit dem zentralen Auftrag der Propheten, der Ankündigung des Gerichtes Gottes über sein Volk Israel, nichts zu tun. Wenn eine geschichtliche und geschichtlich erkennbare Beziehung zwischen der Prophetie und dem Kommen Christi besteht, müßte sie von dem zentralen Auftrag der Propheten her zu erkennen sein. Die Beziehung besteht darin, daß die Prophetie erklärt, wie es von der Rettung am Anfang (Exodus) zu der Rettungstat Gottes in Christus gekommen ist. Wir haben oben den Gegensatz zwischen beidem konstatiert. Nun ist es aber nicht so, daß das Alte Testament eine Reihe von Rettungstaten Gottes berichtet, in denen es um äußere Güter geht (Befreiung von Feinden, Land, Sicherheit), während das Neue Testament von der Rettungstat Gottes berichtet, in der es im Gegensatz dazu nur noch um geistliche Güter geht. Wir haben vielmehr gesehen, daß die Rettungstaten Gottes im Alten Testament in einer geschichtlichen Bewegung stehen, die auf das Neue Testament hin führt. Von der Seßhaftigkeit an ist die die Existenz Israels bedrohende Gefahr nicht mehr in erster Linie die Bedrohung durch politische Feinde, sondern die Bedrohung durch den Abfall von Jahwe, Israels Gott. Gegen diese Bedrohung sind die Propheten aufgetreten; um sie ging es in der Ankündigung des Gerichts, die ihnen aufgetragen war. Daraus ergab es sich notwendig, daß nach dem Eintreffen des von den Propheten angekündigten Gerichts eine Rettung der Übriggebliebenen nur noch verbunden mit der Vergebung möglich war.

Die Propheten waren Mittler des Wortes, sie waren in ihrem Wirken machtlos; kein einziger der Propheten hat in direktem oder indirektem Sinn Macht auszuüben versucht. Sie mußten in ihrem Wortamt Anklage gegen ihr Volk erheben und aufgrund dieser Anklage das Kommen des Gerichts über ihr

Volk ankündigen. Daß sie damit auf Widerstand stießen, ist verständlich. Kein einziger der Propheten hatte mit seiner Verkündigung einen durchgreifenden Erfolg. Das Wort, das sie zu verkündigen hatten, wurde abgewiesen. Diese Abweisung begründete das Leiden der Gerichtspropheten. Es war durch Anfeindungen verursacht, aber auch durch das Bewußtsein der Erfolglosigkeit (Jes. 49,4). Es ist dieser Zusammenhang zwischen der Gerichtsbotschaft der Propheten und ihrem daraus entstehenden Leiden, das in die Richtung auf Christus weist. Wo aber diese Gerichtsbotschaft der Propheten scheinbar wirkungslos verhallte, erhielt das Leiden der Boten des Gerichts Bedeutung. In der Reihe der Propheten tritt das Leiden bei dem letzten in dieser Reihe, Jeremia, besonders hervor, so sehr, daß seine Klagen (in Kap. 11–20) ein Bestandteil seiner Verkündigung werden.

Diese Klagen werden weitergeführt in den Gottesknechtsliedern im Buch Deuterojesaja. In ihnen wird etwas verkündet, was es so für das Alte Testament bis dahin noch nicht gab: die Ermöglichung einer neuen Existenz durch das sühnende Leiden eines einzelnen (Jes. 53). Es bleibt dabei in der Schwebe, ob es ein Ereignis in der Vergangenheit, Gegenwart oder Zukunft ist. Die Tilgung der Sünde des Volkes durch den Gottesknecht weist auf ein Ereignis, das im Alten Testament nicht eindeutig fixiert werden kann. Wenn im Neuen Testament dieser Gottesknecht auf Christus gedeutet wird, so geschieht das auch nach unserem heutigen wissenschaftlichen Verständnis dieser Texte mit Recht. Die Entsprechung zwischen dem Wirken des Gottesknechts allein durch das Wort, seinem Leiden bis in den Tod und seiner Bestätigung durch Gott trotz des Todes oder durch den Tod hindurch und dem Leiden, Sterben und Auferstehen Jesu ist die eindeutigste Berührung der Darstellung Jesu im Neuen mit dem Alten Testament. Wenn der Chor der vom Leiden und Sterben des Gottesknechtes Betroffenen in Jes. 53 bekennt, daß sie dieses neue Tun Gottes zunächst falsch, als Strafe Gottes gedeutet haben (Jes. 53,4), zeigt sich, daß dieses Neue schon damals ein völliges Umdenken erforderte.

Die Gottesknechtslieder aber sind nicht eine Weissagung auf Christus irgendwo im Alten Testament, sie sind vielmehr der Endpunkt der Geschichte der vorexilischen Prophetie und nur aus dem Zusammenhang ihrer Geschichte zu verstehen. Dieser Zusammenhang ist in einem der Gottesknechtslieder, Jes. 49,1–6, ausdrücklich angedeutet. Hier klagt der Knecht, daß er sich umsonst bemüht habe, Israel zu Gott zurückzubringen. Diese Klage deutet auf das scheinbar vergebliche Wirken der Gerichtspropheten vor dem Exil. Der Gottesknecht weiß sich in der Reihe der Propheten, auch wenn er selbst einen anderen Auftrag hat. Trotz seiner Klage aber wird sein Auftrag noch erweitert: „Ich will dich zum Licht der Völker machen" (Jes. 49,6); der Dienst des Knechts soll nicht mehr auf Israel beschränkt sein. Dies entspricht einerseits der viel zu wenig beachteten Tatsache, daß in der Verkündigung Deuterojesajas außerhalb der Gottesknechtslieder die Ausweitung des Heiles für Israel auf die Völker schon ausgesprochen ist (Jes. 45,18–25), andererseits der Botschaft des Neuen Testaments, daß das Werk Christi der ganzen Menschheit gilt.

2. Die Beziehung der Heilsprophetie zu Christus

Von der Heilsprophetie her ist eine so eindeutige Beziehung zur Person und zum Werk Christi nicht zu erkennen. Die prophetische Heilsankündigung allgemein kündigt ein Ereignis an, das in einer Beziehung stehen muß zu der Situation, in der die Ankündigung ergeht. Deswegen kann die Immanuelweissagung Jes. 7,14: „Eine junge Frau ist schwanger und wird einen Sohn gebären, und sie gibt ihm den Namen Immanuel!" nicht die Geburt Christi meinen. Was von Jesaja hier angekündigt wird, ist die Bewahrung vor dem anrückenden Feind. Die Geburt des Kindes ist ein Zeichen, das das Eintreffen dieser Ankündigung bestätigen soll.

Ein entfernt andeutendes Hinweisen auf Christus kann man in solchen Heilsworten finden, die etwas Neues, über die alttestamentliche Geschichte des Gottesvolkes Hinausweisendes ankündigen. So kündigt Jesaja in einem Gerichtswort über die „Spötter, die über dieses Volk da herrschen" ein zukünftiges, anderes Gotteshandeln an (Jes. 28,14–22): „Siehe, ich lege in Zion einen Stein, einen bewährten Stein, einen kostbaren Grundeckstein. Wer glaubt, wird nicht zuschanden!" Nach dem Gericht wird das Zugehören zu Gott und seinem Werk auf Glauben gegründet sein, so dann in 1. Petr. 2,4–6. Über die Geschichte des alten Gottesvolkes hinaus weist auch Jer. 31,31–34: Gott kündigt an, daß er mit seinem Volk einen neuen Bund schließen wird, der ganz anders sein wird als der, den Israel gebrochen hat. Auch wenn mit Christus nicht alles eintrat, was hier als neuer Bund beschrieben wird, kann man doch sagen, daß dieses Wort vom neuen Bund auf Christus hinweist. Aber um eine direkte Ankündigung des Kommens Christi handelt es sich bei beiden Worten nicht.

Von den Schilderungen künftigen Heils aus nachexilischer Zeit sind besonders die messianischen Weissagungen zu nennen, von denen im Zusammenhang des Königtums die Rede war. Sie erhielten im Neuen Testament und in der Geschichte der Christenheit deswegen eine besondere Bedeutung, weil Jesus den Hoheitstitel Messias erhielt, in ihm also die Verheißungen eines Königs der Heilszeit zur Erfüllung kamen. Aber das, was diese Verheißungen sagen, hat zu Christus nur wenig Beziehung; für den König der Heilszeit hat das Leiden keine Bedeutung und vom Heil durch Vergebung ist keine Rede. Der König ist hier viel mehr Mittler des Segens als der Rettung. Die Gottesknechtslieder im Deuterojesajabuch weisen deutlicher auf Jesus von Nazareth als die Messiasverheißungen.

Der Schwerpunkt der Beziehung der Heilsprophetie zu Christus liegt in der Geschichte der Verheißungen als ganzer, nicht in einzelnen Worten, die auf Christus weisen können oder nicht. Der Weg der Verheißung durch das Alte Testament, einsetzend mit den Väterverheißungen, weitergehend in den Heilsworten, die von Propheten gesprochen wurden – bekannten und unbekannten –, auch durch die Zeit des Exils hindurch und danach. So verstanden sind die vielfältigen Heilsworte mit vielfältigem Inhalt Zeichen von einem Weg in eine Zukunft hinein, die durch die Erweise der Güte Gottes erwartet wird.

Für diesen Weg der Verheißung durch das Alte Testament ist es wesentlich, daß er den anderen Weg, den des Gerichtswortes, bzw. den Weg der Gerichtsprophetie an einem bestimmten Punkt trifft: in der Prophetie Deuterojesajas, der selbst Heilsprophet ist, aber nur in der Linie der ihm voraufgehenden Gerichtsprophetie verstanden werden kann.

Es läßt sich nun in der Geschichte der Rettungstaten Gottes ein Dreischritt erkennen: Die Rettung am Anfang aufgrund des Erbarmens Gottes mit den Leidenden; die Rettung aus dem babylonischen Exil aufgrund der Vergebung im Blick auf die vorangehende Geschichte des Abfalls; die Rettung von Sünde und Tod in Christus, die die Geschichte des neuen Gottesvolkes einleitet und im Blick auf die ganze Menschheit geschah. Schon bei der Rettung Israels aus dem Exil war die Rettung Gottes von der politischen Macht abgelöst. Israel wurde gerettet, erhielt aber seine staatliche Macht nicht wieder. Nur in diesem Dreischritt kann dargestellt werden, was die Bibel von Gott als dem Retter sagt. Die Botschaft von Christus als dem Retter beruht auf dem, was das Alte Testament von Gott als dem Retter sagt. Was im Neuen Testament von der Rettung von Sünde und Tod durch das Werk Christi gesagt wird, wäre unverständlich ohne die Erfahrung körperlicher Errettung aus einer Todesgefahr. Ein Bekenntnis zu Christus als dem Retter von Sünde und Tod gäbe es nicht, wenn es nicht den Dank der aus Lebensgefahr Geretteten gäbe. Darum bleibt auch im Neuen Testament Gott der Retter aus körperlicher Todesgefahr, wie es die Erzählungen aus den Evangelien zeigen, und im Leben der Christenheit, wie es die Gesangbuchlieder zeigen, die für die Rettung aus Todesgefahr danken.

III. Christus und die Antwort des Gottesvolkes

1. Die Antwort des Redens in ihrer Beziehung zu Christus

Die Geschichte, die im Alten Testament erzählt wird, ist ein Wechselgeschehen zwischen Gott und Mensch; die Antwort derer, an denen Gott handelt und zu denen Gott redet, gehört zu ihr hinzu. Darum sind die Psalmen ein Bestandteil des Alten Testaments, und es ist zu fragen, ob auch in ihnen eine Beziehung zu dem zu erkennen ist, was das Neue Testament von Christus sagt.

Das Neue Testament bezieht sich besonders deutlich und auffällig auf den 22. Psalm in der Darstellung der Leidensgeschichte Jesu. Die Häufung der Zitate aus diesem Psalm zeigt, daß in der frühen Christengemeinde hier eine Übereinstimmung gesehen wurde. Wenn diese im Neuen Testament und in der frühen Christenheit im Sinn einer Weissagung oder eines Schriftbeweises gesehen wurde, so muß doch abgesehen davon gefragt werden, ob eine Übereinstimmung auch dann besteht, wenn man den Psalm nicht als Weissagung versteht, sondern als das, was er eigentlich sein will, ein Gebet. Diesem ursprünglichen Sinn des Psalms entspricht jedenfalls der Ruf Jesu vom Kreuz (Ps. 22,2 = Mk. 15,34; Mt. 27,46), der eindeutig ein Gebetsruf ist. Die Klage der Gottverlassenheit ist in den Psalmen der Ausdruck schweren, ausweglosen Leides; die Anklage Gottes drückt in den Klagepsalmen sehr häufig das aus, was wir in säkularer Sprache als Verzweiflung bezeichnen, die Erfahrung des Abgrundes der Sinnlosigkeit.

Wenn Jesus am Kreuz diese Worte aufnimmt, tritt er damit in die tausendfache Leiderfahrung der Menschen seines Volkes hinein. Er ist damit nichts als ein Leidender unter Leidenden. Das stellvertretende Leiden ist ja auch ein Leiden *mit* den Leidenden. Jesus nimmt in dieser Klage die Sprache des Leides auf, die das Leid vieler Menschen in seinem Volk in vielen Generationen geprägt hat. Er ist einer von ihnen. Er ist nicht nur für die Sünder, er ist auch für die Leidenden gestorben. Sein Wirken bis in diesen Abgrund der Sinnlosigkeit hinein geschah auch für das Leiden der Menschheit. Das Wirken und Leiden Jesu steht nicht nur in der Linie der Geschichte des Mittlers, wie wir es von der Prophetie her gesehen haben, es steht ebenso in der Linie des namenlosen Menschenleidens.

In der Leidensgeschichte begegnet aber darüber hinaus eine ganze Reihe von Zitaten aus dem 22. Psalm. Damit wird deutlich, daß in den angeführten Einzelworten der Psalm als ganzer gemeint ist. Unter den vielen Klagepsalmen hat dieser die Eigenart, daß er in seinem zweiten Teil in einen Lobpsalm mündet; die Wende des Leides dieses Klagenden kommt zu Wort im Gotteslob, das schon auf die erfahrene Rettung aus der Todesnot zurücksieht. Wenn aber in den Zitaten des 22. Psalms in der Leidensgeschichte Jesu der ganze Psalm gemeint ist, dann ist auch die Folge von Leiden, Tod und Auferstehung als *ein* Zusammenhang gemeint. Wenn aber der Leidensgeschichte Jesu der Aufbau des 22. Psalms zugrundeliegt, muß in ihr das Auferstehen Jesu von vornherein mit dem Leiden und Sterben zusammengehört haben; eine Überlieferung vom Leiden und Sterben Jesu ohne einen Hinweis auf die Wende hat es dann nie gegeben. Den gleichen Aufbau hat das vierte Gottesknechtslied; auch hier folgt auf den Bericht vom Leiden und Sterben des Knechtes das Ja Gottes zu ihm durch den Tod hindurch.

Die Annahme der Klage des Leidenden durch Jesu hat aber auch eine Wandlung bewirkt. Christus ist auch für seine Feinde gestorben und hat vom Kreuz die Vergebung für sie erbeten. Damit ist die Bitte gegen die Feinde, die Bitte um die Vernichtung des Frevlers, die ein Bestandteil der Klagepsalmen war, abgetan. Mit Christus hat die Möglichkeit, daß die Frommen durch den Untergang der Frevler gerettet werden, aufgehört.

Die *Lobpsalmen* lassen eine formale und eine inhaltliche Beziehung zu dem erkennen, was das Neue Testament von Christus sagt, eine mehr formale Beziehung bei den Dankpsalmen oder berichtenden Lobpsalmen. Sie ergibt sich daraus, daß die Erfahrung der Rettung hier und dort die gleiche Geschehensfolge ist. Sie zeigt sich im Aufbau der Psalmen. Auf die Ankündigung (z. B.: „Ich will dich erhöhen …") und eine einleitende Zusammenfassung folgt der

Rückblick auf die Not und der Bericht von der Errettung in den drei Stufen: Ich rief – er hörte – er rettete mich. Der Psalm schließt mit erneuertem Lobgelübde und (oder) Gotteslob (so z. B. Ps. 18; 30; 40; 66,13–20). Diesem Aufbau stehen die Loblieder in Lk. 1,68–75 und 2,29–32 nahe, in denen Gott gelobt wird, der den Retter seines Volkes sandte. Viel deutlicher ist die Entsprechung in den Lobliedern der Kirche, wie in Luthers Reformationslied: „Nun freut euch, lieben Christen g'mein ...", das dem Aufbau des berichtenden Lobpsalms Zug um Zug entspricht oder im 4. Vers des Liedes von J. J. Schütz: „Sei Lob und Ehr dem höchsten Gut ...". Diese Entsprechung bestätigt, daß im Alten wie im Neuen Testament die rettende Tat Gottes die gleiche Antwort erfährt.

Man kann eine Entsprechung zur Struktur des berichtenden Lobpsalms auch im Aufbau des Römerbriefes sehen, wobei natürlich zu berücksichtigen ist, daß der Röm. von theologischer Reflexion bestimmt ist. Er handelt von der Rettungstat Gottes in Christus. Auf die Ankündigung Röm. 1,14 f. folgt die einleitende Zusammenfassung 1,16 f., der Rückblick auf die Not 1,18–3,20 und der Bericht von der Errettung in 3,21–8,39. Die Dreigliederung: Ich rief – er hörte – er rettete, bestimmt das 7. Kap. Die Nähe zu den Lobpsalmen zeigt auch das Ausklingen des 8. Kap. in Gotteslob. Das erneuerte Lobgelübde klingt in Röm. 12,1 ff., dem Anfang des paränetischen Teils, an.

Eine mehr inhaltliche Entsprechung bietet der beschreibende Lobpsalm oder Hymnos. Hier ist das zusammengefaßt, was das Alte Testament vom Erbarmen Gottes sagt. Es ist keine zeitlose Eigenschaft Gottes, sondern das, was ein Mensch im Gegenüber zu Gott erfährt. Staunend und ergriffen lobt die Gemeinde den Gott, der sich aus seiner fernen Majestät in Erbarmen dem Menschen zuwendet: „Wer ist wie der Herr, unser Gott, im Himmel und auf Erden, der in der Höhe thront, – der in die Tiefe sieht!" (Ps. 113,5 f.). Es ist diese staunende Freude am Sich-Neigen Gottes in die Tiefe menschlichen Leides und menschlicher Schuld, die im Neuen Testament angesichts des Kommens Christi den gleichen Ausdruck findet: „Gelobt sei der Herr, der Gott Israels, denn er hat besucht und erlöst sein Volk" (Lk. 1,68). Auch der Christushymnos Phil. 2 ist zu vergleichen. Wieder sind es die Lieder der Kirche, in denen dieser Klang aufgenommen wird, besonders die Lieder von der Inkarnation, die Weihnachtslieder: „Gott gibt, unserm Leid zu wehren, seinen Sohn aus dem Thron seiner Macht und Ehren." Die Christenheit sieht in der Inkarnation die endgültige Offenbarung des Gottes, der aus der Majestät seines Gottseins in die Tiefe menschlichen Leides und menschlicher Schuld herabkam.

Eine ganz andere Beziehung zeigt sich vom imperativischen Lobruf, der die Lobpsalmen einleitet oder sie ganz durchzieht. Er hat die Tendenz, sich auszuweiten. Zunächst wird nur die gottesdienstliche Gemeinde zum Lob gerufen, dann aber alle Könige der Erde, alle Völker und Erdteile, ja, die ganze Kreatur. Gottes Tun ist so wunderbar und so gewaltig, daß es bis an die Grenzen alles Geschaffenen einen Widerhall finden muß. Gerade so wird in der Apostelgeschichte von Gottes Tat in Christus gesprochen, und der Impuls zur Mission ist der gleiche: Gottes große Taten über die ganze Erde auszubreiten.

Man kann aus dem, was zu der Beziehung von Klage- und Lobpsalmen zu Christus gesagt war, eine Folgerung für das Gebet ziehen. Wenn im Neuen Testament im Unterschied zum Alten Testament eine Sammlung von Gebeten (und Liedern) fehlt, so ist ein Grund dafür die zu kurze Zeit, in der eine entsprechende Sammlung noch nicht entstehen konnte. Ein weiterer ist, daß der Psalter zunächst das Gebetbuch der jungen Christenheit blieb, so wie das auch für Christus galt. In der christlichen Kirche aber entstand dann allmählich eine Art des Gebetes, die sich wesentlich vom Gebet der Psalmen unterschied. Daneben lebte das Psalmengebet im Gottesdienst weiter. Es ist zu fragen, ob nicht dieses vielfach ungeklärte Nebeneinander neu durchdacht und dem Gebet der Psalmen in seiner stärkeren Unmittelbarkeit des Rufens zu Gott in der Polarität von Klage und Lob eine höhere Bedeutung für das Gebet auch der Christenheit wiedergegeben werden sollte.

2. *Die Antwort des Handelns in ihrer Beziehung zu Christus*

Für das Verhältnis des Alten Testaments zu Christus war dieser Bestandteil des Alten Testaments insbesondere bei Paulus und von ihm her in der christlichen Theologie bestimmend, und zwar als Gegensatz. Das ist in der jüdischen Theologie der Jahrhunderte vor Christus begründet, die die „geistige Heimat" des Paulus war, nicht aber im Alten Testament selbst. Wenn Paulus einen Gegensatz zwischen zwei Heilswegen sieht, dem durch das Tun des Gesetzes und dem durch die Rettung in Christus, so hat das im Alten Testament keinen Anhalt. Es gibt im Alten Testament keinen einzigen Zusammenhang, in dem das Gesetz als Mittel der Rettung bezeichnet würde. Gewöhnlich wird in diesem Zusammenhang das Deuteronomium angeführt, in dem für das Wohlergehen Israels im verheißenen Land der Gehorsam des Volkes gegenüber den Geboten, Satzungen und Rechten Gottes zur Bedingung gemacht wird. Aber im Deuteronomium wird nicht das Heil an das Halten des Gesetzes gebunden, sondern das Wohl, nämlich der Segen im verheißenen Land. Die Gebote und Gesetze gehören im Alten Testament in einen anderen theologischen Zusammenhang, d.h. den der Reaktion, des Gehorsams. Das Tun der Gebote und Gesetze ist nicht ein Tun, das Rettung oder Heil gewinnen will, es ist vielmehr das Tun derer, die die Rettung Gottes erfahren haben, wie das die Struktur des Exodusbuches zeigt.

Die paulinische Lehre vom Gesetz entspricht noch in einem anderen Punkt dem Tatbestand im Alten Testament nicht. Paulus faßt unter dem Begriff ‚Gesetz' Gebot und Gesetz zusammen. Das hat er von seinen jüdischen Lehrern übernommen, und es entspricht dem spätesten Gebrauch von *thora* im Alten Testament. Vorher aber wird im Alten Testament sehr deutlich zwischen Geboten und Gesetzen unterschieden (s. o. 154–158). Sie haben auch eine durchaus verschiedene theologische Bedeutung. Von da aus muß auch von dem, was Paulus als ‚Gesetz' bezeichnet, das Gebot Jesu unterschieden werden. Daß in der Kirche faktisch zwischen Gebot und Gesetz unterschieden wurde, zeigt sich daran, daß die zehn Gebote immer in unbestrittener Geltung blieben. So wichtig die Entgegensetzung von Gesetz und Evangelium für die theologische Situation des Paulus war, für die Bestimmung des Verhältnisses des Alten Testaments zu Christus im ganzen kann sie nicht bestimmend sein. Auf der rettenden Tat Gottes beruht die Existenz des Gottesvolkes im Alten wie im Neuen Testament, und hier wie dort gehört der Gehorsam gegenüber den Geboten Gottes bzw. Christi zu der Antwort derer, die die Rettung erfahren haben.

Zum Gottesdienst sagt das Neue Testament sehr wenig; keine der christlichen Gottesdienstformen ist allein aus dem Neuen Testament erwachsen, weil sie alle erst zu der seßhaft gewordenen Kirche gehören. Der Gottesdienst der Christenheit kann nur auf die ganze Bibel, die Bibel des Alten und des Neuen Testaments begründet werden. Wird dies aber anerkannt, dann folgt notwendig, daß man auch den Gottesdienst nur aus seiner Geschichte verstehen kann. Einen völlig unwandelbaren Gottesdienst gibt es nicht, weil er sich nicht herauslösen läßt aus der Geschichte des Gottesvolkes bzw. der Kirche. Beherrschend sind allerdings im Kult in allen Religionen die konstanten Elemente; aber er muß auch variable Elemente, die in geschichtlichen Wandlungen bedingt sind, enthalten. Wird das gesehen, könnte der Gottesdienst in seinen vielen Gottesdienstformen gemeinsamen Konstanten eine viel stärker verbindende als trennende Aufgabe haben.

IV. Schluß: Zur Frage einer biblischen Theologie

Was wir bei der Frage nach dem Verhältnis des Alten Testaments zu Christus gefunden haben, sind nicht Beziehungen oder Gegensätze gedanklich-lehrmäßiger Art, sondern Entsprechungen und Gegensätze, die sich auf eine Geschehensfolge beziehen, eine Geschichte zwischen Gott und den Menschen. Diese Geschichte, von der Altes und Neues Testament handeln, vollzieht sich in zwei Kreisen: dem weiteren, der sich von der Schöpfung bis zum Ende der Welt erstreckt, und dem engeren, der Geschichte Gottes mit einem besonderen Menschenkreis, dem Volk Gottes. Von der Geschichte im weiteren Kreis handeln Altes und Neues Testament; beide sprechen sie von dem Gott, der Himmel und Erde geschaffen hat und der die Geschichte von Welt und Menschheit am Ende zu einem Ziel führt. Die Geschichte im engeren Kreis hat zwei Abschnitte, vom ersten handelt das Alte Testament, vom zweiten das Neue Testament. Die Geschichte des Gottesvolkes im Alten Testament führt schon auf die Ablösung von der Macht und die Rettung aufgrund der Vergebung hin. Das neue Gottesvolk kann seine Existenz nicht mehr durch Siege über andere Völker bewahren, sondern nur durch sein Dasein *für* die übrige Menschheit, worauf schon die Gottesknechtslieder bei Deuterojesaja weisen. Die gleiche Wandlung tritt ein bei der Rettung des einzelnen Menschen durch Gott. Weil Christus am Kreuz auch für seine Feinde gestorben ist, ist die Bitte gegen die Feinde des Frommen abgetan. Die Rettung des Glaubenden bedingt nicht mehr den Tod des Nichtglaubenden. Damit zugleich ist vom Leiden des Glaubenden der Fluch gelöst. Im Hiobbuch schon bricht die neue Erkenntnis durch, daß menschliches Leiden nicht Fluch und nicht Strafe Gottes sein muß; durch das Leiden Christi erhält es einen positiven Sinn.

In der Geschichte, die das Alte Testament erzählt, läßt sich somit ein Gefälle erkennen, eine Zielrichtung auf das hin, was das Neue Testament von Christus sagt. Von Christus her ist ein Ja und Amen zum Alten Testament gesprochen als dem Weg, der zu diesem Ziel führt. Von Christus her ist zugleich ein Nein gesprochen zu dem, was durch das Werk Gottes in Christus abgetan und nun zu Ende ist: der Verbindung der Rettung Gottes mit der Macht, die auch Macht zur Vernichtung ist, und der Verbindung der Rettung des Einzelnen mit der gegen die Frevler gerichteten Bitte, die auf die Vernichtung der Frevler zielte.

Dieses Ja zum Alten Testament von Christus her und dieses Nein zum Alten Testament von Christus her ist aber kein dogmatisches, kein gedanklich-lehrhaftes, sondern ein geschichtliches. Man kann dann nicht das, was das Neue Testament von Gott sagt, als richtig, das, was das Alte Testament von Gott sagt, als falsch bezeichnen; was von dem Reden von Gott im Alten Testament abgetan ist, das ist durch das geschichtliche Ereignis des Kommens Christi als das endgültige Wort und als die endgültige Tat Gottes abgetan.

Wohl aber wird die Geschichte der Kirche bzw. die Geschichte der christlichen Kirchen dann zu einem Abschnitt der Geschichte Gottes mit seinem Volk zwischen dem Kommen Christi und seinem Wiederkommen, der im Licht der *ganzen* Bibel gesehen werden muß. Vom Ganzen der Bibel her ist dann zu fragen, ob nicht der Abschnitt der Kirchengeschichte, in dem sich die Kirche wieder mit der Macht verbunden hat, als ein Rückfall hinter die schon bei Deuterojesaja erfolgte Ablösung des Gottesvolkes von der politischen Macht anzusehen ist. An die neutestamentlichen Theologen ist die Frage zu richten, ob es nicht möglich ist, von einer gedanklich-begrifflichen Struktur der neutestamentlichen Theologie zurückzukehren zu einer verbalen oder geschichtlichen Struktur, die darstellt, was im Neuen Testament zwischen Gott und Mensch geschieht. Der erste Schritt dazu wäre die Erkenntnis, daß das, was geschehen ist, wichtiger ist als das, was darüber gedacht worden ist. Was das Neue Testament von Christus sagt, hat in wesentlichen Teilen auch des Neuen Testaments die Gestalt eines Berichtes oder einer Erzählung: in den Evangelien, die auf Tod und Auferstehung Christi hinführen, und der Apostelgeschichte, die von Jesu Tod und Auferstehung ausgeht und auf die Wiederkunft Christi hinzielt, von der auch die Offenbarung handelt. Darin liegt eine nicht zu übersehende Entsprechung zum Alten Testament vor. Während dies von der Schöpfung her über die Geschichte des Gottesvolkes auf die „Mitte der Zeit" weist, weist das Neue Testament von der Mitte der Zeit her auf das Ende der Zeit. Darin gehören Altes und Neues Testament zusammen, daß sie miteinander die Geschichte Gottes mit seinem Volk berichten und daß beide diese in den weiteren Kreis der Geschichte Gottes mit der Menschheit und mit der Welt stellen.

Wenn diese geschichtliche Grundstruktur dessen, was das Alte und das Neue Testament von Gott sagt, in der alttestamentlichen wie in der neutestamentlichen Wissenschaft wieder erkannt wird, können wir wieder zu einer biblischen, das Alte wie das Neue Testament umfassenden und auf beide gegründeten Theologie zurückkommen. Eine biblische Theologie ist für das beginnende ökumenische Zeitalter der christlichen Kirchen notwendig.

Abkürzungsverzeichnis

AnBibl	Analecta Biblica
ATANT	Abhandlungen zur Theologie des Alten und Neuen Testaments
ATD	Das Alte Testament Deutsch
AzTh	Arbeiten zur Theologie
BBB	Bonner Biblische Beiträge
BEvTh	Beiträge zur Evangelischen Theologie
BHHW	Biblisch-Historisches Handwörterbuch
BK	Biblischer Kommentar (Neukirchen)
BSt	Biblische Studien (Münster)
BWANT	Beiträge zur Wissenschaft vom Alten und Neuen Testament
BWMANT	Wissenschaftliche Monographien zum Alten und Neuen Testament, Beiheft
EvTh	Evangelische Theologie
Festschr.	Festschrift
FRLANT	Forschungen zur Religion und Literatur des Alten und Neuen Testaments
Ges. Aufs.	Gesammelte Aufsätze
Ges. Stud.	Gesammelte Studien
HAT	Handbuch zum Alten Testament (Hg. O. Eißfeldt)
IDB	The Interpreter's Dictionary of the Bible (1962)
Interp	Interpretation
KD	Karl Barth, Die kirchliche Dogmatik
KlSchr.	Kleine Schriften
KuD	Kerygma und Dogma
NKZ	Neue Kirchliche Zeitschrift
RGG	Die Religion in Geschichte und Gegenwart
SBS	Stuttgarter Bibelstudien
SKG	Schriften der Königsberger Gelehrten Gesellschaft. Geisteswissenschaftliche Klasse
StBTh	Studies in Biblical Theology
THAT	Theologisches Handwörterbuch zum Alten Testament (Jenni/Westermann)
ThB	Theologische Bücherei
TheolEx	Theologische Existenz heute
ThR	Theologische Rundschau
ThSt	Theologische Studien
ThWNT	Theologisches Wörterbuch zum Neuen Testament
ThZ	Theologische Zeitschrift (Basel)
TTKi	Tidsskrift for Teologi og Kirke
WF	Wege der Forschung (Darmstadt)
WMANT	Wissenschaftliche Monographien zum Alten und Neuen Testament
ZAW	Zeitschrift für die Alttestamentliche Wissenschaft
ZDPV	Zeitschrift des Deutschen Palästina-Vereins
ZThK	Zeitschrift für Theologie und Kirche

Literaturverzeichnis

Theologien des Alten Testaments

E. Sellin, Theologie des Alten Testaments, 1923; ²1933
W. Eichrodt, Theologie des Alten Testaments I–III, 1933–1939; ⁶1964
L. Köhler, Theologie des Alten Testaments, 1936; ⁴1966
O. Procksch, Theologie des Alten Testaments, 1950
Th. C. Vriezen, Theologie des Alten Testaments in Grundzügen, 1956
E. Jacob, Théologie de l'Ancien Testament, 1955, Engl. 1958
G. v. Rad, Theologie des Alten Testaments I–II, I 1957; ⁶1969; II 1960; ⁵1968
G. Fohrer, Theologische Grundstrukturen des Alten Testaments, 1972
W. Zimmerli, Grundriß der Alttestamentlichen Theologie, 1972

Teil I: Was sagt das Alte Testament von Gott?

Zu den Vorbemerkungen

B. S. Childs, Biblical Theology in Crisis, 1970
R. Smend, Die Mitte des Alten Testaments: ThSt 101, 1970
C. Westermann, Weisheit im Sprichwort: Festschr. A. Jepsen 1971, 73–85 = ThB 55, 1974, 149–161
E. Würthwein, Zur Theologie des Alten Testaments: ThR NF 36,3, 1971, 185–208
G. F. Hasel, The Problem of the Center in the Old Testament: ZAW 86, 1974, 65–82
C. Westermann, Genesis: BK I/1, 1974; ²1975
W. Zimmerli, Zum Problem der „Mitte des Alten Testaments": EvTh 35, 1975, 97–118
C. W. Coats-B. O. Long, Canon and Authority, Essays in Old Testament. Religion and Theology, 1977

Zu: I. Die Geschichte

K. v. Hofmann, Weissagung und Erfüllung, 1841–1844
F. Delitzsch, Die Genesis: KD, ⁴1872
M. Buber, Ich und Du, 1923
A. Alt, Josua, 1936 = KlSchr. I, 1953, 176–192
M. Buber, Schriften über das dialogische Prinzip, 1954
F. Hesse, Die Erforschung der Geschichte Israels als theologische Aufgabe: KuD 4, 1958, 1–19
M. Noth, Geschichtsschreibung im Alten Testament: RGG³ II, 1958, 1458–1501
F. Hesse, Kerygma oder geschichtliche Wirklichkeit: ZThK 57, 1960, 17–26

Zu: II. Wort Gottes im Alten Testament

W. Pannenberg, Offenbarung als Geschichte, 1961; ³1965
R. Rendtorff, Die Offenbarungsvorstellung im alten Israel: bei W. Pannenberg, 1961; ³1965

Teil II: Der rettende Gott und die Geschichte

Zu: I. Die Bedeutung des rettenden Wirkens Gottes im Alten Testament

R. Kraetzschmar, die Bundesvorstellung im AT in ihrer geschichtlichen Entwicklung, 1896
K. Galling, Die Erwählungtraditionen Israels: BZAW 48, 1928
G. v. Rad, Das formgeschichtliche Problem des Hexateuch: BWANT 26, 1938 = Ges. Stud. z. AT, ThB 8, 1958, 9–81
M. Noth, Überlieferungsgeschichte des Pentateuch, 1948; ³1966
H. H. Rowley, The Biblical Doctrine of Election, 1950
Th. C. Vriezen, Die Erwählung Israels nach dem A. T., 1953
K. Koch, Zur Geschichte der Erwählungsvorstellung Israels: ZAW 67, 1955, 205–226
K. Baltzer, Das Bundesformular, sein Ursprung und seine Verwendung: WMANT 4, 1960; ²1964
R. Martin-Achard, La signification théologique de l'élection d'Israël: ThZ 16, 1960, 333–341
G. E. Mendenhall, Recht und Bund in Israel und dem Alten Vorderen Orient: ThSt 64, 1960
H. Wildberger, Jahwes Eigentumsvolk – Eine Studie zur Traditionsgeschichte und Theologie des Erwählungsgedankens: ATANT 37, 1960
A. Jepsen, Berith. Ein Beitrag zur Theologie der Exilszeit: Festschr. W. Rudolph 1961, 161–179
D. J. McCarthy, Treaty and Covenant. A Study in Form in the Ancient Oriental Documents and in the OT: AnBibl 21, 1963
R. Smend, Die Bundesformel: ThSt 68, 1963
C. Westermann, Vergegenwärtigung der Geschichte in den Psalmen: ThB 24, 1964, 306–353 = Lob und Klage in den Psalmen, 1977, 165–194
D. J. McCarthy, Der Gottesbund im Alten Testament. Ein Bericht über die Forschung der letzten Jahre: SBS 13, 1966; ²1967
N. Lohfink, Die Landverheißung als Eid. Eine Studie zu Genesis 15: SBS 28, 1967
L. Perlitt, Bundestheologie im Alten Testament: WMANT 36, 1969
D. G. Spriggs, Tow Old Testament Theologies: StBTh 1974

Zu: II. Der Vorgang der Rettung und die Geschichte

L. Rost, Die Überlieferung von der Thronnachfolge Davids: BWANT 42 NF 3, 1926 = Das kleine Credo 1965, 119–253
G. v. Rad, Zelt und Lade: NKZ 31, 1931, 476–498 = ThB 8, 1958, 109–129
A. Alt, Josua, s. Lit. Teil I
L. Rost, Weidewechsel und altisraelitischer Festkalender: ZDPV 66, 1943, 205–215 = Das kleine Credo, 1965, 101–112
W. Richter, Die Bearbeitung des „Richterbuches" in der deuteronomischen Epoche: BBB 21, 1964
L. Rost, Das kleine Credo und andere Studien zum Alten Testament, 1965

Zu: III. Die Elemente des Rettungsvorganges

J. Begrich, Das priesterliche Heilsorakel: ZAW 52, 1934, 81–92
G. v. Rad, Verheißenes Land und Jahwes Land: ZDPV 66, 1943, 191–204 = ThB 8, 1958, 87–100
Ders., Das erste Buch Mose, ATD 1949/52; [10]1976
M. Buber, Der Glaube der Propheten, 1950
G. v. Rad, Der heilige Krieg im alten Israel, 1951
S. Mowinckel, He that Cometh. The Messianic Hope in the OT and in the Time of Jesus, 1952; [2]1959
W. Zimmerli, Ich bin Jahwe: Festschr. A. Alt 1953, 179–209 = ThB 19, 1963, 11–40
C. Westermann, Das Loben Gottes in den Psalmen, 1954; [4]1968 = Lob und Klage in den Psalmen, 1977, 11–124
R. Smend, Das Mosebild von Heinrich Ewald bis Martin Noth, 1959
G. Quell, Das Phänomen des Wunders im AT: Festschr. W. Rudolph 1961, 253–300
K. Koch, Der Tod des Religionsstifters: KuD 8, 1962, 100–123
R. Smend, Jahwekrieg und Stämmebund. Erwägungen zur ältesten Geschichte Israels: FRLANT 84, 1963
H. W. Wolff, Das Kerygma des Jahwisten: EvTh 24, 1964, 73–98 = ThB 22, 1964, 345–373
S. Herrmann, Die prophetischen Heilserwartungen im AT. Ursprung und Gestaltwandel: BWANT 5,5 (85), 1965
J. Jeremias, Theophanie. Die Geschichte einer atlichen Gattung: WMANT 10, 1965
C. Westermann, Das Buch Jesaja, Kapitel 40–66: ATD 1966; [2]1970
H. D. Preuß, „... ich will mit dir sein!": ZAW 80, 1968, 139–173
D. Vetter, Jahwes Mit-Sein, ein Ausdruck des Segens: AzTh 1, 45, 1971
S. Herrmann, Geschichte Israels in alttestamentlicher Zeit, 1973
C. Westermann, Das sakrale Königtum in seinen Erscheinungsformen und seiner Geschichte: ThB 55, 1974, 291–308
Ders., Die Verheißungen an die Väter, 1976
R. Albertz, Persönliche Frömmigkeit und offizielle Religion: Calwer Monographien 1978

Teil III: Der segnende Gott und die Schöpfung

Zu: A. Der Schöpfer und die Schöpfung

K. Budde, Die biblische Urgeschichte (Gen. 1–12,5) untersucht, 1883
H. Gunkel, Schöpfung und Chaos in Urzeit und Endzeit. Eine religionsgeschichtliche Untersuchung über Gen. 1 und ApJoh 12, 1895; [2]1921
G. v. Rad, Das theologische Problem des alttestamentlichen Schöpfungsglaubens: BZAW 66, 1936, 138–147 = ThB 8, [3]1965, 136–147
K. Barth, Kirchliche Dogmatik, III 1, 1945; [2]1947
W. Zimmerli, Ort und Grenze der Weisheit im Rahmen der AT-Theologie: ThB 19, 1963, 300–315
W. H. Schmidt, Die Schöpfungsgeschichte der Priesterschrift: WMANT 17, 1964; [2]1967
K. Koch, Wort und Einheit des Schöpfergottes in Memphis und Jerusalem: ZThK 62, 1965, 251–293

H. J. Hermisson, Studien zur Spruchweisheit: WMANT 28, 1968
O. Loretz, Schöpfung und Mythos, Mensch und Welt nach den Anfangskapiteln der Genesis: SBS 32, 1968
G. v. Rad, Weisheit in Israel, 1970
O. Steck, Die Paradieserzählung: BSt 60, 1970
R. B. Y. Scott, The Way of Wisdom, 1971
C. Westermann, Schöpfung: Themen der Theologie 12, 1971
G. Liedke, Von der Ausbeutung zur Kooperation: Studien zur Friedensforschung 8, 1972, 36–65
C. Westermann, Genesis 1–11: Erträge der Forschung 7, 1972
Ders., Die theologische Bedeutung der Urgeschichte: TTKi 44, 1973, 161–176 = ThB 55, 1974, 96–114
H. W. Wolff, Anthropologie des Alten Testaments, 1973
R. Albertz, Weltschöpfung und Menschenschöpfung untersucht bei Deuterojesaja, Hiob und in den Psalmen: Calwer Theol. Monographien 3 1974
D. Ritschl, Die Last des augustinischen Erbes: Konzepte, Ges. Aufs. I, 1976, 102–122
J. Baur, Hg., Zum Thema Menschenrechte, 1977
C. Westermann, Das AT und die Menschenrechte, s. bei J. Bauer, 1977, 5–18

Zu: B. Der Segen

J. Pedersen, Israel, Its Life and Culture, I–II, 1926; ²1946, ‚Blessing' 182–212
G. v. Rad, Das Gottesvolk im Deuteronomium: BWANT 47, 1929
S. Mowinckel, He That Cometh, 1952; ²1959
H. W. Wolff, Das Kerygma des Jahwisten: EvTh 24, 1964, 73–98 = ThB 22, 1964; ³1973, 345–373
C. Westermann, Der Segen in der Bibel und im Handeln der Kirche, 1968
G. Wehmeier, Der Segen im AT, Eine semasiologische Untersuchung der Wurzel *brk*: Theol. Diss. 6, 1970

Zu: C. Schöpfung und Segen in der Religionsgeschichte und im Alten Testament

W. Beyerlin, Hg., Religionsgeschichtliches Textbuch zum AT, ATD Ergänzungsreihe 1, 1975; insbesondere Teil A I und B I

Teil IV: Gottes Gericht und Gottes Erbarmen

Zu: A. I Sünde und Gericht

C. Westermann, Der Aufbau des Buches Hiob, 1956; ²1977
R. Knierim, Die Hauptbegriffe für Sünde im AT, 1965; ²1967
C. Westermann, Der Mensch im Urgeschehen: KuD 13, 1967, 231–246
K. Koch, Hg., Um das Prinzip der Vergeltung in Religion und Recht des AT: WF 125, 1972

Zu: A. II Die Gerichtsprophetie

G. Hölscher, Die Propheten, 1914
H. Gunkel, Die Propheten, 1917
H. W. Wolff, Hauptprobleme alttestamentlicher Prophetie: EvTh 15, 1955, 116–168 = ThB 22, 1964; ³1973, 206–231

C. Westermann, Grundformen prophetischer Rede, 1960; ⁴1971
Ders., Artikel „Propheten": BHHW III, 1966, 1496–1512
G. Fohrer, Die Propheten des Alten Testaments. I–IV, 1974–77

Zu: B. II Gottes Erbarmen mit seinem Volk, die Heilsprophetie

G. v. Rad, Die Stadt auf dem Berge: EvTh 8, 1948/49, 439–447 = ThB 8, 1958; ³1965, 214–224
W. Zimmerli, Die Eigenart der prophetischen Rede des Propheten Ezechiel: ZAW 66, 1954, 1–26 = ThB 19, 1963, 148–177
Ders., Ezechiel: BK XIII/1, 1955–56
S. Mowinckel, He That Cometh, 1952; ²1959
C. Westermann, Der Weg der Verheißung durch das AT: in The OT and Christian Faith, Hg. B. W. Anderson, 1963, 200–224 = ThB 55, 1974, 230–249
Ders., Das Heilswort bei Deuterojesaja: EvTh 24, 1964, 355–373
S. Herrmann, Die prophetischen Heilserwartungen im AT, 1965
C. Westermann, Jesaja 40–66: ATD 19, 1966; ²1970
J. Jeremias, Kultprophetie und Gerichtsverkündigung in der späten Königszeit: WMANT 35, 1970
R. Albertz, Persönliche Frömmigkeit und offizielle Religion, 1978

Zu: C. Gottes Gericht und Gottes Erbarmen am Ende: die Apokalyptik

H. H. Rowley, The Relevance of Apocalyptics: A study of Jewish and Christian Apokalypses from Daniel to the Revelation, 1944; ²1947 (Dtsch. ³1965)
K. Löwith, Weltgeschehen und Heilsgeschichte, 1953; ³1956
D. Rössler, Gesetz und Geschichte, 1960
S. Aalen, Apokalyptik: BHHW I, 1962, 107f.
M. Rist, Artikel „Apocalypticism": IDB I, 1962, 157–161
O. Plöger, Theokratie und Eschatologie: WMANT 2, ³1968
P. von der Osten-Sacken, Die Apokalyptik in ihrem Verhältnis zur Prophetie und Weisheit: TheolEx 157, 1969

Teil V: Die Antwort

Zu: A. Die Antwort im Reden

H. Jahnow, Das hebräische Leichenlied im Rahmen der Volksdichtung: BZAW 36, 1923
H. Gunkel - J. Begrich, Einleitung in die Psalmen, 1928; ³1966
M. Noth, Die israelitischen Personennamen im Rahmen der gemeinsemitischen Namengebung: BWANT 46, 1928 = Ges. Stud. 1966, 66–101
U. Eichler, Der Klagende Jeremia: Diss. Heidelberg, 1978
A. Wendel, Das freie Laiengebet im vorexilischen Israel, I–III. 1931
Ch. Barth, Die Errettung vom Tode in den individuellen Klage- und Dankliedern des AT, 1947
C. Westermann, Struktur und Geschichte der Klage im AT: ZAW 66, 1954, 44–80 = ThB 24, 1964, 266–305 = Lob und Klage in den Psalmen, 1977, 125–164
Ders., Der Aufbau des Buches Hiob, 1956; ²1977

S. Mowinckel, The Psalms in Israel's Worship, 1962
F. Crüsemann, Studien zur Formgeschichte von Hymnos und Danklied in Israel: WMANT 32, 1969
F. Ahuis, Der leidende Gerichtsprophet: Diss. Heidelberg, (Masch.) 1971
L. Perlitt, Die Verborgenheit Gottes: Festschr. G. v. Rad, 1971, 367–382
E. Gerstenberger, Psalms: OT Form Criticism, Hg. J. H. Hayes, 1974, 179–224
C. Westermann, The Role of the Lament in the Theology of the Old Testament: Interp 28, 1, 1974, 20–38
Ders., Anthropologische und theologische Aspekte des Gebets in den Psalmen: Zur neuen Psalmen-Forschung, Hg. P. Neumann, 1976, 452–468
R. Albertz, s. o. zu IV B, II, 1978

Zu: B. I Gebot und Gesetz im Alten Testament

G. v. Rad, Das Gottesvolk im Deuteronomium: BWANT 47, 1929
A. Alt, Die Ursprünge des israelitischen Rechts, 1934 = KlSchr. I, 1953, 278–332
J. Hempel, Das Ethos des Alten Testaments: BZAW 67, 1938; ²1964
M. Noth, Das Buch Josua: HAT I, 7, 1938; ²1953
Ders., Die Gesetze im Pentateuch: SKG 17, 2, 1940 = Ges. Stud. ThB 6, 1956, 9–141
W. Zimmerli, Das zweite Gebot (Exod. 20, 4–6): Festschr. A. Bertholet, 1950, 550–563 = ThB 19, 1963; ²1969, 234–248
J. J. Stamm, Der Dekalog im Lichte der neueren Forschung, 1958; ²1962
K. Koch, Die Priesterschrift von Ex. 25 bis Lev. 16. Eine überlieferungsgeschichtliche Untersuchung: FRLANT NF 53, 1959
H. Graf Reventlow, Das Heiligkeitsgesetz, formgeschichtlich untersucht: WMANT 6, 1961
R. P. Merendino, Das deuteronomische Gesetz: BBB 31, 1969
W. H. Schmidt, Das erste Gebot. Seine Bedeutung für das AT: TheolEx 165, 1969
G. Liedke, Gestalt und Bezeichnung alttestamentlicher Rechtssätze: Eine formgeschichtlich-terminologische Studie: WMANT 39, 1971
A. H. J. Gunneweg, ATD, Ergänzungsband 5, 1977, IV. Kapitel: Das AT als Gesetz und Bundesurkunde
W. M. Clark, Law: OT Form Criticism, Hg. J. H. Hayes, 1974, 99–140

Zu: B. II Der Gottesdienst

L. Rost, Weidewechsel und altisraelitischer Festkalender: ZDPV 66, 1943, 205–216 = Das kleine Credo, 1965, 101–112
H.-J. Kraus, Gottesdienst in Israel. Studien zur Geschichte des Laubhüttenfestes: BEvTh 19, 1954; ²1962
R. de Vaux, Les institutions de l'Ancien Testament, II Teil V, 1960, dtsch. Das AT und seine Lebensordnungen, 1960
R. Rendtorff, Studien zur Geschichte des Opfers im alten Israel: WMANT 24, 1967
H. H. Rowley, Worship in Ancient Israel, Its Form and Meaning, 1967
C. Westermann, Die Herrlichkeit Gottes in der Priesterschrift: Festschr. W. Eichrodt, 1971, 227–249 = ThB 55, 1974, 115–137
R. Martin-Achard, Essai biblique sur les fêtes d'Israël, 1974

Zu: C. Die Antwort des Nachdenkens oder der Reflexion

G. v. Rad, Das formgeschichtliche Problem des Hexateuch: BWANT 4/26, 1938 = ThB 8, 1958; ³1965, 9–86

M. Noth, Überlieferungsgeschichtliche Studien I, 1943; ²1957
K. Elliger, Sinn und Ursprung der priesterlichen Geschichtserzählung: ZThK 49, 1952 = ThB 32, 1966, 174–198
H. W. Wolff, Das Kerygma des deuteronomischen Geschichtswerkes: ZAW 73, 1961, 171–186 = ThB 22, 1964; ²1973, 308–324
Ders., Das Kerygma des Jahwisten: EvTh 24, 1964, 73–98 = ThB 22, 1964; ²1973, 345–373
B. Albrektson, History and the Gods: An Essay of the Idea of Historical Events as Divine Manifestations in the Ancient Near East and in Israel: Coniectanea Biblica, OT Ser. I, 1967
J. Barr, Alt und Neu in der biblischen Überlieferung. Eine Studie zu den beiden Terstamenten, 1967

Teil VI: Das Alte Testament und Christus

G. Ebeling, Was heißt „Biblische Theologie": Wort und Glaube I, 1960, 69–89
G. v. Rad, Theologie des AT. II, ⁴1965, 339–436
H. Gese, Erwägungen zur Einheit der biblischen Theologie: ZThK 67, 1970, 417–436
H.-J. Kraus, Die biblische Theologie, ihre Geschichte und Problematik, 1970
J. Barr, Trends and Prospects in Biblical Theology: JThSt 25, 1974, 265–282
B. W. Anderson, The New Crisis in Biblical Theology: Festschr. C. Michalson, The Drew Gateway, 1974/75, 159–174
P. Stuhlmacher, Schriftauslegung auf dem Wege zur biblischen Theologie: ZThK 72, 1975, 128–166
H. Seebass, Zur Ermöglichung biblischer Theologie: EvTh 37, 1977, 591–600
A. H. J. Gunneweg, ATD, Ergänzungsreihe 5, Vom Verstehen des AT. Eine Hermeneutik, 1977

Sach-Register

ätiologische Erzählung 44, 167
Altar, Altäre 115, 116
Apokalyptik 9, 12, 18, 21, 32, 52, 53, 59, 69, 87, 88, 91, 96, 119, 126, 130–133
Apostolicum 72
Bekenntnis 17, 26, 27, 92, 122, 173, 180, 191, 199 – Lob.-B. 42, 181–183 – negatives B. 177 – Schuld B. 181–183, 185–187 – Sünden B. 42, 107, 152, 175 – Vertrauens B. 70 – B. d. Zuversicht 58, 149
Berufung 120
Beschneidung 37, 189
Bund 5, 6, 34–37, 39, 42, 43, 45, 167, 176, 198
Bundesbuch 39, 45, 154–156, 160, 161, 162, 176, 189
Charismatische Führer 31, 63–65, 111, 120
Christologie 195
Credo, geschichtliches 29, 38–43, 47, 63, 65, 92, 101, 140, 147
Dekalog 29, 30, 36, 37, 39, 114, 154–157, 159, 160, 162, 167, 176
Dialogisches Geschehen 8, 29, 37, 38, 183 – dialogisch 134, 147, 164, 179
Eid, Schwur 36
Ekstatikertum 69, 109
Elia 55, 69, 113–115, 130, 152
Elisa 69
Epiphanie (Kommen Gottes) 19, 20, 47–51, 155, 167, 175, 188
Erbarmen (Gottes) 28, 46, 54, 120–130, 131, 132, 153, 199, 201
Erwählung 5, 6, 33, 34, 83
Eschatologie 6, 50, 51
Ethik (Ethos) 21, 135, 154
Exil 10, 12, 29, 31, 50, 54, 55, 56, 67, 68, 69, 70, 95, 98, 107, 110, 115, 116, 119, 124, 126, 129, 131, 133, 168, 169, 173, 175, 185, 189, 194, 197, 198, 199
Exodus, neuer 31, 70, 127 – Exodus (Auszug) 43, 99, 188
Fest(e) 10, 30, 41, 67, 94, 95, 101, 115, 162, 172–174, 178, 179, 196 – Ackerbau F. 94 – Ernte F. 172, 175 – Epiphanie F. 50 – Jahres F. 10, 161, 166, 168, 172 – Fest-Kalender 95, 172–173 – Neujahrs F. 173 –

Passa F. 30, 39, 41, 166, 172 – Thronbesteigungs F. 173 – F. d. ungesäuerten Brote 41
Fluch(en) 37, 91, 92, 93, 104, 204
Flut (Erzählung) 32, 58, 68, 75, 87, 100, 104, 131, 165, 185
Fürbitte(r) 66, 124
Gebet 21–23, 25, 71, 99, 122–123, 134–137, 148, 154, 165, 166, 168, 200, 202
Gebot(e) 15–18, 24–26, 30, 34, 37, 43, 56, 66, 90, 92, 105, 114, 129, 134, 153–164, 167, 176, 186, 188, 202f.
Geist Jahwes (Gottes) 64, 192
Gelübde 22, 105, 135, 162, 178, 180 – Lob G. 23, 149
Genealogie(n) 9, 75, 76, 78, 86, 89, 90, 93, 100, 171, 184
Geschichtsbegriff 8, 10
Geschichtsdarstellung 45, 46, 113, 184, 187
Geschichtsverständnis 11, 21, 183, 184
Gesetz 12, 15–18, 24, 30, 36, 37, 41, 43, 45, 93, 105, 129, 153–164, 167, 169, 176, 186, 189, 202, 203 – Heiligkeits G. 154, 161, 162 – Passa G. 39 – Priester G. 39, 154–155, 161, 162, 189
Gesetzesbegriff 16, 18
Glaube(n) 6, 21, 55, 60–62, 72, 80, 86, 92, 145, 204 – Jahwe G. 26
Glaubensvorstellung 8
Gottesmann 69, 109
Heil 5, 6, 12, 13, 22, 33 A., 38, 89, 96, 97, 98, 116, 119, 129, 130, 145, 157, 193, 197, 198, 202
heilig – h. Ort 12, 20, 94, 95, 164–167, 171–173, 178, 196 – h. Zeit 12, 94, 95, 164–168, 172, 173, 176, 178, 179, 196 – Das Heilige 47, 108, 165–168, 170, 174, 175, 196 – Der Heilige 47
Heiligkeit 115, 120, 171
Heiligtum 10, 20, 22, 24, 39, 41, 45, 57, 67, 95, 150, 157, 166–168, 170 172 A., 173–178, 189
Heilsgeschichte 6, 10, 22, 38, 39 A., 88, 97, 184–185, 187
Heilsorakel 16, 17, 52, 57, 125, 128, 175
Heilswort 7, 12–15, 51–62, 64, 67, 124, 126, 128–129, 186

Hymnos 120 A., 121, 139, 144, 145, 201
Kerygma 6
Klagen Jeremias 56, 70, 152–153
König 24, 45, 55, 56, 60, 65–67, 69, 70, 80, 84, 87, 91, 93–94, 96, 101, 106, 111–115, 118–120, 124, 130, 131, 139, 143–145, 168, 175, 186f., 198, 201
Königtum 10, 31, 45, 46, 54, 55, 65–69, 71, 89, 93–97, 101, 109, 111–115, 130, 136, 168, 171, 175, 184, 186f., 198
Liturgie. Tor-L 177 – liturgisch 89
Liturgik 21
Messias 56, 198
messianische Weissagung s. Weissagung
Mittler 39, 40, 42, 43, 44, 52, 55, 56, 62–71, 80, 93, 96, 133, 152, 165–168, 170, 174, 175, 196, 198, 200 – Kult M. 156
Monotheismus 26
Murr-Geschichten 31
Nathan 67, 111, 113, 123 – N. Verheißung 55, 65, 66, 96, 186
Offenbarung 6, 18–21, 78, 86, 155, 157, 162, 166, 167, 169, 188, 201, 204
Opfer 24, 25, 29, 41, 93, 95, 108, 109, 115, 116, 134, 162, 165, 166, 169, 171, 175, 177–179 – Erstlings = Primitial O. 41, 165, 178 – Sühne O. 109, 178
Opferdienst 157, 168
Opfergesetz 156, 178
Opferspruch 17, 180
Orakel 176
Paulus 14, 15, 157, 202, 203
Priestertum 67, 174–175
Recht(e) 15, 37, 130, 158, 160, 182, 202 – Gottes R. 113 – Sakral R. 129 – Straf- Zivil- R. 160
Rechtssatz 18, 158, 160
Rechtsverhandlung 158
Rechtswesen 114
Ritus 36, 37, 90, 179, 189 – Blut R. 41 – Sühne R. 109

Sabbat 173
Satzung(en) 15, 37, 158, 202
Sehertum 52, 69, 109, 117, 126, 131, 132
Sintflut s. Flut
Soteriologie 6, 80, 195
Sprüche 89, 95, 118, 181, 182 – Stammes Spr. 91 – Völker Spr. 56, 87, 117–119, 126, 130
Synkretismus 34
synoptische Evangelien 48, 86
Schuld 54, 105–108, 121, 124, 125, 128, 152, 201 – Schuld und Strafe 42, 75, 82, 103–104, 106, 118 A., 122 – Strafe(n) 82, 106, 107, 111, 197, 204
Theophanie 15, 17, 19, 20, 35, 39, 41, 43, 80, 155, 165–167, 170, 175, 177, 188
Trinitäts(lehre) 163 A.
Tod 14, 15, 22, 23, 38, 55, 59, 71, 82, 97, 102, 103, 131, 179, 193, 197, 199, 200, 204 – Todesnot 32, 174, 200 – Todes Schicksal 180
Tod und Leben 142–143, Exkurs
Totenklage 147
Universalismus 10, 27, 86–88 – universal (istisch) 56, 88, 93, 100, 118, 127, 189
Urgeschehen 9, 56, 74–88, 100, 102–104, 106, 131
Urgeschichte 6, 12, 24, 32, 53, 58, 72, 87, 100, 102, 103, 131, 132, 165, 184f., 188
Vätergeschichte(n) 6, 9, 13, 16, 20, 29, 32, 33, 52, 53, 56–59, 62, 87, 89, 90, 91, 93, 95, 99, 106, 107, 122, 123, 126, 154, 165–167, 184, 185, 188
Vergeltungslehre 28, 96–97, 107, 151, 152
Weisheit 7, 30, 56, 85–86: Exk. 107, 132, 138, 180 – W. Bücher, Literatur 89, 96, 122, 132, 182
Weissagung, messianische 55, 96, 130, 198
Wunder 31, 40, 43, 46–49, 87, 143, 182, 194

Bibelstellen-Register

	Genesis	11	75	50	106
	6, 10, 36, 183	11,1−9	75, 103	50,24	29, 40, 52
1−11	9, 56, 72 A.,	12−50	9, 52, 56, 89		
	74−88, 100,	12−27	106		Exodus
	103, 118 A.,	12−25	90		7, 9, 10, 28,
	131, 165, 183	12	159, 166		29, 33, 39, 40,
1−2	75	12,1−4a	153		43−46, 53,
1	74, 76, 100,	1−3	9, 14, 17,		63, 71, 89, 95,
	169, 189		53, 58 f., 90 f.,		105, 126, 127,
1,3−5	77		101		183, 192, 196,
6−10	77	12,1	16, 156, 158		202
11−13	77	3	53	1−40	39
14−19	77	4	60	1−15	183
20−25	77	10−20	32	1,1	40
26−31	77	13,14−16	53	6−22	40
26−27	89	15	36, 53, 148,	2−6	40
28	75		166	3	20, 52, 54, 60,
2−3	32	15,6	60 f.		63, 167
2	74, 81, 82,	15,7−21	36	3,7−8	40, 54, 95,
	150, 181	16	53, 159		125, 127, 183
2,1−4	77	17	36 f., 189	7.9	40
1−4a	80	18	53	7	28, 40, 51, 125
1−3	100	21	32	8	30, 44
7	75, 76, 81	21,17	125	14	63
3	75, 81, 82,	25−36	90	4,31	60
	103, 104, 106,	25,22	148	6	63
	120, 162	26,3	53	6,6	30
3,14−19	82	24	53	7−11	40
4−11	75	27	90, 94, 166	11	40
4	24, 75, 82, 86,	27,46	148	12 (−13)	30, 40, 41, 42,
	103, 104, 106,	28	20, 166 f.		172
	148, 162, 178	28,15	53, 58	12,1−20	41
4,2−16	75	20−22	22	11	41
17	84	32	32, 166	21−39	41
5	75, 78	32,9−12	122	42−51	41
6−9	32, 75, 103 f.	12	30	13,1−2	41
6,1−4	75, 103, 104	37−50	106	3−10	41
8	178, 190	37	32, 106	11−16	41
8,5.a.7a	104	44	32	14	40, 48, 161,
20−22	24, 58, 89,	46,2	16		183
	165, 185	47,7−10	59	15	40, 42, 71,
21	104	48,15−16	91		140, 144
22	95	49,10−12	130	15,1	140
9,20−27	75, 103	11−12	52	21	49
10	10, 53, 75, 78	11	91	16−18	40, 170

16,10	170	16	109, 161	7,1–5	34
18,4–6	30	17–26	161	6–8	33, 34
10	135	19	160	9–11	34
19–34	20, 35, 41–43, 167	19,2	161	9	36
		23,1–44	172	13–16	91
19	20, 35, 155, 165, 167, 176	27	162	13	94
				12–26	37, 156, 161
19,3b–8	35		Numeri	12	161
5	35		10, 39, 40, 89, 95, 183	13	161
10–11	177			16,1–17	172
20	25, 29, 30, 154–156, 160, 176	1–10	39	26	29, 30, 92, 178, 180
		3–4	162		
		5–6	162	26,5–11	38, 39
20,2–3	155	6	89, 98, 162, 189	5.6.7	40
3	25			7	147
18–21	167, 174	6,22–27	94	8.9.	40
21–28	41	24–26	58, 66, 175	10.11	40
21–23	45, 155 f., 160, 161	27	175	16–19	37
		8	162	28–29	37
21–22, 19	150	10–32	40	28	93
21	140	10	161	28,1–2	92
22,20–23,19	160	10,35–36	49	3–6	91
23	160	14	170	15	92
23,14–19	172	14,10	170	30,11	24
24	42, 43, 45, 189	14	161	32,48–52	71
24,3–8	35, 167	16	170	33,2	50
15–18	35, 155, 165, 169	16,19	170		
		17	170		Josua
16	80	17,7	170		6, 44, 45, 55, 63, 67, 92
25–Num. 10	161	19	162		
25–40	43	20	170	1–11	44
25–27	41, 155, 161	20,6	170	2,10	30
25	189	22–24	91, 95, 101	5,11	92
25,1–3	170	22,12	91	8,1	54
1	169	24,5–7	52, 91	24	29, 45, 105, 118, 155, 163
17	170	17	130		
27	161	28–29	162	24,5–7	30
28–29	162	30	162		
30–31	161				Richter
31	161		Deuteronomium		42, 44, 45, 63
32–34	35, 42, 45, 110, 183		7, 10, 15, 17, 34, 37, 44, 46, 52, 58, 66, 89, 91, 92, 95, 105, 112, 119, 126, 156–158, 162, 172 A., 175, 176, 185, 186, 202	2,15–16	148
34	35, 160, 176			3,7–11	42
34,18–26	172			3,10	64
35–40	39			5	64, 140
				5,4–5	19, 49, 50, 167 f.
	Leviticus			6–8	60
1–27	39			6–7	31
1–5	162	5	25, 30, 154, 156	6,9	30
5,5	108			13	30
6	108	5,1	36, 37	33–34	64
8–10	162	6	29, 30	9	184
9	175, 177, 189	6,4	25, 26, 163	11,29	64
9,22–23	95	7	34, 36	14,19	64
11–15	162				

15,14	64		Nehemia	15	177
18	22, 135, 148	9	136, 148	18	66, 141, 201
21,2–3	148	9,5–7	144	18,8–16	49
		30	64	18,10–11	50
	1. Samuel			18,18	30
1–2	123		Hiob	19 A	144
4–6	168		28, 56, 58, 71–	19,4	145
7,3	30		73, 86, 88, 89,	20	66, 168
10	64		96, 97, 105 A.,	21	66, 168
10,18	30		107, 139, 146,	22	32, 57, 149,
11,6	64		147, 149, 150–		199–201
15,22	25		152, 178, 204	22,2–4	149
25,32	139	1,21	139	2	200
		4,12–21	105 A.	7–9	149
	2. Samuel	5,9–16	146	12–14	149
1	148	18–26	58	23	89, 99, 138
6	168	6–7	146	24	89, 95, 138
7	45, 55, 65, 89,	8	146	24,5	95
	130	9–10	144, 146	28	57
7,16	65	9	73	29	49
12,7	30	9,2	105 A.	30	141, 142, 201
15,31	135	4–13	146	30,6	122 A., 142
		10,3–17	146	12–13	142
	1. Könige	12	144	31,16	30
2,36–37	160	12–14	146	33	89, 144
6–8	45	12,10–25	146	33,4	11, 153
6–7	168	15,14–16	105 A.	6–9	146
8	136, 168	21	96	10–12	146
8,33.35	187	25,2–3	146	34	141, 180
12–14	42	4–6	105 A.	34,3	142, 144
12,28	30	28	181	5	30
21	114	30	149	37	138
22	127	33,26–28	141	39	138, 180
22,11	52	38–41	73, 145	40	141, 142, 179,
		42	152		201
	2. Könige	42,7	96	40,1–12	141
6–7	31			5	180
18–19	30		Psalmen	6	143
18	168		7, 22–25, 27,	10–11	142
22–23	168		30, 32,56,58,	45	66, 80
25,27–29	187		71–73, 79,	49	138, 180
			86, 87, 89, 95,	50	179
	Königsbücher		96, 135, 136,	50,2–3	50
65	154		137–147,	7–15	179
			148, 149, 152,	14–15	179
	2. Chronik		173, 179, 180,	51	138, 179
15,1	64		192, 199, 200,	51,4	108
24,20	64		202	17–19	179
		1	58, 89	53 = 14	138
	Chronikwerk	2	66	56,14	30
	170, 171, 178	6	57	65	175
		7,2	30	66,13–20	141, 201
	Esra	8	89, 144	14	142
9	136, 137, 148	13,2–3	149	20	139
				67	89, 94

68,8–9	49	122	175	7,9	61
34	49	122,1	177	14	198
72	66, 168	123	138	9,1–6	96, 130
73	58, 96–97, 107, 138	124	140, 141	10,5–11	118
		126,1–3	141	11,1–10	52, 126, 130
77	47–48	128,5	95	1–9	96
77,12–16	47	129	140	1	64
15–16	47	129,8	95	2	64
17–20	49	130	148	11–12	126
20–21	50	132	66	13–23	118
78	182	134,4	95	16,5	96
80	30, 31	135,8–12	144	19	87, 130
80,2.3	19	136	30, 144	19,18–25	59
2	50	136,10–22	144	22,15–25	118
89	55, 66, 148, 150, 186	138	141	24–27	32, 130, 133
		139	89, 138, 144, 180	28	190
90	180			28,14–22	198
91	58, 95, 99, 175	139,1.6	87	29	48
		14	48	31,1–3	113
92	141	147,9	25	32,1–8	96
93–99	138	148	24, 78, 79, 87, 138, 144–145	15	64
94	138			37	168
96,12–13	50	150	144	38	143
97,2–5	49			38,19	139
100	144	Sprüche			
101	66	1,8	158		
102,1	149	3,23–26	58	Deuterojesaja	
103	108, 120, 121–122, 138	12,18	11 A.		14, 17, 26, 29, 31, 50, 54, 57, 62, 68–70, 72, 73, 86–88, 95, 105 A., 110, 111, 115, 116, 119, 125, 127–129, 133, 134, 145–147, 149, 150, 163, 164, 172 A., 197–199, 203, 204
		15,23	11 A.		
104	80, 89, 181, 144	16,24	11 A.		
		23,15–16	106		
104,1–2.24	87	24,16	11 A.		
105	144, 183	25–26	86–87		
106	183	25,12	11 A.		
106,12	60				
107	141	Prediger			
109	138		89		
110	66	3	23, 135		
112,1–9	58				
10	58	Jesaja		40	52
113	32, 149		60, 61, 112–115, 118–119	40,1–11	62, 125
113,1–9	144			1–3	51, 54
5–6	146, 201	1,2–3	124, 153	2	54, 125, 128
114	49	10–17	116	6–8	120
115,14–15	95	2	113, 126	8	62
116	141	2,1–4	52	9	50
116,3–4	143	4	126	12–31	27, 73, 127–128, 146
5	143	12.19	50		
118	141	4,2–6	96	12–26	128, 146
118,15.16	140	5,1–7	114, 117	12–24	146–147
118,23	47	8–9	114	12–17	146
26	95	6	20, 120	18–24	146
119–120	157	6,5	108	27–31	128, 146
119	180	6–7	108	27	125, 128, 146
121	58, 95, 175	7	49, 60, 124		

28–30	125	10	179	23,5–6	96, 130
28.29	147	11.12	71	11	116
41,1–5	128	54–55	54, 70, 95,	26	118
4	129		127, 128	28	116, 127
8–16	125	54,1–2	128	28,2–4	52
8–13	128	55	62	29,4–7	96
14–16	128	55,10–11	62	30,9.21	96
21–29	128			31,31–34	14, 198
42,1–4	70	Tritojesaja		32,14–15	52, 96
1	64		95, 115, 129,	33,15–16	130
10–13	128		130	17	96
18–25	128	59,21	64	34	36
43,1–7	125	61,1–2	15	36	112
1–4	128	11	64	37,3–10	114
1–3	54	63–64	30, 31, 148,	39,17	30
5–7	128		150	45–51	118, 130
8–15	128	63,11	64		
10–11	163	64,1	50	Ezechiel	
10	26	65	130		69, 109–113,
14–21	54	66	130		115, 117, 119,
15	129	66,1–2	116		124, 127, 129,
18–19	54				133, 169, 186
22–28	54, 115–116,	Jeremia		1–3	120
	128		11, 13, 14, 55,	16	30, 106, 117
44,1–5	128		95, 105, 109,	17,22–24	96
3	64		112–117, 119,	20	30, 117
6–8	128, 129		124, 186	22	114
6	26	1	120	23	30, 106
23	128	1,2–3	124	24,23–24	96
45,5.6	129	2	30	25–32	118
8	128	2,1–13	117	36,16–38	125
15	151	8	116	26–27	64
18–25	197	11	117	37	64, 125
20–25	128, 130	5,30	116	37,22–25	96
21	125	6,13	116	38–39	130, 131, 133
22	130	14	98	40–48	129, 169
46,1–4	164	7	118		
3.4	129	7,1–15	114, 116	Daniel	
48,12	129	10	172A.		130A., 131,
20–21	128	13	37		133, 234,
49,1–6	70, 197	8,4–7	153		237–238
4	197	9,10–12	124	2	133
6	71, 197	17–22	124	7	133
13	128				
50,1–2	128	Klagen Jeremias		Hosea	
4–9	70	11–20	148, 197		92, 109, 112–
51,3	128	11,4	37		115, 117, 119,
9–10	76	12,7–13	153		120, 124
52–53	70, 71	14–15	148	2	92
52,9–10	128	14,17	116	2,8	92, 94
12	71	15,5–9	153	3,4	96
14.15	71	16	118	4,4–11	116
53	62, 179	17,24–27	96	5,6–7	116
53,4	197	18,13–17	153	6,4	153
10–12	55	20,1–6	116	6	116

9	116	**Micha**		**Markus**	
7,3	114		112–115, 119,	15,34	200
8,4	114		120		
11–13.14	116	1,3–4	49	**Lukas**	
9,10–13,11	117	2,1–3	114		13, 100
11,8–9	124	3,9–12	116	1–2	100, 134
		11	116	1,68–75	201
Joel		4	126	2	96
	118	4,8	96	2,29–32	201
2–4	130, 133	5	126, 130	4,16–21	15
2,28	64	5,1–3	96		
3	131	6,1–4	117	**Johannes**	
3,1	64	6–8	116		100, 157, 158
				1–12	158
Amos		**Nahum**		3,8	64
	66, 109, 111–		118	6,61–63	194
	115, 117, 119,	1,3b–6	49	9	28
	124–126, 186			9,1–3	28
1–2	117, 118	**Habakuk**		24–25	28, 29
2	30		118	38	29
2,6–16	117	3,3–15	19, 49	13–17	195
6–7	114			13,14	158
8	116	**Zephanja**			
3,2	34		115	**Apostelgeschichte**	
3–8	120	2,4–15	118		194, 201–202,
14	116				204
4,4–5	116	**Haggai**		2	64
13	144, 145		129, 130	4,12	192
5,8–9	144			7	30
10–13	114	**Sacharja**			
14–15	114		69, 129, 130,	**Römerbrief**	
21–25	116		132		201
24	114	1–8	130	1,14–15	201
7	118	7,12	64	16–17	201
7,1–9	124	9,9–10	96, 120	18–3,20	201
1–3.4–6	124	9	50	3,21–8,39	201
8	124	12–14	130, 133	7	201
15	120	13	131	8	145, 201
8,1–3	124			12,1–3	201
2	124	**Maleachi**		13	195
4–7	114		69, 115, 129		
9,1–6	124			**Philipperbrief**	
1–4	116	**IV. Esra**		2	201
4	124		148, 150		
5–6	144	7,118	81	**Brief des Petrus**	
11–15	126			1.Petr 2,4–6	198
11	96	**NT**			
				Johannes-Apokalypse	
Obadja		**Matthäus**			130
	118		100		
		5,45	104		
Jona		10	195		
2	141	27,46	200		
4,11	120				

Claus Westermann · Lob und Klage in den Psalmen

5., erweiterte Auflage von „Das Loben Gottes in den Psalmen". 212 Seiten, kart.

Diese Auflage wird um die wertvollsten, inzwischen vergriffenen Psalmenaufsätze des Verfassers erweitert, die dem Buch zugleich die thematische Abrundung geben, die für eine theologische Gesamterfassung des Psalters notwendig ist; denn um die beiden Pole Lob und Klage bewegen sich fast alle Psalmen. Die Themen der neuaufgenommenen Kapitel lauten: Struktur und Geschichte der Klage im Alten Testament · Vergegenwärtigung der Geschichte in den Psalmen · Zur Sammlung des Psalters.

Aus früheren Rezensionen: „Es gibt kein Bitten, kein Flehen aus der Tiefe, das nicht wenigstens einen Schritt weit (im Rückblick auf Gottes früheres Heilshandeln oder im Bekenntnis der Zuversicht) auf dem Wege zum Loben wäre. Es gibt aber auch kein Loben, das sich völlig von der Erfahrung des wunderbaren Eingreifens Gottes in eine Not hinein gelöst hätte und zur bloßen Litanei erstarrt wäre (S. 116).

Ein weiterer Vorzug dieser Schrift ist es, daß Westermann seine Thesen durch zahlreiche Beispiele aus babylonischen und ägyptischen Psalmen beweist." Bibel und Liturgie

Claus Westermann · Die Verheißungen an die Väter

Studien zur Vätergeschichte. 171 Seiten, kartoniert und Leinen. (Forschungen zur Religion und Literatur des Alten und Neuen Testaments, Bd. 116)

Die Verheißungen an die Väter werden in dieser Arbeit als ein selbständiger, wesentlicher Bestandteil der Väterüberlieferungen je für sich und in ihren Verhältnis zueinander untersucht. Es stellt sich heraus, daß die übliche Einteilung in Land- und Mehrungsverheißung nicht ausreicht; jede einzelne der in den Vätergeschichten begegnenden Verheißungen (des Sohnes, neuen Lebensraumes, des Beistandes, des Landbesitzes, der Mehrung, des Segens, des Bundes) hat vielmehr ihren eigenen Ort, ihre eigene Funktion und Geschichte.

Claus Westermann · Das Buch Jesaja

Kap. 40–66. 3., durchges. und erg. Aufl. (24. Tsd.), 344 Seiten, kartoniert und Leinen (Das Alte Testament, Bd. 19)

„Einleitend wird zunächst jeweils über Deutero- und Triterojesaja gehandelt und dann im Anschluß an die Übersetzung Abschnitt für Abschnitt ihre Botschaft erläutert. Formgeschichtliche Überlegungen werden für die Exegese fruchtbar gemacht, so daß die Predigt der Propheten anschaulich und plastisch hervortritt und der theologische Gehalt ihres Wortes – gerade auch im Gegenüber zum Neuen Testament – sichtbar wird".
Das Neueste

Vandenhoeck & Ruprecht in Göttingen und Zürich

Grundrisse zum Alten Testament
(Ergänzungsreihe zum Alten Testament Deutsch) Hrsg. von Walter Beyerlin

Diese Grundrißreihe soll die Welt des Alten Testaments in allgemeinverständlichen themenorientierten Darstellungen erschließen.

1 Religionsgeschichtliches Textbuch zum Alten Testament
In Zusammenarbeit mit Hellmut Brunner, Hartmut Schmökel, Cord Kühne, Karl-Heinz Bernhardt und Edward Lipiński hrsg. von Walter Beyerlin.
310 Seiten, mit 18 Zeichnungen und 4 Tafeln sowie ausführlichen Begriffs- und Bibelstellen-Registern, kartoniert

„Dieses Buch war seit langem notwendig. Das Alte Testament wird hier in einer Weise in seine Umwelt hineingestellt, die sowohl den Theologen wie den Nichttheologen es neu und besser sehen und lesen lehrt. Auch für Unterrichtszwecke ist das Werk ausgezeichnet geeignet".
Horst Dietrich Preuß in: Deutsches Pfarrerblatt

5 A. H. J. Gunneweg · Vom Verstehen des Alten Testaments
Eine Hermeneutik. *220 Seiten, kartoniert*

„In einer unglaublichen Stoffülle erstattet der Verfasser Bericht über in der Christenheit praktiziertes Verstehen des Alten Testaments und setzt solche Verstehensmöglichkeiten in eine Beziehung zu den gegenwärtigen wissenschaftlichen Bemühungen um das Alte Testament. ... ein wertvolles und dankenswert knappes Werk, dessen hermeneutische Vorschläge für die Praxis verwendbar und hilfreich sind."
Theologische Beiträge

Anschließende Bände:
2 Helmer Ringgren · Die Religionen des Alten Orients
3 Arnulf Kuschke · Umwelt des Alten Testaments
4 Herbert Donner · Geschichte Israels und seiner Nachbarn in Grundzügen

Grundrisse zum Neuen Testament
(Ergänzungsreihe zum Neuen Testament Deutsch). Hrsg. von Gerhard Friedrich

1 Eduard Lohse · Umwelt des Neuen Testaments
3., durchges. und ergänzte Auflage 1976. 228 Seiten und 4 Abb., kart.

3 Werner Georg Kümmel · Die Theologie des Neuen Testaments nach seinen Hauptzeugen
Jesus – Paulus – Johannes. 3., durchges. Aufl. 1976. 312 Seiten, kart.

4 Heinz-Dietrich Wendland · Ethik des Neuen Testaments
Eine Einführung. 3. Auflage 1978. 138 Seiten, kart.

5 Hans Conzelmann · Geschichte des Urchristentums
3. Aufl. 1976. 170 Seiten, kart.

In Vorbereitung:
2 Theol. Einleitung in das NT (geplant)
6 Peter Stuhlmacher · Vom Verstehen des Neuen Testaments (1979)
7 Harald Hegermann · Anthropologie im Neuen Testament
8 Zeitgeschichtliches Textbuch zum NT

Vandenhoeck & Ruprecht in Göttingen und Zürich